Celso Furtado

e os 60 Anos de

Formação Econômica do Brasil

SERVIÇO SOCIAL DO COMÉRCIO
Administração Regional no Estado de São Paulo

Presidente do Conselho Regional
Abram Szajman
Diretor Regional
Danilo Santos de Miranda

Conselho Editorial
Ivan Giannini
Joel Naimayer Padula
Luiz Deoclécio Massaro Galina
Sérgio José Battistelli

Edições Sesc São Paulo
Gerente Iá Paulo Ribeiro
Gerente adjunta Isabel M. M. Alexandre
Coordenação editorial Cristianne Lameirinha, Clívia Ramiro, Francis Manzoni, Jefferson Alves de Lima
Produção editorial Maria Elaine Andreoti
Coordenação gráfica Katia Verissimo
Produção gráfica Fabio Pinotti
Coordenação de comunicação Bruna Zarnoviec Daniel

Biblioteca Brasiliana Guita e José Mindlin

UNIVERSIDADE DE SÃO PAULO

Reitor Vahan Agopyan
Vice-reitor Antonio Carlos Hernandes

Pró-Reitoria de Cultura e Extensão Universitária
Pró-reitor Maria Aparecida de Andrade Moreira Machado
Pró-reitora adjunta Margarida Maria Krohling Kunsch

Biblioteca Brasiliana Guita e José Mindlin
Diretor Carlos Alberto de Moura Ribeiro Zeron
Vice-diretor Alexandre Moreli

Publicações BBM
Editor Plinio Martins Filho
Editora assistente Millena Santana

Edições Sesc São Paulo
Rua Serra da Bocaina, 570 – 11º andar
03174-000 – São Paulo, SP, Brasil
Tel.: 11 2607-9400
edicoes@sescsp.org.br
sescsp.org.br/edicoes
/edicoessescsp

Publicações BBM
Biblioteca Brasiliana Guita e José Mindlin
Rua da Biblioteca, 21
Cidade Universitária
05508-065 – São Paulo, SP, Brasil
Tel.: 11 2648-0840
bbm@usp.br

Celso Furtado
e os 60 Anos de
Formação Econômica do Brasil

ORGANIZAÇÃO
Alexandre Macchione Saes
Alexandre de Freitas Barbosa

© Alexandre Macchione Saes, 2021
© Alexandre de Freitas Barbosa, 2021
© Edições Sesc São Paulo, 2021
Todos os direitos reservados

Edição	Plinio Martins Filho
Preparação	Claudia Alejandra Sarmiento Moreno,
	Isabella Silva Teixeira, Millena Santana
Composição	Millena Santana Machado
Capa	Dalton Bertini Ruas
Revisão	Plinio Martins Filho

Dados Internacionais de Catalogação na Publicação (CIP)
(Câmara Brasileira do Livro, SP, Brasil)
Ficha catalográfica elaborada pelo Serviço de Biblioteca e Documentação da
Biblioteca Brasiliana Guita e José Mindlin (BBMUSP)

B238c

    Celso Furtado e os 60 anos de Formação Econômica do Brasil / organizadores: Alexandre de Freitas Barbosa; Alexandre Macchione Saes. – São Paulo: Edições Sesc, 2021.
    468 p.; 16 x 23 cm.

    ISBN Edições Sesc: 978-65-86111-26-2

    1. Celso Furtado. 2. História econômica. 3. Brasil. I. Organizadores. II. Título.

                                                                CDD: 330.0981

Bibliotecário
Repr. Téc.: Rodrigo M. Garcia, CRB8ª: SP-007584/O

Sumário

Faróis na Escuridão – *Danilo Santos de Miranda* 7
Prefácio – *Rosa Freire d'Aguiar* 9
Apresentação – *Alexandre Macchione Saes & Alexandre de Freitas Barbosa* 17

I. *Formação Econômica do Brasil* e o Gênero de "Formação"

1. Um Certo "Ar de Família": Formação, Inserção, Linhagens, Sequências – *André Botelho* 25
2. História, Economia e Projeto Político em *Formação Econômica do Brasil* – *Vera Alves Cepêda* 51
3. Os 60 Anos de *Formação Econômica do Brasil*: Pensamento, História e Historiografia – *Alexandre Macchione Saes & Rômulo Manzatto* 83

II. Da Economia Brasileira para a História Econômica: Os Debates Historiográficos Herdados de *Formação Econômica do Brasil*

4. *Formação Econômica do Brasil*: Celso Furtado como Historiador Econômico – *Flávio Rabelo Versiani* 121
5. *Formação Econômica do Brasil* e a Nova Historiografia Econômica Brasileira – *Flávio Saes* 163
6. Celso Furtado, Douglass North e a Nova História Econômica – *Mauro Boianovsky* . . . 197

III. Teoria e Método em *Formação Econômica do Brasil*

7. Celso Furtado e o Estruturalismo como Método – *Pedro Cezar Dutra Fonseca* 225

8. *Formação Econômica do Brasil*: Economia e História – *Mauricio C. Coutinho* *237*
9. Os Usos da História em *Formação Econômica do Brasil* – *Roberto Pereira Silva* ... *253*

IV. Da História Econômica para a Economia Brasileira: o Projeto Político de *Formação Econômica do Brasil*

10. Modelo Analítico e Projeto Político de *Formação Econômica do Brasil* – *Pedro Paulo Zahluth Bastos*. *281*
11. Luta de Classes Inibida? Furtado e a Especificidade da Estrutura Social Brasileira – *Fernando Rugitsky*. *327*
12. Sessenta Anos de *Formação Econômica do Brasil*: da Pré-Revolução Brasileira à Construção Interrompida – *Carlos Alberto Cordovano Vieira*. *357*

V. A Atualidade de *Formação Econômica do Brasil*

13. O Bonde Perdido do Desenvolvimento: Complexidade Econômica e a Atualidade de *Formação Econômica do Brasil* – *Fernanda Graziella Cardoso* *371*
14. A Dimensão de Futuro em *Formação Econômica do Brasil* – *Gilberto Bercovici* *395*
15. *Formação Econômica do Brasil*, 60 Anos Depois – *Alexandre de Freitas Barbosa* *405*

VI. O Arquivo de Celso Furtado no Instituto de Estudos Brasileiros

16. O Arquivo Pessoal de Celso Furtado: Relações e Relacionamentos para Além dos Bastidores da História Econômica – *Elisabete Marin Ribas*. *437*

Sobre os Autores. *461*

Faróis na Escuridão

•

Danilo Santos de Miranda
Diretor do Sesc São Paulo

A presença de um farol nas proximidades de uma praia, montanha, ou mesmo aeroporto, possibilita achegar-se com segurança e tranquilidade. Ao longo da história, tal dispositivo foi sendo aperfeiçoado para orientar os viajantes por terras, mares e ares desconhecidos. Dispor de um facho de luz em meio à escuridão contribuiu para que muitos acidentes fossem evitados. Nesse sentido, uma das funções dos faróis é servir de referência e, naturalmente, apontar caminhos e possibilidades de percurso até um destino determinado. No campo das ideias e das ciências humanas, esse papel é desempenhado pelos clássicos, isto é, obras e estudos que atravessaram gerações estimulando novos trabalhos e pesquisas na tentativa de refutar, superar ou continuar suas teses.

Clássicos, portanto, são saberes e conhecimentos legados por nossos antepassados. Memórias de valor incalculável que merecem ser visitadas, discutidas, analisadas e permanentemente disponibilizadas. No Brasil, os intelectuais e pensadores considerados clássicos, por suas interpretações e explicações dos processos históricos, socioeconômicos, políticos e culturais, formam um clube especial. Dentre estes, podemos citar Sérgio Buarque de Holanda, Gilberto Freyre, Caio Prado Jr., Roberto Simonsen, Antonio Candido, Paulo Freire; e, ao lado destes, Celso Furtado, cuja biografia, produção intelectual, atuação na CEPAL – Comissão Econômica para a América Latina – e, posteriormente, suas inúmeras participações na administração pública em diferentes governos, o tornaram figura de proa do pensamento contemporâneo brasileiro.

É nessa perspectiva de aprofundamento dos conhecimentos e do debate público que o Centro de Pesquisa e Formação do Sesc, em parceria com centros de estudos e pesquisadores de várias instituições, vem promovendo ciclos e jornadas sobre diversos autores e obras seminais, apresentando panoramas ampliados por meio de abordagens multidisciplinares. Foi este o caso de Celso Furtado e uma de suas obras mais influentes: *Formação Econômica do Brasil*. O evento "Celso Furtado e os 60 anos de *Formação Econômica do Brasil*", organizado junto à Biblioteca Brasiliana Guita e José Mindlin e ao Instituto de Estudos Brasileiros – IEB, ambos da USP, contou com a participação de 22 estudiosos discorrendo sobre a vida e a obra de Celso Furtado, incluindo seus arquivos pessoais e sua biblioteca. Grande parte das contribuições apresentadas naquela oportunidade ganham, agora, permanência e acessibilidade com a presente edição, publicada com o apoio cultural da BBM.

Nesses tempos de leituras apressadas e superficiais, trata-se de uma oportunidade de mergulhar no universo das ideias e dos projetos para a nação com base em um aprofundado programa de estudos, análises críticas, preservação e difusão de saberes. Ao mesmo tempo, investir em educação e cultura aproxima os cidadãos de uma participação ativa nas soluções de problemas atuais e futuros. Pois tem sido nessa seara que o Sesc tem atuado desde 1946, buscando fortalecer os valores democráticos em nossa sociedade.

Prefácio

Rosa Freire d'Aguiar

Em janeiro de 1959 chegava às livrarias a primeira edição de *Formação Econômica do Brasil*, de Celso Furtado. O volume tinha capa dura azul-marinho e sobrecapa vermelha com letras amarelas. O autor era um economista mais conhecido em outros plagas da América Latina do que no Brasil. Vinha de longa permanência em Santiago do Chile, onde por quase dez anos chefiara a Divisão de Desenvolvimento da Cepal. O editor apostou alto no novo livro do economista. A primeira edição foi de cinco mil exemplares – uma grande tiragem, à época, para um livro de não ficção –, esgotados em quatro meses, com o livro ocupando o terceiro lugar na lista dos mais vendidos; a segunda, de outros cinco mil; a terceira, no ano seguinte, de dez mil. Passado mais de meio século, *Formação* teve trinta e tantas edições e reimpressões, foi traduzido em nove línguas – espanhol, inglês, polonês, italiano, japonês, francês, alemão, romeno e chinês –, mereceu uma edição de luxo em seu cinquentenário[1]. Chega aos sessenta anos com o vigor das obras que integram a seleta de títulos seminais e fundadores do pensamento brasileiro.

Nesse percurso, *Formação* inspirou dezenas de teses, trabalhos, controvérsias, críticas elogiosas e reticentes. Sua permanência se deve, sem dúvida, ao pioneirismo do enfoque adotado pelo autor, bem como às intuições e pistas que abriu. É o que se percebe com clareza ao final da leitura deste volume. Seus organizadores, os jovens e competentes professores Alexandre de Freitas Barbosa e Alexandre

---

1. *Formação Econômica do Brasil, Edição Comemorativa dos 50 Anos*, Organização e Apresentação de Rosa Freire d'Aguiar, Introdução Luiz Felipe de Alencastro, São Paulo, Companhia das Letras, 2009.

Macchione Saes, reuniram aqui os *papers* do seminário "Celso Furtado e os 60 anos de *Formação Econômica do Brasil*", iniciativa conjunta da Biblioteca Brasiliana Guita e José Mindlin e do Instituto de Estudos Brasileiros da usp, realizado em novembro de 2019 no Centro de Pesquisa e Formação do Sesc. Assisti a algumas das nove mesas do encontro, participei de uma. Em todas surpreendeu-me o alto nível das releituras críticas feitas por cientistas sociais que, aqui e ali, me lembravam entomologistas de olhos apurados tentando desvendar a estrutura, as nervuras, os interstícios do objeto de estudo. Atrevo-me a dizer que todos captaram esse "modo amplo de ser e de ver" que um dia o historiador Francisco Iglesias atribuiu à obra de Celso Furtado, e muito em especial a *Formação Econômica do Brasil*.

"Formação", justamente: a palavra por pouco inexistente. Explico-me: *Formação* foi escrito à mão no ano sabático em que Celso passou em Cambridge. No manuscrito que guardo em casa lê-se o título *Introdução à Economia Brasileira*. Como ele mesmo contou[2], quando levava o manuscrito ao correio um colega – cujo nome infelizmente ele esqueceu – lhe sugeriu tentar reproduzi-lo na universidade. Foi feito um microfilme. Semanas depois, sem notícias do pai – o primeiro leitor de seus originais – nem do editor, Celso constatou que o gordo envelope enviado ao Rio de Janeiro extraviara-se. Pôs-se então a projetar o microfilme na parede de uma sala da biblioteca e a datilografar cada imagem em negativo, página por página, na Olivetti que então comprara na Itália. No momento de enviar a nova versão, soube por um amigo que pouco antes saíra o livro do economista Ignacio Rangel, *Introdução ao Desenvolvimento Econômico Brasileiro*[3]. Não hesitou: pediu que o irmão Jorge Furtado comunicasse ao pai a mudança do título. O livro se chamaria *Formação Econômica do Brasil*[4]. Se a mudança visava evitar alguma confusão com o título escolhido por seu colega economista, é verdade que Celso já tinha em mira a definitiva palavra "formação", que logo passou a empregar para anunciar o novo livro. Foi o que verifiquei ao iniciar, em 2018, o projeto de publicação de seus diários e li seus quase cinquenta cadernos de anotações. Num deles, em 18 de julho de 1958, escreve Celso:

2. *Obra Autobiográfica de Celso Furtado*, São Paulo, Companhia das Letras, 2014.
3. Ignacio Rangel, *Introdução ao Desenvolvimento Econômico Brasileiro*, Salvador, ufba, 1957.
4. "Vejo que o título que eu havia combinado com o português [o editor Mario de Moura] já foi tomado pelo Rangel (*Introdução ao Estudo* etc.). Resolvi mudar de título: *Formação Econômica do Brasil*. Por favor não o espalhe de imediato, para que não tenha a sorte do primeiro" (Carta de Celso Furtado a Jorge Furtado, Cambridge, 23 de junho de 1958).

Acabo de escrever um livro praticamente novo sobre o desenvolvimento econômico do Brasil. Aproveitei só uns 15% do texto do livro anterior, e desenvolvi substancialmente a análise do século XIX e do período colonial. Usei bastante material de história econômica comparativa e me esforcei para dar uma ideia do processo geral de *formação econômica* do país[5].

Dias antes, em carta ao economista Roberto Campos, comenta quase o mesmo:

Acabo de escrever um livro sobre o desenvolvimento da economia brasileira; do anterior aproveitei uns quinze por cento. Desta vez esforcei-me para apresentar uma visão de conjunto de todo o processo de formação econômica do país[6].

A "formação" de *Formação* não estava sozinha. O historiador Luiz Felipe de Alencastro lembrou que, não por acaso, "datam do governo Kubitschek os três livros mais importantes do pós-guerra": *Formação da Literatura Brasileira*, de Antonio Candido, *Os Donos do Poder: Formação do Patronato Político Brasileiro*, de Raymundo Faoro, e *Formação Econômica do Brasil*, de Celso Furtado"[7]. Eram tempos em que o otimismo embalava o país e seus intelectuais destrinchavam nossa identidade — na esteira de outras "formações" como a *Formação do Brasil Contemporâneo*, publicada anos antes por Caio Prado Jr.

"Caio Prado Jr.", justamente: a referência inexistente. Explico-me (uma segunda vez) recorrendo às palavras de Celso, que são conhecidas de seus exegetas mas que não custa trazer para este livro comemorativo, à guisa de lembrete. Disse ele em diversas ocasiões que, quando redigiu *Formação*, longe do país, sua ideia era "escrever um livro que explicasse o Brasil aos não brasileiros", pois, trabalhando nas Nações Unidas sobre outros países, "surpreendia-me a inexistência de livros que me ajudassem a entendê-los"[8]. Complementando esse pensamento, encontro em seus *Diários*:

5. *Diários Intermitentes de Celso Furtado. 1937-2002*, Organização, Apresentação e Notas de Rosa Freire d'Aguiar, Prefácio de João Antonio de Paula, São Paulo, Companhia das Letras, 2019 (grifo meu).
6. Carta de Celso Furtado a Roberto Campos, Cambridge, 14.7.58. Arquivo pessoal. O livro anterior é *A Economia Brasileira*, Rio de Janeiro, Valverde, 1954.
7. Cf. Luiz Felipe de Alencastro, "Introdução", *Formação Econômica do Brasil, Edição Comemorativa dos 50 Anos*.
8. "Há Trinta Anos, um Livro para Explicar o Brasil", entrevista a Jefferson Barros, *O Estado de S. Paulo*, 18.2.1989.

Sempre que na Cepal eu começava a estudar a economia de um país, procurava um livro que me desse uma ideia de conjunto do processo histórico que havia levado à situação atual. Quase nunca encontrei esse tipo de livro. Pois minha ideia foi escrevê-lo com respeito ao Brasil[9].

Nas primeiras linhas da Introdução à obra Celso esclareceu que ela pretendia ser "somente um esboço do processo histórico de formação da economia brasileira"[10]. É indiscutível que *Formação* é muito mais que um "esboço". Ele também advertiu que, por tratar-se de análise de processos econômicos e não de reconstituição de fatos históricos, omitia "quase totalmente a bibliografia histórica brasileira"[11]. Certos comentaristas, contudo, parecem ter omitido a advertência do autor, o que explicaria as críticas que dele cobraram uma bibliografia mais extensa que escapa ao gênero ensaístico.

Quando propus à Companhia das Letras a edição comemorativa dos cinquenta anos do livro, li toda a fortuna crítica que Celso guardara em seus arquivos. Dos quase cinquenta artigos que tínhamos em duas pastas, selecionei 21, que dividi em quatro blocos: contemporâneos à publicação das primeiras edições; prefácios das edições estrangeiras; artigos divulgados no exterior à medida que surgiram as traduções; resenhas atuais. Na leitura dos que escolhi como dos que deixei de lado, perpassava a questão bibliográfica. Uns a reprovavam por não ser suficientemente extensa. Tamás Szmrecsányi, por exemplo, apontou uma "base bibliográfica muito precária", embora supondo trabalhos que "quase certamente" Celso conhecia, ou que "muito provavelmente" levou em conta ao escrever o livro[12]. Outros, ao contrário, minimizavam a questão. Houve quem criticasse a bibliografia por não citar nennum brasileiro. E quem o fizesse por citar abundantemente os estrangeiros[13]. Vale referir a contagem feita por Francisco Iglesias, cujo escore indicou que *Formação* cita 46 estrangeiros e 5 brasi-

---

9. *Diários Intermitentes de Celso Furtado. 1937-2002.*
10. Celso Furtado, *Formação Econômica do Brasil*, Rio de Janeiro, Editora Fundo de Cultura, jan 1959.
11. *Idem.*
12. Cf. "Sobre a Formação de *Formação Econômica do Brasil*", *Estudos Avançados*, vol. 13, n. 37, 1999. Reproduzido na edição comemorativa dos cinquenta anos, *op. cit.*
13. Cf. minha Apresentação e a Fortuna Crítica de *Formação Econômica do Brasil, Edição Comemorativa dos 50 Anos, op. cit.*

leiros: Roberto Simonsen, João Ribeiro, Visconde de Mauá, Alice Canabrava e o próprio Celso[14].

Entre as ausências notadas (e notáveis), foi destacada a de Caio Prado Jr. A "referência inexistente" a que me referi acima constituiu, assim, um mistério sobremodo estudado por Szmrecsányi. O rigoroso pesquisador que ele era esquadrinhou um dos pontos de partida de *Formação*, a saber, a tese de doutoramento de Celso defendida na Universidade de Paris, em 1948: *L'Économie Coloniale au Brésil aux 16ᵉ et 17è siècles*. Lá encontrou as referências a Caio Prado Jr., justamente as faltantes em *Formação*[15]. Também Francisco de Oliveira observou que Caio Prado Jr. estava presente na tese mas ausente no "esboço"[16]. Como, aliás, Capistrano de Abreu, Nelson Werneck Sodré, Henri Pirenne e Jaime Cortesão, entre outros.

Quem melhor entendeu a noção de "esboço" foi, a meu ver – e também aos olhos de Celso, conforme comentou tantas vezes em conversas –, Francisco Iglesias. A esse historiador tão primoroso quanto arguto me remeto, e homenageio, por ter sido o primeiro com acuidade bastante para descortinar que

> [...] a falta de referências bibliográficas que comprovassem esse conhecimento [do processo histórico brasileiro] só engana o leitor ligeiro. Se elas são omitidas, é que não foi propósito do autor a reconstituição sistemática; faz-se apenas o levantamento do que é indispensável para compreensão do processos econômico[17].

Muitos anos depois, na virada do século, Tamás Szmrecsányi esteve em nossa casa no Rio. Foi uma conversa afável, num final de manhã. Ele queria falar da publicação da tese de doutoramento de Celso. Já em 2000 lhe escrevera comunicando que dela detinha uma cópia, em francês. Celso possuía outra, encaminhada alguns anos antes por Maria Eugenia Guimarães, então doutoranda de Francisco de Oliveira. Mas não pensara em publicá-la em português. Szmrecsányi, disse que

---

14. Francisco Iglesias, "Prefácio", *Formação Econômica do Brasil*, Brasília, Editora UnB, 1963, coleção Biblioteca Básica Brasileira.
15. "Sobre a Formação de *Formação Econômica do Brasil*".
16. "*Formação Econômica do Brasil*: Gênese, Importância e Influência Teóricas", de Francisco de Oliveira, em *Introdução ao Brasil – Um Banquete no Trópico*, org. Lourenço Dantas Mota, São Paulo, Senac, 1999.
17. Francisco Iglesias, "Prefácio", *Formação Econômica do Brasil*.

se dispunha a traduzi-la. Também propunha que a tese fosse editada pela Associação Brasileira de Pesquisadores em História Econômica, que ele então presidia. Semanas depois, a resposta de Celso:

> Recebi a sua carta de 17 de julho acompanhada do texto da tradução para o português do primeiro capítulo de minha tese. O problema que se colocará diz respeito aos textos que foram por mim traduzidos para o francês de originais em língua portuguesa. Trata-se de citações de autores brasileiros e portugueses. [...] Desde já estou disposto a doar os meus direitos autorais da primeira edição para a ABPHE[18].

No ano seguinte, 2001, encontramos em seus arquivos o original da tese, manuscrita com uma caneta Pelikan de tinta verde e arquivada num fichário preto. O orientador da tese, professor Maurice Byé, compreendia perfeitamente português desde que morara no Brasil, e assim Celso pôde redigi-la em sua língua, para fazê-la traduzir só no momento da defesa. Meio século depois, encontrado o original em português, já não fazia sentido retraduzir o exemplar em francês. Semanas mais tarde, estávamos diante da tela do computador, Celso a ler a tese e eu a digitá-la. Completamos certas referências bibliográficas, em especial com indicação de ano e local das publicações. Ademais, traduzi num Anexo o conjunto de citações em outros idiomas presentes no texto e nas notas de rodapé, publicando-o no final do volume[19].

A certa altura da conversa, Szmrecsányi comentou a polêmica em torno da bibliografia, a seu ver algo sucinta, de *Formação*. Celso não se esquivou e repetiu o que dissera em outras ocasiões: sua ideia fora ensaiar algumas hipóteses e interpretações, aproximando episódios e tempos distintos de nossa formação; seu objetivo fora fazer um livro de síntese; sua conclusão fora de que não cabia dar crédito a todos os que haviam contribuído para os estudos da história do país. O pesquisador pareceu convencer-se. É de supor que o mal-entendido tenha se esclarecido.

No último parágrafo de *Formação*, Celso arriscou-se a olhar para o horizonte do final do século XX e descortinou um Brasil que "ainda figurará como uma das

---

18. Carta de Celso Furtado a Tamás Szmrecsányi, Rio de Janeiro, 6.8.2000.
19. Celso Furtado, *Economia Colonial no Brasil nos Séculos XVI e XVII*, Hucitec/ABPHE, São Paulo, 2001.

grandes áreas da Terra em que maior é a disparidade entre o grau de desenvolvimento e a constelação de recursos potenciais". Em 1998, quando prefaciou a nova edição em francês de seu livro, concluiu prevendo que "hoje, no limiar de um novo século, não posso senão constatar que essa hipótese se mostra confirmada"[20]. O olhar, agora, parecia eivado de pessimismo – ou de realismo –, mas a rebatê-lo está a insistência com que Celso Furtado, até o fim da vida, afirmou que as deformações do subdesenvolvimento, tão estudadas em *Formação Econômica do Brasil*, não são uma fatalidade a que um país esteja condenado.

---

20. Celso Furtado, *Formation Économique du Brésil*, Paris, Publisud, 1998.

Apresentação

◆

Alexandre Macchione Saes & Alexandre de Freitas Barbosa

Em janeiro de 1959, Celso Furtado publicou *Formação Econômica do Brasil*, obra que rapidamente se transformou em clássico da literatura econômica e social do país. Ao apresentar uma síntese da história econômica do Brasil, o livro passou a ser leitura obrigatória para cientistas sociais inseridos no debate sobre a história e a economia brasileira, como também uma porta de entrada para estrangeiros interessados em conhecer aspectos da uma sociedade que vivia, em meados do século XX, um processo de intensa transformação.

Para a redação da obra, Celso Furtado mobilizou um arcabouço de teoria econômica original para a literatura nacional. Como membro da Comissão Econômica para a América Latina – Cepal, Furtado pôde aprofundar sua análise sobre a especificidade da formação das economias latino-americanas, enfatizando a dimensão do subdesenvolvimento. Por outro lado, tendo escrito o livro durante sua vivência na Universidade de Cambridge, interagindo com renomados economistas como Nicholas Kaldor, Piero Sraffa e Joan Robinson, Furtado também se arvorou em conhecimento resultante da revolução keynesiana, que seria fundamental para que o autor pudesse iluminar o papel do Estado no desenvolvimento nacional.

No campo da história, por outro lado, poucos anos depois de sua publicação, *Formação Econômica do Brasil* se consolidou como uma espécie de roteiro básico para os cursos de história econômica. A obra, que nascera comprometida com a reflexão sobre a economia brasileira, tornava-se também uma síntese sobre o nosso passado, que pautaria uma ampla agenda de pesquisa nos programas de pós-graduação do país. Qual historiador, independente do período a que se dedicasse, não teve que refutar, matizar ou ampliar as hipóteses formulados pelo autor, não obstante a sua afirmação de não ter produzido uma obra de "história econômica"?

Como se não bastasse, ao associar formulação teórica original e uma sintética interpretação ancorada no método histórico-estrutural, Celso Furtado debruçou-se sobre os desafios enfrentados pela sociedade brasileira nos anos 1950. O conhecimento da dinâmica do subdesenvolvimento era pré-condição para um projeto articulado e coerente de desenvolvimento. Se este projeto ainda não aparece com todos os seus contornos em *Formação Econômica do Brasil*, os leitores das suas primeiras edições – estudantes, servidores públicos e representantes de entidades sociais – saíam da leitura com a convicção de que, pela primeira vez na história, o projeto de desenvolvimento nacional tornava-se uma possibilidade concreta. Inclusive pelo fato de o autor ter destrinchado na obra as tensões e dilemas estruturais que se interpunham no meio do caminho.

Na síntese de Francisco de Oliveira, em *A Navegação Venturosa: Ensaios sobre Celso Furtado*, "para o erro ou para o acerto, boa parte da política econômica nas últimas cinco décadas é uma discussão em torno das formulações de *Formação Econômica do Brasil*".

Em suma, mantendo seu vigor interpretativo, característica de obras verdadeiramente clássicas, *Formação Econômica do Brasil* continua um texto incontornável para aqueles interessados na análise de longa duração da economia brasileira, como também uma obra que ainda produz preciosas sugestões sobre um projeto social e econômico de Brasil.

Assim, valendo-se da efeméride dos sessenta anos de publicação da obra, em 2019 foi realizado o evento Celso Furtado e os 60 anos de *Formação Econômica do Brasil*, organizado pela Biblioteca Brasiliana Guita e José Mindlin e pelo Instituto de Estudos Brasileiros, ambos da USP, e sediado pelo Centro de Pesquisa e Formação do Sesc. Na oportunidade, o evento contou com nove mesas e 22 especialistas sobre a obra e vida de Celso Furtado. O seminário discutiu não somente a relevância teórica e histórica da obra consagrada de Celso Furtado, como também avaliou sua contribuição interpretativa para pensar sobre os desafios contemporâneos.

O presente livro reúne parte significativa das contribuições apresentadas naquela oportunidade, investigando as diversas dimensões abertas pela obra ao longo de suas seis décadas de existência. Os organizadores aproveitam para a agradecer todos os autores, assim como os expositores, que estiveram presentes no evento e contribuíram com suas pesquisas para a reflexão sobre a obra de Celso Furtado.

As duas primeiras partes do livro exploram o lugar de *Formação Econômica do Brasil* na literatura brasileira, de um livro que nasceu como *best-seller* e formou gerações de economistas e cientistas sociais. "*Formação Econômica do Brasil* e o Gênero de Formação" insere a obra de Celso Furtado no contexto dos clássicos da literatura econômica e social brasileira. Mesmo publicado quase uma geração depois da tríade *Casa-Grande & Senzala*, *Raízes do Brasil* e *Formação do Brasil Contemporâneo*, é possível dizer que a obra de Furtado parte das pioneiras interpretações do Brasil para oferecer sua própria chave para a compreensão do país. André Botelho, Vera Cepêda, Alexandre Saes e Rômulo Manzatto problematizam essa noção de *Formação Econômica do Brasil* como parte de um gênero de "formação".

A segunda parte, "Da Economia Brasileira para a História Econômica: Os Debates Historiográficos Herdados de *Formação Econômica do Brasil*", por sua vez, demonstra como as teses e sínteses presentes na leitura histórica de Furtado sobre a economia brasileira produziram diversas hipóteses de pesquisa para estudos da historiografia nacional. Se Flávio Versiani e Flávio Saes abordam como a síntese de *Formação Econômica do Brasil* estimulou uma variada gama de pesquisas monográficas nas décadas seguintes a sua publicação, também problematizam o quanto as evidências empíricas conseguiram construir novas sínteses. Essa problemática também aparece no texto de Mauro Boianovsky, que explora o diálogo entre Celso Furtado, Douglass North e a Nova História Econômica.

Os textos reunidos nas duas partes seguintes, "Teoria e Método em *Formação Econômica do Brasil*" e "Da História Econômica para a Economia Brasileira: O Projeto Político de *Formação Econômica do Brasil*", exploram o impacto da obra entre os contemporâneos, decorrente tanto da capacidade do autor de mobilizar diferentes teorias para construir uma interpretação de Brasil muito própria, como a de oferecer, em fins da década de 1950, um projeto de Brasil por meio de uma leitura histórica do país. Pedro Dutra Fonseca, Maurício Coutinho e Roberto Pereira Silva explicitam como Furtado mobilizou teorias e métodos para produzir sua "obra prima do estruturalismo latino-americano", conforme definição de Ricardo Bielschowsky. Por outro lado, Pedro Paulo Bastos, Fernando Rugitsky e Carlos Cordovano Viera, partindo das especificidades da obra, exploram a relevância de *Formação Econômica do Brasil* para o debate político entre seus contemporâneos, isto é, para a construção de um projeto de país que se tornaria bastante influente.

Na quinta parte do livro, "A Atualidade de *Formação Econômica do Brasil*" há contribuições de Fernanda Cardoso, Gilberto Bercovici e Alexandre Barbosa. Os três artigos voltam-se para evidenciar o vigor de *Formação Econômica do Brasil* mesmo sessenta anos depois de sua primeira edição. Com dezenas de reimpressões, mais de trezentos mil exemplares vendidos e traduzida para oito línguas, a obra continua uma porta de entrada para aqueles que buscam conhecer a trajetória da economia brasileira. Os autores nos indicam, todavia, que *Formação Econômica do Brasil* é mais do que uma síntese sobre o passado brasileiro, e deve ser compreendido também como um instrumento de análise da conjuntura e de problematização dos caminhos para o desenvolvimento do país. Daí o convite para que o autor, além de citado, seja praticado por meio da "aplicação" do seu método para o Brasil contemporâneo, funcionando como ferramenta indispensável para a formulação de novas interpretações e utopias. Desta forma, ele pode continuar a fazer história.

O exercício de reler *Formação Econômica do Brasil* e de se voltar para a obra de Celso Furtado, em suma, ainda oferece amplo manancial tanto de pesquisas, como de projetos de futuro. Neste ano de 2020, centenário de nascimento de Celso Furtado, a sociedade recebe novo estímulo para revistar suas obras, reflexões e interpretações econômicas e políticas sobre o país, com a chegada de seu acervo no Instituto de Estudos Brasileiros da Universidade de São Paulo. Por isso, este volume se encerra com algumas reflexões de Elisabete Ribas sobre o potencial do arquivo de Celso Furtado.

O acervo, doado pela viúva de Celso Furtado, a jornalista e tradutora Rosa Freire d'Aguiar, será um desses mananciais para novas pesquisas, descobertas e perspectivas de análise, com potencial para ampliar a concepção de desenvolvimento, para além das leituras economicistas convencionais. Assim como este livro, que ao retomar o clássico *Formação Econômica do Brasil* sessenta anos depois, não deixou de propor novas reflexões, o estudo da obra e da trajetória do mestre Furtado certamente permite realizar uma análise crítica sobre o presente, especialmente em tempos tão sombrios como os de hoje, e apontar caminhos para a construção de alternativas civilizatórias.

Vale recuperar as sugestões de Celso Furtado nas suas últimas notas de seu diário, reiterando a importância do conhecimento e da utopia, que marcaram sua vida, além de cada vez mais necessárias nos dias de hoje:

Não basta vontade política. É necessário armar-se de conhecimentos para transformar o mundo (2000).

Nada traduz tão bem a face criadora de uma sociedade como sua capacidade de inventar utopias (2002)[1].

---

1. Celso Furtado, *Diários Intermitentes: 1937-2002,* São Paulo, Companhia das Letras, 2019, p. 427.

I

FORMAÇÃO ECONÔMICA DO BRASIL E O GÊNERO DE "FORMAÇÃO"

1

Um Certo "Ar de Família": Formação, Inserção, Linhagens, Sequências[1]

André Botelho

Eu começo agradecendo aos colegas Alexandre Freitas Barbosa e Alexandre Macchione Saes pelo convite. É sem dúvida um convite generoso, já que não sou especialista em Celso Furtado. Aceitei-o pelo que ele tem de instigante intelectualmente em torno da questão da "formação" que, cedo ou tarde, desafia a todo pesquisador da cultura brasileira. Mas, especialmente, pela importância intelectual e política de Celso Furtado e a necessidade de incorporar mais a sua obra ao repertório do pensamento social brasileiro, minha área de pesquisa. Estamos correndo riscos, porém. Tenho que adverti-los. Estou com dois colegas nessa mesa, e que há muito são também meus amigos, que além de terem muita experiência em pensamento social, ou pensamento político-social, como talvez eles prefiram, são também especialistas na obra do homenageado e/ou no próprio tema da mesa. Os trabalhos de Vera Alves Cepêda sobre Celso Furtado são referências incontornáveis para os pesquisadores da área[2]; e Bernardo Ricupero, além de vir escrevendo e orientando sobre o tema

---

1. A generosidade dos organizadores explica a inclusão destes comentários preparados para apresentação no seminário Celso Furtado e os 60 anos de *Formação Econômica do Brasil*, mesmo diante da impossibilidade de transformá-los, neste momento, num texto, digamos, mais sistemático. É isso que explica, ainda, a permanência da sua oralidade original em várias passagens. Inacabado, dedico-o ao colega e amigo Pedro Meira Monteiro.
2. Vera Alves Cepêda, "O Lugar da Teoria do Subdesenvolvimento de Celso Furtado no Pensamento Político dos Anos 50" e "Contextos e Funções da Democracia no Pensamento Furtadiano – 1944-1964", por exemplo.

da "formação", é também autor de um artigo sobre Furtado cujo assunto é praticamente o mesmo dessa mesa[3].

Pensar Celso Furtado e sua obra hoje, em especial *Formação Econômica do Brasil*, cujo aniversário de sessenta anos nos reúne aqui, em relação ao "gênero de formação" implica, a meu ver, percorrer um roteiro com três questões principais. A primeira, saber o que se está chamado de "gênero de formação" – a começar por discutir se é mesmo um "gênero", um "paradigma" ou um "campo problemático". A segunda, a pertinência e o rendimento analítico de situar Celso Furtado nele ou em relação a ele. Mas não apenas isso. Talvez, o mais importante hoje fosse saber se e o que o pensamento de Celso Furtado tem também a interpelar esse "gênero". E essa terceira questão seria justamente uma forma de refletir sobre a atualidade ou não do "gênero de formação" nos estudos do pensamento social brasileiro.

Não tenho, porém, pretensão de responder a essas questões. Na verdade, tal como vejo, esse é um desafio coletivo para essa mesa como um todo e, muito mais, para além dela ainda. Minha contribuição se limitará, se muito, à discussão da primeira das questões apontadas. Como o título da minha apresentação sugere, tomo a oportunidade para refletir sobre o debate que a questão da "formação" vem suscitando nos últimos anos. Espero que esta espécie de balanço que apresentarei, com base também em minha própria trajetória de pesquisa mais recente, possa, com a ajuda de vocês, constituir um ponto de partida para uma futura discussão mais sistemática sobre Celso Furtado – quem sabe já começamos algo nesse sentido, com a aproximação das comemorações do centenário de nascimento desse grande brasileiro. Minha aposta de todo modo é que a revisão da obra de Celso Frutado da perspectiva das questões mais amplas da área de pesquisa do pensamento social brasileiro pode nos ajudar também a abrir a caixa-preta da "formação". Enfatizo, já de saída, que, do meu ponto de vista, estamos diante de diferentes modos de ler a "diferença" no interior de práticas discursivas, materiais e institucionais que ajudaram a modelar algumas das mais persistentes linhas de interpretação sobre o Brasil e seus dilemas. Daí que o debate de ideias seja a forma possível – e a meu ver desejável – de aproximação ao tema.

3. Bernardo Ricupero, "Celso Furtado e o Pensamento Social Brasileiro"; Raphael Marino, *As Figurações da Formação no Pensamento Brasileiro*; Leonardo Octavio Belinelli de Brito, *Marxismo como Crítica da Ideologia: Um Estudo sobre os Pensamentos de Fernando Henrique Cardoso e Roberto Schwarz*.

I

Se eu interpretei corretamente o convite e o título dessa sessão, por "gênero de formação" devo compreender a discussão que, digamos, embora mais perene e dispersa no âmbito da tradição intelectual brasileira, ganha contornos decisivos na formulação de Paulo Eduardo Arantes em seu importante texto "Providências de um Crítico Literário na Periferia do Capitalismo". Embora originalmente publicado em 1992 num livro em homenagem a Antonio Candido, *Dentro do Texto, Dentro da Vida* (resultado de uma jornada em homenagem ao notável professor, crítico literário e também sociólogo), o texto de Arantes é peça fundamental do livro que, publicado com Otília Beatriz Fiori Arantes cinco anos depois, em 1997, *Sentido da Formação*, desdobrou, expandiu e de alguma forma consolidou para outros domínios disciplinares e personalidades intelectuais e artísticas o paradigma da "formação". É isso, aliás, que já se indica com o subtítulo escolhido para o livro – "Três Estudos sobre Antonio Candido, Gilda de Mello e Souza e Lúcio Costa" – que propõe uma interpretação de conjunto e integrada do que seria a dinâmica da vida cultural brasileira.

Como sabemos, em *Formação da Literatura Brasileira: Momentos Decisivos* (1959) de Antonio Candido, a ideia de "formação" compreende, segundo o próprio autor, "a existência de um conjunto de produtores literários, mais ou menos conscientes do seu papel; um conjunto de receptores, formando os diferentes tipos de público, sem os quais a obra não vive; um mecanismo transmissor (de modo geral, uma linguagem, traduzida em estilos) que liga uns a outros"[4]. Muito esquematicamente, o estudo da "formação" implicaria, então, em estabelecer uma espécie de causalidade interna num "sistema cultural" em constituição – a ideia central de "sistema" no funcionalismo vigente na sociologia da época joga aí papéis decisivos, mas nem sempre reconhecidos devidamente. Isto é, um nexo orgânico entre autores, obras e públicos que fosse capaz de incorporar ou aclimatar a partir de critérios próprios o "influxo externo" inevitável (de teorias, formas, doutrinas), dado o caráter não apenas recente, mas, sobretudo, subordinado da cultura brasileira em relação à cultura europeia. Assim, numa análise da "formação" seria capital indicar os "momentos decisivos" em que se delineiam, a despeito do influxo externo que sempre ameaça dissolver o processo, linhas evolutivas in-

---

4. Antonio Candido, *Formação da Literatura Brasileira*, p. 25.

ternas mais ou menos contínuas e estruturadas – isto é, é preciso detectar quando o processo está em vias de se "completar".

Essa busca de "linhas evolutivas mais ou menos contínuas" constituiria, argumenta Paulo Arantes, "verdadeira obsessão nacional", figurando no assunto e às vezes nos próprios títulos de vários outros livros importantes. Além do livro de Antonio Candido, estão lá *Formação do Brasil Contemporâneo*, de Caio Prado Jr., *Formação Econômica do Brasil*, do nosso homenageado, *Os Donos do Poder: Formação do Patronato Político Brasileiro*, de Raymundo Faoro, *Casa-Grande & Senzala*, de Gilberto Freyre, *Raízes do Brasil*, de Sérgio Buarque de Holanda etc.[5] Tomando essa recorrência como "cifra de uma experiência intelectual básica", Arantes observa que "na forma de grandes esquemas interpretativos em que se registram tendências reais na sociedade, tendências às voltas, não obstante, com uma espécie de atrofia congênita que teima em abortá-las, apanhava-se naquele corpus de ensaios sobretudo o propósito coletivo de dotar o meio gelatinoso de uma ossatura moderna que lhe sustentasse a evolução"[6].

Penso que o conjunto de problemas identificados por Paulo Arantes a partir da sua interpretação da categoria de "formação" de Antonio Candido pede sem dúvida desdobramentos. Particularmente no que diz respeito ao que o autor chama de "permanência variada da sensação de vida intelectual prejudicada, no caso, justamente pela ausência da força formativa que lhe assegure alguma fibra diante das inevitáveis flutuações do malfadado influxo externo, até segunda ordem, predominante"[7]. Assim, na interpretação de Arantes, justamente por expressar um ideal eurocêntrico, o paradigma da "formação" colocaria em evidência a falta de pressupostos históricos que de alguma forma emperrariam nosso desenvolvimento nessa direção, aliás, bastante predefinida. Formação, argumenta, é noção "a um tempo descritiva e normativa" e "que o horizonte descortinado pela ideia de formação corresse na direção do ideal europeu de civilização relativamente integrada" compreende-se por ser o "ponto de fuga de todo espírito brasileiro bem formado"[8]. Os problemas apontados por Arantes nos jogam, assim, no "centro"

---

5. Paulo Eduardo Arantes, "Providências de um Crítico Literário na Periferia do Capitalismo", p. 11.
6. *Idem*, pp. 11-12.
7. *Idem*, p. 14.
8. *Idem*, pp. 11-12.

da reflexão cultural "periférica", abusando dos trocadilhos, que são as questões sobre o Brasil como "cópia" e os diferentes modos de ler a "diferença" na cultura brasileira.

Não tenho como prosseguir diretamente com a questão neste momento. Estou ciente, porém, que a discussão de Arantes sobre o paradigma da "formação" se relaciona, de várias formas, à análise que já vinha fazendo anteriormente sobre a questão da "dualidade" no repertório intelectual brasileiro. Refiro-me, claro, a *Sentimento da Dialética na Experiência Intelectual Brasileira*, de 1992, no qual, confrontando as perspectivas de Roberto Schwarz e Antonio Candido, o autor formaliza numa perspectiva sintética a ideia de superação de um sentimento difuso de dualidade, como uma espécie de dado da realidade brasileira, pela perspectiva dialética, que vê como superior a outras. Gostaria de lembrar, para enfatizar o ponto, que em 2007, em entrevista concedida por Roberto Schwarz em Caxambu a Lilia Moritz Schwarcz e a mim, em certo sentido preparatória para as comemorações dos trinta anos de *Ao Vencedor as Batatas* que fizemos no Grupo de Trabalho Pensamento Social Brasileiro da Anpocs, que então coordenávamos, voltamos a essa discussão. Perguntado sobre a crítica da professora Maria Sylvia de Carvalho Franco ao seu texto-manifesto "As Ideias Fora do Lugar", especialmente a de que ele reporia uma visão dualista, o professor Schwarz nos respondeu que "o dualismo não se suprime por um ato de vontade, ele é um dado geral do capitalismo em toda parte, é a sociedade cindida. Agora, se você é um espírito dialético, não para na dualidade e trata de revê-la dentro de um movimento mais amplo e de fundo. Entretanto se você recusa a dualidade como ponto de partida, você não faz análise dialética. Aliás, não só dialética, vira tudo um mingau indiferenciado"[9].

Voltemos, porém, à "formação". Embora Paulo Arantes informe, na segunda nota de seu texto, que deve a "Roberto Schwarz o reconhecimento do ar de família que reúne as nossas diversas 'formações' em torno do mesmo foco, que a seguir procuro fixar"[10], é interessante perceber como, para o próprio Schwarz, talvez, o problema estivesse justamente nessa aparente unidade, nesse "ar de família". Assevera Schwarz duas questões decisivas nesse sentido: primeiro que a categoria

---

9. Roberto Schwarz, "Ao Vencedor as Batatas 30 Anos: Crítica da Cultura e Processo Social", p. 234.
10. Paulo Eduardo Arantes, "Providências de um Crítico Literário na Periferia do Capitalismo", p. 63.

"formação" comporta ao longo da nossa história os mais diferentes usos, "conservadores ou transformadores"; segundo, que o seu "sentido", no caso específico do livro de Antonio Candido de onde, de certa forma, é generalizado para pensar a experiência intelectual brasileira mais ampla, aponta para uma esfera muito particular, a literária, já formada a partir do último quartel do século XIX, a despeito dos dilemas formativos de outras esferas, ou mesmo do conjunto da sociedade[11].

Justamente o "ar de família" é o problema que eu gostaria de problematizar no debate mais amplo sobre "formação". Recorro às reflexões surgidas no meu próprio trabalho de pesquisa e interlocuções acadêmicas para ilustrar minha preocupação com as dificuldades que vejo envolvidas na busca de unidades mais ou menos estáveis para os chamados ensaios de interpretação do Brasil. No lugar da unidade, pretendi ressaltar em meus trabalhos, antes, sua instabilidade, contingências, fissuras e diferenças constitutivas, o que permitiu ao menos explicitar o sentido conflituoso e concorrente, ainda que eventualmente cumulativo, entre diferentes interpretações do Brasil. Delimito, desse modo, meu recorte no tema vasto da "formação" e a perspectiva que gostaria de discutir a partir daqui: que diferenças se escondem sob esse – e qualquer outro – ar de família? Claro que, como em qualquer família, também no caso da tradição intelectual brasileira, por vezes "os mais próximos são os mais distantes, e ninguém pode impedir que um Montecchio se apaixone por uma Capuleto", como observava argutamente Gildo Marçal Brandão[12].

O texto de Roberto Schwarz que evoquei anteriormente, peça central nesse debate e também tão importante para minha reflexão, é "Os Sete Fôlegos de um Livro", um dos quatro ensaios sobre Antonio Candido, seu professor, reunidos na primeira parte do livro de 1999 e para o qual Schwarz, talvez, não por acaso tenha escolhido o título geral de *Sequências Brasileiras*. A meu ver, é esta uma fórmula que sem dúvida permite problematizar, para dizer o mínimo, justamente a ideia de "formação" e o ideal normativo a ela comumente associado de uma seriação progressiva, integradora e teleológica de manifestações culturais – no caso de Candido e Schwarz, da literatura; no meu, dos ensaios.

---

11. Roberto Schwarz, "Os Sete Fôlegos de um Livro", pp. 17, 55.
12. Gildo Marçal Brandão, *Linhagens do Pensamento Político Brasileiro*, p. 39.

Transpondo o argumento de Schwarz ao campo do pensamento social voltado à investigação dos ensaios de interpretação do Brasil, poderíamos acrescentar ainda que mesmo o movimento metodológico comum que diferentes ensaios realizam de voltar ao "passado colonial" para buscar conferir inteligibilidade aos dilemas do presente não parece suficiente para inferir uma unidade estável entre eles. Afinal, se realizam em conjunto aquele movimento, para pensar a dimensão de processo inscrita no presente vivido, como Antonio Candido se referiu ao legado dos ensaístas de 1930 para a sua própria geração[13], são muito diferentes, porém, e mesmo conflitantes, as formas como cada um dos ensaios o realizam. Em cada um deles, como observa Elide Rugai Bastos, não apenas a noção de "processo" é distinta, como a própria "versão do passado é diferente porque, entre várias outras razões, é diversa a visão sobre o lugar da tradição na explicação do país"[14].

Então, talvez, a primeira questão a se enfrentar seja a relativa ao próprio estatuto cognitivo da "formação": trata-se de um "gênero" (como sugerido pelo título da mesa)? De um "paradigma" ou de um "campo problemático"? Essa última alternativa me parece favorecer mais o entrecruzamento de perspectivas e sentidos diferentes e divergentes que, no entanto, compartilham um contexto comum de problemas e questões. Ainda que essas diferentes formas de pensar a "formação" possam ser válidas, é preciso atentar também para os limites teóricos que implicam. Sem que possa desenvolver o assunto aqui, observo que "gênero" e "paradigma" formalizam demasiadamente a variedade empírica das manifestações que buscam compreender, aparando arestas que são significativas demais para serem deixadas de lado. Como chamei a atenção logo de saída, e irei repetir ao longo desses comentários, "formação" nos coloca diante de modos específicos de ler a diferença cultural no interior de práticas discursivas e institucionais que vêm moldando persistentes linhas de interpretação sobre o Brasil e seus dilemas. Daí que, talvez, se possa mesmo falar nos termos de uma "episteme" no sentido definido por Michel Foucault como, ademais, já foi proposto por Silviano Santiago a propósito do nosso tema: "pode-se considerá-lo único e elástico na sua rentabilidade discursiva. E intenso na multiplicidade de visões históricas e de versões

---

13. Antonio Candido, "O Significado de *Raízes do Brasil*", p. 235.
14. Elide Rugai Bastos, "*Raízes do Brasil – Sobrados e Mucambos*: Um Diálogo", p. 20.

identitárias do brasileiro e da nação brasileira, a que ele deu curso"[15]. Prossegue o crítico: "Ao se elevar à condição de paradigma, 'formação' funda e estrutura, no século XX brasileiro, os múltiplos saberes confessionais, artísticos e científicos que compartilham certas características gerais ou formas do nosso ser e estar em processo de desenvolvimento"[16].

II

Celso Furtado tem sido lembrado nas discussões sobre a "formação" tanto pelo lado da crítica, digamos, instituidora da episteme da "formação", como no já citado texto de Paulo Arantes, quanto pelo lado da crítica que vem apontando o seu esgotamento, como no texto de Marcos Nobre "Depois da 'Formação'", de 2012. Concentremo-nos agora nessa segunda posição. Diz Nobre:

Publicados depois de pelo menos vinte anos de vigência do nacional-desenvolvimentismo e em ambiente de incipiente mas existente democracia, *Formação da Literatura Brasileira* (1957), de Antonio Candido, e *Formação Econômica do Brasil* (1959), de Celso Furtado, já apresentavam um grau de complexidade muito superior ao fornecido pelo par antitético original "arcaico" e "moderno". Tratava-se, ali, de recolocar os problemas em termos de um vínculo interno entre "nacional-desenvolvimentismo" e "democracia", entre modernização e justiça social. Sua característica marcante foi reconstruir a história do país como estações de um processo de formação em curso, já parcialmente realizado, cujo sentido permitiria, por sua vez, delinear tendências de desenvolvimento e mesmo de continuidade. É assim que, nesses dois livros, a ênfase recai não sobre o diagnóstico dos "arcaísmos", mas sobre a lenta, porém progressiva, cristalização de instituições sociais que representavam realizações, mesmo que parciais e incompletas, do "moderno brasileiro" (numa palavra: o "sistema literário", para Candido; o "mercado interno", para Furtado)[17].

Para Nobre, o que vê como "positividade e progressividade" da formação não poderia mais ser sustentado, nesses termos, depois do golpe civil-militar de 1964: "era necessário abandonar a perspectiva por demais "positiva" dos pensadores de

---

15. Silviano Santiago, "A Anatomia da Formação: A Literatura Brasileira à Luz do Pós-Colonialismo".
16. *Idem*.
17. Marcos Nobre, "Depois da *Formação*".

referência do paradigma da "formação" e produzir um novo diagnóstico, ainda mais complexo e, sobretudo, permeado por uma 'negatividade' que ficou em segundo plano nos modelos originais de Candido e Furtado"[18].

Naquele contexto, argumenta Nobre, desenvolveu-se uma "autocrítica" que justamente acabou por firmar a hegemonia intelectual do paradigma da formação, com destaque para a atução do grupo então reunido no Centro Brasileiro de Análise e Planejamento (Cebrap). Entre os trabalhos emblemáticos desse "momento reflexivo" do paradigma destaca *Crítica à Razão Dualista* (ensaio de 1972, publicado em livro em 1981), de Francisco de Oliveira, e trabalhos de Roberto Schwarz sobre Machado de Assis cuja publicação ainda se deu ao longo da década de 1990. Ao contrário do que, talvez, fosse mais previsível de se esperar, porém, esses trabalhos, como lembra Nobre, em grande medida só foram possíveis tendo em vista as possibilidades abertas pelo trabalho de Fernando Henrique Cardoso. Disse contrariando expectativas, porque este autor, como se sabe, em grande medida como reação a diferentes desenvolvimentismos, já havia mostrado, em *Dependência e Desenvolvimento na América Latina*, de 1967, escrito em parceria com Enzo Faletto, que a opção por um desenvolvimento "dependente associado" se apresentava como um entrave estrutural, impondo severas limitações às pretensões do projeto de desenvolvimento autônomo e soberano do nacional-desenvolvimentismo[19].

Seja como for, justamente trabalhos de Roberto Schwarcz sobre Machado de Assis, ao lado do de Paulo Arantes já citado, teriam chegado até o limiar do novo século sustentando aquele paradigma da "formação", apesar de ser inviável a continuidade de "qualquer projeto de tipo nacional-desenvolvimentista", dadas as mudanças estruturais do capitalismo e, no caso do Brasil, com a saída da ditadura e a redemocratização do país. Explica Nobre:

> A conjunção desses dois movimentos tectônicos tornou caduco não apenas o paradigma da "formação": tornou inviável qualquer ideia de "projeto de país" nos termos em que o nacional-desenvolvimentismo (em suas variadas formas) cunhou a expressão. Pois, em condições democráticas, um "projeto de país" – ou um padrão de desenvolvimento – é o

---

18. *Idem.*
19. Karim Abdalla Helayel, *Um Sociólogo na Periferia do Capitalismo: A Sociologia Histórico-Comparada de Fernando Henrique Cardoso.*

resultado de uma ampla luta social e política, travada ao longo de décadas, dentro e fora do poder de Estado, conflito moldado por diferentes correlações de forças e por diferentes constelações hegemônicas[20].

No fundo, o argumento de Nobre – lembrando tanto de processos econômicos e políticos em curso desde então quanto de alguns textos emblemáticos do período que levariam aos limites e exporiam simultaneamente suas idiossincrasias, como os de Rodrigo Naves, na teoria da arte, e de Luiz Felipe de Alencastro, na historigorafia da escravidão – trata de uma "sobrevida solidária" do paradigma da formação: Diz ele:

> Entretanto, a longa hegemonia do nacional-desenvolvimentismo – e, no seu interior, do paradigma da "formação" em particular – produziu algo como um "carecimento de um projeto de país" exposto em seu conjunto; e o não preenchimento dessa falta não faz senão reforçar a própria lógica do carecimento. Dito em uma frase, no momento em que as condições para a produção de um sucedâneo do nacional-desenvolvimentismo estão inteiramente ausentes, a continuidade da defesa (implícita ou explícita) do paradigma da "formação" cumpre uma função primordialmente ideológica – e retrógrada[21].

Em suma, o texto de Nobre conclama a uma espécie de "destravamento da inteligência e da crítica" que, segundo ele, só viria com o "reconhecimento de que um processo de 'formação' se encerrou – ainda que não tenha se completado da maneira como esperava o paradigma"[22].

Não é o caso de, neste momento, discutir detalhadamente esses argumentos. Todavia, é possível perceber que, como no caso do texto de Paulo Arantes, um dos objetos principais da sua crítica, "formação" também no texto de Nobre figura como um paradigma bastante unificado, com arestas por demais aparadas entre as diferentes ideias de formação envolvidas. A seguir, quero argumentar que mesmo se considerada como um "paradigma" (o que acontece em ambos os casos), a ideia de "formação" é muito mais fraturada, diversa e mesmo descontínua do que também Nobre tende a caracterizar. Lembrarei nesse sentido da questão das sequ-

---

20. Marcos Nobre, "Depois da *Formação*".
21. *Idem*.
22. *Idem*.

ências em Roberto Schwarz e, em parte, a partir dele, no meu próprio trabalho de pesquisa sobre os ensaios de interpretação do Brasil.

Meu interesse em enfatizar descontinuidades e contingências talvez se deva mesmo porque, como sociólogo, esteja sempre desafiado a pensar as ideias como forças sociais reflexivas. Isto é, as ideias não apenas como produtos sociais, mas também, reflexivamente, produtoras do social. Semântica da permanência e da mudança, as interpretações do Brasil interagem no processo social com elementos de ordens diversas, mobilizando, reiterando e transformando repertórios ou gramáticas intelectuais e sentimentais – que são sempre culturais e políticos. Nesse processo, em meio às contendas dos atores e grupos sociais, formas de narrativas e de ação perdem e ganham eficácia, assim como se alteram os modos de sensibilização e reconhecimento diante dos problemas sociais. E, apesar do aprendizado social envolvido, nem sempre resultam em mudanças na sociedade, pois dependem sempre de portadores sociais e das relações estabelecidas entre eles para se efetivarem ou não como forças sociais[23].

Desse ponto de vista, como quero argumentar, a própria sensação de unidade, uniformidade e de estabilidade associada por seus formuladores e críticos ao paradigma da "formação" se perde em alguma medida, e "lascas" interessantes surgem, algumas levando a "fissuras" que talvez nos permitam divisar novas perspectivas. Verdade que a busca desse lugar pode parecer em si mesma anacrônica e que, mesmo encontrando-o, já seja tarde demais para o cumprimento de alguns dos objetivos nele implicados. Com algum exagero, porém, pondero que essa tentativa talvez se torne mais necessária e urgente para nós justamente por não fazer mais diferença – ao menos nos termos colocados por seus críticos.

As reviravoltas na espiral da democracia não pararam – como bem sabemos hoje, mais do que em 2012 – no Brasil e no mundo. O contexto atual da sociedade brasileira, não é segredo, mostra-se bastante diferente daquele de (poucos) anos atrás, quando, de fato, o anacronismo dos problemas sociais implicados na ideia de formação parecia mais convincente do que talvez nos seja hoje. O aumento crescente das desigualdades sociais e a intensificação de sua naturalização ideológica, bem como o retraimento da esfera pública e os ataques diretos à democracia que, a muitos, parecia constituir a essa altura da história um mero pressuposto

---

23. André Botelho, *O Retorno da Sociedade. Política e Interpretações do Brasil.*

analítico, ou um dado da realidade social, para não falar das mudanças associadas em curso no capitalismo global, penso, mudaram a pauta do debate intelectual. Esses fenômenos estão mesmo exigindo interpretações sociológicas mais vigorosas, após certo refluxo das chamadas grandes narrativas. A sociologia ganha novo destaque nesse contexto, na medida em que vai se tornando mais claro do que nunca que as inovações institucionais e tecnológicas não se realizam, de fato, num vazio de relações sociais. A institucionalização democrática das últimas décadas, em suma, não anulou a socialização autoritária tradicional na sociedade brasileira.

De fato, se essas questões dizem respeito até certo ponto a qualquer sociedade, elas são particularmente sensíveis naquelas que estávamos acostumados a chamar de "dependentes". Não importa muito para a nossa discussão neste momento se "dependência cultural" ainda é a melhor categoria ou não para dar conta do problema, mesmo que os fenômenos envolvidos não sejam hoje exatamente os mesmos do passado. Seja como for, continua a existir uma geopolítica mundial da cultura com relações e trocas assimétricas e recriação de hierarquias de vários tipos. Até aqui, a chamada mundialização da cultura não parece estar, de fato, gerando exatamente relações multicêntricas ou mais simétricas, apesar da intensificação de trocas de todos os tipos garantidas, por exemplo, pelo desenvolvimento tecnológico.

As interpretações do Brasil, penso, representam uma espécie de "repertório cognitivo" a que podemos recorrer manifesta ou tacitamente para buscar motivação, perspectiva e argumentos em nossas contendas, bem como na mobilização de identidades coletivas e de culturas políticas. Por isso, é preciso, então, começar por reconhecer que elas não constituem realidades ontológicas estáveis. São antes objetos de disputas cognitivas e políticas e, nesse sentido, recursos abertos e contingentes, ainda que não aleatórios, no presente.

Isso me remete à crítica de Silviano Santiago à episteme da "formação". Santiago, como se sabe, contrapõe conceitualmente "inserção" à "formação", defendendo que o estudo (no seu caso) das "letras nacionais" não mais se dê sob a perspectiva de seu "desenvolvimento", mas do ponto de vista de sua "inserção" no panorama internacional. Em "Anatomia da Formação: A Literatura Brasileira à Luz do Pós-Colonialismo", observa o crítico que se o "problema do desenvolvimento nacional nunca deixará de ser alicerce e impulso para a reflexão", o discurso da formação já se mostraria agônico numa indicação de que o paradigma que o informava estaria "a perder a condição de prioritário. A exaustão deriva de transformações significativas na definição de prioridades nacionais, das prioridades materiais no novo milênio que exigem outro feixe de discursos afins e complementares, que constituirão novo paradigma". Assim, o momento presente, que seria o da "iminência do corte epistemológico", já deixaria a mostra, por exemplo, um ideal normativo eurocêntrico que fez com que o discurso da formação permanecesse alheio a novas questões e a novos objetos, isolando a literatura brasileira da revisão pós-colonialista[24].

Perceba-se como a normatividade eurocêntrica que o texto de Paulo Arantes indica como um pressuposto da ideia de formação de Antonio Candido e de toda uma plêiade de autores, mas que ele mesmo não problematiza, como tampouco o texto de Marcos Nobre, ganha o primeiro plano no argumento de Santiago. Por certo, a discussão de Silviano Santiago sobre "inserção" em contraposição à "formação" relaciona-se ao seu trabalho teórico mais longo e amplo. Penso que um marco mais recente importante nesse sentido encontra-se no estudo introdutório à obra *Intérpretes do Brasil* que reuniu, em três volumes, alguns dos estudos clássicos da formação da sociedade, do Estado e da cultura brasileiros, no contexto das comemorações dos quinhentos anos do dito descobrimento do Brasil, em 2000. Alguns dos livros que, observa Silviano já de saída, "temos e que envolvem, de maneira descritiva, ensaística ou ficcional, o território chamado Brasil e o povo chamado brasileiro, sempre serviram a nós de farol (e não de *espelho*, como quer uma teoria mimética apegada à relação estreita entre realidade e discurso)"[25]. Mostra o autor como em diferentes interpretações recolocam-se em questão "identidade", "hierarquia" e "liderança" na sociedade que se veio formando no contexto do império colonial português na América, e como a palavra escrita sempre constituiu um mecanismo de abordagem dos problemas e de estabelecimento dos valores sociais, políticos, econômicos e estéticos da nova terra e da sua gente. Assim, forma-se uma tradição intelectual entre a metrópole e a colônia, não raro, porém, respondendo "às próprias perguntas que colocam, umas atrás das outras, em termos de violentas afirmações europeocêntricas"[26].

---

24. Silviano Santiago, "A Anatomia da Formação: A Literatura Brasileira à Luz do Pós-Colonialismo".
25. Silviano Santiago, *Intérpretes do Brasil*, p. 2.
26. *Idem, ibidem*.

Mas, o "paradigma da inserção" remonta, a meu ver, ao seu ensaio seminal "O Entrelugar da Literatura Latino-Americana", publicado originalmente em inglês em 1971, e recolhido em *Uma Literatura nos Trópicos: Ensaios sobre Dependência Cultural*, de 1978. Falar em um "entrelugar" implica, é preciso deixar claro, pensar um lugar concreto e específico, e não um mero lugar de passagem, ou um "não lugar" à *la* Marc Augé. O que confere densidade histórica e geográfica a ele é o empreendimento colonial, construído sob o signo da homogeneidade e pelo apagamento sistemático da diferença, afinal, "na álgebra do conquistador a unidade é a única medida que conta", como diz Silviano[27]. Todavia, se o colonialismo procurava a todo custo apagar as diferenças, sua própria dinâmica fez com que novas relações, imagens e sons aparecessem – pouco identificáveis aos olhos e ouvidos talvez insensíveis do colonizador. Assim, o "entrelugar" é também um lugar *a partir* do qual se fala, e não apenas *sobre* o qual se pode dizer algo. Caberia ao intelectual latino-americano, antes de tudo, compreender esse lugar e saber usá-lo, transformar o "entrelugar" em um espaço eminentemente analítico para ver o mundo desde uma perspectiva própria.

Não sendo o caso de prosseguir com essa contextualização das ideias de Santiago, das quais, inclusive, venho me ocupando[28], lembro apenas, porém, que as questões implicadas no "paradigma da inserção" ganham desdobramentos e formulações decisivas nos ensaios reunidos em *O Cosmopolitismo do Pobre*, de 2008, especialmente sua crítica à pesquisa das "fontes" ou das "influências", que, segundo ele, apenas reproduziriam o discurso neocolonialista e policialesco das origens, e, portanto, da pureza capaz de iluminar o resto. Ao contrário, o que interessa desse ponto de vista são os deslocamentos e tensionamentos das visões estáveis e polarizadas de identidade; as múltiplas variações de significado a partir de um mesmo e aparente cristalizado significante.

III

Faço agora um parêntesis para situar alguns trabalhos meus nesse quadro e minha visão mais matizada das possibilidades analíticas da ideia de formação de

---

27. Silviano Santiago, *Uma Literatura nos Trópicos: Ensaios sobre Dependência Cultural*, p. 26.
28. André Botelho, "Sinal dos Tempos: Anacronismo e Atualidade de Uma Literatura nos Trópicos".

Antonio Candido, bem como minha aposta na ideia de sequências, que tomo em parte a Roberto Schwarz.

Em balanço escrito com Elide Rugai Bastos sobre o interesse contemporâneo das ciências sociais brasileiras pela tradição intelectual do pensamento social, nós argumentamos que, longe de constituir um traço idiossincrático da sua prática no Brasil, esse interesse em franco crescimento, aliás, pode ser relacionado de várias formas à controvérsia mais ampla sobre a importância dos clássicos nas ciências sociais como um todo[29]. Fundamentalmente, os clássicos expressam uma característica crucial das ciências sociais, que, como toda disciplina de natureza intelectual, trazem em si uma história construída[30]. Por isso, pode-se dizer que a renovação do interesse pela tradição sociológica brasileira explicita conflitos a respeito da própria identidade disciplinar das ciências sociais. E, mais ainda, indica também que o exame constante de suas realizações passadas, inclusive através da exegese de textos e de outras fontes de pesquisas documentais, assume papel muito mais do que tangencial na prática corrente das disciplinas que a compóem. Pois, em contraste com o que ocorre nas ciências naturais, a lógica das ciências sociais exige que, para que elas atinjam seus fins, refaçam o seu próprio caminho – se assemelhando, neste aspecto, ao trabalho de Penélope.

Partindo da ideia de formação de Antonio Candido, nosso texto operou segundo duas afirmações complementares que, de alguma forma, também a colocavam em discussão. De um lado, pretendemos mostrar que a reflexão sobre o pensamento social constitui-se elemento fundamental para a compreensão do movimento geral da sociedade brasileira; de outro, que o entendimento do sentido das ideias só pode ser alcançado se referido a um quadro social, político, econômico e cultural concreto. Utilizar a noção de "formação" foi, então, a estratégia pela qual procuramos problematizar a existência ou não de linhas evolutivas mais contínuas no pensamento brasileiro. Essa posição se expressa na consideração tanto de elementos de continuidade quanto de descontinuidade entre os diferentes textos que buscam dar conta do processo de constituição da sociedade brasileira. Tratava-se de mostrar, diferentemente de grande parte das teses sobre o assunto, a não existência de rupturas essenciais (ou de natureza?) entre os denominados

---

29. Elide Rugai Bastos & André Botelho, "Horizontes das Ciências Sociais: Pensamento Social Brasileiro".
30. Jeffrey C. Alexander, "A Importância dos Clássicos".

ensaios de interpretação do Brasil e os estudos monográficos científicos sobre a sociedade, produtos da reflexão que se dará na universidade. Em outros termos, falar de formação significa pensar como se dá o processo de análise social no cenário histórico brasileiro. Posto deste modo, mesmo considerando-se que o pensamento social não constitui objeto específico de uma disciplina em particular, partimos da afirmação de ser o estudo sobre os intelectuais e sua interpretação do país elemento constitutivo da reflexão sociológica brasileira. Através dele podemos reconstituir os problemas e os embates que atravessam, em diversos tempos, a sociedade brasileira.

Assim, nesse texto, menos do que um ideal e uma abordagem de seriação diacrônica, o problema da "formação" posto por Antonio Candido nos permitiu rastrear a reposição da reflexão sobre os limites de nossa modernidade e, por consequência, o exame sobre a posição e o papel dos intelectuais no Brasil. O problema da seriação das ideias, porém, persistia. Afinal, no texto paradigma de Candido, "formação" supõe um fim positivo e necessário: a passagem – evocada pela célebre imagem da transmissão da tocha entre corredores – de uma situação inicial de "manifestações avulsas" para uma "formação" sistêmica orgânica e estruturada segundo linhas mais ou menos definidas. É exatamente quando a atividade dos escritores de um dado período se integra em sistema que "ocorre outro elemento decisivo: a formação da continuidade literária – espécie de transmissão da tocha entre corredores, que assegura no tempo e no movimento conjunto, definindo os lineamentos de um todo"[31].

Inspirei-me na crítica de Roberto Schwarz à ideia de "formação" de Antonio Candido em duas outras ocasiões principais. A primeira, ao empregar a ideia de "sequencias" num artigo de 2007[32]. Por meio dessa categoria busquei capturar um conhecimento particular da sociologia sobre a política, construído ao longo do tempo, por autores de diferentes gerações e orientações ideológicas, mas enlaçados por desafios, conflitos e linguagens também compartilhados. Embora tenha desaparecido do título do meu livro recém-publicado, *O Retorno da Sociedade: Política e Interpretações do Brasil*, é a ideia de sequências que não apenas enfeixa os capítulos, como informa a espécie de metateoria que estou propondo, uma

---

31. Antonio Candido, *Formação da Literatura Brasileira*, pp. 25-26.
32. André Botelho, "Sequências de uma Sociologia Política Brasileira".

sociologia da sociologia política. Na minha acepção "sequências" é, assim, um recurso analítico, da família do tipo ideal weberiano, forjado para repensar, na longa duração, diferentes intepretações sociológicas sobre as relações entre Estado e sociedade e também público e privado na sociedade brasileira.

"Sequências" configura, portanto, uma proposta de abordagem diacrônica entre textos e contextos que abre espaço para a reconstituição de linhas cognitivas não apenas comuns, mas também diferentes e, desse modo, de processos de acumulação intelectual, mas sem pretender subtrair o caráter contingente e aberto dos mesmos. Nesse sentido, "sequências" se me afigura como uma alternativa, sobretudo, ao aspecto normativo de certos usos da categoria de "formação", ao pensar uma combinação de elementos diferentes e individualizados, mas ligados por uma relação de pertinência, uma compreensão mais apurada de recursos cognitivos abertos, ainda que não aleatórios. Noutras palavras, o reconhecimento de que há acumulação intelectual não significa, necessariamente, atribuir-lhe uma direção unívoca. Já que o sentido das obras não está dado de antemão, somente um corpo a corpo com os textos e seu confronto com diversos contextos poderá definir a força ou a fraqueza de suas linhas definidoras. Substantivamente, um aspecto importante da ideia de sequência é justamente a questão da mudança, dado que ela recolocaria a questão dos dilemas e dos efeitos sociais e políticos das ideias a cada nova situação histórica.

Importante lembrar a categoria de "linhagens" forjada pelo saudoso amigo Gildo Marçal Brandão, com a qual eu também dialogava à época, no âmbito do Projeto Temático Linhagens do Pensamento Político-Social Brasileiro, da Fapesp. Gildo Marçal Brandão persegue o fio que nos tem ligado na prática das ciências sociais, e nas suas formas correspondentes de pensar o Brasil e de nele atuar, ao nosso passado intelectual, e desafiadoramente nos mostra que, também neste caso, *os fios mais finos podem mesmo ser os mais firmes*, para evocar livremente uma formulação sobre Simmel de Gabriel Cohn[33]. Trata-se de um programa de pesquisa consistente que, explorando a fundo as consequências do fato de que nenhuma inovação intelectual se realiza num vazio cognitivo, propõe nova inteligibilidade para o pensamento político-social brasileiro. Mais do que mera testemunha do passado, este constituiria o índice da existência de um corpo de problemas e

---

33. Gabriel Cohn, "As Diferenças Finas: de Simmel a Luhmann".

soluções intelectuais – "um estoque teórico e metodológico" – a que autores de diferentes épocas são levados a se referir, ainda que indiretamente e guardadas as especificidades cognitivas e políticas de cada um, no enfrentamento de velhas questões postas pelo desenvolvimento social. Não se trata de minimizar o influxo cognitivo externo a que também as ciências sociais brasileiras estão sujeitas em sua prática cotidiana, e sim de reconhecer que, ainda assim, o pensamento político-social brasileiro tem representado "um afiado instrumento de regulação de nosso 'mercado interno das ideias' em suas trocas com o mercado mundial"[34].

A meu ver, a noção de "linhagens" apresenta uma proposta mais estrutural e menos diacrônica, mas em compensação, a meu ver, também menos normativa do que a categoria de "formação". Tal como formulada por Gildo Marçal Brandão em *Linhagens do Pensamento Político Brasileiro*, a despeito de sua contínua variabilidade, ela se propõe a reconhecer "as determinações mais gerais a que chegou o processo ideológico brasileiro"[35]. O próprio verbo escolhido (reconhecer) sugere que a formulação se dá não só no plano analítico, mas também ontológico. O objetivo consiste em "demarcar a existência, no plano das ideias e das formas de pensar, de continuidades, linhagens, tradições", ressaltando que "a vida ideológica brasileira não é aleatória; faz, ao contrário, sistema e sentido, embora seja (ou tenha sido) descontínua, sujeita a ciclos de substituição cultural que, por vezes, parecem fazer tabula rasa de todas as anteriores configurações"[36]. Não obstante as evidentes ressonâncias candidianas nessa proposta, uma diferença fundamental se coloca: se num estudo de "formação" o crucial é o delineamento dos possíveis momentos nos quais o sistema se "completa", isto é, conforma suas linhas evolutivas próprias, já num estudo de "linhagens" as circunstâncias históricas específicas são menos decisivas que a constatação da própria continuidade das ideias – numa ênfase, portanto, mais estrutural que histórica. Essa ênfase é exemplificada na hipótese de situar o liberalismo atual em linha de continuidade com o diagnóstico de Tavares Bastos sobre o caráter asiático e parasitário que o Estado colonial herdou da metrópole portuguesa, passando pela tese de Raymundo Faoro sobre a permanência histórica de um estamento burocrático-patrimonial, e desaguando na proposta de Simon Schwartzman e outros "americanistas" de (des)construção

---

34. Gildo Marçal Brandão, *Linhagens do Pensamento Político Brasileiro*, pp. 23-24.
35. *Idem*.
36. *Idem*.

de um Estado que rompa com sua tradição "ibérica" e imponha o predomínio do mercado, ou da sociedade civil, e dos mecanismos de representação sobre os de cooptação, populismo e "delegação". Depreende-se daí que as referências a autores e/ou contextos específicos, apesar de importantes, vêm a reboque da constatação de uma unidade estruturada maior.

Uma questão metodológica importante suscitada pelo livro de Brandão é saber se o pertencimento a uma "família" intelectual constitui um ponto de partida estrutural da análise, ou antes, um problema mais contingente, cujo *sentido*, sendo variável em relação à combinação com outros fatores internos e externos de composição das obras, somente a pesquisa comparativa poderá apontar caso a caso. Nas continuidades traçadas no livro, demonstradas especialmente no caso do "idealismo orgânico", as duas alternativas convivem em tensão. Nesse sentido, um dos aspectos mais produtivos da proposta é justamente o de, ora perseguindo desenvolvimentos internos, ora cruzando diferentes linhagens, surpreender afinidades eletivas e escolhas pragmáticas onde elas não são evidentes, esperadas, intencionais – seja em termos cognitivos ou normativos.

Voltei ao debate sobre "formação", "linhagens", "sequências" num ensaio publicado em 2010 que intitulei de "Passado-Futuro das interpretações do Brasil", mas cuja decisão editorial unilateral transformou em "Passado e Futuro das Interpretações do País", cuja adição do *e* jogou por terra minha glosa do título de Reinhart Kosellek. Nele, volto a alguns dos mais instigantes ensaios sobre a formação da sociedade brasileira pulicados entre as décadas de 1920 e 1940 que permanecem nos interpelando de várias formas, como *Populações Meridionais do Brasil* (1920), de Oliveira Vianna, *Retrato do Brasil* (1928), de Paulo Prado, *Casa-Grande & Senzala* (1933), de Gilberto Freyre, *Evolução Política do Brasil* (1933), de Caio Prado Jr., *Sobrados e Mucambos* (1936), de Freyre, *Raízes do Brasil* (1936), de Sérgio Buarque de Holanda, *Formação do Brasil Contemporâneo* (1942), de Caio Prado Jr. e *Instituições Políticas Brasileiras* (1949), de Vianna.

Argumentei que, apesar de comumente reunidos na expressão "ensaísmo de interpretação do Brasil", a forma ensaio não permitiria, no entanto, uma definição estrita deles baseada em características cognitivas ou narrativas exclusivas, embora alguns traços lhes sejam comuns e até mesmo possam distingui-los de outras modalidades de imaginação sociológica que os precederam e os sucederam. Apesar de compartilharem vários aspectos, o pertencimento sincrônico daqueles ensaios não me pareceu suficiente para caracterizá-los como uma unidade estruturada também do ponto de vista contextual mais amplo. Ao contrário dos movimentos culturais, como o movimento modernista seu contemporâneo, por exemplo, o ensaísmo não expressa a organização e a atuação de um grupo de indivíduos/autores com interesses coletivos comuns programáticos e deliberados, a despeito de seus conflitos e disputas internas.

Se as características comuns nos levassem a definir os ensaios de interpretação do Brasil como uma unidade, como se eles formassem um todo coerente ou estável, correríamos o risco de deixar de reconhecer e de qualificar as diferenças significativas existentes entre eles. E ainda que aquele tipo de caracterização possa favorecer visões de conjunto num possível entrelaçamento de problemas, questões e perspectivas comuns, isso não significa, necessariamente, que o *sentido* dos ensaios já esteja dado de antemão. E muito menos que as interpretações da formação da sociedade brasileira que realizam possam ser tomadas como intercambiáveis ou equivalentes.

Assim, como deve estar claro, o que realmente vem me interessando na abordagem diacrônica das ideias é o que poderíamos chamar, tendo em vista questões teóricas mais amplas, que não posso discutir nesse momento, de "repetição com diferença" na tradição intelectual brasileira, malgrado certo "ar de família" que, por certo, também guardam entre si. Repetição com diferença pode ser uma boa forma de provocar outra intepretação da dinâmica cultural da sociedade brasileira/sociedades dependentes, marcadas pela cópia e pela obsessão pela origem e unidade – quase sempre eurocêntricas. Como sugeri no início destes já longos comentários, penso que a nossa tarefa teórica premente é rever os modos específicos de ler a diferença cultural no interior de práticas discursivas e institucionais, culturais e políticas, por meio das quais foram modeladas algumas das mais persistentes linhas de interpretação sobre o Brasil e seus dilemas.

Há boas pistas sobre como a repetição alcança a diferença, particularmente se constituirmos um campo problemático a partir dos trabalhos de Silviano Santiago, Antonio Candido e Roberto Schwarz, com os diálogos também internacionais que permitem, mas esse é um assunto para ser desenvolvido com mais vagar adiante. Como espero ter deixado claro no tratamento que procurei dar ao tema da "formação" nesses comentários, digamos, preliminares, não se trata, porém, de substituir uma vertente analítica por outra. Na verdade, penso que a tarefa que temos pela frente é confrontá-las para promover uma espécie de irritação mútua entre elas, e assim ganhar maior densidade na discussão sobre o problema da originalidade e da dependência da cultura brasileira.

IV

Não sendo especialista em Celso Furtado, não posso deixar, porém, de levantar algumas questões, apenas pequenas "lascas", no modo, talvez cristalizado e já rotinizado, com que aparece no campo problemático da "formação". Não deixa de ser interessante que a palavra chave "formação" que o jogou em cheio no âmago do paradigma, seja, no caso do título de seu livro aqui comemorado, na verdade, totalmente contingente. Devo a Rosa Freire d'Aguiar a advertência. Em carta de 23 de junho de 1958, Celso Furtado conta ao seu irmão, Jorge, que acabou escolhendo o título *Formação Econômica do Brasil* para seu novo livro como, na verdade, apenas uma segunda opção: "Vejo que o titulo que eu havia combinado com o português [o editor] já foi tomado pelo Rangel (Introdução ao estudo, etc.). Resolvi mudar de título: Formação Econômica do Brasil. Por favor não o espalhe de imediato, para que não tenha a sorte do primeiro".

Contingente, a ideia de "formação" seria, por certo, ratificada em escritos posteriores de Furtado, como aparece em sua obra autobiográfica, "A Descoberta do Brasil" (título de capítulo de *A Fantasia Organizada*), onde discute retrospectivamente vários problemas implicados na ideia de formação. Seu desafio, afinal, argumentava Furtado, consistia em "aplicar a imaginação na descoberta do que é único no processo formativo de um sistema econômico". Desafio para o qual a abordagem sincrônica da Cepal, especialmente de Raúl Prebisch, seria insatisfatória: "Interessava-me captar o desenrolar dos acontecimentos no tempo, o encadeamento de fatores que perpetuavam o atraso clamoroso da economia brasileira [...] o que interessava era desvendar o seu encadeamento na história"[37]. Mas de que ideia de "formação" Celso Furtado e nós mesmos estamos falando?

Formação Econômica do Brasil é um clássico também pelo que nos permite entender sobre certos desafios tenazes e ainda abertos à sociedade. Apesar das mudanças em curso desde então, e das novas configurações das cada vez mais

---

37. Celso Furtado, *Obra Autobiográfica*, pp. 70-71.

complexas relações entre centro e periferia, vamos também nos dando conta que, de fato, a história não é uma linha reta – nem "uma", nem "reta". Então, a preocupação renovada com a inserção do Brasil no mundo e do relacionamento complexo das suas diferentes regiões entre si traz Celso Furtado para mais perto de nós, seus leitores do século XXI. Seja como for, substantivamente, o que se passa com a "formação" de Antonio Candido, um sistema literário constituído a despeito da sociedade, como tão bem pontuou Roberto Schwarz, dificilmente se poderia verificar em *Formação Econômica do Brasil*. Ou pretendemos ignorar que elementos como "mercado interno", "classes médias" e a recriação de assimetrias externas e também internas – de que é emblemática a própria questão do Nordeste em relação ao subdesenvolvimento no livro de Furtado – são questões e desafios políticos em conflitos mais vivos do que nunca na sociedade brasileira dessa segunda década do século XXI que agora se abre?[38]

Assim, penso que retomar Celso Furtado é uma excelente oportunidade para enfrentar de maneira renovada o debate sobre a "formação", a um só tempo indispensável, mas que pode ser limitado se negligenciarmos algumas dificuldades envolvidas na busca de unidades mais estáveis para os ensaios de interpretação do Brasil. A meu ver, devemos procurar problematizar alguns pressupostos assentados em décadas de relacionamento das ciências sociais, de outras disciplinas e da própria sociedade com seus ensaios de interpretação. Se a experiência intelectual que formam pode ser considerada maior que as diferentes peças que a compõem, por outro lado, sua análise não deve dissolver a diversidade no genérico, as individualidades no conjunto, o teórico no contexto histórico, o cognitivo no político.

Afirmei desde o título desta apresentação meu interesse no debate sobre o tema da formação. Destaquei algumas posições diferentes, a minha inclusive, argumentando que são também modos de leitura da questão da diferença na cultura e na sociedade brasileiras. Se numa análise da formação o interesse se volta para os momentos de maturação de um nexo orgânico entre produções culturais

---

38. Sobre o Nordeste, tema em que estou particularmente interessado para as comemorações dos cem anos de Celso Furtado, podemos lembrar de *A Fantasia Desfeita*, livro em que revê suas próprias posições e no qual a concretude da região Nordeste pesa na argumentação não apenas sobre o subdesenvolvimento, como também na discussão sobre a emergência de forças sociais novas, de novos atores sociais (trabalhadores rurais, pequenos proprietários, a exclusão de direitos de trabalho/sociais).

anteriormente avulsas, ou, antes, como se tem insistindo mais recentemente, nos momentos de dissolução dessas mesmas referências compartilhadas, com a noção de sequências pretende-se enfatizar uma espécie de "circuito aberto" que, por meio da pesquisa empírica, possa perseguir e matizar perdas e ganhos no processo.

Aposto em novas formas de corpo a corpo com os textos e os contextos das intepretações do Brasil para a emergência de compreensões renovadas do processo social que não apenas nos separa de modo linear, mas também nos liga, elipticamente, ao passado. Intepretações do Brasil, como a de Celso Furtado, não existem apenas no seu contexto histórico original, elas constituem antes um espaço social de comunicação reflexiva entre diferentes momentos da sociedade, entre seu passado, presente e (de uma forma ou de outra) futuro. É que o passado, para encerrar com Theodor Adorno, inclusive uma espécie de patriarca de algumas das famílias intelectuais aqui envolvidas, talvez só venha a estar "plenamente elaborado", de fato, quando "estiverem eliminadas as causas do que passou"[39].

REFERÊNCIAS BIBLIOGRÁFICAS

ALEXANDER, Jeffrey C. "A Importância dos Clássicos". *In:* GIDDENS, Anthony & TURNER, Jonathan (org.). *Teoria Social Hoje*. São Paulo, Editora da Unesp, 1999, pp. 23-90.

ADORNO, Theodor W. "O que Significa Elaborar o Passado". *Educação e Emancipação*. São Paulo, Paz e Terra, 1995.

ARANTES, Paulo Eduardo. "Providências de um Crítico Literário na Periferia do Capitalismo". *In:* ARANTES, Otilia Beatriz Fiori & ARANTES, Paulo Eduardo. *Sentido da Formação. Três Estudos sobre Antônio Cândido, Gilda de Mello e Souza e Lúcio Costa*. Rio de Janeiro, Paz e Terra, 1997, pp. 7-66.

_____. *Sentimento da Dialética na Experiência Intelectual Brasileira: Dialética e Dualidade segundo Antonio Candido e Roberto Schwarz*. Rio de Janeiro, Paz e Terra, 1992.

BASTOS, Elide Rugai. "*Raízes do Brasil – Sobrados e Mucambos*: Um Diálogo". *Perspectivas – Revista de Ciências Sociais da Unesp*, vol. 28, pp. 19-36, São Paulo, 2005.

_____. & BOTELHO, André. "Horizontes das Ciências Sociais: Pensamento Social Brasileiro". *In:* MARTINS, Carlos Benedito & MARTINS, Heloisa Helena T. de Souza (org.). *Horizontes das Ciências Sociais no Brasil*. vol. 1, pp. 475-496, São Paulo, Anpocs, 2010.

---

39. Theodor W. Adorno, "O que Significa Elaborar o Passado", p. 49.

Botelho, André. *O Retorno da Sociedade. Política e Interpretações do Brasil*. Petrópolis, Vozes, 2019.

_____. "Sequências de uma Sociologia Política Brasileira". *Dados*, vol. 50, n. 1, pp. 49-82, 2007.

_____. "Sinal dos Tempos: Anacronismo e Atualidade de *Uma Literatura nos Trópicos*". In: SAntiago, Silviano. *Uma Literatura nos Trópicos*. Recife, Cepe, 2019, pp. 361-379.

Brandão, Gildo Marçal. *Linhagens do Pensamento Político Brasileiro*. São Paulo, Hucitec, 2007.

Brito, Leonardo Octavio Belinelli de. *Marxismo como Crítica da Ideologia: um Estudo sobre os Pensamentos de Fernando Henrique Cardoso e Roberto Schwarz*. Tese de Doutorado em Ciência Política, Universidade de São Paulo, 2019.

Candido, Antonio. *Formação da Literatura Brasileira*. São Paulo, Livraria Martins Editora, 1964.

_____. "O Significado de *Raízes do Brasil*". In: Holanda, Sérgio Buarque de. *Raízes do Brasil*. São Paulo, Companhia das Letras, 2006.

Cepêda, Vera Alves. "Contextos e Funções da Democracia no Pensamento Furtadiano – 1944-1964". *Perspectivas – Revista de Ciências Sociais da Unesp*, vol. 46, pp. 187-215, São Paulo, 2015.

_____. "O Lugar da Teoria do Subdesenvolvimento de Celso Furtado no Pensamento Político dos anos 50". In: Botelho, André et al. (org.). *O Moderno em Questão. A Década de 1950 no Brasil*. Rio de Janeiro, Topbooks, 2008, pp. 357-388.

Cohn, Gabriel. "As Diferenças Finas: de Simmel a Luhmann". *Revista Brasileira de Ciências Sociais*, vol. 13, n. 38, São Paulo, 1998.

Furtado, Celso. "Carta a Jorge Furtado". 23 de junho de 1958. *Mimeo*.

_____. *Formação Econômica do Brasil*. São Paulo, Companhia das Letras, 2009.

_____. *Obra Autobiográfica*. São Paulo, Companhia das Letras, 2014.

Helayel, Karim Abdalla. *Um Sociólogo na Periferia do Capitalismo: A Sociologia Histórico-Comparada de Fernando Henrique Cardoso*. Tese de Doutorado em Sociologia e Antropologia, Universidade Federal do Rio de Janeiro, 2019.

Marino, Raphael. *As Figurações da Formação no Pensamento Brasileiro*. Dissertação de Mestrado em Ciência Política, Universidade de São Paulo, 2019.

Nobre, Marcos. "Depois da *Formação*". *Piauí*, n. 74, nov. 2012.

Ricupero, Bernardo. "Celso Furtado e o Pensamento Social Brasileiro". *Estudos Avançados*, vol. 53, p. 371-377, São Paulo, 2005.

Santiago, Silviano. "A Anatomia da Formação: A Literatura Brasileira à Luz do Pós-Colonialismo". *Folha de S. Paulo*, 7 set. 2014, Ilustríssima, pp. 4-5.

_____. "Formação e Inserção". *O Estado de S. Paulo,* 26 maio 2012.

_____. *Intérpretes do Brasil*. Rio de Janeiro, Nova Aguilar, 2000.

_____. *Uma Literatura nos Trópicos: Ensaios sobre Dependência Cultural*. Rio de Janeiro, Rocco, 2000.

SCHWARZ, Roberto. "*Ao Vencedor as Batatas* 30 Anos: Crítica da Cultura e Processo Social" [entrevista a André Botelho e Lilia Moritz Schwarcz]. *Seja como For. Entrevistas, Retratos e Documentos*. São Paulo, Duas Cidades/Editora 34, 2019, pp. 223-251.

_____. "Os Sete Fôlegos de um Livro". *Sequências Brasileiras*. São Paulo, Companhia das Letras, 1999.

2

História, Economia e Projeto Político em *Formação Econômica do Brasil*

•

Vera Alves Cepêda

A importância de *Formação Econômica do Brasil* no campo do pensamento social, político e econômico brasileiro é inegável. Sustentam a afirmação tanto as inúmeras edições e traduções que o livro obteve mundo afora nestes sessenta anos, contados a partir de sua publicação em 1959, quanto a sua persistente presença – ora mais visível, ora menos – no debate sobre a história, os constrangimentos e as possibilidades da formação nacional brasileira e de países que se enquadrariam na tipologia do subdesenvolvimento. Endossando a afirmação de Francisco de Oliveira, a publicação deste trabalho colocaria Furtado no panteão dos "demiurgos do Brasil"[1], ao lado de clássicos como *Casa-Grande & Senzala* de Gilberto Freyre, *Raízes do Brasil*, de Sérgio Buarque de Holanda e *Formação do Brasil contemporâneo*, de Caio Prado Jr., acentuando uma nova dimensão de análise:

> A obra de Furtado, no entanto, vai mais além: não porque seja teoricamente superior, senão porque foi escrita *in actione*. Enquanto as anteriores explicaram e "construíram" o país do passado, a de Furtado explicava e "construía" o Brasil do presente: era contemporânea de sua própria "construção". Nenhuma obra teve a importância ideológica de *Formação Econômica do Brasil* em nossa recente história social[2].

---

1. Segundo João Manuel Cardoso de Melo, em entrevista concedida a José Mariani quando da produção do documentário *O Longo Amanhecer*, Fernand Braudel considerava *Formação Econômica do Brasil* obra completamente criativa e sem paralelo, livro significativo para a história econômica mundial.
2. Francisco de Oliveira, "A Navegação Venturosa", p. 13.

Mas qual o significado do caráter ativo e da capacidade ideológica, diretiva, de *Formação Econômica do Brasil*? Neste texto pretendo tratar de alguns aspectos que explicam o lugar e a função dessa obra em seu contexto histórico de surgimento e influência: o diálogo com o passado, em especial com a ascendente produção da área da história econômica e de uma sociologia da mudança social (ou sociologia do desenvolvimento); a capacidade de responder aos desafios coetâneos, intelectuais e políticos, que emanavam do projeto nacional desenvolvimentista da época.

UMA OBRA DEMIÚRGICA

Nos estudos sobre o processo de modernização nacional seria difícil passar ao largo da contribuição deixada por Celso Furtado por dois motivos: o primeiro, pela atuação enquanto autor, caracterizada por vasta produção intelectual que inclui textos fundamentais do esforço intelectivo aplicado ao tema do desenvolvimento (e sua antípoda – o subdesenvolvimento) como *L'Économie Coloniale Brésilienne* (1948), *Uma Economia Dependente* (1956), *Formação Econômica do Brasil* (1959), *Desenvolvimento e Subdesenvolvimento* (1961), *A Pré-Revolução Brasileira* (1962), *Dialética do Desenvolvimento* (1964), *A Economia Latino-Americana* (1976), *Criatividade e Dependência na Civilização Industrial* (1978), *Brasil, a Construção Interrompida* (1992), entre outros livros, artigos e trabalhos institucionais realizados enquanto funcionário da Comissão Econômica para a América Latina e o Caribe (Cepal) e da Superintendência do Desenvolvimento do Nordeste (Sudene); o segundo, enquanto ator, pela ação direta na direção de negócios públicos, como profissional de carreira ou em cargos políticos de nomeação. Nas duas dimensões mantiveram-se constantes as preocupações que acompanhavam Furtado desde a juventude, de simultaneamente entender e transformar o Brasil[3].

---

3. Sobre as diretrizes da agenda intelectual de Celso Furtado da juventude até a maturidade consultar as considerações autobiográficas (Celso Furtado, "Auto-Retrato Intelectual" e *A Fantasia Organizada*), os textos de apresentação de Rosa Freire d'Aguiar a *Formação Econômica do Brasil* e *A Economia Latino-Americana*, a coletânea organizada por Luiz Carlos Bresser Pereira e José Marcio Rego, *A Grande Esperança em Celso Furtado* e a obra de Roberto Pereira Silva, *O Jovem Celso Furtado: História, Política e Economia (1941-1948)*.

Na execução desse intento Furtado inovaria tanto no campo da interpretação quanto na proposta política de reorganização da vida nacional, situação onde *Formação Econômica do Brasil* se encaixa como obra seminal, como síntese explicativa e suporte de um projeto político de mudança. De um ângulo, *Formação Econômica do Brasil* sobressai como trabalho que sistematizou a leitura sobre a o subdesenvolvimento enquanto um resultado histórico não determinístico, como legado do modelo colonial subsumido à dinâmica da expansão mercantilista – como compreensão da *formação* do subdesenvolvimento. De outro, analisou como a dinâmica primário-exportadora bloquearia a modernização socioeconômica iniciada pela industrialização gerada como complemento ao ciclo do café, emergência do trabalho assalariado e do mercado consumidor interno – enquanto *obstáculo* ao desenvolvimento. A esmerada análise do passado colonial e dos limites à janela de oportunidades abertas pela industrialização posterior do entreguerras consolidaram no debate nacional a teoria do subdesenvolvimento e, ainda mais significativo, a sustentação científica da energia do nacional desenvolvimentismo.

O raciocínio articulado entre economia e política, entre subdesenvolvimento, desenvolvimento e projeto nacional tem vida longa na obra furtadiana, com presença especial de algumas obras como *Formação Econômica do Brasil* (1959), *A Pré-Revolução Brasileira* (1962) e *Dialética do Desenvolvimento* (1964). As contribuições das obras de 1962 e 1964 aprofundaram a análise de como os interesses e instituições ajustadas ao modelo primário-exportador permaneceriam emperrando a passagem para um capitalismo mais complexo e de tipo industrial, mesmo após a Revolução de 1930 e o ascendente papel da indústria na economia e na vida social do país. Ao lado de tensões propriamente modernas como o conflito entre capital e trabalho, a arena democrática e a presença de novos atores sociais, questões como o latifúndio, o poder das elites regionais e a defesa do papel econômico reflexo das demandas internacionais conviveriam tornando mais complexa a passagem para a etapa madura do capitalismo. Na situação do subdesenvolvimento truncado estaríamos em uma situação *sui generis* diante da experiência do capitalismo mundial: nosso passado não se enquadrava na modalidade de pré-capitalismo (vide a importação e imposição do mercantilismo, periférico, ser a chave da formação nacional) e nossa modernidade não geraria dinâmica e atores (como uma burguesia industrial) capazes de avançar para um capitalismo autossustentado nacionalmente. As particularidades do modelo econômico brasileiro em situação de subdesenvolvimento, obsessão na agenda intelectual de Furtado, provocariam formas específicas de conflito político que só poderiam ser desatadas por ferramentas também específicas.

O ponto de partida do raciocínio de Furtado, demonstrado em *Formação Econômica do Brasil*, é que o subdesenvolvimento é uma outra forma de capitalismo e não uma etapa passível de ser naturalmente superada pela ação do livre mercado. Constitui um arranjo particular e tortuoso de incorporação da lógica capitalista, operada pelo processo de expansão colonial e mercantilista iniciado ao final do século XVI e geradora do tipo colonial periférico tardo-capitalista. Furtado esclarece em *Teoria e Política do Desenvolvimento Econômico* (1967) que a expansão de fronteiras do mercantilismo em direção ao Novo Mundo produziria três tipos distintos de formação econômica: as desenvolvidas (centrais), as subdesenvolvidas de grau inferior (sem possibilidade de transição pela baixa incorporação de dinamismo de produção, presença de mercado e incapacidade de geração de excedente e de poupança) e as subdesenvolvidas de grau superior (travadas em seu processo de maturação enquanto economias capitalistas). O Brasil enquadrar-se-ia no terceiro tipo porque os problemas que travavam o pleno desenvolvimento de sua economia, entre as décadas de 1940 e 1960, são característicos de uma economia já com certo grau de complexidade: o Brasil seria um exemplo de "industrialização problemática" e não de "sociedade da pobreza"[4].

Em *Formação Econômica do Brasil*, Furtado adota da Cepal o pressuposto da relação de deterioração dos termos de troca, com a relação assimétrica centro-periferia e disfunções consequentes. Adota também o método histórico-estruturalista de associação das condições econômicas, sociais e políticas para entender a lógica que preside o subdesenvolvimento enquanto resultante histórica – como *formação*. Na leitura do caso brasileiro, Furtado vai a fundo nos temas e elementos importantes para fabricação das formas socioeconômicas nacionais, incorporando a história política interna e externa (condicionantes e pressões geopolíticas), a geografia, a demografia subjacente ou resultantes dos ciclos econômicos, os regimes

---

4. Cf. tipologias desenvolvidas por John K. Galbraith em *The Affluent Society* e *The Nature of Mass Poverty* e que apresentam duas dinâmicas econômicas opostas: o círculo de ferro da pobreza e o círculo virtuoso do desenvolvimento. O conceito de subdesenvolvimento e de subdesenvolvimento de grau superior estabeleceriam uma dinâmica intermediária – o círculo vicioso do subdesenvolvimento (trágico, mas passível de ruptura).

de trabalho, as mudanças e brechas abertas pela competição capitalista internacional e a caracterização da ação econômica em cada etapa da formação nacional.

É importante observar que *Formação Econômica do Brasil* possui dois movimentos analíticos distintos e complementares. No primeiro, congregando a parte 1, 2 e 3 (fundamentos da ocupação territorial, economia escravista dos séculos XVI e XVII e mineração no século XVIII), Furtado analisa como os determinantes econômicos, suas demandas e interesses, modelaram na etapa colonial uma economia primário-exportadora, dependente, inarticulada nacionalmente, marcada pelo dualismo estrutural e tendente aos efeitos deletérios do esgotamento da demanda inelástica no centro dinâmico (internacional). Já nas partes 4 e 5 (transição para o trabalho assalariado e transição para um sistema industrial), Furtado analisa o cenário nacional entre os séculos XIX e XX como momentos de transformação estrutural ou de "arranque"[5].

A ratio econômica é central nos dois movimentos, mas a ocupação colonial dirigida pelos interesses metropolitanos moldou e conformou uma sociedade marcada pela exploração econômica totalmente voltada para fora – quer na circulação dos bens produzidos no sistema colonial, quer na acumulação da riqueza dele derivada. É nestes capítulos que Furtado cinzela a teoria sobre os ciclos econômicos e de sua dinâmica suicida de longo prazo, permitindo compreender como foi possível na colonização transformar um impulso moderno – o capitalismo mercantilista – em um sistema econômico sem vitalidade própria e incapaz de passar para etapas mais avançadas – portanto "não moderno" ou "não plenamente moderno". Ao mesmo tempo, os ciclos e suas interações com o meio físico, produto-chave, relações de trabalho, estrutura produtiva e perfil dos setores comandatários desenharam a paisagem histórica brasileira – incluindo os tempos sociais e dinâmicas culturais que marcam ainda o colorido regional brasileiro.

O segundo movimento coincide com a o processo de autonomização política do país, quando o processo de externalização da riqueza não é mais o mesmo, dado o fim do domínio político metropolitano. Permanece, porém, a estrutura ergui-

---

5. Furtado trabalha com a ideia de arranque, mas em oposição completa àquela propugnada por Rostow em The Stages of Economic Growth (1960), em especial por entender que a origem do atraso e os limites à sua superação adviriam de movimentos externos e não especificamente internos à economia. Cf. Walt Whitman Rostow, *The Stages of Economic Growth: A Non--Communist Manifesto*.

da no período colonial, paulatinamente tensionada pelo novo "interesse nacional", pelo advento de elementos modernos como o trabalho assalariado, a diversificação produtiva, o aumento das atividades urbano-industriais e a multiplicação de atores com capacidade comandatária - motores fundamentais para o surgimento da brecha para superação do subdesenvolvimento. A essência do último ciclo que marca a herança colonial, a produção do café, é a da diversificação e a implosão da hegemonia da vocação agrário-exportadora.

Assim, o primeiro movimento analítico de *Formação Econômica do Brasil* está voltado para o passado, para a compreensão dos mecanismos formadores da sociedade brasileira: lapida a teoria do subdesenvolvimento. Já o segundo movimento analisa as condições estruturais do momento da brecha e está voltado para a leitura do presente à época: observa as possibilidades e os limites que se abrem para uma possível superação do subdesenvolvimento. Na situação de sociedades subdesenvolvida estaria invertida a força da mudança: não do mercado e de uma burguesia autônoma e nacional que modificaria/modernizaria as formas políticas e a ação do Estado, mas, ao contrário, na sua ausência somente a força política (um projeto nacional, um desenho de futuro e a ação do Estado) poderia promover o mercado autorreferenciado e uma burguesia nacional e transformadora.

A combinação entre análise histórica e diagnóstico do presente explicam porque Ricardo Bielschowsky atribuiu a *Formação Econômica do Brasil* a chancela de "obra prima do estruturalismo latino-americano"[6] e Francisco de Oliveira a caracterizou como uma obra *in actione*. Em *Auto-retrato intelectual* Furtado assinalaria que o entendimento científico da realidade, base de sua transformação, não poderia ocorrer sem o recurso à história. A ortodoxia dos modelos abstratos, com status privilegiado na teoria econômica, pouco pode explicar do mundo concreto, marcado este pela ação dos homens e pelas escolhas políticas que revestem os condicionantes econômicos[7]. Esse entendimento também não poderia ocorrer sem a variável política, principalmente quando se tratava da produção de mudanças. Afinal, para transformar é necessário que se tenha um projeto prévio de onde se quer chegar, nascido, se cientificamente orientado, da inquirição das condições factuais porém apontando para uma outra possibilidade de reconfigu-

---

6. Ricardo Bielschowsky, *Formação Econômica do Brasil: Uma Obra-Prima do Estruturalismo Cepalino*.
7. Cf. Celso Furtado, *Auto-Retrato Intelectual*.

ração da realidade. Esta dimensão racional de liberdade, presente na obra furtadiana representa a assimilação da tese da utopia formulada por Karl Mannheim, autor que influenciou muito o debate nacional nas décadas de 1940 e 1950, em especial a lógica cepalina. Mannheim esforçou-se por retirar a utopia da chave romântica, da abstração idealista, dando-lhe uma feição funcional: é a utopia que possibilita toda forma de transformação social, de mudança dotada de sentido, sendo a ferramenta da construção do novo, portanto da liberdade. Na mesma direção Furtado entendia a análise histórico-econômica, como diagnóstico do presente para superação racional no futuro. O *subdesenvolvimento* estava no passado nacional, mesmo que necessitando ser "explicado" aos brasileiros, enquanto o *desenvolvimento* seria o horizonte de futuro, somente atingido via projeto político sustentado fortemente em ferramentas econômicas e políticas.

Pertenciam ao ferramental econômico o estímulo à diversificação produtiva, a elevação da renda e do consumo, o estabelecimento da capacidade interna de autofinanciamento e aceleração de inovação tecnológica, a produção de diagnósticos e análises de pontos de estrangulamento do sistema produtivo. Pertenciam ao ferramental político a ação necessária do Estado[8] para o planejamento (única maneira capaz de disciplinar um sistema econômico como um todo) e a vontade de mudança incorporando a dimensão nacional, o uso de recursos públicos, as alterações da política externa e a finalidade última de todo o vasto edifício desenvolvimentista – a mudança orientada da estrutura social visando o alcançamento da autonomia nacional e a elevação das condições de vida da população brasileira

Formação Econômica do Brasil teve, por todos os pontos levantados até aqui, importante repercussão já em seu momento de lançamento, atingindo múltiplos espaços do debate intelectual. O texto de Furtado resolvia boa parte do problema levantado durante a dura e célebre controvérsia envolvendo Roberto Simonsen e Eugênio Gudin sobre o planejamento, a industrialização e o papel do Estado (1944-1945) e ainda mal resolvida na literatura nacional. De um lado alguns analistas apontam a vitória de Gudin na controvérsia, resultante

---

8. Embora o termo Estado seja comumente usado com bastante naturalidade quando tratamos de políticas econômicas, não é possível esquecer que o Estado é um ente político e não braço do mercado. Até o termo "políticas econômicas" mereceria cautela em sua rotinização, pois evidencia uma associação entre elementos que possuem racionalidades, legitimidades e finalidades distintas.

do nível teórico argumentativo econômico empregado, das virtudes técnicas. No entanto, se observarmos bem foram as teses e orientações propostas por Simonsen, convertendo o projeto industrial em questão nacional, enquanto uma questão política e não apenas econômica, que moldou o horizonte nacional pouco tempo depois. Em pleno momento liberal, que emerge após o final da II Guerra Mundial e a queda do Estado Novo no Brasil, vimos serem sucessivamente criados o Plano Salte, a Cepal, o Plano de Metas, a Sudene, os esforços de planejamento e o surgimento do modelo nacional-desenvolvimentista[9].

É na fase de ascensão do planejamento estatal que Furtado publica *Formação Econômica do Brasil*, avançando a preocupação de Simonsen na diatribe com Gudin na metade da década anterior. Furtado retoma o debate tendo como vantagem apoiar-se em uma teoria em franca consolidação no debate econômico internacional – o pensamento estruturalista cepalino – em franca disputa o pensamento liberal. Por outro lado, Furtado resgataria em *Formação Econômica do Brasil* o já longo e robusto debate nacional de três décadas sobre o atraso e sobre desenvolvimento, dando-lhe um alto grau de cinzelamento e rigor conceitual, tornando a obra um marco teórico que ocuparia, merecidamente, a dianteira teórica nesse campo.

Somados, o diálogo com uma nova concepção sobre a dinâmica econômica de países retardatários e a busca da explicação do percurso econômica nacional, explica-se a rápida conversão de *Formação Econômica do Brasil* em um clássico. O texto despertou uma quantidade expressiva de apoio e de críticas 'cautelosas'[10] em quando da publicação da primeira edição que, bancada pelo autor, esgotou-se rapidamente, sendo seguida por sucessivas novas edições até a atualidade.

Com base no exposto até aqui, este trabalho segue analisando a presença de contribuições intelectuais anteriores em *Formação Econômica do Brasil*. Parte-se da perspectiva da associação entre história, economia e política na agenda do

---

9. Importa lembrar que nesse cenário o nacional-desenvolvimentismo se constituiu como um projeto guarda-chuva que abrigava inúmeros interesses, não só dos atores identificados com a proposta cepalina (Cf. Ricardo Bielschowsky, *Pensamento Econômico Brasileiro: O Ciclo Ideológico do Desenvolvimentismo*).
10. Elaborando a explicação de um caso nacional (da maior economia do continente naquele momento) e que contribuía para o próprio refinamento do pensamento cepalino.

pensamento social e político brasileiro e o encadeamento interno desse trabalho no conjunto da obra furtadiana até então produzida.

ECONOMIA, HISTÓRIA E QUESTÃO NACIONAL: PRIMEIROS LEGADOS

Tamás Szmrecsányi, em texto publicado na revista *Estudos Avançados*, elenca alguns mistérios ligados a *Formação Econômica do Brasil*, que naquela altura completava quarenta anos. Apresentados como avisos logo em sua introdução, os mistérios seriam a afirmação de que o livro constituiria tão somente "um esboço do processo histórico de formação da economia brasileira", o que explicaria a "omissão quase total de referências à bibliografia histórica brasileira" e à conexão de *Formação* com trabalho anterior – *A Economia Brasileira*, que viera a público em 1954[11].

Aos "mistérios" apontados por Szmrecsányi adicionarei mais um: o da mudança do título no período imediatamente anterior à sua publicação. Embora Rosa Freire d'Aguiar tenha esclarecido que essa mudança fora resultado do extravio dos originais enviados de Cambridge, onde Furtado passara um período sabático. O autor fora obrigado a datilografar "página por página" novamente o texto, momento aproveitado para revisão e apuração do estilo, sendo que nesse processo é que ocorre a mudança do título que "na versão original era *Introdução à Economia Brasileira*" para *Formação Econômica do Brasil*[12]. Suspeito que o resultado da revisão tenha sido benéfico, pois considerando a somatória do método, da teoria e da tese exposta pelo autor no referido livro os termos formação (+) econômica (+) do Brasil parecem muito mais apropriados ao que de fato o texto contém e revela.

Sem dúvida, *Formação Econômica do Brasil* não configura um apanhado de dados, arranjados em uma escala cronológica, sobre a performance da economia de um dado país – no caso o Brasil. Ao contrário, e em boa medida como condição de sua rápida conversão em um texto clássico, o trabalho de Furtado apresenta um caminho explicativo para a compreensão da história nacional no sentido global

---

11. Tamás Szmrecsányi, "Sobre a Formação da *Formação Econômica do Brasil* de Celso Furtado", p. 207.
12. Rosa Freire d'Aguiar, "Apresentação", em Celso Furtado, *Formação Econômica do Brasil*, p. 20.

(holístico), no qual a economia funcionou como lógica edificante das estruturas sociais e políticas. É, portanto, uma *teoria*, no sentido amplo do termo, fundada no historicismo, na análise das confluências de estruturas materiais com a organização dos vários níveis da vida social, em especial conformadas pela evolução da economia mercantil para a etapa industrial e responsiva aos movimentos do capitalismo mundial. Poucos trabalhos teriam, até então e no campo econômico, alcançado esse grau de compreensão da *produção* da história econômica e não seu simples acompanhamento. Neste aspecto formação remete ao ato de dar forma, de criação[13] – gera o processo histórico e não apenas o descreve.

Também a visão sistêmica, integrando interno-externo, associando a incorporação de novos territórios às demandas e interesses das economias centrais, indicando situações de reposicionamentos sob pressão de mudanças estruturais e acidentes conjunturais, não qualificaria a longa e robusta análise contida em *Formação Econômica do Brasil* de "introdução", como o título previamente pensado. Em sua dimensão explicativa e na mobilização de teses, Furtado avança a fronteira delimitadora de um texto introdutório.

Ao fim, o sinal de mais colocado entre parênteses que inseri na separação dos termos do título do livro – *formação* (+) econômica (+) do Brasil - são expressivos da lógica que preside a construção da análise, pois trata-se de entender como a economia formou, constituiu, moldou, em muito boa medida, o que chamamos de Brasil. Nesse caminho, o da interpretação do país à luz dos impulsos e direção dada à sociedade pelos interesses econômicos metropolitanos e dos países centrais do período mercantil/colonial, Furtado conecta-se a uma leva de autores anteriores no debate brasileiro, como Roberto Simonsen e Caio Prado Jr., mas também a um conjunto mais disperso de reflexões, como veremos mais adiante, que se avolumam na produção intelectual brasileira desde o início do século xx.

O segundo mistério refere-se à cautela demonstrada por Furtado quanto à exposição da intenção que presidira a pesquisa da qual *Formação Econômica do Brasil* é resultado e que aparece logo na primeira frase do texto: o de ser "tão somente um esboço". Pesa contra a sinceridade elegante do "tão somente" o fato

---

13. Exatamente por isso não espanta a recorrente qualificação das teorias que explicaram e se propuseram a orientar a mudança social no país de demiúrgicas. Demiurgo é um termo filosófico forte, originado na obra de Platão, entendido como o princípio organizador do universo ou de sua modelagem.

de Furtado já ter produzido, até aquele momento, vários textos de envergadura, embora não tão cinzelados quanto *Formação Econômica do Brasil* (e para o qual convergem), tais como *L'Économie Coloniale Brésilienne* (1948), "Características Gerais da Economia Brasileira" (1950), "Formação de Capital e Desenvolvimento Econômico" (1952), *A Economia Brasileira: Contribuição à Análise do seu Desenvolvimento* (1954), "O Desenvolvimento Econômico – Ensaio de Interpretação Histórico-Analítica" (1955), *Uma Economia Dependente* (1956) e "El Desequilibrio Externo en las Economías Subdesarrolladas" (1958). Ao final dos anos 1950, Furtado era um nome conhecido e respeitado em variados círculos, com traquejo acadêmico nacional e internacional, experiência acumulada em mais de uma instituição (nacional e internacional, como o Dasp e a Cepal) e tendo estado à frente de iniciativas ousadas no combate ao subdesenvolvimento como a Sudene.

O que justificaria então, por parte do autor, a reserva presente no termo "esboço" e de "introdução", somente vertida em "formação" de última hora? Sugiro aqui como hipótese para essa cautela o reconhecimento, não necessariamente consciente, por parte de Furtado do tamanho da aposta teórica e política feita na obra e os possíveis impactos na sua recepção. De um ângulo cronológico, *Formação Econômica do Brasil* representa um lance intelectual ousado na corrente intelectual (heterogênea) que colocava a economia como central para a explicação do atraso. Este campo ia, ao longo de seus desdobramentos analíticos, afastando-se crescentemente da hegemonia liberal que sustentava ideologicamente o modelo primário-exportador e sua subordinação ao comando das economias centrais, e simultaneamente aproximando-se do projeto de fortalecimento da ação estatal como estratégico para os países retardatários. Em seu momento de publicação, o cinzelamento dado por Furtado ao tema da formação do subdesenvolvimento, possibilitaria aos variados grupos e interesses aglutinados sob o guarda-chuva do projeto desenvolvimentista uma tese de peso capaz de enfrentar os argumentos da teoria da modernização que emergia no contexto da política norte-americana para a América Latina depois da revolução cubana – e que culminaria, pouquíssimo tempo depois no projeto da Aliança para o Progresso.

Na tese que se abre com *Formação Econômica do Brasil*, não é a ausência de capitalismo que provoca o subdesenvolvimento; ao contrário, é uma forma específica de capitalismo, o periférico, o primário-exportador, o de natureza reflexa, que produz o atraso a partir da adoção acrítica das regras do livre-comércio e das vantagens comparativas. A tese furtadiana prova o eminente caráter nacionalista que a luta pelo desenvolvimento precisa alcançar, e a necessária ruptura com os postulados ortodoxos – *incapazes* de explicar a natureza e as armadilhas do subdesenvolvimento.

A recepção de *Formação Econômica do Brasil* dava-se em um cenário onde a economia fora alçada ao centro do debate político, orientando-o. Portanto a disputa política dava-se, em grande medida, na arena das interpretações econômicas e Furtado produzira uma belíssima blindagem para os setores desenvolvimentistas.

A adoção da abordagem econômica para o entendimento da história e dos problemas nacionais é visível na primeira metade do século XX no Brasil. Em rápidas pinceladas, desde o processo independentista e de ruptura com a dominação colonial tomava corpo na reflexão intelectual e política brasileira o movimento de identificação das especificidades do nacional (da essência da brasilidade e de sua história) em oposição ao legado colonial – às vezes observado como herança, mas em sua maioria como fardo. Entraram sucessivamente nessa discussão, que eclode com mais força após a proclamação da República, temas como a geografia, o clima, o cadinho das raças, o problema da cultura e do *ethos*, o desenho das instituições e por último a explicação assentada na questão econômica.

Podemos indicar, como intelectuais preocupados com o lugar ocupado pela economia na trajetória histórica e social brasileira, autores como Capistrano de Abreu (*Capítulos de História Colonial*, 1907), Victor Vianna (*Histórico da Formação Econômica do Brasil*, 1922), Lemos Brito (*Pontos de Partida para a História Econômica do Brasil*, 1923), Roberto Simonsen (*História Econômica do Brasil*, 1937) e Caio Prado Jr. (*Formação do Brasil Contemporâneo*, 1942; *História Econômica do Brasil*, 1945) até a obra de Celso Furtado (cujo marco pode ser fixado na tese de doutoramento de 1948), essa relação privilegiaria os pensadores mais próximos e crescentemente especializados em economia. O fato é que as questões econômicas foram tornando-se nucleares na agenda de problemas nacionais, incorporando-se ao debate e quase monopolizando as alternativas políticas nacionais no período posterior à Primeira Guerra Mundial e crise da Primeira República.

Nesse percurso as novidades vão na incorporação da economia como tema relevante, o peso assumido pelos problemas econômicos na explicação dos problemas nacionais até sua conversão em solução destes. Destaca-se a introjeção da dimensão econômica na agenda de pesquisa e menos o campo de formação acadêmica dos autores que falaram sobre a economia. Vários intelectuais, sem apresentarem-se como economistas ou teóricos econômicos, utilizaram elementos e argumentos econômicos em uma agenda ampla de investigação sobre os problemas nacionais, tais como a compreensão das amarras do passado herdadas do modelo rural, latifundista e primário-exportador (i), os limites à soberania nacional, em especial a situação de dependência do país na nova ordem internacional da virada do século XX, com redução dos espaços de poder para as nações menos desenvolvidas (ii); a incompletude dos nexos sociais e de trabalho para promoção de uma nação organizada e capacitada para a autodeterminação (iii); a persistência de anacronismos na lógica de ação das velhas elites coloniais (iv) e os obstáculos à emergência de novas elites modernas (v).

Tomando-se o período de transição, conforme apontado por Furtado em *Formação Econômica do Brasil*, como aquele em que se somaram as mudanças estruturais provocadas pelo ciclo do café, o fim da escravidão, a adoção do trabalho assalariado e pelos efeitos da fase inicial da industrialização (ligada tanto ao café quanto ao nascente consumo interno derivado da renda do trabalho e do aumento da diversificação da estrutura produtiva), podemos perceber que o período da última década da Primeira República (1889-1930) é aquele no qual ocorre a introjeção do problema econômico nas análises e no qual as premissas desse campo são crescentemente acionadas para a explicação da crise econômica e política do período. Dado interessante na produção intelectual que surge nessa altura é que a dimensão econômica passava a ser usada tanto para a compreensão do passado colonial quanto para o exame das condições do presente ou ainda como aposta de transformação do futuro.

Na observação do passado tratava-se de perscrutar as consequências da colonização e de separar o genuinamente nacional do legado metropolitano. Esse processo marcou a arte, o redimensionamento da função da educação, a busca de novas elites (intelectuais, políticas e dos ramos produtivos) e a exigência de um conhecimento mais voltado para a trajetória nacional, longe do mimetismo e da importação de modelos exógenos.

Na dimensão do presente, a reflexão, em função do volume de transformações que iam processando-se, abarcava um universo de temas modernos, fortemente marcados pela face econômica: novos atores sociais, novas classes, novos interesses, novas elites, um inédito enfrentamento entre a monologia do modelo primário exportador agora diante de seu primeiro oponente nacional – o setor industrial – que trazia como vantagem ser a vanguarda de todo processo de modernização em voga no mundo. Essa agenda moderna não se resumia a um conjunto de temas para reflexão intelectual abstrata, posto que pululavam como fatos concretos na rotina da vida social no Brasil. Mais coerente é aceitar que problemas como a questão social, a luta de classes, o tema dos direitos e da regulação do trabalho, os limites do liberalismo e a busca de novas alternativas para a reorganização nacional iam impondo-se ao debate intelectual em busca de respostas[14].

A partir da primeira década do século XX surge um estímulo inesperado, um acelerador da conexão economia-política: as políticas protecionistas do café. Sem esquecer a ampla gama de consequências do ciclo cafeeiro para as mudanças estruturais da sociedade brasileira e a importância da adoção das técnicas *avant la letre* do keynesianismo (ambas apontadas por Furtado em *Formação Econômica do Brasil*), a primeira modificando profundamente a face da sociedade brasileira e a segunda por facilitar a recepção da tese de regulação da atividade econômica pelo Estado, gostaria de apontar um terceiro efeito importante, nem sempre notado: a conversão dos interesses do café em interesse nacional, da assimilação do arranjo econômico enquanto base da vida nacional.

A força do café na etapa republicana havia-se apropriado da direção do Estado de várias maneiras. Em um primeiro momento da experiência republicana pela adoção do ultrafederalismo e, na sequência, por um movimento de monopolização do poder pelas elites das unidades federativas mais bem aparelhadas. Com a queda internacional dos preços do café, o segmento primário-exportador avançou duramente no controle do Estado e de seus recursos a partir do Convênio de Taubaté, em 1906, transformando a proteção do café em uma política justa e necessária em nome da segurança da nação e de seu futuro: "Cabe ao Es-

---

14. Um bom exemplo dessa nova tarefa que se delineava para a intelectualidade, convertendo-a progressivamente em *intelligentsia*, é a expressão "deveres da nova geração", muitas vezes utilizadas pelos autores da geração de 1910 em diante. Afinal, como diria Vicente Licínio Cardoso no prefácio de *À Margem da História da República* (publicado em 1924): a nós, a geração de homens "que nasceu com a República, pouco antes ou pouco depois, não viram o imperador, não conheceram os escravos" (p. 16) era imperativo pensar o Brasil em novos termos. A abolição e a República abriram novas condições que exigiam conhecimento apropriado ao novo contexto e, diante da ebulição reinante, a responsabilidade de pensar e dirigir essa transformação – esta seria a tarefa da nova e novas gerações.

tado, como órgam de coordenação dos interesses collectivos, um papel supletivo que amplamente se justifica, como necessário à prosperidade econômica do país. [...] no Brasil, como na Argentina, toda economia nacional repousa na produção agrícola"[15].

No entanto, a permanência e agravamento da crise minariam esse argumento pelo crescente custo econômico, social e político dessa estratégia – a tese da socialização das perdas. Nesse contexto, as lideranças do segmento industrial (com Roberto Simonsen à testa desse processo) iriam operar uma curiosa e bem sucedida metamorfose nessa política: perfeito entender que a força da nação depende de sua força econômica e que portanto a preocupação e ação protetiva do Estado a esses setores seja aceita e defendida; mas, se a atividade cafeeira sofre crises crescentes e não solucionáveis, passando a custar mais que devolve à nação[16], não seria mais apropriado utilizar as capacidades do Estado para proteger e estimular outra atividade capaz de autossustentação e de devolver ao país o custo de seu investimento – como no caso a indústria emergente? Em outros termos, o Convênio de 1906 introduzira o protecionismo – política abertamente condenada por todo pensamento liberal; com a continuidade da baixa dos preços internacionais do café bastou aos industriais proporem um novo segmento para cumprir o que estava sancionado agora como tarefa nacional.

O significado da estratégia de intervenção estatal na economia e sua rotação a favor do segmento industrial foi tratada por Roberto Simonsen nos textos produzidos no início da década de 1930[17] e apoiada em argumentos retirados das teses do economista alemão Georg Friedrich List (*Système National d'Économie Politique*, 1841) e do economista romeno Mihail Manoilescu (*Théorie du Protectionnisme et de l'Échange International*, 1929). Do primeiro, Simonsen mobilizaria a dura crítica à capacidade de uma economia nacional subsistir sem passagem para a mais robusta e refinada atividade industrial (essa sim elevadora dos ga

---

15. David Campista, *Convênio de Taubaté*, pp. 6, 11.
16. "Ao produtor de café pouco lhe interessava que a acumulação de estoques fosse financiada com empréstimos externos ou com expansão de crédito" ou quanto esse recurso pesaria sobre "a balança de pagamentos" e quais consequências (insuspeitadas à época) a defesa do café pudesse gerar (Celso Furtado, *Formação Econômica do Brasil*, p. 202).
17. De Roberto C. Simonsen, *As Crises no Brasil* (1930), *As Finanças e a Indústria* (1931) e *Ordem Econômica, Padrão de Vida e Algumas Realidades Brasileiras* (1934).

nhos gerais de produtividade de uma nação). Do segundo, Simonsen mobilizaria a questão protecionista à indústria como um projeto de autonomia nacional. Ao fim, o resultado seria o estabelecimento de uma interlocução mais fina entre empresários industriais e o projeto de desenvolvimento que começaria a ser implementado no governo Vargas[18]. Na sequência ficaria compreensível porque o nacional-desenvolvimentismo (que invoca, no fundo, a mesma exigência da ação política do Estado, via técnicas econômicas, como meio de constituição de uma situação nacional melhor no futuro) foi aceita por tantos setores e tornou-se tão forte no Brasil.

Sempre me pareceu estranho aceitar que um segmento industrial fraco, dependente de proteção e de apoio para superação de seu atraso com relação ao padrão de competitividade internacional, sem capacidade política concreta de adentrar ao comando do Estado pudesse, em um período de tempo curto como os vinte anos que vão da Revolução de 1930 ao Plano Salte, modificar as diretrizes políticas nacionais a seu favor. Mesmo se pensarmos que em momentos de mudança uma burocracia pública e uma ideologia encastelada no aparato estatal possam institucionalizar e induzir, de cima para baixo, alterações profundas na estrutura social (afinal, seria essa a lógica do nacional-desenvolvimentismo), de onde essa burocracia treinada absorveu a convicção da necessária ação do Estado no âmbito econômico?

Assim, retomo a questão: como seria possível aos industriais "venderem" a ideia de que seria tarefa do Estado alavancar o desenvolvimento industrial como um problema nacional? Sugiro que a primeira parte desse desafio foi realizado pelo próprio setor cafeeiro, que elaborou e implementou "um discurso em que as necessidades sociais, a vitalidade do Estado e *a condição da nação aparecem como dependentes da dimensão econômica*"[19]. Assim, foi exatamente a reconhecida força das elites do setor da "vocação agrária" que legitimou o Estado como agente econômico. No avanço da crise, interna e externa, bastou ao setor industrial girar o argumento a seu favor.

O que saliento aqui é o fortalecimento do tripé economia-política-questão nacional ao longo das primeiras décadas do século XX, obrigando até mesmo os defensores do livre mercado (intelectuais, economistas e políticos mais próximos

---

18. Cf. Pedro Cezar Dutra Fonseca em *Vargas: O Capitalismo em Construção*.
19. Vera Alves Cepêda, "O Sentido da Industrialização: Políticas Econômicas, Mudança Social e a Crise do Liberalismo na Primeira República", p. 221.

do campo liberal), associados aos interesses do café, a aceitarem o inaceitável: a atuação do Estado na adulteração das leis de concorrência e de preços.

Tendo na tela de fundo as transformações na estrutura econômica e as coetâneas transformações sociais, a conversão da economia em tema da política e a busca dos elementos históricos passíveis de serem acionados para explicar o Brasil (ou, visto de outra maneira, para produzirem uma nova forma de compreender a história nacional), há uma crescente sofisticação argumentativa sobre o papel da economia – de variável levada em conta como parte do problema até as teses mais robustas do subcapitalismo em Simonsen e do subdesenvolvimento em Furtado, quando começam a ganhar *status* de interpretação do Brasil, assentada nos efeitos gerados pelas formas econômicas nas formas do conjunto social.

No período inicial da Primeira República, é *Capítulos de História Colonial* (1907), de Capistrano de Abreu a contribuição que abre o movimento de incorporação da vida econômica como parte do tecido da história nacional. Entendida como obra renovadora da historiografia brasileira, o texto de Abreu exprime "o dever da nova geração" de entender o país em seus próprios termos, atualizando o método historiográfico no cruzamento de uma ambição positivista (a busca de um saber objetivo e rigoroso, capaz de pela observação apreender leis e dinâmicas de um objeto social – tal qual operado pelas ciências naturais – e distante dos vínculos com a tradição e a metafísica) com uma concepção filiada ao historicismo. Aproximando-se em muito da segunda vertente, Capistrano de Abreu proporia uma revisão-revolução nos domínios da história pela adoção da busca de fontes associadas a um método multilateral que observaria a geografia, a demografia, as bases materiais, a arte, a economia, os momentos da ocupação, as guerras, procurando detectar o fluxo complexo do fenômeno histórico. A dimensão material da vida e o tema econômico são resgatados por Abreu na composição do mosaico da história colonial brasileira. E, nesse aspecto, funda uma espécie de linhagem historiográfica que procurará conectar uma multitude de variáveis na edificação das formas sociais – às vezes com maior determinação de um, ora de outro aspecto ou fator.

Uma segunda inovação que aparece sintetizada na obra de Capistrano de Abreu, enquanto a tarefa de sua geração, seria a internalização do foco da busca histórica, menos assentada no elemento externo (exógeno, metropolitano) e mais naquilo que seria genuinamente nacional ou que se tornaria nacional:

Capistrano será um dos iniciadores da corrente do pensamento histórico brasileiro que "redescobrirá o Brasil", valorizando o seu povo, as suas lutas, os seus costumes, a miscigenação, o clima tropical e a natureza brasileira. Ele atribuirá a este povo a condição de sujeito da sua própria história, que não deveria vir mais nem de cima e nem de fora, mas dele próprio[20].

O legado desta concepção sistêmica e particular do nacional marcará profundamente o pensamento social brasileiro produzido subsequentemente.

Um movimento posterior à renovação histórica de Capistrano de Abreu ocorreu com a introdução da variável econômica no centro da análise de cunho histórico ou político, promovendo uma primeira leva de trabalhos. Nas obras de Pandiá Calógeras e Cincinato Braga os temas econômicos seriam mobilizados para a compreensão dos obstáculos ao progresso e para a explicação da crise no final da Primeira República. Pandiá Calógeras, embora engenheiro de formação, teria como paixão, segundo comentadores, o campo econômico. Nada difícil de compreender, uma vez que a economia pertenceu durante muito tempo, no Brasil, à área de domínio da engenharia, de onde brotariam também os primeiros estudos de administração, aos quais Pandiá Calógeras dedicou muita atenção. Essa paixão pode ter sido a facilitadora da ligação estreita estabelecida com Roberto Simonsen. Pandiá Calógeras escreveu, entre inúmeros textos de sua lavra, *Novos Rumos Econômicos* (1912), *O Problema Econômico do Brasil* (1914), *Indústrias Basilares* (1924), *Aspectos da Economia Nacional* (1926), *Conceito Cristão do Trabalho* (1931) e *Problemas de Administração* (1933).

De Cincinato Braga viriam textos como *Intensificação Econômica do Brasil* (1917), *As Secas do Nordeste e a Reorganização Econômica* (1919), *Ensino Industrial, Siderurgia etc.* (1919), *Magnos Problemas Econômicos de São Paulo* (1921) e *O Brasil de Ontem, de Hoje e de Amanhã – Estudo Econômico-Financeiro* (1923). No texto em que Cincinato Braga trata de São Paulo, dos 38 capítulos que compõe o livro, apenas dois estão fora do escopo econômico – o que reforça a afirmação anteriormente feita de que nem mesmo os pensadores alinhados ao grupo de sustentação da Primeira República ficariam infensos à escalada do argumento econômico.

---

20. José Carlos Reis, "Capistrano de Abreu (1907). O Surgimento de um Povo Novo: O Povo Brasileiro", p. 70.

Um segunda leva de autores são aqueles cuja análise torna-se mais estrutural, no perfil da sociologia econômica e política, de propensão mais corporativista como os intelectuais ligados ao "idealismo orgânico"[21]. O primeiro autor de importância neste grupo é Oliveira Vianna, para quem o amorfismo social, o insolidarismo e o perverso binômio elites predatórias e povo/massa eram consequências do processo de ocupação econômica e da fixação do latifúndio como base societal. A presença da economia nas obras do autor não é regular e fica mais visível na segunda fase de sua produção.

Nas obras iniciais de Oliveira Vianna a economia não é analisada de frente. O autor lida em alguns dos trabalhos dessa primeira fase[22] mais com os fenômenos emanados e resultantes da lógica econômica do que exatamente da economia: o tema econômico é subjacente e pouco acionado diretamente na análise, embora importante no contexto de fundo. Destaco como elementos então acionados por Vianna, além do insulamento produzido pelo latifúndio, os apetites das elites por ganhos privados (no mercado econômico e no mercado político) e produtores, na consecução de seus interesses, do insolidarismo social; a presença de um liberalismo de "ideias" e desenraizado da estrutura social; a adoção de instituições políticas inapropriadas ao meio nacional sendo a pior delas a do princípio de representação política eleitoral, (o idealismo constitucional). Na outra ponta, como resposta aos problemas do predomínio das ideias, Vianna defenderia o idealismo orgânico que "só se forma de realidade, que só se apoia na experiência, que só se orienta pela observação do povo e do meio"[23]. A tarefa de sua geração deveria ser, então, a da descoberta da natureza social nacional como base da construção de instrumentos de transformações adequados ao meio nacional.

Na obra de Oliveira Vianna a presença do tema econômico dá um salto após a Revolução de 1930 (evento que pode ser entendido como marco delimitador

---

21. Para Vianna era idealismo utópico "todo e qualquer sistema doutrinário [...] em íntimo desacordo com as condições reais e orgânicas que pretende reger e dirigir" (Oliveira Vianna, *O Idealismo da Constituição*, p. 11).
22. Fazem parte da primeira fase as obras *Populações Meridionais do Brasil* (1920), *Pequenos Estudos de Psicologia Social* (1921), *O Idealismo na Evolução Política do Império e da República* (1922), *Evolução do Povo Brasileiro* (1923), *O Ocaso do Império* (1925), *O Idealismo da Constituição* (1927), *Problemas de Política Objetiva* (1930) e *Raça e Assimilação* (1932).
23. Oliveira Vianna, *O Idealismo da Constituição*, p. 13.

na obra do autor), abrindo uma segunda fase de forte protagonismo dos problemas da economia em franca correlação com a política, sendo incorporada, como efeito da assimilação dos preceitos corporativistas ao núcleo duro da teoria social vianniana[24].

Com a chegada de Vargas ao poder, Oliveira Vianna passa a integrar o *staff* do governo. Seria o momento no qual Vianna acoplaria à dimensão de autor também a de ator, atuando simultaneamente como intelectual e como *state maker*, focando como centrais as questões dos direitos trabalhistas, da organização sindical e do papel do Estado – todos elementos ancorados na lógica corporativista. A organização das classes econômicas, a proposta do sindicato único, a formação das federações sindicais e a organização das regras do direito do trabalho seriam meios de formar uma consciência política pautada em interesses reais e estruturais da sociedade, longe da ficção dos partidos políticos e da representação *per capita*.

Na edição de 1939 de *O Idealismo da Constituição*, Vianna afirmaria o caráter central da organização da representação corporativa (oriunda diretamente do mundo do trabalho) como forma de democracia social mais eficaz que a representação parlamentar: "É nos grupos homogeneamente organisados – e não apenas na opinião dos cidadãos aggremiados em partidos [...] que se procura hoje de preferencia as expressões daquella 'vontade geral', que é o fundamento dos regimens democráticos"[25]. A criação do Conselho de Economia Nacional "de typo profissional e paritario, potencialmente dotado de poderes legislativos, ao par do Parlamento" tornava claro, segundo Vianna, que a Constituição de 1937 assentava-se na organização corporativa da "economia da produção". Para o autor, as corporações econômicas seriam o "povo": "o sentido da Constituição de 37 é, pois, o da democracia social ou, melhor, da democracia corporativa"[26].

---

24. Fazem parte dessa segunda fase *Problemas de Direito corporativo* (1938), *O Idealismo da Constituição* (edição revista e ampliada de 1939), *Problemas de Direito Sindical* (1943*)*, *Instituições Políticas Brasileiras* (1949), *Direito do Trabalho e Democracia Social* (1951), *Problemas de Organização e Problemas de Direção* (1952), *Introdução à História Social da Economia Pré-Capitalista no Brasil* (1958 – póstuma) e *História Social da Economia Capitalista no Brasil* (1988 – póstuma).
25. Oliveira Vianna, *O Idealismo da Constituição*, p. 215.
26. "Uma democracia só é realmente digna deste nome quando repousa, não na actividade dos seus cidadãos, agindo com o taes, isto é, como indivíduos; mas, na actividade dos seus cidadãos, agindo como membros desta ou daquella corporação, como parcellas de um dado agrupamento, unidos pela consciência de um interesse commum – de classe" (*idem*, p. 218).

O sonho de um Estado organizado não pelos interesses privados e nem pelo mercado, mas pelos interesses coletivos e pelos agrupamentos das classes produtoras/trabalhadoras, exigente de uma nova forma democrática (orgânica e não liberal representativa), oscilava entre a recusa da alternativa comunista e do liberalismo encaixando a economia (corporativa, note-se bem) como base de uma nova forma de sociabilidade. Talvez o pensamento corporativista, que tem em Manoilescu seu mais arguto teórico em *O Século do Corporativismo* (1936), seja a corrente que maior incorporação fez da economia, a ponto de subsumir todas as outras dimensões sociais a seu princípio e ao dirigismo do Estado Total.

No mesmo movimento, sem necessariamente compartilharem *in totum* a argumentação de Oliveira Vianna, mas próximo de sua ontologia, estavam autores como Azevedo Amaral e Francisco Campos. Em outro segmento corporativista, os integralistas, a questão econômica aparecia nos enunciados do ethos do trabalho[27] ou, como na análise de Miguel Reale Jr., na base da disputa entre projetos concorrentes como o liberalismo (corrupção social pelo individualismo extremado), o socialismo (corrupção pelo excessivo materialismo) e o integralismo (capaz de organizar em um mesmo projeto a dimensão humana – coletiva e não conflitiva – com uma base espiritual).

Este conjunto de autores, escolas e obras, que vão se delineando no Brasil na virada para o século XX, constituem o momento inicial daquele movimento que desaguaria no esforço de síntese de *Formação Econômica do Brasil*. Sem irmos ao ponto de estabelecer uma continuidade direta entre a obra furtadiana com autores como Capistrano de Abreu, Pandiá Calógeras, Cincinato Braga, Oliveira Vianna ou com os corporativistas, é desta primeira geração que podemos extrair elementos que ficariam como legado para o próximo passo da autonomização de uma história econômica em perspectiva sistêmica. Destaco como contribuições relevantes encontradas nesse primeiro grupo intelectual: *a.* a busca de uma explicação histórica autóctone, para a qual convergem inúmeras variáveis (geografia, economia, demografia, feitos administrativos, entre outros) e cuja concatenação gera uma performance histórica particular; *b.* a percepção de que a tarefa do conhecimento deveria pautar a mudança social; *c.* o reconhecimento do peso do passado colonial, entendido como

---

27. É na defesa do trabalho "cristão" sob influência da *Rerum Novarum* que autores ligados ao catolicismo, como Alceu Amoroso Lima e Menotti Del Picchia, se aproximariam do integralismo.

tempo findo mas ainda ativo no quadro da crise nacional; *d.* a vinculação crescente entre a organização econômica e as decisões políticas, estando os interesses nacionais no centro dessa relação.

Como breve aparte aponto duas importantes obras produzidas ainda sob o signo da Primeira República e que colaboraram com a gestação de uma história econômica nacional: *Histórico da Formação Econômica do Brasil*, publicada por Victor Viana em 1922 como contribuição às comemorações do centenário da Independência, e a obra de Victor Lemos, *Pontos de Partida para a História Econômica do Brasil*, publicada em 1923.

DOIS PRECURSORES

O terceiro grupo que selecionei para análise é composto dos autores em cujos trabalhos a economia aparece como epicentro do argumento e que pavimentaram o percurso da formação econômica: as contribuições de Roberto Simonsen e de Caio Prado Jr.

Caio Prado Jr., vindo da tradição marxista, também bebe do método que no período ficou conhecido como "sociológico": aquele que observa a formação social, integrando inúmeros elementos na articulação da trajetória histórica (economia, sociabilidade, atores, padrão de conflitos e instituições)[28], embora tenha acentuado, na exposição do "sentido da colonização" os rígidos limites à passagem para a Nação, em especial pelas restrições da nossa inserção na economia mundial como economia primário-exportadora[29]. Em Caio Prado Jr., a estrutura econômica é a geradora de toda a superestrutura social, da definição das elites e na conformação do Estado. Retoma, apresentando com mais força, a ideia de uma dinâmica nacional específica decorrente dos nexos entre as características econômicas, os arranjos políticos a elas ajustadas e os efeitos sociais. E embora procura-se o específico, não o fez sem levar em conta o movimento mundial do capitalismo e sua aplicação – aí sim nacional – em variadas formações.

---

28. "A sociedade colonial brasileira é o reflexo fiel de sua base material: a economia agrária que descrevemos" (Caio Prado Jr., *Evolução Política do Brasil*, p. 23).
29. Caio Prado Jr., *Formação do Brasil Contemporâneo*.

A afirmação caiopradiana é que o "Brasil já nasce moderno", como empreendimento racional e econômico decorrente da expansão ultramarina e das demandas do mercantilismo europeu. Tanto em *Evolução Política do Brasil* (1933) quanto em *Formação do Brasil Contemporâneo* (1942), Prado Jr. destaca a profunda influência operada pela economia colonial na edificação da sociabilidade e da política no Brasil e os limites que essa determinação colocava ao processo de transição da "colônia para a nação". A relação de dependência dada pelo caráter reflexo de nossa economia seria um óbice para a consolidação de um projeto nacional e autônomo.

De maneira inédita no campo da análise econômica, Caio Prado Jr. trabalharia com uma visão sistêmica nacional (já encontrada nos organicistas) porém associada, senão dependente, de uma visão sistêmica internacional. O capitalismo brasileiro não existia fora do esquadro dos movimentos do capitalismo mundial, embora assumisse a feição social que os interesses e as tarefas impostas ao tipo de capitalismo colonial agrário-exportador exigissem. Em uma visão de conjunto das contribuições de Caio Prado Jr. a análise proposta neste artigo, podemos entender que, de um lado, os dilemas nacionais haviam teriam sido produzidos alicerçados em necessidades econômicas geradas pela dinâmica do capitalismo doméstico, e, de outro lado, as possibilidades políticas de mudança também estariam limitadas pelos constrangimentos e interesses econômicos em duplo movimento: os limites estruturais do capitalismo nacional (tardio e de herança colonial) e as restrições impostas pelas transformações mais gerais do capitalismo mundial. Assim, não há o nacional por oposição ao internacional, mas em combinação particular.

Contemporâneo de Caio Prado Jr., Roberto Cochrane Simonsen também colocava as estruturas econômicas como produtoras das disfunções nacionais, em especial por sua condição atrasada e subcapitalista. Simonsen é um autor difícil de enquadrar em filiações teóricas rígidas, expressão de um tipo intelectual que marcou o pensamento social brasileiro na primeira metade do século XX, propenso ao ecletismo orientado pela exigência prática ou concreta de transformação do real. Simonsen inicia sua trajetória no debate político como defensor da vocação agrária. Até final da década de 1920, Simonsen atuaria na defesa da aliança entre os setores agrário-exportadores e o segmento industrial, reconhecendo, no entanto, a superioridade do primeiro sobre o segundo. Em 1928, lidera a criação do Centro das Indústrias do Estado de São Paulo (Ciesp), sendo indicado para a diretoria. Em seu discurso de posse[30] Simonsen aponta a importância nacional das atividades do segmento industrial como dotadas de uma capacidade autossustentada de crescimento – é o início da ruptura. Paulatinamente Simonsen lidera um processo de descolamento da hegemonia agrária e vai afastando-se tanto da defesa dessa "vocação" quanto da aliança política com as oligarquias paulistas, aproximando-se algum tempo depois do governo Vargas[31]. A aproximação entre Simonsen e o projeto varguista ocorre pelo compartilhamento sobre o papel desempenhado pela economia, pela indústria e pelo fortalecimento dos elos de cooperação entre capital e trabalho como pontos essenciais para o desenvolvimento do país e para a consolidação do projeto nacional.

Mas podemos encontrar uma explicação ainda mais robusta para essa aliança. Simonsen não era apenas um empresário industrial – era um líder do segmento industrial com capacidade de articulação intelectual e liderança de classe. De sua interpretação do Brasil surgiam novos argumentos para combater o liberalismo e o conflito de classes e defender o fortalecimento do papel do Estado centralizado e com amplas tarefas sociais. Trata-se exatamente da tese do subcapitalismo, experiência específica da periferia tardo-capitalista, de herança colonial, representativa dos interesses latifundistas e das elites regionais – que eram as maiores beneficiárias do regime da Primeira República. A força do argumento simonseniano era dada, em parte, por juntar em uma tese coerente argumentos e percepções que vinham acumulando-se de longa data no debate econômico nacional. Em síntese, tratava-se da compreensão de que o capitalismo funcionava de maneira bastante distinta no centro e na borda periférica do sistema internacional de trocas, enfraquecedora dos

---

30. Roberto Simonsen. *Orientação Industrial Brasileira*, São Paulo, Escolas Profissionais do Lyceu Coração de Jesus/Ciesp, 1928.
31. Em 1929 apoiou o candidato situacionista Júlio Prestes; em 1930 é acusado por Getúlio Vargas de conspirar contra a Revolução e de participar da orgia das fraudes do governo anterior, ficando preso por quinze dias; em 1932, comanda o grupo de industriais paulistas no apoio à Revolução Constitucionalista; em 1933 é eleito como deputado classista da Assembleia Nacional Constituinte (1933/1934), mas trabalha afinado com a bancada paulista (a Chapa Única Por São Paulo Unido). A guinada vem em 1936, quando Simonsen coordena o inquérito pedido pelo presidente Vargas sobre as possibilidades da expansão industrial brasileira, no qual sugere a ampliação do levantamento estatístico sobre os setores industriais e as condições do mercado interno, com vistas à defesa do país através do seu fortalecimento econômico; em 1937, com a implantação do Estado Novo, Simonsen é nomeado membro do Conselho Federal do Comércio Exterior.

mercados e das capacidades nacionais. A aparente riqueza da inserção assimétrica e dependente (economia do café) ocultava um progressivo debilitamento da economia, da sociedade e da nação.

Simonsen rompia, por dentro do campo defensivo do *modus operandi* capitalista (onde reside sua distância da tese caiopradiana), com vários dos postulados liberais. Em seus textos há uma dura crítica à abordagem ricardiana das vantagens competitivas, postulado que fundamentava a vocação agrária e sua especialização como benéficas aos países retardatários na migração do degrau da produção primária para as etapas industriais. Essa desigualdade de posição na divisão do comércio internacional geraria, para os países atrasados, impediria um salto para o desenvolvimento de uma economia nacional vigorosa e somente superando os limites da economia que herdáramos da colônia seria possível remediar o pauperismo, o fraco desempenho da economia voltada ao mercado interno e fugir da maldição que atingia os ciclos primário-exportadores (a queda do preço internacional). Mas a herança colonial deixara uma indústria fraca e atrasada (no tempo e no padrão de competição internacional – a condição tardia e periférica), em ascensão desde a Primeira Guerra Mundial, mas travada em seu desempenho por insuficiências de crédito, mão de obra qualificada e proteção. Em Roberto Simonsen, como em outros industriais da época ligados às federações industriais, crescia a convicção de que o país precisava dar o salto industrial, mas necessitava, nesse ponto, do auxílio do Estado. Um de seus argumentos fundamentais é que o crescimento econômico seria um produto do esforço conjugado de todos e a base da soberania nacional, mas primeiro seria preciso elevar a produção e na sequência aumentar o bem-estar do trabalhador.

A teoria simonseniana foi ganhando coerência desde o texto *As Crises no Brasil* (1930), *As Finanças e a Indústria* (1931) e *Ordem Econômica, Padrão de Vida e Algumas Realidades Brasileiras* (1934) até *A Indústria em Face da Economia Nacional* (1937) até chegar na já aludida questão do planejamento estatal e nacionalista que gestou o conflito extremado entre Simonsen e Gudin em 1944. As contribuições mais significativas de Simonsen estão no entendimento da diferença de dinâmicas entre o capitalismo central e o retardatário, no delineamento de um tipo particular de capitalismo "atrasado" (subcapitalismo), na exigência do uso de ferramentas heterodoxas como o protecionismo para alavancagem industrial. Como último apontamento, as teses simonsinianas podem ser vistas como embrião daquelas defendidas adiante pela Cepal e por Furtado de uma forma mais acabada.

A TESE DA FORMAÇÃO ECONÔMICA EM FURTADO

É longo o diálogo que ocorre entre as formulações de Furtado presentes em *Formação econômica do Brasil* e o pensamento social, político e econômico que o precede. Reforço a conexão desse diálogo com outros campos para além da *expertise* ou agenda estritamente econômica porque é desse embricamento que se nutre o método e de onde nasce a ampla capacidade de convergência alcançada por sua obra. Além das análises já apresentadas, há algumas considerações que merecem destaque na síntese final deste trabalho.

Em *Formação econômica do Brasil* Furtado praticamente desenha a história brasileira de um ângulo inovador. Desdobra a dinâmica colonial integrando as variáveis econômicas, geográficas, sociais e os efeitos institucionais ao sabor dos determinantes oriundos dos macro movimentos do mercantilismo, das disputas geopolíticas inerentes ao colonialismo e as condições do ambiente interno. Há uma visão sistêmica capaz de desvelar o fio de tessitura da produção da vida social e das intenções que presidiram as escolhas e seu resultado na vida nacional. Esta fluidez explicativa poderia ser tomada como fragilidade à luz das exigências acadêmicas – citações, fontes, tratamento pontual – pouco eficientes diante do objetivo que guiava a obra: uma perspectiva panorâmica e um entendimento pautado em uma teoria e método prévio. Sente-se na leitura do texto uma unidade de raciocínio e uma coerência que o tornam facilmente compreensíveis. Isso não significa descolamento da realidade, ficção. Ao contrário, é do campo da realidade que a teoria furtadiana emerge, observando, como só a teoria poderia fazer, o todo e não a parte, as conexões e não meramente os fenômenos.

Diferentemente de *História econômica do Brasil*, de Roberto Simonsen e de *Formação do Brasil contemporâneo*, de Caio Prado Jr., Furtado trata, em *Formação econômica do Brasil*, tanto da etapa colonial quanto da fase inicial da industrialização e de seus limites.

Da herança colonial adviria a formação da situação do subdesenvolvimento e da dinâmica estrutural que acoplariam a economia e a sociedade às demandas das economias centrais, impedindo a formação nacional independente. O desvendamento dessa configuração e de sua lógica, em parte presente na obra de Simonsen e Prado Jr., é um achado precioso para compreender a expansão capitalista como um processo não unívoco e bastante longe da promessa de um progresso universal. Ao mesmo tempo, possibilitaria contradizer as teses mais gerais da História universal, das fórmulas únicas de modernização da sociedade e da evolução das instituições políticas e, muito especialmente, na regra de ouro do *mainstream* econômico liberal que propugnava leis da ação econômica infensas à influência da ação humana. Ao contrário, a trajetória nacional conta, o tempo histórico conta, as condições políticas contam, os interesses contam e a dinâmica oscila entre a fatalidade e a *kairos*. Exemplo do peso dessas variáveis é a viragem ocorrida na colonização dos EUA, apartada em seu momento inicial das energias do mercado exportador e inserida, em posição mais favorável de fornecedora de bens primários e de consumo posteriormente, fato que lhe abriria as portas para uma independência mais robusta e uma vocação nacional. Outro exemplo seriam os desdobramentos da produção cafeeira no Brasil, capazes de produzir em sua realização energias e atores que a confrontariam e substituiriam na sequência.

Ainda no movimento de análise do momento colonial e da fase independente, Furtado contribuiria com a elaboração da teoria dos ciclos econômicos e do dualismo estrutural que criava configurações sociais e econômicas absolutamente distintas em um mesmo momento coetâneo (pólo dinâmico *versus* economia de subsistência ou vazio ocupacional). A percepção da alternância entre períodos áureos e decadentes na economia nacional já fora percebida, mas somente em *Formação econômica do Brasil* ela ganha uma explicação teórica cinzelada.

O texto de Furtado incorpora ainda a investigação sobre a passagem para a industrialização truncada, apontando os limites estruturais para superação da situação de subdesenvolvimento. Neste ponto o autor finaliza o livro analisando os limites do presente em parte pela herança do passado, mas em maior dose pelos problemas vigentes no presente. De um lado, assomavam problemas inerentes ao âmbito mais modernizado da economia como o problema da concentração de renda, os limites à inovação tecnológica, a mimetização de padrões de consumo, a baixa dinâmica de diversificação produtiva (em especial quanto a infraestrutura), a tendência aos baixos salários e o ritmo tortuoso de expansão do mercado interno. De outro, mantinham-se ativos os interesses ligados à velha tradição da economia primário-exportadora, adversária do projeto industrial, acompanhado da preservação dos interesses dos segmentos anacrônicos, sobretudo aqueles ligados ao latifúndio e elites regionais distantes do pólo exportador (sobreviventes quando da queda dos velhos ciclos econômicos). Diante destes desafios, apontados no último capítulo da segunda parte de *Formação Econômica do Brasil* e alguns mais profundamente trabalhados em *A Pré-Revolução Brasileira* e *Dialética do Desenvolvimento* o recurso da ação política seria fundamental. Na perspectiva de aceleração e criação de condições de sustentabilidade de um capitalismo nacionalizado e civilizado pelo projeto de geração de bem estar social, pela ineludível ação do Estado via planejamento, investimento e produção de políticas internas de orientação da atividade econômica. Nessa pauta seriam necessários uma energia e um acordo político nacional sólido que mediado por instituições legais e democráticas permitisse o amadurecimento dos novos atores sociais – empresariado e trabalhadores – capazes de neutralizar a ação da velhas elites do passado.

Essa lição política, de cunho nacional e orientada para dentro (para a autonomia, sustentabilidade e distribuição) seria, a meu ver, o mais robusto e ainda permanente legado deixado por *Formação econômica do Brasil*.

REFERÊNCIAS BIBLIOGRÁFICAS

ABREU, Capistrano de. *Capítulos de História Colonial*. Rio de Janeiro, M. Orosco, 1907.

AGUIAR, Rosa Freire d'. "Apresentação". *In*: FURTADO, Celso. *A Economia Latino-Americana. Edição Comemorativa – 50 Anos*. Organização de Rosa Freire d'Aguiar. São Paulo, Companhia das Letras, 2019, pp. 11-25.

_____. "Apresentação". *In*: FURTADO, Celso. *Formação Econômica do Brasil. Edição Comemorativa – 50 Anos*. Organização de Rosa Freire d'Aguiar. São Paulo, Companhia das Letras, 2009, pp. 11-21.

BIELSCHOWSKY, Ricardo. "Formação Econômica do Brasil: Uma Obra-Prima do Estruturalismo Cepalino". *Revista de Economia Política*, São Paulo, vol. 9, n. 4, 1989.

_____. *Pensamento Econômico Brasileiro: O Ciclo Ideológico do Desenvolvimentismo*. Rio de Janeiro, Ipea/Inpes, 1988.

BRAGA, Cincinato. *Problemas Brasileiros: Magnos Problemas Econômicos de São Paulo*. Rio de Janeiro/São Paulo, José Olympio, 1948 (1. ed. 1921).

BRESSER-PEREIRA, Luiz Carlos & REGO, José Márcio. *A Grande Esperança em Celso Furtado: Ensaios em Homenagem aos seus 80 Anos*. São Paulo, Editora 34, 2002.

BRITO, Lemos. *Pontos de Partida para a História Econômica do Brasil.* Rio de Janeiro, Typographia do Anuário do Brasil, 1923.

CAMPISTA, David. *Convênio de Taubaté.* Belo Horizonte, Imprensa Oficial do Estado de Minas Geraes, 1906.

CARDOSO, Vicente Licínio. *À Margem da História da República.* Brasília, Editora UNB, 1981.

CEPÊDA, Vera Alves. "O Sentido da Industrialização: Políticas Econômicas, Mudança Social e a Crise do Liberalismo na Primeira República". *In*: FERREIRA, Gabriela & BOTELHO, André (org.). *Revisão do Pensamento Conservador: Ideias e Política no Brasil.* São Paulo, Hucitec/Fapesp, 2010.

FONSECA, Pedro Cezar Dutra. *Vargas: O Capitalismo em Construção.* São Paulo, Brasiliense, 1989.

FURTADO, Celso. *A Economia Brasileira: Contribuição à Análise do seu Desenvolvimento.* Rio de Janeiro, A Noite, 1954.

_____. *A Economia Latino-Americana.* São Paulo, Editora Nacional, 1976.

_____. *A Fantasia Organizada.* Rio de Janeiro, Paz e Terra. 1985.

_____. "A Feição Funcional da Democracia Moderna". *Cultura Política*, vol. 4, n. 36, pp. 55-58, Rio de Janeiro, 1944.

_____. *A Pré-Revolução Brasileira.* Rio de Janeiro, Fundo de Cultura, 1962.

_____. "Auto-Retrato Intelectual". *In*: OLIVEIRA, Francisco de (org.). *Celso Furtado.* São Paulo, Ática, 1983 (Grande Cientistas Sociais, 33).

_____. "Características Gerais da Economia Brasileira". *Revista Brasileira de Economia*, vol. 4, n. 1, pp. 7-37, Rio de Janeiro, 1950.

_____. *Criatividade e Dependência na Civilização Industrial.* Rio de Janeiro, Paz e Terra, 1978.

_____. *Desenvolvimento e Subdesenvolvimento.* Rio de Janeiro, Fundo de Cultura, 1961.

_____. *Dialética do Desenvolvimento.* Rio de Janeiro, Fundo de Cultura, 1964.

_____. "El Desequilibrio Externo en las Economías Subdesarrolladas". *El Trimestre Económico*, vol. 25, n. 98, México, 1958.

_____. "Formação de Capital e Desenvolvimento Econômico". *Revista Brasileira de Economia*, vol. 6, n. 3, pp. 7-45, Rio de Janeiro, 1952.

_____. *Formação Econômica do Brasil.* Rio de Janeiro, Fundo de Cultura, 1959.

_____. *L'Économie Coloniale Brésilienne.* Tese de Doutorado em Economia, Universidade de Paris, 1948.

_____. "O Desenvolvimento Econômico: Ensaio de Interpretação Histórico-Analítica". *Econômica Brasileira*, vol. 1, n. 1, Rio de Janeiro, 1955 (publicado também como

"Ensayo de Interpretación Histórico-Analítica del Desarrollo Económico". *El Trimestre Económico*, vol. 23, n. 2, pp. 151-176, México, 1956).

_____. *Teoria e Política do Desenvolvimento Econômico*. São Paulo, Editora Nacional, 1967.

_____. "Trajetória da Democracia na América". *Revista do Instituto Cultural Brasil-Estados Unidos*, Rio de Janeiro, 1946. (Prêmio Franklin D. Roosevelt, outorgado pelo Ibeu).

_____. *Uma Economia Dependente*. Rio de Janeiro, Ministério da Educação e Cultura, 1956.

GALBRAITH, John K. *The Affluent Society*. Boston, Houghton Mifflin Harcourt, 1998.

_____. *The Nature of Mass Poverty*. London, Penguin, 1980.

GIANNOTTI, José Arthur. "A Propósito de uma Incursão na Dialética". *Revista Civilização Brasileira*, ano I, n. 3, jul. 1965.

LIMA, Oliveira. *Formação Histórica da Nacionalidade Brasileira*. São Paulo, Publifolha, 2000 (1. ed. fr. 1911; 1. ed. br. 1944).

OLIVEIRA, Francisco de. "A Navegação Venturosa". *In*: OLIVEIRA, Francisco de (org.). *Celso Furtado*. São Paulo, Ática, 1983. (Grande Cientistas Sociais, 33).

PRADO Jr., Caio Prado. *Evolução Política do Brasil*. São Paulo, Brasiliense, 1966.

_____. *Formação do Brasil Contemporâneo*. São Paulo, Martins, 1942.

_____. *História Econômica do Brasil*. São Paulo, Brasiliense, 1945.

REIS, José Carlos. "Capistrano de Abreu (1907). O Surgimento de um Povo Novo: O Povo Brasileiro". *Revista de História*, São Paulo, n. 138, pp. 63-82, 1998.

ROSTOW, Walt Whitman. *The Stages of Economic Growth: A Non-Communist Manifesto*. Cambridge, Cambridge University Press, 1960.

SILVA, Roberto Pereira. *O Jovem Celso Furtado: História, Política e Economia (1941-1948)*. Dissertação de Mestrado em Desenvolvimento Econômico, Universidade Estadual de Campinas, 2010.

SIMONSEN, Roberto C. *Orientação industrial brasileira*. São Paulo: Escolas Profissionais do Lyceu Coração de Jesus; CIESP, 1928.

_____. *As Crises no Brasil*. São Paulo, São Paulo Editora, 1930.

_____. *As Finanças e a Indústria*. São Paulo, São Paulo Editora, 1931.

_____. *História Econômica do Brasil*. São Paulo, Companhia Editora Nacional, 1937.

_____. *Ordem Econômica, Padrão de Vida e Algumas Realidades Brasileiras*. São Paulo, São Paulo Editora, 1934.

SZMRECSÁNYI, Tamás. "Sobre a Formação da *Formação Econômica do Brasil* de Celso Furtado". *Estudos Avançados*, vol. 13, n. 37. São Paulo, set.-dez. 1999.

TEIXEIRA, Aloisio. "Desenvolvimento Econômico: A Arqueologia do Debate e a Contribuição Original de Celso Furtado". *In*: COELHO, Francisco da Silva & GRANZIERA, Rui Guilherme (org.). *Celso Furtado e a Formação Econômica do Brasil*. São Paulo, Editora Atlas/Ordem dos Economistas do Brasil, 2009.

VIANA, Victor. *Histórico da Formação Econômica do Brasil*. Rio de Janeiro, Ministério da Fazenda/Imprensa Nacional, 1922.

VIANNA, Oliveira. *O Idealismo da Constituição*. São Paulo, Companhia Editora Nacional, 1939.

3

Os 60 Anos de *Formação Econômica do Brasil*: Pensamento, História e Historiografia

◆

Alexandre Macchione Saes & Rômulo Manzatto

No curto capítulo de introdução de *Formação Econômica do Brasil*, Celso Furtado opta por definir sua obra como "tão-somente um esboço do processo histórico de formação da economia brasileira". Seria um livro escrito com a intenção de constituir um texto introdutório, algo acessível ao leitor sem formação técnica em economia que tivesse o desejo de entrar em contato com os problemas econômicos de seu país, completa Furtado.

É possível que o autor não tivesse realmente previsto os efeitos que o livro iria causar, ou mesmo que tenha sido excessivamente modesto. O fato é que desde 1959, ano de sua primeira edição, *Formação Econômica do Brasil* se estabeleceu como uma das mais importantes obras intelectuais do país. De lá para cá, o livro teve 34 edições, foi traduzido para nove línguas, tendo vendido mais de 350 mil cópias somente no Brasil, números de um verdadeiro *best-seller*[1].

O sucesso da obra nas últimas seis décadas é também uma das principais dificuldades para seu estudo na atualidade. Afinal, as novidades que o olhar de Furtado revelou na história econômica e social do Brasil já foram devidamente incorporadas ao cotidiano de ensino e pesquisa de diferentes campos de conhecimento. Da mesma maneira, boa parte das hipóteses criativas e verdadeiramente originais com que Celso Furtado se saiu para explicar a dinâmica da história econômica de seu país parecem ter sido já devidamente "rotinizadas" pela miríade de trabalhos posteriores que lhe prestaram referência.

---

1. Os dados são apresentados por Rosa Freire d'Aguiar e constam na "Apresentação" à edição comemorativa dos cinquenta anos do livro.

Em outra orientação, a influência de *Formação Econômica do Brasil* é particularmente presente na cultura de ensino superior no país. De fato, no capítulo introdutório, Celso Furtado afirma que o livro foi pensado especialmente para uso de "estudantes de ciências sociais, das faculdades de economia e filosofia em particular". Sugere também que a obra, que chama de um "simples esboço", propunha um leque de temas que "poderia servir de base a um curso introdutório ao estudo da economia brasileira".

Nesse ponto em particular, o livro foi especialmente bem-sucedido. Pode-se mesmo dizer que a perspectiva de Celso Furtado ainda é a via principal pela qual os jovens economistas em formação tomam contato com as questões fundamentais da história econômica e social do Brasil, como constata recente pesquisa realizada junto a cursos de graduação em economia de todo o país[2].

Nesse sentido, o presente capítulo pretende analisar a obra que em 2019 completou sessenta anos de publicação, compreendendo como diferentes gerações leram e debateram o trabalho mais conhecido de Celso Furtado, provavelmente o economista brasileiro mais influente das últimas décadas.

Nascida no calor do debate sobre os rumos da economia brasileira de fins da década de 1950, a obra de Furtado cumpriu também com um papel central na formulação de problemas de pesquisa para as gerações seguintes de historiadores e economistas. Recuperar *Formação Econômica do Brasil* nos seus sessenta anos é, além de uma homenagem a um dos livros decisivos na formação de intelectuais e pesquisadores brasileiros das últimas décadas, também uma indagação quanto à capacidade da obra de responder aos desafios recentes.

---

2. A pesquisa em questão pedia aos professores responsáveis pelas disciplinas de história econômica do Brasil para que citassem as referências que consideravam centrais no programa de seus cursos ministrados para alunos de graduação (Alexandre Macchione Saes, Rômulo Felipe Manzatto & Euler Santos Sousa, "Ensino e Pesquisa em História Econômica"). Diferente do que poderia se imaginar, o livro mais citado não foi algum recente manual organizado sobre o tema, tampouco alguma pesquisa abrangente atual sobre a história econômica brasileira. Pelo contrário, a obra mais mencionada por professores de diferentes partes do país foi justamente *Formação Econômica do Brasil*, de Celso Furtado.

FORMAÇÃO ECONÔMICA DO BRASIL, OS LIVROS DE "FORMAÇÃO" E A CEPAL

No capítulo de introdução de *Formação Econômica do Brasil*, Furtado procura justificar a omissão quase total da bibliografia histórica brasileira de sua obra. Fato que o economista atribui ao caráter específico de seu estudo "que é simplesmente a análise dos processos econômicos, e não reconstituição dos eventos históricos que estão por trás desses processos"[3]. Omissão que fica mais evidente quando posta em números.

De fato, das 75 referências que constam no índice onomástico do livro, somente treze remetem a trabalhos realizados em língua portuguesa. Número que ainda inclui a citação de alguns textos anteriores escritos pelo próprio Furtado, bem como compêndios de dados consultados ou fontes de informações factuais[4].

Mesmo que o livro praticamente omita essa bibliografia, *Formação Econômica do Brasil* não deixa de ocupar, em sentido mais amplo, um lugar de destaque na reflexão crítica sobre o Brasil realizada no século XX. Mais do que isso, já naquele momento o termo "formação" inscreve o livro de Furtado em um gênero específico de obras de investigação social, bastante influentes a partir da primeira metade do século XX no Brasil[5].

São exemplos importantes: *Formação da Literatura Brasileira* (1959), de Antonio Candido, *Formação do Brasil Contemporâneo* (1942), de Caio Prado Jr., *Formação Histórica do Brasil* (1962), de Nelson Werneck Sodré e *Formação Política do Brasil* (1967), de Paula Beiguelman. Outros casos são menos explícitos, mas carregam uma mesma ordem de preocupações. Estão nesse grupo *Casa-Grande & Senzala* (1933), de Gilberto Freyre, cujo subtítulo era *Formação da Família Patriarcal Brasileira*. Da mesma forma que *Os Donos do Poder* (1959), de Raymundo Faoro, alude à *Formação do Patronato Político Brasileiro*. Ainda nessa orientação, *Raízes do Brasil* (1933), de

---

3. Celso Furtado, *Formação Econômica do Brasil*, p. 22.
4. Tamás Szmrecsányi, "Sobre a Formação da Formação Econômica do Brasil de Celso Furtado".
5. Algumas das ideias aqui desenvolvidas foram expostas na mesa-redonda A Atualidade dos Clássicos: O Cenário Socioeconômico Brasileiro, promovida pelo Instituto Federal de São Paulo – Campus São Paulo, no dia 11 de março de 2019. Sobre a leitura de *Formação Econômica do Brasil* como representante de um quase gênero, ver: Paulo Arantes, "Providências de um Crítico Literário na Periferia do Capitalismo" e Bernardo Ricupero, "Celso Furtado e o Pensamento Social Brasileiro".

Sérgio Buarque de Holanda, é inspirado por uma problemática semelhante. Também *História Econômica do Brasil* (1937), de Roberto Simonsen, tem como preocupação central a formação da indústria brasileira.

São obras que, de diferentes maneiras, procuram os caminhos que poderiam ser trilhados pelo país no futuro. Para isso, identificam o passado colonial, próprio de um país colonizado, como um obstáculo a ser superado. Tratava-se de reconhecer os problemas legados pela "má-formação" da sociedade brasileira, para então propor soluções e esquemas de superação. Cada um desses autores enfatiza aspectos diferentes do passado, assim como propõe direções diversas para o futuro.

Não custa apontar que o momento canonizado como de origem das "interpretações do Brasil", na década de 1930, coincide com a época que Celso Furtado, em *Formação Econômica do Brasil*, considera ter havido um *deslocamento do centro dinâmico* da economia brasileira: a partir de então, o país deixava de depender exclusivamente dos influxos do mercado mundial, para agora adquirir um dinamismo interno próprio, capaz de impulsionar seu próprio crescimento.

Assim como na economia, por analogia, esse talvez fosse o momento em que se aceleraria o processo de *substituição cultural de importações*, isso é, agora o pensamento local seria capaz de incorporar por iniciativa própria as referências externas, cuidando de lhes dar um novo dinamismo, voltado para a interpretação de sua realidade mais imediata[6]. O uso dessa analogia para pensar o sentido da produção intelectual aqui sugerida é provavelmente um veio ainda pouco explorado das consequências do *deslocamento do centro dinâmico*, como pensado por Celso Furtado.

Voltando ao curto capítulo introdutório, outra omissão parece ser digna de nota. Furtado não cita a influência decisiva da Comissão Econômica para a América Latina, a Cepal, no livro que acabava de publicar. Sabe-se que ainda no final da década de 1940 o economista juntou-se à pioneira equipe de pesquisadores

---

6. A analogia da "substituição cultural de importações" se remete à interpretação de Gildo Marçal Brandão, empregada em sentido "superestrutural", "compreendendo a destilação de teorias, conceitos, ideologias, problemáticas intelectuais enfim que vão sendo compartilhadas, de um conjunto de problemas e soluções teóricas, de tal modo que ao longo do tempo se vai formando uma tradição, um processo pelo qual o 'mercado interno de ideias' acaba por funcionar como um filtro, selecionando por mil ensaios e erros o que absorver, transformar ou rejeitar do mercado de ideias mundial" (Gildo Marçal Brandão, "Linhagens do Pensamento Político Brasileiro", p. 264).

da Cepal, onde permaneceu por uma década, tornando-se mesmo seu diretor de desenvolvimento econômico.

Anos depois, ao escrever sua obra autobiográfica, Furtado reconheceria o impacto de sua experiência na Cepal ao longo da década de 1950. Na Comissão, o economista brasileiro não só aprofundou seu enfoque comparativo das economias latino-americanas, como tomou maior consciência do lugar que sua região ocupava no mundo. Nesse esforço, reconheceu que aspectos da economia brasileira que antes lhe escapavam surgiam com nitidez quando contrastados com as outras formações econômicas da região. Ao aprofundar suas pesquisas, percebeu a dimensão da pobreza e do atraso econômico do Brasil quando comparado a seus vizinhos[7].

Assim, *Formação Econômica do Brasil* é não só um produto da teorização cepalina realizada naquela década, como também uma de suas principais obras. Ricardo Bielschowsky chega mesmo a atribuir ao livro de Furtado o *status* de "obra-prima do estruturalismo latino-americano"[8].

A obra de Furtado deve muito aos princípios norteadores do que viria a ser a forma cepalina de pensar o desenvolvimento econômico, lançados por Raúl Prebisch em seus primeiros anos à frente da Cepal. Ocorre que as premissas mais amplas lançadas por Prebisch só seriam historicamente justificadas para o conjunto das principais economias da América Latina nos anos seguintes.

Esse esforço intelectual se deu a partir de obras como *Chile: un Caso de Desarrollo Frustrado* (1956), de Aníbal Pinto, *Formação Econômica do Brasil* (1959), de Celso Furtado e *La Economía Argentina* (1963), de Aldo Ferrer[9]. Nos três casos, o que se viu foram aplicações do método *histórico-estrutural*, próprio da Cepal, à análise de longo prazo das trajetórias de desenvolvimento dos países da região.

Sendo Celso Furtado "o intelectual mais dedicado a cobrir a análise cepalina com legitimação histórica"[10], e também o responsável pela obra de maior fôlego realizada pela Comissão. Estão presentes em *Formação Econômica do Brasil*, assim como estavam no trabalho pioneiro de Prebisch, os quatro traços analíticos comuns à produção cepalina identificados por Ricardo Bielschowsky: o enfoque histórico-

---

7. Celso Furtado, *Obra Autobiográfica*, pp. 61-62.
8. Ricardo Bielschowsky, "Formação Econômica do Brasil: Uma Obra-Prima do Estruturalismo Cepalino".
9. Ricardo Bielschowsky, *Cinquenta Anos de Pensamento na Cepal*, pp. 20-22.
10. *Idem*, p. 22.

-estrutural, a análise da inserção internacional, a análise dos condicionantes internos e a análise das necessidades e possibilidades de ação estatal[11].

Assim, o impacto maior de *Formação Econômica do Brasil* parece vir do fato de que, enquanto procurava explicar o Brasil aos brasileiros, também dava concretude e caráter histórico às ideias que a Cepal vinha articulando. O movimento era duplo: a análise histórica de Furtado conferia sentido à formação da economia brasileira, enquanto a trajetória do desenvolvimento brasileiro justificava e legitimava a análise da Cepal, dotando-a de conteúdo histórico.

Nenhuma dessas ausências ou polêmicas diminui sua obra. Pelo contrário, fazem parte dos casos e curiosidades que rondam praticamente todos os livros que adquirem o *status* de clássicos. Em alguns casos, podem mesmo trazer alguns benefícios, servindo como estímulo para a descoberta de novas facetas de *Formação Econômica do Brasil* e de outros aspectos do pensamento de Celso Furtado[12].

O fato é que *Formação Econômica do Brasil*, assim como o pensamento de Celso Furtado, adquiriu lugar central no debate econômico e social brasileiro, a ponto de Francisco de Oliveira, um dos principais intérpretes do pensamento do economista, considerar que "ninguém, nestes anos, pensou o Brasil a não ser nos termos furtadianos"[13]. Em algum ponto, isso implica reconhecer a "angústia da influência"[14] que perpassa a repercussão da obra de Furtado, uma vez que, com motivações das mais diversas, diferentes autores em diferentes épocas reportaram-se a seus escritos.

11. Ricardo Bielschowsky, "Formação Econômica do Brasil: Uma Obra-Prima do Estruturalismo Cepalino", p. 17.
12. Como exemplo de efeitos não intencionais bem-sucedidos, há a polêmica não citação das obras do escritor Caio Prado Jr. por Furtado, que motivou Tamás Szmrecsányi a investigar os antecedentes de *Formação Econômica do Brasil* à procura dos sinais do pensamento de Caio Prado Jr. Nessa busca, o pesquisador se deparou com o texto da tese de doutorado de Celso Furtado, depositado na biblioteca da Universidade de Paris, que nunca havia sido publicado. Desse esforço de investigação resultou a publicação de *Economia Colonial do Brasil nos Séculos XVI e XVII*. Para os diálogos entre as obras de Celso Furtado e Caio Prado Jr., conferir Rômulo Manzatto, *Formação e revolução em Caio Prado Jr. e Celso Furtado*. Sobre as questões que envolveram a saída de Furtado da Cepal, ver Pedro Cezar Dutra Fonseca & Ivan Colangelo Salomão, "Furtado vs Prebisch: A Latin American Controversy".
13. Francisco de Oliveira, *A Navegação Venturosa: Ensaios sobre Celso Furtado*, p. 19.
14. Para a ideia de angústia da influência em relação a obra de Celso Furtado, ver José Márcio Rego, "A 'Angústia da Influência' em Smith, Hirschman e Furtado".

Aderindo ou não às teses ali defendidas, acabaram por atestar sua influência, e mesmo por garantir sua longa sobrevida como obra fundamental.

A RECEPÇÃO DE UM CLÁSSICO:
FORMAÇÃO ECONÔMICA DO BRASIL, 1959-1970

Lançada em janeiro de 1959, os cinco mil exemplares da primeira tiragem de *Formação Econômica do Brasil* se esgotaram em apenas cinco meses. Já a terceira edição, de 1960, viria com uma tiragem de dez mil exemplares. Números de um verdadeiro *best-seller*, atestando o sucesso editorial da obra, que em 1959 só vendia menos que os romances *Gabriela, Cravo e Canela* de Jorge Amado e *A Imaginária* de Adalgisa Nery. Entre os anos 1960 e 1970, *Formação Econômica do Brasil* receberia sua tradução para sete línguas: espanhol (1962), inglês (1963), polonês (1967), italiano (1970), japonês (1972) e alemão (1975)[15]. Em suma, a obra transformou-se em leitura quase obrigatória para os cientistas sociais brasileiros inseridos no debate sobre a história e a economia do país, como também uma porta de entrada para estrangeiros interessados em conhecer aspectos de um país que ganhava maior importância no cenário internacional.

A rápida disseminação da obra de Celso Furtado pode ser compreendida tanto pela qualidade discursiva do autor, que em um livro sintético percorria toda a história econômica do Brasil, como pela demanda presente em parte da sociedade que buscava um ensaio que sistematizasse uma interpretação histórica e econômica sobre o país[16]. *Formação Econômica do Brasil* apresentava uma leitura cepalina da economia brasileira; uma narrativa sistemática de história econômica que, não menos engajada, se distanciava das abordagens marxistas por um lado e da ortodoxia de matriz liberal por outro[17]. Finalmente, o livro construía um modelo da formação econômica do país, indicando um percurso bastante claro para a industrialização e para a superação do subdesenvolvimento brasileiro.

---

15. Rosa Freire d'Aguiar, "Apresentação", em Celso Furtado, *Formação Econômica do Brasil*, p. 15.
16. Fábio Sá Earp, "A Grande Provocação: Notas sobre o Impacto de Formação Econômica do Brasil", p. 285.
17. Iglésias afirma que Furtado era o primeiro economista popular que mantinha tom técnico e não político em sua obra, conferir: Francisco Iglésias, "Prefácio à Edição Especial da Coleção Biblioteca Básica Brasileira – UnB", p. 416.

A edição comemorativa de cinquenta anos de *Formação Econômica do Brasil*, publicada em 2009 e organizada por Rosa Freire d'Aguiar, reúne uma fortuna crítica composta por resenhas e apresentações do livro que nos dá a chance de comparar as recepções da obra de Furtado em diferentes épocas, em diferentes países e por diferentes estilos de pensamento. A edição apresenta quatro resenhas publicadas em 1959, sete até meados dos anos 1960 e seis nos dez anos seguintes.

De maneira geral são resenhas de autores brasileiros que avaliam a obra de Furtado dentro da historiografia nacional e prefácios e apresentações realizadas por autores estrangeiros que estiveram envolvidos com a tradução de *Formação Econômica do Brasil* a partir de 1962[18]. Evidentemente não seria possível esgotar o estoque de textos que analisam ou repercutem *Formação Econômica do Brasil*. O que se pode fazer é selecionar um conjunto de textos fundamentais – com as possíveis injustiças que toda seleção desse tipo comete –, permitindo apreender os movimentos mais amplos da bibliografia quando refletidos no "espelho" de *Formação Econômica do Brasil*[19].

É possível que, quando lidos em conjunto e já com o afastado dos anos, esses escritos acabem por falar de seu próprio contexto, nos trazendo, mesmo que sem essa intenção, um balanço dos temas e preocupações de cada época.

Em sua resenha sobre a edição comemorativa de *Formação Econômica do Brasil* de 2009, Roberto Pereira Silva oferece uma interessante proposta de classificação dessa fortuna crítica. Para o autor, a obra sintetizava dois movimentos relevantes do período, cujo contexto era marcado pelo avanço da industrialização e da presença do Estado sob o signo do planejamento econômico, mas ao mesmo tempo ainda preservava significativas especificidades históricas: assim, de um lado o livro destaca essa valorização do saber técnico presente nos discursos da economia, da administração pública e da engenharia, enquanto, por outro lado, não descarta a importância do passado na compreensão do presente. Nessa conjuntura, enquanto autores nacionais

---

18. Somam-se a esse trabalho os textos de apresentação de volumes organizados em datas comemorativas da trajetória de Furtado, que muitas vezes reúnem textos específicos a respeito de *Formação Econômica do Brasil*. Esses textos posteriores à década de 1970 serão analisados na próxima seção.
19. Nesse sentido, para além das resenhas e prefácios existentes na edição comemorativa de 2009, selecionamos outras resenhas a partir de buscas por palavras chave nos repositórios Scielo e Jstor.

inseriram *Formação Econômica do Brasil* como obra clássica da historiografia brasileira, no exterior o livro passou a ser compreendido como uma das mais importantes obras da teoria do desenvolvimento[20].

Entre as resenhas produzidas no Brasil, que inseriram *Formação Econômica do Brasil* na historiografia brasileira, destacam-se os questionamentos presentes nas primeiras análises da obra. Certamente a forma do texto de Celso Furtado surpreendeu consideravelmente seus primeiros críticos. Como classificaram Fernando Novais e Rogério Forastieri, diferentemente da narrativa de história econômica de Caio Prado Jr., presente nas obras *Formação do Brasil Contemporâneo*, de 1942, e *História Econômica do Brasil*, de 1945, a obra de Furtado valia-se da teoria econômica para analisar o passado – com predomínio da dimensão da explicação sobre a reconstituição histórica –, produzindo o que alguns autores caracterizaram como uma obra de economia retrospectiva[21].

Sem o uso intensivo de fontes primárias, e inserindo a trajetória da economia brasileira numa lógica de fluxos de renda, a obra parecia flertar com o "pecado original" dos historiadores, o anacronismo. Como Furtado reiteraria décadas depois, o livro era uma coleção de hipóteses, em que os detalhes históricos são menos enfatizados para valorizar o movimento de conjunto[22].

De toda forma, para as primeiras resenhas de *Formação Econômica do Brasil*, muitas delas avaliando a obra por meio de lentes do campo marxista, Furtado fracassava ao não dominar os métodos e técnicas dos historiadores, não tendo fundamentado suficientemente sua pesquisa em fontes primárias e deixando o argumento ser levado por parâmetros provenientes da teoria econômica. Nelson Werneck Sodré, por exemplo, criticava Furtado por considerar que o autor "não domina as fontes e revela mesmo desprezo por elas". Mesmo assim, Sodré considerava a obra como leitura obrigatória, "um livro de fôlego" e "visão de conjunto", com a ressalva de que o conhecimento histórico deveria prevalecer sobre o que considerava como a formação ortodoxa do economista[23].

---

20. Roberto Pereira Silva, "A Trajetória de um Clássico: *Formação Econômica do Brasil* de Celso Furtado".
21. Fernando Novais e Rogério Forastieri Silva, "Introdução", *Nova História em Perspectiva*, p. 29.
22. Celso Furtado, *Obra Autobiográfica*, p. 184.
23. Nelson Werneck Sodré, "Resenha", p. 348. Vale lembrar que a posição marxista no debate político e econômico da década de 1950 ainda sustentava a leitura da permanência do feu-

A teoria econômica guiando a narrativa histórica provocou outros intensos questionamentos nas primeiras resenhas que, mesmo reconhecendo os méritos da obra, classificavam-na como economicista. Tendo sido resenhada por marxistas, os comentários ressaltam a falta dos atores sociais, das classes e do proletariado: "excessivo economicismo", considerou Arena, com "omissão de movimentos de infraestrutura e superestrutura social"[24].

Paul Singer é também bastante duro em sua apreciação: reconhece o esforço do autor de recorrer ao método da ciência econômica moderna, mas afirma que o livro não consegue se distanciar das generalizações e abstrações da teoria econômica para compreender o processo de desenvolvimento[25]. Na verdade, a resenha parece expressar uma incompreensão de Singer sobre a proposição de Furtado, especialmente quando suas críticas são voltadas à análise do processo de industrialização. Afinal, é preciso considerar que a narrativa sobre a formação da indústria periférica, enfatizada em *Formação Econômica do Brasil*, apresenta uma real análise histórica para contrapor a universalidade da teoria econômica ortodoxa.

A despojada resenha de Paulo Sá, publicada em 1959 na revista *Síntese Política, Econômica e Social*, então editada pelo Instituto de Estudos Políticos e Sociais da PUC-RJ, relativiza as críticas sobre o caráter do texto de Furtado. Sá, engenheiro de formação, inicia o texto por destacar em tom de piada o que considera como a presença excessiva de economistas no debate público. Para ele, seriam tantos os economistas que "tropeça-se neles em todos os grupos de rua, em todos os vãos de jornais ou de revistas, tão graves quanto efêmeras"[26]. Mesmo assim, Sá reforça o coro dos que questionam a falta de "documentação original" no livro, assim como a priorização da obra para os aspectos materialmente econômicos.

Passadas as primeiras resenhas de teor mais crítico, pode-se afirmar que duas outras avaliações publicadas no início dos anos 1960 marcariam um novo olhar sobre a obra de Celso Furtado. Fernando Novais em 1961 e Francisco Iglésias em 1963 parecem extrair os elementos centrais que passariam a ser ressaltados nas interpre-

---

dalismo no campo e da necessidade de caminhar para uma revolução brasileira de caráter burguês contra o Imperialismo (Ricardo Bielschowsky, *Pensamento Econômico Brasileiro. O Ciclo Ideológico do Desenvolvimentismo*, p. 184).
24. Renato Arena, "Resenha", p. 351.
25. Paul Singer, "Resenha", p. 369.
26. Paulo Sá, "Resenha", p. 361.

tações posteriores de *Formação Econômica do Brasil*, alçando a obra ao panteão dos clássicos da historiografia econômica brasileira.

Para Fernando Novais, o "alto nível de seu esquema explicativo e a riqueza de suas sugestões" levariam a obra a se tornar "um grande clássico". Podemos dizer que foi Novais o primeiro a enfatizar sistematicamente a existência do fluxo de renda na compreensão das várias fases da história econômica como a estrutura organizadora do argumento da obra. Recuperando as diferenças do fluxo da renda na economia escravista colonial e na economia cafeeira de trabalho assalariado, Novais identifica como Furtado trilha a transformação da economia para o processo de industrialização.

Os dois comentários finais de Novais, não obstante, indicam o nascedouro de uma vertente crítica à interpretação de Furtado: considerando que o processo econômico deveria ser mediado por uma "convergência de fatores", seguia os argumentos presentes em Fernando Henrique Cardoso[27] para defender a necessidade uma análise mais ampla sobre a "instauração das condições capitalistas de produção no Brasil". Assim, consequentemente, Novais também defendia a necessidade de se estudar a própria formação e desenvolvimento do capitalismo moderno, e sua obra, anos mais tarde, se tornaria uma das bases fundamentais de nossa historiografia econômica[28].

O texto de Francisco Iglésias é provavelmente o primeiro estudo mais aprofundado publicado sobre *Formação Econômica do Brasil*. Seu ensaio foi prefácio da edição que inseria a obra como parte da Biblioteca Básica Brasileira da Universidade de Brasília, atestando que o livro de 1959 já assumia o valor de uma "obra significativa no plano da bibliografia nacional", nas "mãos de todos os estudantes de ciências sociais" em 1963[29].

Iglésias consagra no prefácio uma interpretação sobre os clássicos da história econômica do Brasil. Roberto Simonsen, Caio Prado Jr. e Celso Furtado tornavam-se leituras indispensáveis para o entendimento da disciplina, autores de enfoques diferentes, mas que se complementavam[30]. Não obstante consagrar as obras dos au-

---

27. Fernando Henrique Cardoso, "Condições Sociais da Industrialização: O Caso de São Paulo".
28. Fernando Novais, "Resenha", pp. 381-382.
29. Francisco Iglésias, "Prefácio à Edição Especial da Coleção Biblioteca Básica Brasileira – UNB", p. 393.
30. Essa leitura aparece novamente em Alice Canabrava ("Roteiro Sucinto do Desenvolvimento da Historiografia Brasileira"), Tamás Szmrecsányi ("Retomando a Questão do Início da His-

tores como leituras indispensáveis para a história econômica, Iglesias se adiantava em ao menos dez anos ao pontuar os limites para as grandes narrativas, cujos estudos monográficos ainda precisavam descortinar dimensões pouco conhecidas da economia e da sociedade brasileira, "pois há insistência entre senhores e escravos, sem que se conheça o que havia entre um e outro, quando algo deve ter havido"[31].

No que diz respeito aos autores estrangeiros, vale aprofundar a leitura de Pereira Silva, quando observamos que parte dos textos produzidos no exterior eram apresentações das traduções de *Formação Econômica do Brasil*, produzidas por economistas como Werner Baer (1974) e Ignacy Sachs (1967). Textos elaborados entre meados dos anos 1960 e 1970, numa fase em que Celso Furtado já se inseria no debate econômico internacional por conta de seu outro sucesso editorial, *Desenvolvimento e Subdesenvolvimento*, de 1961[32].

Para esses autores, voltar-se à *Formação Econômica do Brasil* era uma forma de resgatar outra valiosa contribuição do autor e de uma narrativa estruturalista que ilustrava a teoria do (sub)desenvolvimento na história brasileira. Hans Mueller, por exemplo, que publicou praticamente ao mesmo tempo suas duas resenhas das obras acima assinaladas, define Celso Furtado como "primeiro teórico moderno de economia do Brasil"[33].

Allen Lester, antes mesmo da publicação de *Desenvolvimento e Subdesenvolvimento*, já destacava o papel de Furtado como chefe da Divisão de Desenvolvimento da Cepal e como representante de uma "nova economia" que se disseminava entre os países subdesenvolvidos. Em sua avaliação, Lester repisa a ideia de que era engenhosa a hipótese furtadiana de socialização das perdas e de deslocamento do centro dinâmico. Critica, por outro lado, o que considera um uso ingênuo dos dados por parte de Furtado e destaca como principal aspecto de interesse do livro a enorme insistência política dos países subdesenvolvidos em "buscar o crescimento

toriografia Econômica no Brasil") e Flávio Saes ("A Historiografia Econômica Brasileira: Dos Pioneiros às Tendências Recentes da Pesquisa em História Econômica do Brasil").
31. Francisco Iglésias, "Prefácio à Edição Especial da Coleção Biblioteca Básica Brasileira – UnB", p. 401.
32. Conferir resenhas produzidas no exterior para esse livro, por exemplo, por Hans Mueller ("Review of Furtado"), Maurice Dobb ("Review of Furtado") e Jack Baranson ("Development and Underdevelopment by Celso Furtado").
33. Hans Mueller, "Resenha", p. 389.

rápido qualquer que fosse o custo" e, "usar para esse fim, métodos considerados não ortodoxos"[34].

Lester ainda conclui sua resenha evocando uma imagem idílica do Brasil, a qual contrapõe ao que considera a busca a todo custo pelo desenvolvimento econômico, fazendo votos para que "o som da indústria em expansão não acabe por depreciar o estimado ritmo do canto do sabiá"[35]. Por mais que o equilíbrio entre industrialização e sustentabilidade ambiental seja a meta de qualquer processo de desenvolvimento econômico sustentável, esse aspecto do debate praticamente não havia sido posto nos termos de hoje. O mais provável é que Lester esteja aludindo a uma antiga imagem consolidada por observadores estrangeiros quando no Brasil ou em países tropicais em geral. Como lembra Lilia Moritz Schwarcz, há uma longa tradição de artistas europeus, bem expressa pelas pinturas brasileiras de Jean Baptiste Debret e pelas fotografias locais de Hércule Florence, que se especializou em retratar nosso meio social como harmônico, ameno e pitoresco. Nessas representações, a violência da segregação frequentemente é camuflada como diversidade pacífica. A precariedade material é vendida como gosto pela simplicidade e as especificidades locais são marcadas como um exotismo ingênuo[36].

Já a avaliação do historiador econômico americano Warren Dean é mais equilibrada. Escrevendo em 1965, Dean destaca as qualidades do texto e define a principal tese do livro de Furtado como a constatação de que "O Brasil não poderia experimentar um desenvolvimento econômico contínuo enquanto empregasse trabalho escravo e produzisse essencialmente para exportação"[37].

Warren Dean considera particularmente interessantes as formulações mais criativas do livro, como a do deslocamento do centro dinâmico ou ideia de um keynesianismo *avant la lettre* que Furtado atribui à política de queima dos estoques no Brasil de café a partir de 1929. Assim, naquela altura, Warren Dean identificava grande mérito na obra de Furtado, que via como um marco importante no desenvolvimento intelectual da América Latina e que alçava Furtado à condição de "principal porta-voz de uma escola de pensamento significativa no Brasil"[38].

---

34. Allen H. Lester, "Resenha", p. 377.
35. *Idem*, p. 378.
36. Lilia Moritz Schwarcz, "Sobre as Imagens: Entre a Convenção e a Ordem".
37. Warren Dean, "Resenha", p. 423.
38. *Idem*, p. 425.

Ao redigir a introdução da tradução polonesa de *Formação Econômica do Brasil*, o economista polonês Ignacy Sachs produz outras interessantes observações. De início, ressalta o que considera como alguns dos problemas do enfoque histórico-estrutural, especialmente em sua tendência a retroagir as categorias então atuais da análise econômica para o exame de formações pré-capitalistas.

Após um rápido panorama da trajetória intelectual de Furtado, que já detinha renome internacional em 1967, ano em que o texto é publicado, Sachs descreve o livro de Furtado como uma obra situada na junção da história econômica com a teoria do desenvolvimento. Com o mérito de focar menos nos fatos históricos específicos e mais nos "mecanismos" ou fatos repetitivos, sem perder de vista o quadro histórico mais amplo que conforma o processo de colonização no Brasil.

Especialmente interessante é a ênfase de Sachs no interesse que a obra de Furtado poderia despertar nos países de terceiro mundo. Nesse sentido, o autor da resenha considera fundamental "poder comparar as trilhas concretas percorridas por determinados países"[39]. No que a obra de Furtado, agora disponível em polonês, serviria como amostra da trajetória brasileira, com inegável importância para os países do mundo não desenvolvido.

O mexicano Víctor Urquidi, em resenha de 1962, também ressaltava o papel do livro como meio para "decifrar o Brasil" do período, que vivia um impasse frente a necessidade de "reacomodação de forças sociais e políticas". Um livro que aplicava a análise "econômica moderna em retrospectiva histórica", era para Urquidi um possível modelo para outros países latino-americanos que viviam os desafios das "próximas etapas do desenvolvimento"[40].

O historiador italiano Ruggiero Romano tem opinião parecida. Ao redigir o prefácio da edição italiana de *Formação Econômica do Brasil*, Romano considera que Furtado foi particularmente competente em resolver os problemas da relação entre história e economia, ao abordar seu objeto com o que de melhor a abordagem interdisciplinar podia oferecer, isso é, recorre a história para compreender a particularidade do que se está estudando e, a partir daí, reconstrói por conta própria uma série de mecanismos que iluminam as relações entre passado e presente[41].

---

39. Ignacy Sachs, "Prefácio à Edição Polonesa", p. 430.
40. Víctor Urquidi, "Resenha", p. 387.
41. Ruggiero Romano, "Prefácio à Edição Italiana", pp. 433-434.

Em termos gerais, nessas primeiras repercussões, historiadores, economistas e cientistas sociais dos Estados Unidos, como Warren Dean, Allen Lester e Hans Mueller, ressaltam a utilidade do livro de Celso Furtado para os que se interessassem pelos fatores de longo prazo do desenvolvimento econômico brasileiro, ou pela América Latina em geral[42].

Já comentadores como o economista polonês Ignacy Sachs, o historiador italiano Ruggiero Romano e o economista mexicano Víctor Urquidi destacam o vivo interesse que a trajetória histórica da economia brasileira poderia despertar nos chamados países do terceiro mundo, cujas trajetórias de adaptação e acomodação ao capitalismo são também problemáticas[43].

Em outra frente, as resenhas, apresentações e prefácios de *Formação Econômica do Brasil* até 1970 testemunham como a obra rapidamente se tornou uma importante referência na literatura nacional e internacional. No Brasil, apesar das primeiras leituras mais críticas ao suposto economicismo de Celso Furtado, economistas e historiadores viam a leitura da obra como incontornável. Para Iglésias, em 1963: "Quanto às repercussões de sua obra, consignem-se as frequentes referências de seus livros que se encontram em quase todos os estudos publicados sobre o país nos últimos anos. *Formação econômica do Brasil*, apesar de recente, já é clássico"[44].

---

42. Para Biderman, Cozac e Rego, "Furtado é o primeiro economista brasileiro a destacar-se internacionalmente, especialmente na América Latina e na França. Seus livros no final da década de 50 estavam inseridos nos trabalhos que desenvolviam a temática do desenvolvimento econômico e, paralelamente, se preocupavam com nossas características mais específicas. Não reproduziam simplesmente os trabalhos desenvolvidos no exterior, adicionavam elementos para a análise dos nossos problemas" (Ciro Biderman, Luis Felipe L. Cozac e José Márcio Rego, *Conversas com Economistas Brasileiros*, p. 421).

43. Quem nota algo parecido é o historiador Joseph Love, que, em obra sobre as teorias do desenvolvimento surgidas na Romênia e no Brasil, comparou as muitas semelhanças entre os problemas abordados no pensamento econômico sobre o desenvolvimento surgida nas duas regiões em meados das décadas de 1950 e 1960. O mesmo historiador comenta a importância de *Formação Econômica do Brasil* no conjunto da trajetória de Furtado (Joseph Love, "Furtado e o Estruturalismo"). Em outro sentido, tanto Allen Lester quanto Warren Dean demonstram particular interesse pelos vários trechos em que o livro de Furtado compara as trajetórias de desenvolvimento de Brasil e Estados Unidos. Esse mesmo tema foi abordado de maneira sistemática por Rui Granziera, "Os Estados Unidos na Formação Econômica do Brasil".

44. Francisco Iglésias, "Prefácio à Edição Especial da Coleção Biblioteca Básica Brasileira – UnB", p. 421.

Em síntese, a análise da recepção da obra parece atestar o impacto que ela provocou naquela geração. Conforme é possível verificar a partir dos depoimentos dos economistas selecionados para a coletânea *Conversa com Economistas Brasileiros*, a posição consagrada de *Formação econômica do Brasil* é reiterada de forma quase universal. A conclusão dos organizadores da coletânea afirma ser "impressionante a unanimidade de todos os entrevistados em torno da influência" de Furtado e de *Formação Econômica do Brasil*. Enquanto Maria da Conceição Tavares defende que "ninguém ficou imune a um Furtado", Delfim Netto argumenta que *Formação Econômica do Brasil*, "é uma espécie de romance, um livro extraordinário por causa da forma. Aquela interpretação integral, global, transmite uma lógica para a história que é absolutamente fantástica"[45]. Presente nas mais diversas formações acadêmicas, elencado entre os economistas das mais diversas gerações, foi lembrado como o livro clássico da literatura econômica brasileira, que cedo alcançou os cursos universitários[46].

FORMAÇÃO ECONÔMICA DO BRASIL NO DEBATE HISTORIOGRÁFICO, 1970-1980

Ao longo dos anos 1970, *Formação Econômica do Brasil* parece sofrer um duplo movimento: o primeiro consiste na consolidação da obra em uma espécie de cânone,

---

45. Ciro Biderman, Luis Felipe L. Cozac & José Márcio Rego, *Conversas com Economistas Brasileiros*, p. 421.
46. Affonso Pastore relata essa assimilação de Celso Furtado já em 1959 no curso de Economia da USP: "Alice Canabrava, de história, era incrível. Em 1959, tinha acabado de sair o livro de Celso Furtado, *Formação Econômica do Brasil*, que não cita o Caio Prado. Ela deu um curso de um ano que era o seguinte: a primeira parte era a história econômica da Idade Média, com o livro de Henri Pirenne, a segunda era a história econômica dos Estados Unidos, com Hamilton, e a terceira era história econômica do Brasil, com *Formação Econômica* do Celso Furtado, *Formação do Brasil Contemporâneo* do Caio Prado e o livro do Roberto Simonsen. Ela dizia o seguinte: foi o Simonsen que fez, que levantou os dados todos. Os outros dois escreveram o livro em cima do trabalho do Simonsen, um em uma linha marxista e o outro tentando aplicar Keynes" (Ciro Biderman, Luis Felipe L. Cozac & José Márcio Rego, *Conversas com Economistas Brasileiros*, p. 215). Fábio Sá Earp retrata um percurso mais longo de assimilação: "A penetração de *Formação Econômica do Brasil* na universidade brasileira, até onde consegui apurar, foi lenta e bastante diferenciada no tempo", afirmando que a primeira vez que o livro teria aparecido num programa de disciplina seria em 1965 no curso de Desenvolvimento Econômico da Faculdade Cândido Mendes (Fábio Sá Earp, "A Grande Provocação: Notas sobre o Impacto de Formação Econômica do Brasil", p. 279).

das grandes obras interpretativas da história do Brasil. No segundo, torna-se um tipo de roteiro básico para cursos de história econômica do Brasil.

Nesse sentido, uma obra que teria nascido comprometida a pensar a economia brasileira, parecia se deslocar para dialogar com aqueles textos que sistematizavam o passado, e não mais debatiam sobre os projetos de presente[47]. Esse movimento não foi somente resultado da forma como a obra foi sendo apropriada e difundida, mas também pela própria posição de Celso Furtado no debate nacional: como um dos principais economistas daquela geração e com uma produção intensa, seus livros, ao mesmo tempo que pautavam novos temas e olhares para a conjuntura, também pareciam superar ideias deixadas em suas obras anteriores. Mas *Formação Econômica do Brasil* não deixou de ser lido, pelo contrário, durante a década de 1960 passou a ser quase onipresente entre os currículos dos cursos de economia no país[48].

Com grande capacidade de produção e de resposta ao debate nacional, Celso Furtado, nos quinze anos que se seguiram à publicação de *Formação Econômica do Brasil*, já havia apresentado ao debate econômico outras tantas obras emblemáticas, tais como *Desenvolvimento e Subdesenvolvimento*, de 1961, *A Pré-Revolução Brasileira*, de 1962, *Subdesenvolvimento e Estagnação na América Latina*, de 1967, *Análise do Modelo Brasileiro*, de 1972 e o *Mito do Desenvolvimento Econômico*, de 1974.

Em suma, como obra voltada para o debate político dos rumos do país, podemos considerar que o próprio Celso Furtado foi reconstruindo seu argumento, revisando suas teses conforme a realidade econômica e política se impunha: em 1961 sistematizou sua leitura sobre a teoria do desenvolvimento; em 1962 demonstrava que o esforço para concluir o processo de industrialização e de transformação da sociedade exigiria significativa coordenação da sociedade; em 1967 indicava que o ciclo de crescimento da região parecia ter chegado ao fim; e, em 1972 e 1974, revia sua esperança na superação do subdesenvolvimento, considerando que o processo de desenvolvimento econômico pareceria se distanciar do campo econômico para o cultural-político, tendo sido comprometido pelo projeto conservador praticado desde 1964.

---

47. Contudo, vale ponderar: Chico de Oliveira (*A Navegação Venturosa: Ensaios sobre Celso Furtado*) alega que a obra pautou a política econômica nos anos subsequentes.
48. Nesse sentido, precisamos relativizar a posição de Fábio Sá Earp ("A Grande Provocação", pp. 279-280), cuja leitura nega que a *Formação Econômica do Brasil* tivesse sido assimilada nas universidades. Como contraponto, conferir o relato dos entrevistados no livro *Conversas com Economistas*, especialmente na síntese dos organizadores Biderman, Cozac e Rego (p. 215).

Nessa época, Celso Furtado estava estabelecido já há alguns anos na França, mais especificamente como professor na Universidade de Paris-I e no instituto de Altos Estudos da América Latina. A ponto de, em 1971, o historiador francês Frédéric Mauro considerar que já não havia necessidade de "apresentar ao leitor francês a personalidade de Celso Furtado"[49].

Essa consideração é feita por Mauro logo na abertura escrita pelo historiador para a edição francesa de *Formação Econômica do Brasil*, publicada no país naquele mesmo ano. Para Frédéric Mauro, a leitura retrospectiva da história brasileira parece não causar o mesmo desconforto que aos primeiros comentadores. Não caberia apontar o suposto pecado do anacronismo na obra de Furtado, afinal, "a história econômica é, em primeiro lugar, uma teoria econômica do passado". Justamente por isso, ao descrever a "dinâmica econômica do passado brasileiro, Furtado faz história econômica do Brasil"[50].

Nos comentários seguintes, Mauro parece mesmo antecipar o movimento posterior da historiografia brasileira em relação à *Formação Econômica do Brasil*, afirmando que, por tratar-se de obra de síntese, seria necessário "retomar cada um de seus capítulos e, com a ajuda das monografias existentes e das novas pesquisas de arquivos, fazer livros sobre eles"[51], o que naturalmente faria com que muitos pontos de vista fossem matizados ou modificados, acreditava. O historiador francês cita também o uso de *Formação Econômica do Brasil* nos cursos de licenciatura em que lecionava, mostrando que o interesse pela obra era ainda bastante vivo em diferentes partes do mundo.

No Brasil, os cursos de história econômica logo se apropriaram de *Formação Econômica do Brasil*, empregando-o quase como um manual, tanto pela carência de obras tão sintéticas como pela força de seu argumento teórico para a literatura econômica. A obra de Furtado já havia se tornado a espinha dorsal do ensino universitário de história econômica, cujos cursos inclusive incorporavam o título da obra em suas ementas. Cursos antes dedicados à "história econômica do Brasil", agora passavam a se denominar cursos de "formação econômica do Brasil".

Já na esfera da pesquisa acadêmica, os argumentos da obra de Furtado passaram a pautar uma série de temas de pesquisa nas décadas seguintes. É o que assinala Wer-

---

49. Frédéric Mauro, "Prefácio à Edição Francesa", p. 446.
50. *Idem*, p. 447.
51. *Idem, ibidem*.

ner Baer em 1974, em comentário sobre a obra que já estava em sua 11ª edição. Para Baer, dificilmente leitores de *Formação Econômica do Brasil* teriam lido a obra completa uma segunda vez, pois "alguns especialistas retornaram, obviamente, a seções específicas do livro, tentando provar ou refutar certas generalizações de Furtado"[52].

Ao mesmo tempo que se estabelecia como obra de referências nos cursos de graduação, *Formação Econômica do Brasil* passou a ser um instigante ponto de partida para as pesquisas de jovens pesquisadores, que cresceriam substancialmente com a institucionalização dos programas de pós-graduação no Brasil nas décadas de 1970 e 1980. Partindo da obra de Furtado, de suas proposições mais gerais sobre os grandes movimentos da economia brasileira, uma significativa quantidade de pesquisas monográficas passariam a ser elaboradas no sentido de testar as teses e hipóteses ali presentes.

As três primeiras partes da obra, que representam basicamente metade de todo o livro, são dedicadas ao período colonial. Como lembra Katia Mattoso, essas partes reproduziam significativamente os argumentos presentes na tese de doutorado de Furtado, *L'Économie Coloniale Brésilienne*, defendida na Sorbonne em 1948[53]. Para não sermos exaustivos, lembramos de dois temas que, lançados pela obra de 1959, geraram relevantes debates nas décadas seguintes: a estrutura produtiva açucareira colonial e a decadência da economia mineira de fins do século XVIII[54].

Para a primeira temática, a estrutura da economia açucareira colonial, a ideia-força de Celso Furtado era a de demonstrar como a produção de açúcar foi significativamente rentável para a expansão da economia colonial, mas, ao mesmo tempo

---

52. Werner Baer, "Resenha", p. 455.
53. Katia Mattoso, "Homenagem a Celso Furtado", p. 473.
54. O revisionismo se valerá das teses de Furtado para encetar suas críticas sobre um terceiro grande tema: o tamanho dos plantéis da economia açucareira. Mas aqui vale dizer que Furtado segue interpretações pretéritas que trataram a grande lavoura como ambiente típico da estrutura escravista da economia colonial. Para a perspectiva revisionista, Furtado opunha a economia escravista açucareira à economia de subsistência, por exemplo, a economia criatória no sertão nordestino. Os estudos monográficos, contudo, passariam a mostrar um ambiente social muito mais diverso – em especial durante o século XIX –, em que a escravidão estaria distribuída entre grandes, médias e pequenas produções agrícolas, assim como no meio urbano. Em suma: uma escravidão que transbordava as fronteiras dos engenhos, superando a noção das *plantations* presente nos estudos clássicos como de Caio Prado Jr. e de Gilberto Freyre (Flávio Versiani, "Trabalho Livre, Trabalho Escravo, Trabalho Excedente", p. 179).

em que a renda gerada acabava sendo revertida em grande parte para o exterior, esta não permanecia entre os senhores de engenho ou no fomento do mercado interno.

Furtado se enquadrava entre aqueles autores classificados como circulacionistas, em que os ciclos econômicos marcariam a dinâmica da economia brasileira, de maneira subordinada à dinâmica econômica internacional. O ciclo açucareiro, enquanto a demanda internacional mantinha-se elevada, sem a abertura de produções concorrentes, gerou grande riqueza para os produtores nacionais; com a reversão do ciclo, inclusive com a disseminação das produções antilhanas, a região produtora entraria numa crise secular. O que os trabalhos posteriores como de Frédéric Mauro e Stuart Schwartz passariam a questionar estava relacionado tanto aos temas da rentabilidade dos engenhos como da dinâmica da renda. Os estudos revisionistas sobre a economia colonial buscariam testar por meio das fontes primárias as hipóteses de Furtado[55].

A análise do complexo econômico mineiro de transição do século XVIII para o século XIX pode ser considerada uma das perspectivas mais corretamente contestadas de *Formação Econômica do Brasil*. Perseguindo o argumento sobre os limites da construção do mercado interno nacional numa economia periférica e reflexa, Celso Furtado afirmava: "não se havendo criado nas regiões mineiras formas permanentes de atividades econômicas – à exceção de alguma agricultura de subsistência –, era natural que, com o declínio da produção de ouro, viesse uma rápida e geral decadência"[56].

Para o autor, tal dinâmica de crise do sistema econômico, resultando no retorno à subsistência, era parte central de sua análise sobre o fluxo de renda da economia colonial e teria impedido a formação do mercado interno e a construção de um sistema econômico autônomo.

A noção de "regressão econômica" mineira no início do século XIX, consequência do esgotamento das lavras, passou a ser foco de questionamentos na passagem das décadas de 1970 e 1980. Por meio de uma ampla pesquisa documental, a historiografia mineira apresentaria reais argumentos para colocar em questão a noção de regressão econômica, demonstrando como, na verdade, durante o século XIX a província foi um espaço de grande atividade econômica.

A economia de abastecimento mineira teria permitido que a região fosse, ao contrário do argumento intuitivo de Furtado, uma região importadora de escravos.

---

55. Katia Mattoso, "Homenagem a Celso Furtado".
56. Celso Furtado, *Formação Econômica do Brasil*, p. 146.

Assim, no lugar de uma economia voltada para o exterior, Minas Gerais teria se estabelecido como um celeiro, atendendo, em especial, a Corte residente na cidade do Rio de Janeiro. Nessa linha, os estudos de Alcir Lenharo[57] e Roberto Borges Martins[58] podem ser considerados como patronos de uma tradição de estudos que aprofundaria as mais diversas dimensões dessa economia mineira[59].

Ao destacar o papel da elite sul-mineira no jogo político e econômico do país, Alcir Lenharo demonstra como essa elite originária da economia de abastecimento estava distante de um ambiente de regressão. Para Lenharo, *Formação Econômica do Brasil* reproduzia o esquematismo presente na noção de ciclos econômicos de Roberto Simonsen e apresentava um conceito de subsistência bastante questionável[60]. Já Roberto Borges Martins apresentou, por meio de densa documentação primária, uma província economicamente muito mais diversificada, cuja estrutura produtiva teria sido responsável por manter o maior plantel de escravos do período.

Entre os economistas, por sua vez, a temática explorada por *Formação Econômica do Brasil* que possivelmente teve a maior repercussão no debate acadêmico foi aquela que tratava do processo de industrialização do Brasil[61]. Na quinta parte do livro, Celso Furtado propõe uma análise a partir da crise da economia cafeeira, percorrendo os efeitos provocados pela Grande Depressão e as respostas tomadas pelo governo brasileiro, cujo resultado seria o "deslocamento do centro dinâmico"[62].

---

57. Alcir Lenharo, *As Tropas da Moderação: O Abastecimento da Corte na Formação Política do Brasil. 1808-1842*.
58. Roberto Borges Martins, *Growing in Silence: The Slave Economy of Nineteenth-Century Minas Gerais, Brazil*.
59. Outros autores produziram relevantes trabalhos que seguiram essa tradição, podemos citar: Robert Slenes, Clotilde Paiva, Douglas Libby, Marcelo Magalhães Godoy. São trabalhos que sustentaram profunda documentação primária, por meio de listas nominativas, inventários *post mortem* etc. (João Antonio de Paula, "A Formação do Mercado Interna e a Superação do Subdesenvolvimento em Celso Furtado").
60. Alcir Lenharo, *As Tropas da Moderação*, p. 27.
61. Para duas relevantes sínteses do debate sobre a industrialização, sugerimos: Wilson Suzigan (*Indústria Brasileira: Origem e Desenvolvimento*) e Flávio Saes ("A Controvérsia sobre a Industrialização na Primeira República"). Aqui também não pretendemos ser exaustivos, mas poderíamos lembrar de outros debates relevantes em que *Formação Econômica do Brasil* desempenha papel central, tais como a questão da introdução da mão de obra assalariada na economia cafeeira e a temática da questão cambial e a socialização das perdas na Primeira República.
62. Celso Furtado, *Formação Econômica do Brasil*, capítulos 30-32.

Para o autor, a crise econômica internacional liquidou a principal renda nacional, proveniente das exportações de café, comprometendo não somente a capacidade de importação do país, como o próprio crescimento da economia como um todo, dependente da economia exportadora.

A partir desse cenário, o autor explora a história da recuperação econômica brasileira na década de 1930 para reconstruir uma das mais importantes perspectivas sobre os meios para efetivar a industrialização, questão em disputa na década de 1950. Conforme Furtado, a retomada do crescimento econômico brasileiro depois da quebra da bolsa de Nova Iorque foi anterior ao que ocorreria em outras economias mundiais, resultado de uma "política anticíclica de maior amplitude que a que se tenha sequer se preconizado em qualquer dos países industrializados"[63]. A política de defesa do café, com a queima de estoques, permitiu a manutenção da renda do principal setor econômico do país, não obstante a crise internacional. Associada à "política anticíclica", a desvalorização da moeda nacional teria criado condições ideais para que a demanda nacional fosse atendida pelo mercado interno, estimulando assim produtores e a indústria nacional.

Na síntese do autor sobre o deslocamento do centro dinâmico: "nos anos 30 o desenvolvimento da economia teve por base o impulso interno e se processou no sentido da substituição de importações por artigos de produção interna"[64]. A história indicava que, contradizendo a posição dominante da teoria econômica, uma política ativa do Estado e a desvalorização da moeda teriam permitido que o país pudesse iniciar uma significativa transformação de sua estrutura econômica, a partir da "progressiva emergência de um sistema cujo principal centro dinâmico é o mercado interno"[65].

No final da década de 1960, a controvérsia sobre a industrialização teria impulso com um conjunto de artigos produzidos por Carlos Manuel Peláez entre 1968 e 1971[66], cujo foco era, a partir de um detalhamento de dados empíricos, questionar a "teoria dos choques adversos", cuja formulação teria sido sistematizada por Furtado.

63. *Idem*, p. 276.
64. *Idem*, p. 302.
65. *Idem*, p. 324.
66. Carlos Manuel Peláez, "A Balança Comercial, a Grande Depressão e a Industrialização Brasileira", "Acerca da Política Governamental, da Grande Depressão e da Industrialização no Brasil" e "As Consequências Econômicas da Ortodoxia Monetária, Cambial e Fiscal no Brasil entre 1889 e 1945".

Para Peláez, a política de defesa do café, base da política anticíclica como compreendida por Furtado, na realidade era resultado tanto de um relevante empréstimo externo, como também de recursos resultantes de novos impostos sobre a venda de café. Em suma, a economia cafeeira não teria sobrevivido às custas da expansão de crédito do governo, mas, tendo o Estado mantido uma política de orçamento equilibrado, seria o setor externo o responsável pela recuperação da economia brasileira.

Tais considerações de Peláez pareciam sistematizar as posições sobre a política econômica daquelas últimas décadas: enquanto Furtado sustentava que a industrialização brasileira seria resultado da intervenção do Estado e da crise do setor exportador, Peláez reafirmava o coro neo-ricardiano, apostando na lei das vantagens comparativas e no papel do setor exportador brasileiro como gerador de renda nacional. Ao longo dos anos 1970 seriam diversos os trabalhos que partiriam dessa polarização para avaliar a política econômica durante a chamada fase da industrialização por substituição de importações, como também para o debate sobre as origens da indústria brasileira. No que diz respeito ao debate específico da política econômica do governo Vargas, um relevante balanço da controvérsia suscitada por Peláez foi apresentado anos mais tarde por Simão Silber[67]; no mesmo período, outros estudos sobre as origens da indústria na Primeira República trouxeram relevantes contribuições empíricas para o debate[68].

Passadas quase quatro décadas de uma vasta produção gerada pela revisão de temáticas lançadas por *Formação Econômica do Brasil*, ao que parece existe hoje uma tendência de reconhecer a importância da contribuição de Furtado, mesmo questionando aspectos pontuais da obra. Academicamente, os questionamentos pontuais sugeriram a necessidade de revisitar temas e problemas da história econômica do Brasil, aprofundando a pesquisa em fontes primárias e reconsiderando algumas das dinâmicas tratadas de maneira mais panorâmica por Furtado.

---

67. Simão Silber, "Análise da Política Econômica e do Comportamento da Economia Brasileira durante o Período 1929/1939".
68. Para o debate sobre as origens da indústria, Warren Dean pode ser considerado um herdeiro da posição da industrialização liderada pelas exportações, enquanto Albert Fishlow, João Manuel Cardoso de Melo e Wilson Cano são defensores das teses da industrialização induzida pela substituição de importações. A tese de Versiani & Versiani, ao abordar a dinâmica de ciclos de investimento e ciclos de expansão da produção, pode ser compreendida como uma síntese do debate (Flávio Saes, "A Controvérsia sobre a Industrialização na Primeira República").

Por outro lado, excluídas as poucas tentativas de síntese que se opunham às teses mais gerais do autor, tais como as críticas ao circulacionismo de Caio Prado Jr. e Celso Furtado presentes em obras de autores como Ciro Flamarion Cardoso e Jacob Gorender ou mesmo na proposição do *arcaísmo como projeto* de Fragoso e Florentino, a interpretação de Furtado permaneceu com significativa aquiescência acadêmica. Se no campo historiográfico a obra permaneceu como clássico, ponto de partida para tantos estudos, no início do século XXI o vigor de *Formação Econômica do Brasil* e de Celso Furtado seria reforçado, muito devido aos novos ventos que sopravam no cenário político brasileiro.

AINDA EM FORMAÇÃO? A RETOMADA DE *FORMAÇÃO ECONÔMICA DO BRASIL*, 1990-2010

Em aula magna ministrada no dia 8 de março de 1993 no Instituto Rio Branco, a academia diplomática brasileira, o então Ministro das Relações Exteriores, Fernando Henrique Cardoso, retoma o célebre prefácio de Antonio Candido à sétima edição de *Raízes do Brasil* para repassar a importância de alguns nomes fundamentais da história intelectual brasileira[69]. Escrito originalmente em 1967, o texto de Antonio Candido fazia um verdadeiro balanço de época ao evocar a importância que Gilberto Freyre, Sérgio Buarque de Holanda e Caio Prado Jr. tiveram para os homens de sua geração[70].

De uma geração posterior, Fernando Henrique Cardoso aproveitou a ocasião para realizar seu próprio balanço do tema. Além de refazer seu trajeto pelos chamados intérpretes do Brasil, Cardoso sugere a inclusão de um quarto nome à tríade original, justamente o de Celso Furtado. Na aula magna em questão, o sociólogo vai pouco além dessa afirmação e não desenvolve sua relação com a obra de Furtado. Contudo, a intervenção parece evocar um texto escrito alguns anos antes por Cardoso, mais precisamente em agosto de 1978, quando assina uma breve resenha sobre *Formação Econômica do Brasil*, com o título de "O Descobrimento da Economia", na revista *Senhor Vogue*.

No texto, Fernando Henrique reconhece a grande influência de Freyre, Buarque e Prado Jr. entre os que, como ele, começaram a vida intelectual em meados dos

---

69. Fernando Henrique Cardoso, "Livros que Inventaram o Brasil".
70. Antonio Candido, "O Significado de Raízes do Brasil".

anos 1960, mas afirma que, nesses casos, "sua descoberta intelectual fundamental se deu com Celso Furtado"[71]. Foram as páginas de Furtado que introduziram para um público mais amplo o vocabulário próprio da economia do desenvolvimento e que fizeram "brotar em nós a paixão pela economia", afirmava Cardoso[72].

Ocorre que a sorte de *Formação Econômica do Brasil* mudaria nos anos seguintes, já entrando na década de 1980, assim como a experiência das gerações posteriores com a obra. Se nos anos 1950 e 1960 era difícil resistir à força arrebatadora do livro; se nos anos seguintes a obra conservou sua influência, mesmo que em sentido negativo, isso é, fornecendo uma agenda de trabalho e questionamento para os historiadores e acadêmicos profissionais; escrevendo sobre o pensamento de Celso Furtado em 1986, era clara a orientação defensiva de Chico de Oliveira, que se ressentia do fato de que nas faculdades de economia o livro de Furtado figurava então somente nos cursos de história econômica, "como algo que já foi e que se estuda como um movimento do passado" e não propriamente como um desafio teórico ou como fonte de inspiração para atacar os problemas do presente[73].

Sintomática também a posição que a contribuição de Celso Furtado vai assumindo no pensamento econômico brasileiro. A Cepal, e Furtado como o mais ilustre representante do pensamento estruturalista no Brasil, vai deixando de ser uma posição no debate econômico para se tornar uma perspectiva teórica da história do pensamento econômico[74]. Os trabalhos de Guido Mantega e de Ricardo Bielschowsky, respectivamente *Economia Política Brasileira* e *Pensamento Econômico Brasileiro (1930-1964)*, inserem Furtado no cânone do pensamento econômico nacional, mas o desenvolvimento nacional como projeto social já não parecia mais ter espaço no debate público.

Evidentemente que a conjuntura de inflação, de dívida externa e crise econômica do Estado colocavam uma situação econômica de urgência, cujas demandas uma obra que se propunha a pensar o planejamento econômico, por meio do Estado, já não parecia atender mais[75]. Ao mesmo tempo, uma obra que

---

71. Fernando Henrique Cardoso, "O Descobrimento da Economia", p. 172.
72. *Idem*.
73. Francisco De Oliveira, *A Navegação Venturosa*, p. 53.
74. Luiz Felipe Bruzzi Curi, "Planejamento, Industrialização e Desenvolvimento na Historiografia do Pensamento Econômico Brasileiro: Notas Preliminares", pp. 256-263.
75. Esse distanciamento da realidade política das teses de Celso Furtado fica explícita na análise do próprio personagem, por meio de seu diário, quando de sua avaliação sobre seu papel no

cronologicamente alcançava a análise do pós-Segunda Guerra Mundial, na década de 1960 poderia ser considerada como superada para o debate de economia brasileira mais conjuntural. Pelas próprias contribuições seguintes de Furtado, *Formação Econômica do Brasil* acabaria naturalmente se tornando um objeto de análise histórica.

Para Chico de Oliveira, não obstante, no tom contundente que lhe é característico, o problema tinha a ver com "a praga dos Ph. D. de Chicago", que teria se implantado no Brasil "sob a égide do ministro Delfim Netto"[76]. Vai na mesma linha o depoimento do economista Alexandre de Freitas Barbosa, cujo contato com *Formação Econômica do Brasil* se deu durante os anos do governo Collor: "os que se salvaram de minha geração de economistas foram apenas os amadurecidos pela leitura de Furtado"[77].

Sabe-se que muitas vezes, de maneira justa ou não, a sorte de uma obra está ligada à trajetória pública de seu autor. Ocorre que a época em questão era de grande prestígio para Furtado. Nos primeiros anos da redemocratização, o economista retorna para o Brasil, onde irá se tornar Ministro da Cultura em 1985. Impossível não observar que o novo cargo, ao mesmo tempo em que atesta a amplitude do pensamento furtadiano, que agora se estendia para a filosofia e para a reflexão cultural, parece evidenciar certa perda de influência no terreno econômico[78].

Afinal, corriam no Brasil os anos daquela que viria a ficar conhecida como a década perdida, marcada pelas várias tentativas infrutíferas de superação do problema da hiperinflação. Mesma época em que o mais prestigiado economista brasileiro, sempre louvado pela dimensão prática e política de suas obras, agora se refugiava na reflexão cultural, no que parecia tentar preparar o futuro nacional das próximas décadas, ou mesmo do próximo século, enquanto a realidade imediata era o de um verdadeiro esgarçamento do tecido econômico nacional. Não deixa de ser verdade, no entanto, que o próprio país parecia ter abdicado da possibilidade de discutir novos rumos para o desenvolvimento.

debate da política econômica durante a redemocratização. Cf. Celso Furtado, *Diários Intermitentes: 1937-2002*.
76. Francisco de Oliveira, *A Navegação Venturosa*, p. 53.
77. Alexandre de Freitas Barbosa, "Formação Econômica do Brasil, Cinquenta Anos Depois", p. 146.
78. Paul Singer, "Intelectuais de Esquerda no Poder"; Gildo Marçal Brandão, "Celso Furtado: O Peregrino da Ordem do Desenvolvimento".

Em termos mais amplos, a sucessão de intervenções públicas em que Chico de Oliveira fala sobre Celso Furtado nos anos 1990 dá boa amostra do período de baixa pelo qual passaria o legado furtadiano naquela década, com consequências sobre como *Formação Econômica do Brasil* era então difundido. Em 1994, em introdução à obra sobre o Grupo de Trabalho para o Desenvolvimento do Nordeste (GTDN), liderado por Furtado na década de 1960, Chico lamenta a triste sorte da região Nordeste, em que as políticas de desenvolvimento de Furtado não tiveram a oportunidade de frutificar[79]. Parecido é o teor de suas intervenções alguns anos depois em seminário sobre a Sudene e o futuro do nordeste[80] e em seminário sobre o pensamento de Furtado, organizado pela Fundação Perseu Abramo[81].

O cenário começa a mudar já nos anos seguintes. Dois fatores parecem recolocar Celso Furtado como um autor de grande interesse não somente para a academia, mas para o debate público. De um lado, uma sequência de efemérides recolocaria as teses e obras de Furtado em evidência, por outro lado, a eleição de Luiz Inácio Lula da Silva e a emergência de um governo de esquerda no país levaria para setores estratégicos da administração federal alguns herdeiros intelectuais de Celso Furtado.

No que diz respeito às efemérides, em 2001 é lançada a abrangente obra em homenagem aos oitenta anos de nascimento do nascimento de Furtado[82]. Em 2003, Celso Furtado se torna o primeiro, e até hoje único, economista brasileiro indicado ao prêmio Nobel de economia. No ano seguinte, após seu falecimento, seria criado o Centro Internacional Celso Furtado de Políticas para o Desenvolvimento, consequência de uma proposta do então presidente Luiz Inácio Lula da Silva.

Em 2009, quando da comemoração dos cinquenta anos de publicação de *Formação Econômica do Brasil*, livro e autor foram efusivamente celebrados nos mais diversos cantos do país, assim como em outras partes do mundo. Desse ano datam as publicações da edição comemorativa do livro pela editora Companhia das Letras, o volume de ensaios organizado pelo Ipea – Instituto de Pesquisa Econômica Aplicada[83], assim

---

79. Francisco de Oliveira, *A Navegação Venturosa*, p. 55.
80. *Idem*, pp. 103-107.
81. *Idem*, pp. 109-115.
82. Luiz Carlos Bresser-Pereira e José Márcio Rego, *A Grande Esperança em Celso Furtado: Ensaios em Homenagem aos seus 80 Anos*.
83. Tarcísio Patrício de Araújo, Salvador Teixeira Vianna e Leôncio J. B. Macambira Jr. (org.), *50 Anos de Formação Econômica do Brasil: Ensaios sobre a Obra Clássica de Celso Furtado*.

como a edição comemorativa organizada pela Ordem dos Economistas do Brasil[84]. Desnecessário dizer que tanto por conta das comemorações como da criação de espaços para o fomento às pesquisas, Celso Furtado se tornou mais do que referência historiográfica por suas obras, mas objeto de estudo em si: de sua intepretação histórica, de sua trajetória política, de suas contribuições à teoria econômica etc.[85]

Nesse período de fins dos anos 2000, mesmo o debate sobre as possibilidades de "formação" da sociedade brasileira adquire novo vigor. Em texto de abertura a *Pensadores que Inventaram o Brasil*, Fernando Henrique Cardoso discorre novamente sobre autores associados à ideia de *formação*, como Gilberto Freyre, Caio Prado Jr., Sérgio Buarque de Holanda, Antonio Candido e Celso Furtado. O sociólogo e ex-presidente cita o texto "Depois da *Formação*", do filósofo Marcos Nobre, como uma periodização da história das ideias "digna de reflexão". Em artigo do mesmo ano que sintetiza suas conclusões, Nobre parece acreditar que o paradigma da "formação" estaria agora esgotado, inviabilizado pelo próprio truncamento das possibilidades de construção de um projeto nacional de desenvolvimento na periferia do capitalismo, restando a algumas de suas obras temporãs – como "O Ornitorrinco", de Chico de Oliveira – a denúncia do padrão brasileiro de modernização que aqui foi se impondo[86].

Em outra orientação, Bernardo Ricupero retomou a reflexão sobre a "formação" para sugerir um procedimento de análise atento à forma específica com que cada uma dessas reflexões procurou sintetizar uma experiência de época, procedimento que, segundo o autor, poderia abrir novas possibilidades de análise, para além do já citado *Sentido da Formação* de Paulo Arantes[87].

---

84. Francisco da Silva Coelho e Rui Guilherme Granziera, *Celso Furtado e a Formação Econômica do Brasil*.
85. Realizando uma busca no Portal Capes por teses e dissertações publicadas no catálogo tendo Celso Furtado como parte do título, verifica-se o crescimento do interesse pelo autor nos últimos anos. Teses e dissertações defendidas nos anos 1990: seis; em 2000-2004: nove; em 2005-2009: onze; em 2010-2014: vinte; em 2015-2018: quinze. Muitos outros trabalhos, evidentemente, recorrem ao autor para discutir temas clássicos como os debates sobre o subdesenvolvimento, a teoria da dependência, a estagnação, entre outros, mas selecionamos apenas aqueles que explicitamente indicaram o autor no título de seu trabalho. Conferir: https://catalogodeteses.capes.gov.br/catalogo-teses/#!/
86. Marcos Nobre, "Da *Formação* às 'Redes'. Filosofia e Cultura depois da Modernização".
87. Bernardo Ricupero, "Da *Formação* à Forma. Ainda as 'Ideias Fora do Lugar'".

Nesse mesmo período, diferentes projetos políticos e proposições de política econômica passam a reivindicar o legado de Celso Furtado com maior ênfase. A retomada do crescimento econômico, com um discurso pautado na redução da desigualdade social, levou governistas e analistas a tentarem retomar o antigo conceito do desenvolvimentismo para caracterizar o novo contexto, o novo projeto de Brasil que parecia se concretizar.

Nesse momento em que a controvérsia se instaurava na definição sobre a existência de um social desenvolvimentismo ou de um novo desenvolvimentismo, parte da disputa se dava entre tentativas de retomar o pensamento desenvolvimentista clássico para dar conta dos desafios econômicos do presente[88].

Em parte, as possibilidades lançadas para um novo projeto desenvolvimentista no século XXI eram mais otimistas que o próprio Celso Furtado no início dos anos 1990, quando escrevia que "o processo de formação de um sistema econômico já não se inscreve naturalmente em nosso sistema nacional"[89].

Para Furtado, o processo de transformação econômica global não podia ser mais ofuscado, pois a "complexa transição estrutural" pela qual passávamos reduzia ainda mais a capacidade de controlar os processos internos de decisão; por outro lado, os novos desafios relacionados ao bem-estar social e às questões ambientais exigiriam uma nova concepção do desenvolvimento, o que não parecia estar no horizonte. Vale lembrar que até mesmo no capítulo final de *Formação Econômica do Brasil* as projeções de Furtado eram pouco animadoras. Já no final dos anos 1950, o economista estimava que para uma taxa otimista de crescimento de longo prazo, o Brasil ainda teria uma baixa renda *per capita* no final do século, o que faria com que o país entrasse no século XXI como uma das grandes áreas do planeta "em que maior é a disparidade entre o grau de desenvolvimento e a constelação de recursos potenciais"[90].

A previsão parece ter sido bastante acurada, mas os entraves ao desenvolvimento brasileiro se tornariam ainda piores. Furtado retomaria o tema da *formação* no ano de 1999 em *O Longo Amanhecer: Reflexões sobre a Formação do Brasil*, que

---

88. Por volta dos anos 2010 esse debate esteve verdadeiramente aquecido, tendo posições, por exemplo, de Bresser-Pereira em defesa do novo desenvolvimentismo, e, de outro lado, de alguns economistas da Unicamp sobre o socialdesenvolvimentismo.
89. Celso Furtado, *Brasil: A Construção Interrompida*, p. 13.
90. Celso Furtado, *Formação Econômica do Brasil*, p. 335.

reúne alguns curtos ensaios e intervenções públicas realizados na época. Nesse volume, o breve ensaio sobre a "Formação Cultural do Brasil", recoloca em outra chave as preocupações do economista do final dos anos 1950. Se a questão fundamental é a mesma, isso é, compreender os condicionantes históricos que impedem o desenvolvimento do país e a partir deles procurar alternativas para a formação da nação, o enfoque agora é outro, mais amplo[91].

Furtado examina a formação cultural do povo brasileiro, que tem início com a expansão ibérica nas Grandes Navegações, passa pela criação e consolidação de uma sociedade colonial, levada a cabo por grupos mercantis estreitamente associados à coroa e realizada às custas do apresamento e da aculturação das populações indígenas e escravizadas. Perpassa o século XIX, com a independência política e grande modernização dos padrões de consumo, que ainda eram financiadas com o escasso excedente acumulado primordialmente com a exportação de produtos primários e parco desenvolvimento das técnicas produtivas. Chega ao século XX, quando a *modernização dependente* do país acompanhava o processo de industrialização por substituição de importações e toma um desfecho melancólico, quando resta a Furtado reconhecer a prevalência da indústria transnacional cultural como instrumento do processo de modernização dependente, cuja atuação representava mesmo uma "ameaça crescente de descaracterização" da cultura popular.

Reconhecendo a tendência de aceleração desse processo, Furtado conclui o texto em tom melancólico. O economista reconhece que a cultura constitui um patrimônio de toda a humanidade, mas questiona a divisão existente entre os povos que a produzem ativamente e outros que seriam relegados a um papel passivo, de consumidores dos bens culturais adquiridos nos mercados externos. Diante do novo desafio, Furtado adapta o problema e o enfoque, aborda o subdesenvolvimento não só como problema econômico, mas também como um obstáculo e desafio à realização das aptidões e do potencial humano.

---

91. Furtado já vinha se dedicando ao estudo das relações entre cultura, criatividade e desenvolvimento pelo menos desde 1978 com a publicação de *Criatividade e Dependência na Civilização Industrial*, assim como sua posterior participação na Comissão Mundial de Cultura e Desenvolvimento, criada em 1994 pela Unesco. Uma seleção da produção de Furtado voltada à reflexão cultural pode ser encontrada em sua obra *Ensaios sobre Cultura e o Ministério da Cultura*.

"Ter ou não ter acesso à criatividade, eis a questão"[92], resume Furtado, autor de *Formação Econômica do Brasil* e um dos principais intérpretes de um país cuja construção parece ter sido interrompida.

REFERÊNCIAS BIBLIOGRÁFICAS

AGUIAR, Rosa Freire d'. "Apresentação". *In*: FURTADO, Celso. *Formação Econômica do Brasil. Edição Comemorativa – 50 Anos*. Organização de Rosa Freire d'Aguiar. São Paulo, Companhia das Letras, 2009, pp. 11-21.

ARANTES, Paulo Eduardo. "Providências de um Crítico Literário na Periferia do Capitalismo". *In:* ARANTES, Otilia Beatriz Fiori & ARANTES, Paulo Eduardo. *Sentido da Formação. Três Estudos sobre Antônio Cândido, Gilda de Mello e Souza e Lúcio Costa.* Rio de Janeiro, Paz e Terra, 1997, pp. 7-66.

ARAÚJO, Tarcísio Patrício de; VIANNA, Salvador Teixeira & MACAMBIRA Jr., Leôncio J. B. (org.). *50 Anos de Formação Econômica do Brasil: Ensaios sobre a Obra Clássica de Celso Furtado.* Rio de Janeiro, Ipea, 2009.

ARENA, Renato. "Resenha" [1959]. *In*: FURTADO, Celso. *Formação Econômica do Brasil. Edição Comemorativa – 50 Anos*. Organização de Rosa Freire d'Aguiar. São Paulo, Companhia das Letras, 2009.

BAER, Werner. "Resenha" [1974]. *In*: FURTADO, Celso. *Formação Econômica do Brasil. Edição Comemorativa – 50 Anos*. Organização de Rosa Freire d'Aguiar. São Paulo, Companhia das Letras, 2009.

BARANSON, Jack. "Development and Underdevelopment by Celso Furtado". *Technology and Culture*, vol. 6, n. 3, pp. 510-512, 1965.

BARBOSA, Alexandre de Freitas. "Formação Econômica do Brasil, Cinquenta Anos Depois". *Revista IEB*, pp. 145-162, São Paulo, set.-mar. 2010.

BIDERMAN, Ciro; COZAC, Luis Felipe L. & REGO, José Márcio. *Conversas com Economistas Brasileiros.* São Paulo, Editora 34, 1996.

BIELSCHOWSKY, Ricardo. *Cinquenta Anos de Pensamento na Cepal.* Rio de Janeiro, Record, 2000.

_____. "Formação Econômica do Brasil: Uma Obra-Prima do Estruturalismo Cepalino". *Revista de Economia Política*, vol. 9, n. 4, São Paulo, 1989.

_____. *Pensamento Econômico Brasileiro. O Ciclo Ideológico do Desenvolvimentismo.* 5. ed. Rio de Janeiro, Contraponto, 2004.

---

92. Celso Furtado, *O Longo Amanhecer: Reflexões sobre a Formação do Brasil*, p. 67.

BRANDÃO, Gildo Marçal. "Linhagens do Pensamento Político Brasileiro". *Dados – Revista de Ciências Sociais*, vol. 48, n. 2, Rio de Janeiro, 2005.

_____. "Celso Furtado: O Peregrino da Ordem do Desenvolvimento". *Economia Política do Desenvolvimento*, vol. 48, n. 2, pp. 231-269, set.-dez. Maceió, 2010.

BRESSER-PEREIRA, Luiz Carlos & REGO, José Márcio. *A Grande Esperança em Celso Furtado: Ensaios em Homenagem aos seus 80 Anos*. São Paulo, Editora 34, 2001.

BRUZZI CURI, Luiz Felipe. "Planejamento, Industrialização e Desenvolvimento na Historiografia do Pensamento Econômico Brasileiro: Notas Preliminares". *In*: COSENTINO, Daniel & GAMBI, Thiago. *História do Pensamento Econômico*. São Paulo, Hucitec, 2019.

CANABRAVA, Alice. "Roteiro Sucinto do Desenvolvimento da Historiografia Brasileira". In: *Anais do Seminário de Estudos Brasileiros*, 1972, vol. 2, São Paulo, IEB/USP, pp. 4-9.

CANDIDO, Antonio. "O Significado de *Raízes do Brasil*". *In:* HOLANDA, Sérgio Buarque de. *Raízes do Brasil*. São Paulo, Companhia das Letras, 2013.

CARDOSO, Fernando Henrique. "Condições Sociais da Industrialização: O Caso de São Paulo". *Revista Brasiliense*, (28), mar.-abr., 1960.

_____. "Livros que Inventaram o Brasil". *Novos Estudos Cebrap*, n. 37, São Paulo, 1993.

_____. "O Descobrimento da Economia". *In*: *Pensadores que Inventaram o Brasil*. São Paulo, Companhia das Letras, 2013.

COELHO, Francisco da Silva & GRANZIERA, Rui Guilherme (org.). *Celso Furtado e a Formação Econômica do Brasil*. São Paulo, Atlas, 2009.

DEAN, Warren. "Resenha" [1965]. *In*: FURTADO, Celso. *Formação Econômica do Brasil. Edição Comemorativa – 50 Anos*. Organização de Rosa Freire d'Aguiar. São Paulo, Companhia das Letras, 2009.

DOBB, Maurice. "Review of Furtado". *Economica*, n. 32, pp, 460-461, 1965.

FONSECA, Pedro Cezar Dutra & SALOMÃO, Ivan Colangelo. "Furtado *vs*. Prebisch: A Latin American Controversy". *Investigación Económica*, n. 77, pp. 74-93, 2018.

FURTADO, Celso. *Anos de Formação 1938-1948: O Jornalismo, o Serviço Público, a Guerra, o Doutorado*. Organização de Rosa Freire d'Aguiar. Rio de Janeiro, Contraponto/Centro Internacional Celso Furtado de Políticas para o Desenvolvimento, 2014.

_____. *Brasil: A Construção Interrompida*. Rio de Janeiro, Paz e Terra, 1992.

_____. *Criatividade e Dependência na Civilização Industrial*. Rio de Janeiro, Paz e Terra, 1978.

_____. *Diários Intermitentes: 1937-2002*. São Paulo, Companhia das Letras, 2019.

_____. *Economia Colonial no Brasil nos Séculos XVI e XVII*. São Paulo, Hucitec/ABPHE, 2001 (1. ed. 1948).

_____. *Ensaios sobre Cultura e o Ministério da Cultura*. Rio de Janeiro, Contraponto/Centro Internacional Celso Furtado, 2012.

_____. *Formação Econômica do Brasil*. 34. ed. São Paulo, Companhia das Letras, 2007 (1. ed. 1959).

_____. *O Longo Amanhecer: Reflexões sobre a Formação do Brasil*. São Paulo, Paz e Terra, 1999.

_____. *Obra Autobiográfica*. São Paulo, Companhia das Letras, 2014.

GRANZIERA, Rui Guilherme. "Os Estados Unidos na Formação Econômica do Brasil". *In*: COELHO, Francisco da Silva & GRANZIERA, Rui Guilherme (org.). *Celso Furtado e a Formação Econômica do Brasil*. São Paulo, Atlas, 2009.

IGLÉSIAS, Francisco. "Prefácio à Edição Especial da Coleção Biblioteca Básica Brasileira – UNB" [1963]. *In*: FURTADO, Celso. *Formação Econômica do Brasil. Edição Comemorativa – 50 Anos*. Organização de Rosa Freire d'Aguiar. São Paulo, Companhia das Letras, 2009.

LENHARO, Alcir. *As Tropas da Moderação: O Abastecimento da Corte na Formação Política do Brasil. 1808-1842*. São Paulo, Símbolo, 1979.

LESTER, Allen H. "Resenha" [1960]. *In*: FURTADO, Celso. *Formação Econômica do Brasil. Edição Comemorativa – 50 Anos*. Organização de Rosa Freire d'Aguiar. São Paulo, Companhia das Letras, 2009.

LOVE, Joseph. "Furtado e o Estruturalismo". *In:* BRESSER-PEREIRA, Luiz Carlos & REGO, José Márcio. *A Grande Esperança em Celso Furtado: Ensaios em Homenagem aos seus 80 Anos*. São Paulo, Editora 34, 2001.

MANZATTO, Rômulo. *Formação e Revolução em Caio Prado Jr. e Celso Furtado*. São Paulo, Departamento de Ciência Política – FFLCH-USP, Dissertação de mestrado, 2018.

MATTOSO, Katia de Queirós. "Homenagem a Celso Furtado" [1998]. *In*: FURTADO, Celso. *Formação Econômica do Brasil. Edição Comemorativa – 50 Anos*. Organização de Rosa Freire d'Aguiar. São Paulo, Companhia das Letras, 2009.

MAURO, Frédéric. "Prefácio à Edição Francesa" [1972]. *In*: FURTADO, Celso. *Formação Econômica do Brasil. Edição Comemorativa – 50 Anos*. Organização de Rosa Freire d'Aguiar. São Paulo, Companhia das Letras, 2009.

MARTINS, Roberto Borges. *Growing in Silence: The Slave Economy of Nineteenth-Century Minas Gerais, Brazil*. Tese de Doutorado, Varderbilt University, 1980.

MUELLER, Hans G. "Resenha" [1963]. *In*: FURTADO, Celso. *Formação Econômica do Brasil. Edição Comemorativa – 50 Anos*. Organização de Rosa Freire d'Aguiar. São Paulo, Companhia das Letras, 2009.

_____. "Review of Furtado (1959)". *Journal of Economic History*, n. 23, pp. 359-360, 1963.

NOBRE, Marcos. "Da *Formação* às 'Redes'. Filosofia e Cultura depois da Modernização". *Cadernos de Filosofia Alemã*, n. XIX, jan.-jun. 2012.

_____. "Depois da *Formação*". *Piauí*, n. 74, nov. 2012.

NOVAIS, Fernando Antonio. "Resenha" [1961]. *In*: FURTADO, Celso. *Formação Econômica do Brasil. Edição Comemorativa – 50 Anos*. Organização de Rosa Freire d'Aguiar. São Paulo, Companhia das Letras, 2009.

_____. & SILVA, Rogério Forastieri da (org.). *Nova História em Perspectiva*. São Paulo, Cosac Naify, 2011, vol. 1.

OLIVEIRA, Francisco de. *A Navegação Venturosa: Ensaios sobre Celso Furtado*. São Paulo, Boitempo, 2003.

PAULA, João Antonio de. "A Formação do Mercado Interna e a Superação do Subdesenvolvimento em Celso Furtado". *In*: COELHO, Francisco da Silva & GRANZIERA, Rui Guilherme (org.). *Celso Furtado e a Formação Econômica do Brasil*. São Paulo, Atlas, 2009.

PELÁEZ, Carlos Manuel. "A Balança Comercial, a Grande Depressão e a Industrialização Brasileira". *Revista Brasileira de Economia*, n. 22, pp. 24-40, 1968.

_____. "Acerca da Política Governamental, da Grande Depressão e da Industrialização no Brasil". *Revista Brasileira de Economia*, vol. 23, n. 3, pp. 77-88, 1969.

_____. "As Consequências Econômicas da Ortodoxia Monetária, Cambial e Fiscal no Brasil entre 1889 e 1945". *Revista Brasileira de Economia*, vol. 25, n. 3, Rio de Janeiro, jul.-set. 1971.

REGO, José Márcio. "A 'Angústia da Influência' em Smith, Hirschman e Furtado". *In:* BRESSER-PEREIRA, Luiz Carlos & REGO, José Márcio. *A Grande Esperança em Celso Furtado: Ensaios em Homenagem aos seus 80 Anos*. São Paulo, Editora 34, 2001.

RICUPERO, Bernardo. "Celso Furtado e o Pensamento Social Brasileiro". *Estudos Avançados*, vol. 19, n. 53, 2005.

_____. "Da Formação à Forma. Ainda as 'Ideias Fora do Lugar' ". *Lua Nova*, n. 73, São Paulo, 2008.

ROMANO, Ruggiero. "Prefácio à Edição Italiana" [1970]. *In*: FURTADO, Celso. *Formação Econômica do Brasil. Edição Comemorativa – 50 Anos*. Organização de Rosa Freire d'Aguiar. São Paulo, Companhia das Letras, 2009.

SÁ, Paulo. "Resenha" [1959]. *In*: FURTADO, Celso. *Formação Econômica do Brasil. Edição Comemorativa – 50 Anos*. Organização de Rosa Freire d'Aguiar. São Paulo, Companhia das Letras, 2009.

SÁ EARP, Fábio. "A Grande Provocação: Notas sobre o Impacto de Formação Econômica do Brasil. *In*: ARAÚJO, Tarcísio Patrício de; VIANNA, Salvador Teixeira & MACAMBIra Jr., Leôncio J. B. (org.). *50 Anos de Formação Econômica do Brasil: Ensaios sobre a Obra Clássica de Celso Furtado*. Rio de Janeiro, Ipea, 2009.

Sachs, Ignacy. "Prefácio à Edição Polonesa" [1967]. *In*: FV, Celso. *Formação Econômica do Brasil. Edição Comemorativa – 50 Anos*. Organização de Rosa Freire d'Aguiar. São Paulo, Companhia das Letras, 2009.

Saes, Alexandre Macchione; Manzatto, Rômulo Felipe; Sousa, Euler Santos. "Ensino e Pesquisa em História Econômica: Perfil Docente e das Disciplinas de História Econômica nos Cursos de Graduação de Economia no Brasil". *História Econômica & História de Empresas*, n. 18, pp. 229-263, 2015.

Saes, Flávio. "A Controvérsia sobre a Industrialização na Primeira República". *Estudos Avançados*, vol. 3, n. 7, pp. 20-39, set.-dez. 1989.

_____. "A Historiografia Econômica Brasileira: Dos Pioneiros às Tendências Recentes da Pesquisa em História Econômica do Brasil". *Revista Territórios e Fronteiras*, vol. 2, n. 1, pp. 182-204, 2009.

Schwarcz, Lilia Moritz. "Sobre as Imagens: Entre a Convenção e a Ordem". *In*: Gomes, Flávio dos Santos & Schwarcz, Lilia Moritz (org.). *Dicionário da Escravidão e da Liberdade*. São Paulo, Companhias das Letras, 2018.

Silber, Simão. "Análise da Política Econômica e do Comportamento da Economia Brasileira durante o Período 1929/1939". *In*: Versiani, Flávio R. & Barros, José Roberto Mendonça de (org.). *Formação Econômica do Brasil: A Experiência da Industrialização*. São Paulo, Saraiva, 1977.

Silva, Roberto Pereira. "A Trajetória de um Clássico: *Formação Econômica do Brasil* de Celso Furtado". *Economia e Sociedade*, n. 20, vol. 2, pp. 443-448, 2011.

Singer, Paul. "Resenha" [1959]. *In*: Furtado, Celso. *Formação Econômica do Brasil. Edição Comemorativa – 50 Anos*. Organização de Rosa Freire d'Aguiar. São Paulo, Companhia das Letras, 2009.

_____. "Intelectuais de Esquerda no Poder". *In*: Sola, Lourdes (org.). *O Estado da Transição: Política e Economia na Nova República*. São Paulo, Vértice, 1988.

Sodré, Nelson Werneck. "Resenha" [1959]. *In*: Furtado, Celso. *Formação Econômica do Brasil. Edição Comemorativa – 50 Anos*. Organização de Rosa Freire d'Aguiar. São Paulo, Companhia das Letras, 2009.

Suzigan, Wilson. *Indústria Brasileira: Origem e Desenvolvimento*. São Paulo, Brasiliense, 1986.

Szmrecsányi, Tamás. "Retomando a Questão do Início da Historiografia Econômica no Brasil". *Nova Economia*, n. 14, vol. 1, pp. 11-37, Belo Horizonte, jan./abr. 2004.

_____. "Sobre a Formação da *Formação Econômica do Brasil* de Celso Furtado". *Estudos Avançados*, n. 13, vol. 37, São Paulo, 1999.

URQUIDI, Víctor L. "Resenha" [1962]. *In*: FURTADO, Celso. *Formação Econômica do Brasil. Edição Comemorativa – 50 Anos*. Organização de Rosa Freire d'Aguiar. São Paulo, Companhia das Letras, 2009.

VERSIANI, Flávio. "Trabalho Livre, Trabalho Escravo, Trabalho Excedente: Mão-de-Obra na *Formação Econômica do Brasil*". *In*: COELHO, Francisco da Silva & GRANZIERA, Rui Guilherme (org.). *Celso Furtado e a Formação Econômica do Brasil*. São Paulo, Atlas, 2009.

II

DA ECONOMIA BRASILEIRA PARA A HISTÓRIA ECONÔMICA: OS DEBATES HISTORIOGRÁFICOS HERDADOS DE *FORMAÇÃO ECONÔMICA DO BRASIL*

4

Formação Econômica do Brasil: Celso Furtado como Historiador Econômico[1]

Flávio Rabelo Versiani

I

Quando se pretende cotejar a *Formação Econômica do Brasil* com os achados posteriores da história econômica brasileira, um primeiro ponto a destacar é que Furtado nunca pretendeu que seu livro fosse um relato histórico, mas sim uma proposta de arcabouço analítico, a partir de um enfoque histórico. Visando, essencialmente, lançar luz sobre a evolução da economia brasileira e, em particular – como escreveu em seu livro de memórias de 1985, onde traça, de certa forma, sua trajetória intelectual nos anos que antecederam a redação do livro –, desvendar "as causas do singular atraso" da economia de nosso país. Causas que teriam que ser "desencravadas da história", para captar "o encadeamento de fatores que perpetuavam o atraso clamoroso da economia brasileira"[2]. Para tal, escreveu "um livro de análise e não de história", tendo sempre como pano de fundo o propósito de delinear formas de ação política para o tempo em que escrevia, pois "o trabalho de teorização em Ciências Sociais é em certa medida uma prolongação da política"[3].

Por outro lado, o arcabouço de análise proposto na *Formação* partiu de constatações, ou suposições, sobre fatos da história econômica brasileira. Fatos que

---

1. O texto beneficiou-se dos comentários de Edmar Bacha, Luiz Paulo Nogueról, Renato Marcondes e de participantes do Seminário Celso Furtado e os 60 Anos da *Formação Econômica do Brasil*, realizado em São Paulo, entre 6 e 8 de novembro de 2019, os quais não têm, obviamente, responsabilidade pelo produto final.
2. Celso Furtado, *A Fantasia Organizada*, p. 67.
3. *Idem*, pp. 215, 226.

seriam examinados, como ele escreveu, "aproximando acontecimentos em áreas diversas e tempos distintos"[4]; para o que seria preciso "abarcar a realidade complexa com imaginação e submetê-la em seguida a tratamento analítico"[5]. Pode-se dizer então que o livro contém, de fato, um relato histórico, explícito ou implícito, como base da estrutura analítica aí proposta; nesse sentido, pode-se dizer que Furtado foi um historiador. O que permite levantar uma indagação: dado que o conhecimento sobre a história econômica brasileira avançou muito desde a década de 1950, como é evidente, até que ponto tais avanços afetariam aquela estrutura de análise? Modificando-a, ou mesmo tornando insubsistentes alguns de seus elementos? A busca de uma resposta ampla a tal indagação vai muito além do alcance do presente texto; o que se exporá, a seguir, são apenas algumas reflexões pontuais sobre esse tema.

Antes de prosseguir, é interessante lembrar um fato que atesta a grande influência que o livro exerceu desde sua primeira edição. É que, contrariamente aos propósitos do autor, a *Formação* é muitas vezes citada como fonte histórica – e até mesmo por historiadores. Dois exemplos. No capítulo sobre Demografia das *Estatísticas Históricas do Brasil*, por Clotilde A. Paiva, José A.M. de Carvalho e Valéria M. Leite, a estimativa da população do Brasil para 1700, 300 mil habitantes, é atribuída a Furtado[6]. Esse dado está na nota 69, capítulo 13, da *Formação*, sem citação de fonte, mas pode-se verificar que os números aí mencionados vêm da *História Econômica do Brasil*, de Roberto Simonsen[7]. Simonsen, por sua vez, transcreveu nessa nota estimativas, baseadas em várias fontes, de Félix Contreiras Rodrigues, em *Traços da Economia Social e Política do Brasil Colonial*[8]. Ou seja, a estimativa da população no início do século XVIII não foi de Furtado, mas ganhou

---

4. *Idem*, p. 215.
5. *Idem*, p. 67. Sua ênfase na imaginação, como base de uma construção analítica (que Eugênio Gudin criticava, cf. *idem, ibidem*), faz lembrar a concepção de Karl Popper sobre a metodologia do conhecimento científico: novas teorias, visando solucionar novos problemas, não decorrem de um processo indutivo, mas *"require a leap of the imagination"* (Bryan Magee, *Popper*, p. 26). Furtado certamente não se referia a Popper, cujas ideias a respeito só tiveram difusão ampla após a publicação em inglês de seu livro *The Logic of Scientific Discovery*, em 1959.
6. IBGE, *Estatísticas Históricas do Brasil*, p. 30.
7. Roberto C. Simonsen, *História Econômica do Brasil (1500/1820)*, p. 271, n. 2.
8. Félix Contreiras Rodrigues, *Traços da Economia Social e Política do Brasil Colonial*, pp. 31-34.

força com o prestígio de seu nome. Em outra passagem da *Formação*, Furtado fez uma conjectura, "a título de curiosidade", quanto ao valor, em dólares de 1959, do nível de renda *per capita* na economia açucareira em seu auge, no final do século XVI e início do XVII, com base em hipóteses quanto ao valor da produção e ao número de habitantes – ressalvando que "comparações a longo prazo de rendas monetárias – com base no valor do ouro – careçam quase totalmente de expressão real"[9]. Contudo, um historiador do porte de Evaldo Cabral de Mello citou esse valor sem qualquer ressalva, como um dado histórico[10].

II

A tese geral da *Formação* é que a economia brasileira, centrada desde o período colonial em atividades produtivas voltadas ao comércio externo, não tivera acesso, por diferentes razões, a ganhos de produtividade que pudessem deslanchar um processo sustentado de crescimento econômico. Ganhos esses associados principalmente à indústria, vista como a grande fonte de inovações técnicas que propiciem aumentos de produtividade e, portanto, crescimento do produto *per capita*. Como o Brasil apenas se industrializara tardiamente, atrasara-se quase um século, quanto ao crescimento econômico, em relação a países como os Estados Unidos, que pôde beneficiar-se do extraordinário salto de produtividade originado na Revolução Industrial do século XVIII. Só em finais do século XIX, com a prosperidade do café abrindo caminho para a industrialização, as perspectivas da economia brasileira teriam começado a mudar.

Em seu tratamento da economia açucareira dos séculos XVI e XVII, nos capítulos iniciais da *Formação*, Furtado a situa – como o fizera antes Caio Prado Jr., na *Formação do Brasil Contemporâneo* – no contexto mais geral da expansão do comércio europeu. E lança uma indagação: por que a grande prosperidade do setor açucareiro, no período em que a produção brasileira era dominante no mercado mundial, não deu origem a um desenvolvimento sustentado da economia colonial? (Foi justamente para pôr em relevo o dinamismo daquele período que

---

9. Celso Furtado, *Formação Econômica do Brasil*, cap. 8, n. 51. Todas as citações da *Formação* referem-se à 14ª edição, de 1976.
10. Evaldo Cabral de Mello, *Um Imenso Portugal: História e Historiografia*, p. 80.

Furtado fez a estimativa de renda *per capita* acima citada, que indicaria um nível de renda superior ao da Europa contemporânea, e ao do Brasil em qualquer outra época, até quando escrevia). A explicação proposta refere-se, em linhas gerais, ao modelo keynesiano simplificado de determinação do produto. A exportação gerava um fluxo de renda, apropriada inteiramente pelos proprietários de engenhos; o gasto de consumo daí derivado destinava-se principalmente à compra de produtos importados, já que a alimentação, o sustento de escravos e os serviços eram providos na maior parte pela mão de obra escrava, sem originar dispêndio monetário internamente[11]. O outro gasto autônomo, o investimento, significava também, essencialmente, compras no exterior de equipamento para o engenho e de trabalho escravo[12]; edificações, a instalação da maquinaria e a formação do canavial eram feitos com uso da força de trabalho escravizada, sem gasto monetário. Supõe-se, implicitamente, que as terras eram obtidas por doação de sesmarias. Nessas circunstâncias, "[o] fluxo de renda se estabelecia, portanto, entre a uni-

11. A questão do suprimento de alimentos para a população escrava foi extensamente discutida posteriormente; ver, por exemplo, Ciro Cardoso, *Agricultura, Escravidão e Capitalismo*, cap. 4; Jacob Gorender, *O Escravismo Colonial*, cap. 12; Schwartz, *Slaves, Peasants and Rebels;* Reconsidering Brazilian Slavery, caps. 2 e 3; B. Barickman, *A Bahian Counterpoint: Sugar, Tobacco, Cassava, and Slavery in the Recôncavo, 1780-1860*, cap.3; e a literatura a esse respeito citada nas duas últimas referências. Ficou claro que a compra de víveres para escravos pelos grandes proprietários agrícolas ocorreu com frequência, e que a produção de alimentos fora das grandes propriedades (especialmente para fornecimento às áreas urbanas) foi uma atividade relevante, no período colonial – como aliás Caio Prado Jr., *Formação do Brasil Contemporâneo*, pp. 157-168, já ressaltara. A hipótese implícita de Furtado é que a produção de alimentos não teve efeito multiplicador significativo, na fase de prosperidade do açúcar.
12. A escravidão de indígenas não parece ter sido importante, nos engenhos de açúcar nordestinos. Em Pernambuco, a principal área de produção até meados do século XVII, já em 1585 os cativos africanos eram grande maioria, segundo o testemunho de José de Anchieta, *Cartas, Informações, Fragmentos Históricos e Sermões*, p. 418: "[Pernambuco] tem 66 engenhos de assucar, [...] e para serviço deles e das mais fazendas terá até 10.000 escravos de Guiné e Angola e de Indios da terra até 2.000." Na Bahia, onde a produção de açúcar desenvolveu-se mais lentamente, a transição do escravismo indígena para o africano deu-se mais tarde, nas duas primeiras décadas do século XVII (Stuart Schwartz, *Sugar Plantations in the Formation of Brazilian Society*, p. 66). No início do Setecentos, os engenhos da Bahia e do Rio de Janeiro já produziam, em conjunto, o dobro dos de Pernambuco (Antonil, *Cultura e Opulência do Brasil*, p.140). A difusão da escravidão africana foi diferente no caso de São Paulo: aí, esta passou a prevalecer apenas no final do século XVIII, com a expansão da lavoura açucareira (John Monteiro, *Negros da Terra*, cap. 7).

dade produtiva, considerada em conjunto, e o exterior"[13], sem exercer um efeito multiplicador sobre a economia local, sem estimular, assim, o desenvolvimento de outras atividades produtivas, o que propiciaria trocas internas, especialização, aumentos de produtividade. Furtado conclui que a economia açucareira poderia crescer, com expansão da demanda no exterior, mas decairia, com a redução dessa demanda, como ocorreu a partir de meados do século XVII.

Nesse raciocínio o autor não leva em conta a demanda por gado, tanto como bem de consumo, para alimentação, quanto como bem de investimento, os animais de tração necessários no engenho[14]. O desenvolvimento da pecuária é tratado separadamente no livro, como se verá abaixo.

A explicação do não desenvolvimento da economia nordestina depois do auge do açúcar era inovadora, e foi dos argumentos mais influentes do livro[15]. Embora a estilização da economia açucareira na *Formação* tenha aspectos problemáticos, como se verá a seguir, é uma explicação convincente, pois a hipótese de que tanto os gastos de consumo quanto os de investimento consistissem majoritariamente de importações é certamente uma generalização adequada.

---

13. Celso Furtado, *Formação Econômica do Brasil*, p. 50.
14. Aparentemente o gado não era importante como bem de consumo, nos engenhos. Freyre (*Casa Grande & Senzala*, pp. 36-40) menciona que mesmo os senhores de engenho não consumiam habitualmente carne bovina fresca. O primeiro relatório da administração de Maurício de Nassau, em 1638, que contém "uma rara apreciação de observador holandês acerca [...] dos hábitos dos moradores luso-brasileiros", atesta "a frugalidade e a modéstia do dia-a-dia das classes abastadas, em especial a dos senhores de engenho" (José Antônio Gonsalves de Mello, *Gente da Nação: Cristãos-Novos e Judeus em Pernambuco, 1542-1654*, p. 74). Tratando do "Costume dos Portugueses", diz o relatório: "Não há profusão nos seus alimentos, pois podem sustentar-se muito bem com um pouco de farinha e um peixinho seco [...]." (*ibid.*, p. 109). Furtado, citando Antonil, supôs que a carne figurasse até na dieta dos escravos (*Formação Econômica do Brasil*, p. 57); mas a menção a isso pelo jesuíta se refere a escravos urbanos, e restrito o consumo a "fressuras, bofes e tripas, sangue e mais fato das reses" (Antonil, *Cultura e Opulência do Brasil*, p. 201).
15. Como o indica, por exemplo, a apreciação desse argumento por Fernando Henrique Cardoso: "[A] explicação do funcionamento da economia do açúcar, feita por Furtado, não encontra precedente em nossa historiografia". Furtado mostrou "como e por que o fluxo de renda da economia colonial percorria o circuito fechado que, ao mesmo tempo em que a tornara peça do mercado internacional, estrangulava-a na dependência comercial e financeira e estiolava seus efeitos locais pela concentração de renda em poucas mãos" (Fernando Henrique Cardoso, *Pensadores que Inventaram o Brasil*, pp. 209-210).

O quadro da economia do açúcar traçado por Furtado incluía também argumentos que se mostraram frágeis posteriormente. Uma questão importante é o papel dos produtores no negócio do açúcar: Furtado supôs uma completa separação entre o lado da produção, os senhores de engenho nordestinos, e o lado da comercialização, que estaria sob o controle de mercadores europeus, especialmente os de Flandres. "A partir da metade do século XVI a produção portuguesa de açúcar passa a ser mais e mais uma empresa em comum com os flamengos". Estes não só teriam dominado a distribuição do produto, como participado "no financiamento das instalações produtivas no Brasil bem como no da mão de obra escrava"[16]. Os agentes da produção de açúcar, nos séculos XVI e XVII, não teriam qualquer influência sobre os rumos da economia açucareira (o que contrastaria com os empresários do café, no século XIX):

> As fases produtiva e comercial estavam rigorosamente isoladas [na economia açucareira], carecendo os homens que dirigiam a produção de qualquer perspectiva de conjunto da economia açucareira. As decisões fundamentais eram todas tomadas na fase comercial. Assim isolados, os homens que dirigiam a produção não puderam desenvolver uma consciência clara de seus próprios interesses[17].

Nesse período, a relevância da participação de flamengos ou holandeses no comércio do açúcar, e principalmente no seu refino, é clara[18]. Mas, diante de pesquisas posteriores, a ideia de um papel passivo dos produtores no Brasil em relação a comerciantes no exterior é difícil de sustentar. No caso de Pernambuco, onde se concentrava a maior parte da produção, Gonsalves de Mello evidenciou a importância da atuação, no negócio do açúcar, de cristãos-novos vindos de Portugal para o Brasil, tanto atraídos pela prosperidade desse negócio, quanto fugindo dos rigores da Inquisição, instituída em Portugal a partir de 1536[19]. Segundo

---

16. Celso Furtado, *Formação Econômica do Brasil*, pp. 10-11.
17. *Idem*, cap. 20, p. 115.
18. Ver, por exemplo, o capítulo 4 de Jock H. Galloway, *The Sugar Cane Industry: An Historical Geography from its Origins to 1914*.
19. A julgar pelo número de engenhos, cerca da metade da produção de açúcar na colônia entre 1570 e 1630 vinha de Pernambuco (incluindo Itamaracá), e uma quarta parte da Bahia. Número de engenhos em Harold Johnson, "Desenvolvimento e Expansão da Economia Brasileira", pp. 244-245. As recentes estimativas do tráfico de escravos africanos para o Brasil

o historiador, os cristãos-novos não só eram os principais agentes do negócio de exportação nesse período, como muitos se tornaram também produtores: "O comércio de exportação de açúcar de Pernambuco estava majoritariamente nas mãos de cristãos-novos e estes em conexão com as judiarias de Amsterdam e Hamburgo. Muitos eram também senhores de engenho [...]"[20].

Mello aponta, também, a provável participação de cristãos-novos no financiamento da instalação de engenhos, já que eram, claramente, "detentores de capitais"[21]. Há evidência de que diversos deles emprestavam a juros para senhores de engenho, ou eram arrematadores da arrecadação do dízimo[22].

Também na Bahia cristãos-novos foram senhores de engenho, alguns passando de comerciantes a produtores[23]. Essa passagem de uma atividade a outra era, aparentemente, comum, e muitas vezes o senhor de engenho era, ao mesmo tempo, exportador, fazendo uma integração vertical de seu negócio[24]. Tudo indica que a noção de um isolamento entre produção e comercialização é incorreta.

Esses fatos têm implicações quanto a dois argumentos de Furtado sobre a economia açucareira. Nos capítulos 8 e 9, apresenta-se a ideia de que teria havido um controle da produção de açúcar, conduzido pelos comerciantes exportadores (com "excepcional habilidade"[25]), para evitar uma superprodução que fizesse cair os preços (a analogia com os programas de "valorização" do café, no século XX, vem logo à mente). A possibilidade de uma produção excessiva decorre das estimativas de Furtado quanto ao lucro e à capacidade de reinvestimento do senhor de engenho típico. À parte o fato de que essas estimativas sejam provavelmente

---

apontam na mesma direção: dos cerca de 230 mil cativos chegados entre 1561 e 1630, aproximadamente 50% desembarcaram em Pernambuco, e 30% na Bahia (cf. *Voyages*).
20. José Antônio Gonsalves de Mello, *Gente da Nação: Cristãos-Novos e Judeus em Pernambuco, 1542-1654*, p. 26.
21. *Idem*, p. 9.
22. A arrecadação desse tributo era em geral delegada a particulares, que ofereciam uma quantia global em troca do direito de recolherem para si o imposto, por certo período, comumente três anos. Só quem tinha grande capacidade financeira podia se habilitar a tanto.
23. Stuart B. Schwartz, *Sugar Plantations in the Formation of Brazilian Society: Bahia, 1550-1835*, pp. 165-166.
24. *Idem*, p. 165; Evaldo Cabral de Mello, *Rubro Veio: O Imaginário da Restauração Pernambucana*, pp. 417-418; Harold Johnson, "Desenvolvimento e Expansão da Economia Brasileira", p. 257.
25. Celso Furtado, *Formação Econômica do Brasil*, p. 46.

exageradas[26], chama atenção o fato de que um controle da oferta exigiria, necessariamente, uma ação coordenada, seja dos exportadores, seja dos produtores, ou de outra forma surgiria o clássico problema do "carona", familiar aos estudantes dos cursos introdutórios de Economia. O controle da oferta seria vantajoso para todos, nas condições supostas por Furtado, mas não para cada um dos exportadores (e produtores). Mas esses eram muitos, cada um deles com pouca influência na oferta total. Nessas circunstâncias, o comportamento "racional" de cada um será buscar a maximização de sua venda (ou produção), prevalecendo o interesse individual sobre o coletivo. Certamente o número de exportadores era grande: Gonsalves de Mello lista pelo menos quatro dezenas em Pernambuco, cristãos-novos ou não[27]. E igualmente o de produtores: em 1623, havia 116 engenhos em Pernambuco e Itamaracá, e 137 se se incluem os da Paraíba; destes, a grande maioria era de engenhos pequenos ou médios, que respondiam por 70% da produção[28]. O quadro para a Bahia não seria diferente.

Ou seja: seria praticamente impossível que comerciantes (ou produtores) se articulassem para restringir a oferta externa de açúcar. A hipótese furtadiana de um controle da produção não é aceitável. E de fato esse controle não seria necessário, já que, como se sabe agora, a estrutura produtiva do açúcar era muito mais complexa, e a lucratividade média dos engenhos muito mais variada do que suposto na *Formação*. Ao contrário da imagem de uma classe de grandes proprietários solidamente estabelecida, como na estilização de Furtado, verificou-se que os engenhos trocavam de mãos frequentemente, sugerindo instabilidade econômica[29]. Pode-se afirmar seguramente que a hipótese de que a produção de açúcar pudesse duplicar a cada dois anos[30] não corresponde à realidade de então.

Outro ponto é a comparação entre os empresários do açúcar e os do café, no capítulo 20. Aqueles, como vimos, não teriam, para Furtado, "uma cons-

---

26. Harold Johnson, "Desenvolvimento e Expansão da Economia Brasileira", pp. 272 e ss.
27. José Antônio Gonsalves de Mello, *Gente da Nação*.
28. José Antônio Gonsalves de Mello, *Fontes para a História do Brasil Holandês*, I: *A Economia Açucareira*, p. 25; Evaldo Cabral de Mello, *Rubro Veio*, p. 419.
29. Evaldo Cabral de Mello, *Rubro Veio*, pp. 421 e ss.; Evaldo Cabral de Mello, *Olinda Restaurada: Guerra e Açúcar no Nordeste, 1630-1654*, p. 82; Stuart B. Schwartz, *Sugar Plantations in the Formation of Brazilian Society*, pp. 96-97.
30. Celso Furtado, *Formação Econômica do Brasil*, cap. 8, n. 54.

ciência clara de seus próprios interesses", já que a economia açucareira seria essencialmente controlada, de fora do país, pelos comerciantes exportadores. Os senhores de engenho, assim isolados, teriam gradativamente "involuído numa classe de rentistas", vivendo dos rendimentos de um patrimônio herdado. Contrariamente ao caso dos cafeicultores: com a grande expansão do café, especialmente a partir de 1870, teria emergido uma nova classe de empresários, caracterizada por sua experiência comercial, já que "em toda a etapa da gestação [da economia cafeeira] os interesses da produção e do comércio estiveram entrelaçados"[31].

Essa comparação, no entanto, parece envolver um anacronismo. Há indicações de que os produtores de açúcar, no período em que a produção brasileira era dominante no mercado mundial, não só estavam estreitamente relacionados com a parte comercial do negócio, como visto acima, como também mostraram dinamismo na adoção de inovações técnicas, trazendo aumentos de produtividade. Um caso sempre citado é a difusão, ao redor de 1610, da moenda de três cilindros verticais em substituição à anterior, de dois cilindros horizontais, o que reduzia o custo da moagem da cana, pois requeria menos mão de obra e aumentava a eficiência da produção: "o trabalho é mais rápido, mais bem feito, e a instalação é mais barata"[32]. A inovação aparentemente é de origem chinesa, trazida à América por jesuítas, embora haja controvérsia na literatura a esse respeito[33]. Segundo Frei Vicente do Salvador, o uso do novo sistema propagou-se rapidamente, forçando os senhores de engenho a adotá-lo para enfrentar a concorrência; e teria sido a causa do aumento do número de engenhos verificado nas duas décadas seguintes, em várias capitanias – apesar de o preço do açúcar estar em queda, talvez mesmo em consequência daquele aumento[34].

Outra inovação desse período, provavelmente iniciada no Brasil, foi a introdução de um processo mais eficiente na manufatura do açúcar: em lugar de uma

---

31. *Idem*, p. 115.
32. Frédéric Mauro, *Portugal, o Brasil e o Atlântico, 1570-1670*, p. 268.
33. Jock H. Galloway, *The Sugar Cane Industry*, pp. 73-75, 207.
34. Frei Vicente do Salvador, *História do Brasil (1500-1627)*, pp. 332-334; Harold Johnson, "Desenvolvimento e Expansão da Economia Brasileira", p. 250. Nas palavras de Frei Vicente: "Que aproveita fazer-se tanto açúcar se a cópia lhe tira o valor, e dão tão pouco preço por ele que nem o custo se tira?" (*História do Brasil*, p. 334).

só tacha para fervura do caldo de cana, uma bateria de tachas, pelas quais o caldo passava sucessivamente. O que dava continuidade ao processo de fervura, facilitando o aumento da produção[35].

Assim, se se comparam empresários do açúcar e do café em fases de prosperidade de ambas as produções (o que é certamente mais adequado), o contraste proposto na *Formação* perde força: os primeiros parecem tão progressistas quanto os segundos. Não teria sido por falta de espírito empresarial que os produtores de açúcar deixaram de investir, mas sim pela redução das oportunidades de investimento.

A "involução" dos senhores de engenho em rentistas é um fenômeno importante; a explicação proposta por Furtado pode ter um alcance talvez maior do que ele próprio lhe atribui. O argumento, exposto nos capítulos 8 e 9 da *Formação*, é que, depois de feito o investimento para a instalação do engenho, incluindo os equipamentos, a plantação de cana, o gado de tração e a força de trabalho escrava, o custo de produção de açúcar seria baixo no curto prazo, já que o principal elemento de custo variável, a matéria-prima, era provida no próprio engenho, assim como o sustento dos trabalhadores escravizados (este um custo fixo[36]). Os gastos monetários se restringiriam principalmente à compra de lenha, como combustível, uma despesa vista como pouco importante. Nessas circunstâncias, mesmo havendo forte baixa no preço de venda do açúcar – como ocorrido a partir de meados do século XVII, com o desenvolvimento de produção concorrente nas Antilhas – seria ainda possível manter o engenho em produção, desde que a receita de venda superasse o reduzido custo variável[37].

---

35. Jock H. Galloway, *The Sugar Cane Industry*, pp. 76-77; Ruy Gama, *Engenho e Tecnologia*, p. 165.
36. Lembrar que a distinção aqui é entre custos variáveis, que aumentam ou diminuem proporcionalmente à quantidade produzida, e custos fixos, que não guardam relação com a produção. Os escravos, evidentemente, tinham que ser mantidos houvesse ou não produção.
37. As escassas evidências documentais sobre o custo de produção de açúcar nesse período sugerem que o peso dos custos variáveis nos custos totais era de fato pequeno, algo como 10% a 15% (Frédéric Mauro, *Portugal, o Brasil e o Atlântico, 1570-1670*, pp. 279-286). Nesses custos predominavam os do item "Combustíveis"; quanto aos demais (com exceção do item "Diversos", menos relevante), pode-se supor que seriam basicamente custos não relacionados à quantidade produzida, como a reposição de escravos por morte (*idem*, p. 283). Também nos dados examinados por Stuart Schwartz (*Sugar Plantations in the Formation of Brazilian*

Caindo muito os preços, contudo, o excedente da receita de venda sobre o custo variável poderia diminuir a tal ponto que muitos senhores de engenho não teriam recursos para cobrir os gastos de reposição do equipamento (e da mão de obra escrava). Esses engenhos perderiam então, aos poucos, sua capacidade produtiva, entrando em decadência e podendo, no extremo, deixar de produzir. Isso "em benefício [daqueles] que apresentavam condições mais favoráveis de terras e transporte"[38] – ou, pode-se acrescentar, mais habilidade de seus proprietários em administrá-los. Haveria, assim, tendência à formação de grupos distintos de produtores: os beneficiados com melhores condições quanto a custos ou gerenciamento, mantendo-se à tona; e os menos favorecidos, beirando a falência e eventualmente falindo: os engenhos de "fogo morto". Com o que a produção tendia a concentrar-se no primeiro grupo.

O contraste entre a relativa prosperidade de uns e a decadência de outros é uma característica da economia açucareira que pode ser observada ainda em períodos bem posteriores. (Como notou Furtado, a economia açucareira da região não sofreu mudanças substanciais ao longo do tempo, mas "resistiu mais de três séculos [...] sem sofrer grandes mudanças estruturais"[39]). No século XIX e início do XX, a coexistência de engenhos relativamente prósperos com outros que apenas sobreviviam e eventualmente decaíam – sem que seus proprietários perdessem o *status* e a sobranceria de um senhor de engenho – era facilmente observável, e foi bem retratada na literatura nordestina, como na obra de José Lins do Rego. Um senhor de engenho em decadência é, por exemplo, o Coronel Lula de Holanda, em *Menino de Engenho* (que reaparece depois em *Fogo Morto*): seu engenho, tomado pelo mato, já não produz; mas ele é admirado e respeitado, com sua carruagem, seus modos distintos e sua posição de Presidente da Câmara, por vizinhos mais bem-sucedidos, como o Coronel José Paulino, dono de vários engenhos.

Furtado fez uma caracterização um tanto caricata desses senhores de engenho em declínio: "rentistas ociosos, fechados num pequeno ambiente rural, cuja expressão final será o patriarca bonachão que tanto espaço ocupa nos ensaios dos

---

Society, p. 221, *table* 8-4), originários de fonte diferente, os combustíveis são, pelo que se depreende, a maior parte dos custos variáveis.
38. Celso Furtado, *Formação Econômica do Brasil*, p. 62.
39. *Idem*, p. 53.

sociólogos nordestinos do século XX"[40]; e não levou a ideia adiante. Mas pode-se argumentar que as diferenças de comportamento entre esses produtores involuídos em rentistas e outros mais produtivos iluminam características importantes da economia e da sociedade nordestinas.

O inglês Henry Koster, que viveu em Pernambuco entre 1809 e 1820, viajou muito pelo Nordeste e foi, ele próprio, senhor de engenho em Itamaracá, assim distinguiu o comportamento dos senhores de engenho brasileiros, descendentes de antigos proprietários, e dos proprietários europeus (portugueses) chegados ao Brasil:

> I have observed that, generally speaking, Europeans are less indulgent to their slaves than Brazilians; the former [...] require from the poor wretches more labour than they can perform, whilst the latter allow the affairs of their estates to continue in the way in which it has been accustomed to be directed[41].

Essa diferença, para o autor, seria fácil de explicar:

> The European has probably purchased part of his slaves on credit, and has during the whole course of his life made the accumulation of riches his chief object. The Brazilian inherits his estate, and nothing urges him to the necessity of obtaining large profits, he continues the course that has been pointed out to him by the former possessors. His habits of quietude and indolence have led him to be easy and indifferent [...][42].

Para Koster, o comportamento que atribui aos brasileiros era o mais comum, naquele período e região:

> The avaricious spirit which deliberately works a man or a brute animal until it is unfit for farther service, without any regard to the well-being of the creature, which is thus treated as a mere machine [...], is however seldom to be met with in those parts of the country which I visited[43].

Essa mesma avaliação da preponderância de senhores de engenho rentistas no Nordeste do século XIX foi feita mais tarde por Joaquim Nabuco, em sua autobiografia:

40. *Idem*, p. 115.
41. Henry Koster, *Travels in Brazil*, p. 390.
42. *Idem, ibidem*.
43. *Idem, ibidem*.

Os engenhos do Norte eram pela maior parte pobres explorações industriais, existiam apenas para a conservação do estado do senhor, cuja importância e posição se avaliava pelo número de seus escravos. Assim também se encontravam ali, com uma aristocracia de maneiras que o tempo apagou, um pudor, um resguardo em questões de lucro, próprio das classes que não traficam[44].

A distinção entre senhores de engenho ávidos de riqueza e aqueles que não davam muita importância ao lucro aparece também em Gilberto Freyre, e é elemento central de seu conhecido e muito debatido argumento sobre a benignidade relativa do trato de escravos no Brasil. Os do segundo grupo seriam os agentes dessa atitude benévola para com seus escravos. Citando Koster, Freyre concorda que havia donos de escravos que os tratavam como máquinas, "mas havia também os que consideravam seus negros pessoas e não máquinas nem apenas animais de trabalho"; e estes, como Koster e Nabuco haviam asseverado, "foram talvez o maior número"[45]. O tratamento "mais doce" do escravo seria fenômeno típico da sociedade patriarcal, especialmente no Nordeste:

A civilização do açúcar no Nordeste criou nesta região brasileira [...] o seu tipo de aristocrata, o seu tipo de escravo, o seu sistema regional de relações entre senhores e escravos. Estas tudo indica que foram mais doces nos engenhos – sobretudo nos grandes, onde os escravos eram numerosos e passavam de pai a filhos – do que nas minas, do que no Pará, do que entre os paulistas.[46]

Assim, a análise de Furtado dos custos de operação do engenho oferece, de certa forma, uma racionalização para a tese de Freyre sobre o tratamento de escravos no Nordeste patriarcal. Os senhores de engenho que, com o açúcar em baixa, podiam apenas cobrir o custo variável de produção, sem estímulo para investir, passavam, gradualmente, de geração em geração, de empresários a rentistas. Ou seja, vivendo à custa do rendimento de investimentos feitos no passado por seus pais, avós, bisavós. E com isso involuindo (evoluindo? depende do ponto de vis

---

44. Joaquim Nabuco, *Minha Formação*, p. 184.
45. Gilberto Freyre, *Sobrados e Mucambos: Decadência do Patriarcado Rural e Formação do Urbano*, p. 525.
46. Gilberto Freyre, *Nordeste: Aspectos da Influência da Cana sobre a Vida e a Paisagem do Nordeste do Brasil*, p. 137.

ta) para uma categoria social diferente: de indivíduos afidalgados, pouco ou nada afetos à parte comercial do negócio do açúcar, com "pudor de questões de lucro", embora procurando manter um nível de vida compatível com o que julgavam ser sua posição na sociedade (alguns mal o conseguindo, como o Coronel Lula de Holanda). E, principalmente, não perdendo o *status* de senhores de engenho, pois, como já dissera Antonil, "[o] ser senhor de engenho é título a que muitos aspiram, por que traz consigo o ser servido, obedecido e respeitado de muitos"[47].

Em tais circunstâncias, esses novos aristocratas se desinteressavam da administração direta de suas propriedades – "simples rotina executada por feitores e outros empregados", como escreveu Furtado[48]. E, pode-se supor, não se preocupariam muito com a produtividade da operação do engenho, sendo pouco exigentes quanto ao rendimento da mão de obra escravizada. Tendendo, por conseguinte, a um uso restrito de métodos coercitivos para com os escravos – chicote, gargalheira, o tronco – como instrumento de maximização da produção.

Colocada dessa forma, a tese de Gilberto Freyre perde muito de seu lado polêmico (ou talvez todo ele). Pode-se especular que a oposição, às vezes veemente, que tal tese suscitou decorra, em boa parte, do estilo muito pessoal dos textos de Freyre, no qual, segundo Darcy Ribeiro, "é sempre o escritor, o estilista, quem comanda a escritura". E ainda: "o que irrita a muitos críticos e molesta a outros tantos é justamente esta qualidade literária dos textos de Gilberto; são as concessões que o cientista faz ao escritor". Ele "em muitos casos exagera, exorbita, fantasia, com uma liberdade artística que nenhum escritor hirsuto se consentiria"[49]. Certamente irritaram a muitos afirmativas como a de que, sob senhores de engenho nordestinos ou estancieiros gaúchos "tutelares", os escravos fossem "quase pessoas da família". Ou a de que o escravo, no Brasil, "sempre que tratado paternalmente por senhor cuja superioridade social e de cultura ele reconhecesse, foi indivíduo mais ou menos conformado com seu *status*"[50]. Extirpada de floreios de estilo, no entanto, a ideia de uma escravidão

---

47. André João Antonil, *Cultura e Opulência do Brasil*, p. 75.
48. Celso Furtado, *Formação Econômica do Brasil*, p. 115.
49. Darcy Ribeiro, "Gilberto Freyre: uma Introdução a *Casa-Grande & Senzala*", pp. 115-116.
50. Gilberto Freyre, *Sobrados e Mucambos*, pp. 282, 524.

relativamente "branda" torna-se mais compreensível – inclusive por recurso à análise de Furtado[51].

III

Nos capítulos 10 e 11, Furtado analisa o desenvolvimento da pecuária no interior do Nordeste, para abastecimento da área açucareira. Ele chama a atenção para o fato de que, depois do decréscimo da demanda por gado consequente ao declínio da exportação de açúcar, a atividade criatória tenha adquirido um caráter autônomo, podendo expandir-se independentemente da existência de um mercado para sua produção. Dessa forma, o Sertão pôde absorver o incremento da população, mais do que o litoral açucareiro, o que é atribuído ao fato de que a oferta de alimentos seria pouco elástica na área litorânea, enquanto no interior o próprio gado, que se reproduzia naturalmente, era artigo de alimentação.

O crescimento populacional do Sertão nordestino e o relativo isolamento dessa área do resto do país, por longo período, são, certamente, fenômenos da maior relevância. Crescimento que tornaria o Sertão, como Furtado assinalou anos mais tarde, na região semiárida mais povoada do mundo[52]. E isolamento que foi dramatizado por Euclides, n'*Os Sertões*: "[D]e repente, acompanhando a celeridade de uma marcha militar, demos de frente, numa volta do sertão, com aqueles desconhecidos singulares, que ali estão – abandonados – há três séculos [os sertanejos]"[53].

Mas a explicação acima, baseada em elasticidades da oferta de alimentos, parece insuficiente. Seria necessário considerar que, nas extensas fazendas de gado, admitir moradores adicionais teria custo de oportunidade próximo de zero; e haveria vantagem em fazê-lo, não apenas como trabalhadores, mas também como agentes de proteção e defesa "nas milícias particulares dos grandes proprietários", como observou Caio Prado[54]. Principalmente quando se considera que a expansão da pecuária nordestina provocou violenta reação dos indígenas da região, que viam seu *habitat*

---

51. Sobre a tese de Freyre diante da economia do escravismo, ver Flávio Rabelo Versiani, "Escravidão 'Suave' no Brasil: Gilberto Freyre Tinha Razão?"
52. Celso Furtado, *Seca e Poder: Entrevista com Celso Furtado*, p. 16.
53. Euclides da Cunha, *Os Sertões. Campanha de Canudos*, p. 93.
54. Caio Prado Jr., *Formação do Brasil Contemporâneo*, p. 284.

crescentemente invadido – o que deu origem à chamada Guerra dos Bárbaros, em finais do século XVII e início do XVIII, com vasto morticínio de índios[55]. E nada faz supor que a oferta de alimentos na área do açúcar fosse inelástica, quando se sabe que, ainda no século XIX, os engenhos tinham em geral muito mais terras do que as ocupadas pelo canavial[56]. Por outro lado, os senhores de engenho não teriam interesse em admitir moradores adicionais, já que a mão de obra era escrava; só passaram a fazê-lo quando o preço dos escravos subiu, já no século XIX: foram os chamados "moradores de condição", com obrigação de trabalhar a baixo custo, ou de graça, nos engenhos[57].

Mas o ponto central da argumentação de Furtado, nessa passagem, é que a atividade dos trabalhadores da pecuária tinha produtividade muito baixa, sendo sua renda equivalente a um nível de simples subsistência. Constituíam, assim, parte do que ele chamou de "setor de subsistência", que não se limitava ao Nordeste, mas "se estendia do Norte ao extremo Sul do país", como afirmou mais adiante no livro[58] – quase sempre em fazendas de gado. "Setor" que representou, ao longo da evolução posterior da economia, uma reserva de mão de obra de baixo custo, que pressionaria para baixo os salários em outras atividades.

No século XIX, vários observadores contemporâneos mencionaram essa massa crescente de pessoas livres ocupando uma posição marginal no processo produtivo; para Couty, seriam, em fins do século XIX, cerca de seis milhões de pessoas, metade da população do país[59]. Caio Prado se estende na descrição das características dessa camada "inorgânica" na *Formação do Brasil Contemporâneo*[60]. Contudo, Furtado foi o primeiro a destacar as importantes consequências desse fenômeno no mercado de trabalho. É uma noção que fora desenvolvida no famoso artigo de Arthur Lewis publicado em 1954, que explorou analiticamente as consequências de uma oferta ilimitada de mão de obra no processo de desenvolvimento[61]. Mas Furtado, como escreveu

---

55. Pedro Puntoni, *A Guerra dos Bárbaros: Povos Indígenas e a Colonização do Sertão Nordeste do Brasil, 1650-1720*.
56. Henry Koster, *Travels in Brazil*, p. 560.
57. Manuel Correia de Andrade, *A Terra e o Homem no Nordeste*, p. 96.
58. Celso Furtado, *Formação Econômica do Brasil*, p. 120.
59. Louis Couty, *A Escravidão no Brasil*, p. 102.
60. Caio Prado Jr., *Formação do Brasil Contemporâneo*, pp. 281-286.
61. William Arthur Lewis, "Economic Development with Unlimited Supplies of Labour".

em 1985, já trabalhava com a ideia de uma oferta totalmente elástica de mão de obra, no estudo das economias latino-americanas, cinco anos antes de Lewis[62]. A noção de um "reservatório de mão de obra" na economia de subsistência já aparecera no livro anterior de Furtado, *A Economia Brasileira*, também de 1954[63].

Quando o artigo de Lewis foi publicado – um artigo com grande repercussão na literatura, e que influiu na atribuição ao autor do prêmio Nobel de Economia, em 1979 – Furtado lamentou, em carta a Juan Noyola, seu colega na Cepal, que "tendo dedicado mais tempo do que qualquer pessoa ou grupo de pessoas a pensar e investigar nesse campo, encontramo-nos hoje sem nada de real significação para apresentar"[64]. Poderiam eles, talvez, ter-se antecipado a Lewis, na modelagem de economias com oferta ilimitada de mão de obra. Mas as normas da Cepal, deplorava Furtado, desencorajavam pesquisas e publicações independentes por técnicos da instituição[65].

IV

O século XVIII foi um ponto de inflexão: a mineração atraiu centenas de milhares de imigrantes de Portugal, e a atividade mineradora não exigia grandes investimentos. Furtado conjecturou que a renda gerada na economia mineira fosse perto do dobro da gerada no açúcar, nas fases de maior prosperidade de ambas[66], mas, com população livre muito maior no primeiro caso, a renda *per capita* seria aí bem inferior, e certamente melhor distribuída, propiciando um mercado interno significativo. A demanda por alimentos, especialmente gado de corte, e por mulas para transporte, trouxe certo grau de integração econômica entre regiões. Mas a demanda interna não propiciou o desenvolvimento de um setor industrial, o que poderia ter trazido um salto de produtividade e de renda, especialmente se se têm em conta as grandes inovações que surgiram, na segunda metade do século, na fiação e tecelagem de algodão, o setor mais importante da indústria de então. O contraste com os Estados Unidos é marcante: a crer nas estimativas de Maddison, a

---

62. Celso Furtado, *A Fantasia Organizada*, p. 68.
63. Celso Furtado, *A Economia Brasileira: Contribuição à Análise do seu Desenvolvimento*, pp. 83 e ss.
64. Celso Furtado, *A Fantasia Organizada*, p. 183.
65. *Idem, ibidem*.
66. Celso Furtado, *Formação Econômica do Brasil*, pp. 43, 78.

renda *per capita* brasileira seria um pouco superior à dos (futuros) Estados Unidos em 1700, mas se reduziria à metade desta em 1820[67].

A explicação para a não industrialização do Brasil nesse período, a despeito do estímulo da demanda, seria, para Furtado, o desconhecimento das técnicas de produção fabril na colônia. E a razão disso estaria na retração da atividade manufatureira em Portugal, com a preferência dada à importação de tecidos ingleses, a partir do Tratado de Methuen, em 1703, seguida pela rápida expansão da produção de ouro nas décadas seguintes. Possibilitando que a importação portuguesa de produtos ingleses mais que triplicasse, entre o lustro anterior ao Tratado e o período do auge da extração de ouro, de 1735 a 1765; nestas três décadas, Portugal importou da Inglaterra, em valor, cerca de três vezes e meia o que exportou para esse país (vinho, principalmente), sendo o déficit coberto essencialmente por remessas de ouro brasileiro. Como os portugueses importavam tecidos em lugar de produzi-los, não teriam domínio dos processos de sua manufatura[68].

Se não houve criação de fábricas de tecidos no Brasil, no século XVIII parece ter havido, por outro lado, um desenvolvimento ativo, especialmente em Minas Gerais, da produção e comercialização de tecidos com técnica artesanal[69]. Um fator favorável a esse desenvolvimento é que, como assinalou Holanda, as autoridades portuguesas concentravam todos seus esforços, nessa época, na fiscalização e arrecadação de impostos da atividade mineradora:

> [...] o comércio, assim como a lavoura e outras atividades de produção, gozariam [...] de uma liberdade de ação, de uma capacidade de iniciativa e expressão própria, que as destacavam vivamente do labor das minas [...]. Assim, apesar de todas as tiranias, imposições e violências de que está cheia a história colonial de Minas, o fato de recaírem elas sobre uma única atividade ou sobre os indivíduos que a exercem, vai deixar, por isso, considerável autonomia de movimentos [a outras atividades] que só indiretamente, quando muito, se relacionam com a mineração[70].

---

67. Angus Maddison, *The World Economy: A Millennial Perspective*, p. 90.
68. Fonte dos dados: Virgílio Noya Pinto, *O Ouro Brasileiro e o Comércio Anglo-Português: Uma Contribuição ao Estudo da Economia Atlântica no Século XVIII*, pp. 114, 291-293.
69. Sérgio Buarque de Holanda, "Metais e Pedras Preciosas", pp. 294, 306-307; José Jobson de Andrade Arruda, "A Produção Econômica", p. 132; Douglas C. Libby, "Notas sobre a Produção Têxtil Brasileira no Final do Século XVIII: Novas Evidências de Minas Gerais".
70. Sérgio Buarque de Holanda, "Metais e Pedras Preciosas", pp. 294-295.

Foi só com a crescente decadência da mineração, depois de 1770, que a produção brasileira de tecidos artesanais passou a preocupar as autoridades portuguesas, principalmente pela concorrência que fazia à indústria de tecidos de Portugal, agora novamente impulsionada tanto pela queda na capacidade de pagar importações da Inglaterra com ouro como pelas políticas de incentivo de Pombal[71]. O que deu origem ao famoso Alvará de 1785, restringindo a produção de tecidos na colônia – o qual teve, contudo, segundo Holanda[72], pouco efeito prático.

Mas pode-se indagar se não teria sido possível, nas décadas de prosperidade da mineração e de pouca ou nenhuma vigilância portuguesa, o estabelecimento de uma produção de tecidos em escala fabril, considerando que havia demanda e que as economias de escala nessa atividade não são importantes; o investimento não seria de grande monta. E o conhecimento tecnológico talvez não fosse, afinal, um problema incontornável; como o próprio Furtado escreveu, "[h]ouvessem emigrado para o Brasil, como foi o caso dos Estados Unidos, pessoas com capacidade técnica para iniciar atividades manufatureiras, estas teriam surgido e sabido defender-se"[73]. Se tivessem existido iniciativas de investimento em fábricas de tecidos, não pareceria difícil promover tal imigração.

A resposta parece estar em Caio Prado (curiosamente, não citado uma única vez na *Formação*, apesar da influência que certamente exerceu sobre a obra de Furtado[74]): não havia condições institucionais para investimentos de longo prazo. Prado, na *Formação do Brasil Contemporâneo*, de certa forma antecipou-se à tendência recente de enfatizar obstáculos institucionais ao desenvolvimento econômico, desde a obra pioneira de Douglass North, até mais recentemente por autores como Dani Rodrik ou Daron Acemoglu; e, no caso da América Latina, Engerman & Sokoloff[75].

Prado destacou, nessa perspectiva, um ponto de grande importância, o caráter extremamente confuso da administração portuguesa no Brasil:

---

71. Andrée M.-D. Silva, "Portugal and Brazil: Imperial Re-Organization, 1750-1808", p. 496; Dauril Alden, "Late Colonial Brazil, 1750-1808", p. 625.
72. Sérgio Buarque de Holanda, "Metais e Pedras Preciosas", p. 307.
73. Celso Furtado, *A Fantasia Organizada*, p. 208.
74. Sobre isso, ver André Tosi Furtado, "As Contribuições de Caio Prado Jr. à Formação Econômica do Brasil".
75. Stanley L. Engerman & Kenneth L. Sokoloff, *Economic Development in the Americas since 1500: Endowments and Institutions*.

[U]m amontoado [...] inteiramente desconexo de determinações particulares e casuísticas, de regras que se acrescentam umas às outras sem obedecerem a plano algum de conjunto. [...] Órgãos e funções que existem num lugar, faltam noutros, ou neles aparecem sob forma e designação diferentes; os delegados do poder recebem muitas vezes instruções especiais, incluídas em simples correspondência epistolar, que fazem lei e frequentemente estabelecem normas originais, distribuição de funções e competências diferentes das anteriormente em vigor.[76]

Em meio a esse caos normativo, cada governador de capitania acabava tendo considerável autonomia de decisão: "sua competência e jurisdição variaram sempre com o tempo, de um governador para outro, de uma para outra capitania; variaram sobretudo em função da personalidade, caráter e tendências dos indivíduos revestidos do cargo"[77]. Nessas circunstâncias, tendo as decisões pessoais das autoridades peso às vezes predominante, é claro que não haveria ambiente institucional para iniciativas que exigissem alguma previsibilidade quanto ao futuro – como é o caso de investimentos em instalações industriais, que são feitos tendo em conta, necessariamente, um horizonte de tempo de vários anos. Mudando as autoridades, tudo podia mudar, e frequentemente mudava, com resultados imprevisíveis para um investidor em potencial[78].

Isto posto, pode-se concluir que, ainda que houvesse conhecimento técnico disponível, o desenvolvimento de indústrias no Brasil do século XVIII seria inviável.

V

Para explicar a divergência entre o desenvolvimento das economias do Brasil e dos Estados Unidos, a partir do século XVIII, Furtado ressalta dois fatores. De um lado, a integração do Sul dos Estados Unidos com a economia inglesa e sua indústria têxtil em rápida expansão, com os aumentos de produtividade associados à Revolução Industrial: o Sul beneficiou-se muito de tal expansão, tendo sido o grande fornecedor de algodão para as fiações e tecelagens inglesas. Outro fator fo-

---

76. Caio Prado Jr., *Formação do Brasil Contemporâneo*, p. 300.
77. *Idem*, p. 301.
78. Sobre essa questão, ver Flávio Rabelo Versiani, "The Colonial Economy", pp. 24-26.

ram as condições institucionais que facilitaram a industrialização, especialmente no Norte dos Estados Unidos: o fato de o país ter sido uma colônia de povoamento e não de exploração – na tradicional classificação de Leroy-Beaulieu – abriu caminho para a formação de "uma classe de pequenos agricultores e um grupo de grandes comerciantes urbanos [que] dominava o país", após a independência. O que possibilitou a adoção precoce de políticas de fomento à indústria[79].

A literatura mais recente, com ênfase em comparações institucionais veio pôr em relevo outro elemento importante de inferioridade do Brasil em relação aos Estados Unidos: o desenvolvimento diverso de instituições educacionais nos dois países. Em seu estudo da evolução da educação brasileira, no bojo do seu amplo painel sobre a cultura de nosso país, Fernando de Azevedo ressaltou o caráter elitista da educação colonial, quase inteiramente a cargo dos jesuítas nos dois séculos de sua presença no Brasil. Era um ensino dirigido a uma minoria, concentrado em letras clássicas, retórica, filosofia; nada voltado ao mundo prático, nada relacionado ao sistema produtivo[80]. Situação que não se modificou essencialmente após a Independência; no século XIX, ele apontava "o descaso pela educação popular e profissional, a mentalidade dominante, literária e retórica tanto quanto escravocrata", suscitando "uma minoria de letrados e eruditos e uma enorme massa de analfabetos"[81]. Para Azevedo, os portugueses, "ao contrário do colono inglês e protestante da América do Norte, não trouxeram, com o ideal religioso, o da instrução"[82]. Ele destaca a ênfase do protestantismo no livre exame – e, portanto, na necessidade de estudo – da Bíblia, o que pode ter contribuído para um "ideal de instrução" entre os colonizadores dos Estados Unidos. Em contraste com "o apego ao dogma e à autoridade", avesso a um "espírito de análise e de crítica", no catolicismo da Contrarreforma[83].

Bem mais importante terá sido, no entanto, a diferença entre as formas de organização da produção que presidiram a colonização, nos dois casos, e seus efeitos a longo prazo sobre as instituições educacionais dos dois países – na linha da

---

79. Celso Furtado, *Formação Econômica do Brasil*, cap. 18, citação à p. 101.
80. Fernando de Azevedo, *A Cultura Brasileira*, Parte Terceira, cap. 1.
81. *Idem*, pp. 562-563.
82. *Idem*, p. 516.
83. *Idem*, pp. 506-508.

argumentação desenvolvida por Engerman & Sokoloff[84]. As tarefas da agricultura de exportação não exigiam qualquer instrução formal, certamente não para a mão de obra escrava, e mesmo para a generalidade dos colonos brancos ("portugueses e filhos de portugueses quase sem instrução nenhuma, analfabetos uns, semianalfabetos na maior parte", como escreveu Gilberto Freyre[85]). A consequente baixa demanda por instituições educacionais, ao longo do período em que prevaleceu essa estrutura produtiva, tem certamente relação com o quadro desfavorável da evolução histórica da educação brasileira traçado por Azevedo.

Ao contrário, bem cedo se desenvolveu um sistema educacional, especialmente de educação primária, nas colônias inglesas da América do Norte[86]. O que pode ser relacionado à forma de exploração econômica, baseada em pequenas propriedades agrícolas, dando origem a especializações regionais, comércio, um mercado interno significativo[87]. Trocas, comércio, requerem um domínio mínimo de leitura, de escrita e das quatro operações; em consequência, haveria desde o início da colonização demanda por instituições de ensino. A vantagem adquirida pelos Estados Unidos sobre o Brasil quanto a esse aspecto ao fim do período colonial dos dois países é evidente: "*The United States had probably the most literate white population in the world by the beginning of the nineteenth century*"[88]. Não é necessário enfatizar a importância disso para o desenvolvimento econômico, diante da enorme literatura sobre o tema, desde meados do século passado[89].

VI

Um ponto básico do arcabouço analítico da *Formação* é a distinção entre as características de economias "comerciais" e de economias "industriais". Isso ficará

---

84. Stanley L. Engerman & Kenneth L Sokoloff, *Economic Development in the Americas since 1500*.
85. Gilberto Freyre, *Casa-Grande & Senzala*, p. 299.
86. Stanley L. Engerman & Kenneth L Sokoloff, *Economic Development in the Americas since 1500*, cap. 5.
87. Bernardo P. M. Mueller, "A Evolução Histórica dos Direitos de Propriedade sobre Terras no Brasil e nos EUA".
88. Stanley L. Engerman & Kenneth L Sokoloff, *Economic Development in the Americas since 1500*, p. 122.
89. Cf. Mark Blaug (ed.), *Economics of Education: Selected Readings*.

mais claro na obra anterior de Furtado, *A Economia Brasileira* (1954), na qual o tratamento do caso do Brasil (aí se esboçam os principais argumentos depois desenvolvidos na *Formação*) é antecedido de um capítulo teórico. As economias comerciais tinham seu crescimento a partir do aumento de produtividade propiciado por especializações regionais, dependente da ampliação do mercado e tendente, historicamente, a um ponto de saturação. Nas economias industriais, ao contrário, os aumentos de produtividade decorrem de inovações no processo produtivo, trazendo aumento de renda e acumulação de capital que podem, em princípio, autoalimentar-se e prosseguir sem limitação. A economia brasileira colonial era tipicamente uma economia comercial (assim como a generalidade das economias latino-americanas), dependente da atividade exportadora, o que não se modificou após a independência política. Seu crescimento econômico estaria condicionado, assim, à existência de produção exportável com mercado expressivo no exterior.

Dentro dessa perspectiva, e com base nas estatísticas disponíveis então, Furtado desenvolveu, nos capítulos 15 a 19 da *Formação,* o argumento de que, entre a decadência da exploração de ouro e diamantes e o pleno desenvolvimento da economia cafeeira (cerca de 1775-1850), a economia brasileira teria estagnado (embora com uma "falsa euforia" no final do período colonial) e o produto *per capita* teria se reduzido na primeira metade do século XIX.

No caso da mineração, o autor fala numa "rápida e geral decadência"; as regiões mineiras teriam involuído "numa massa de população totalmente desarticulada, trabalhando com baixíssima produtividade numa agricultura de subsistência"[90]. Nessa avaliação, Furtado segue a trilha de Roberto Simonsen, o qual, por sua vez, baseou-se no historiador português Oliveira Martins, de quem transcreve dramática descrição de "uma decadência triste e uma desolação geral" em Minas Gerais, nesse período[91].

O capítulo 15 é das passagens mais criticadas – e, pode-se dizer, menos historicamente documentadas – da *Formação*. Caio Prado já distinguira o caso das áreas de mineração de Goiás e Mato Grosso, onde o declínio da mineração trouxe forte retração econômica, da situação em Minas Gerais nessa fase. Ele mostrou que se

---

90. Celso Furtado, *Formação Econômica do Brasil*, pp. 84, 86.
91. Roberto Simonsen, *História Econômica do Brasil*, pp. 291-95.

desenvolvera em Minas, desde o início da atividade mineradora, criação de gado vacum e de porcos, assim como relevante produção agrícola, especialmente no Sul da província; inicialmente voltadas ao abastecimento da área das minas, essas atividades passaram a ter, antes mesmo do declínio da mineração, importante mercado consumidor alternativo, no Rio de Janeiro e mesmo em São Paulo, impulsionando a economia da região[92].

Mostrou-se depois, também, que era exagerada a ideia de ser "a terra que dá ouro esterilíssima de tudo o que há mister para a vida humana"[93], de tal forma a impossibilitar o desenvolvimento da produção de víveres junto da área de mineração. Costa Filho[94], por exemplo, relacionou numerosas "fazendas mistas" em Minas, no século XVIII, onde tanto havia mineração, como agricultura e criação de gado. Segundo o autor, "muitos, senão a maioria, dos proprietários de minas de ouro e diamantes, sempre que possível, foram estabelecendo, ao lado ou perto de suas lavras, plantações e criações, engenhos, moinhos, etc. [...]."[95] Com a decadência da mineração, os donos de tais propriedades poderiam passar a dedicar-se às outras atividades produtivas de seu domínio. Como observou Maxwell[96], a sistemática de concessão de datas para mineração, e de obtenção de sesmarias, facilitava essa diversificação de atividades: "it was customary to obtain a *carta de data* with the right to extract gold for the same land held by *carta de sesmaria*".

O desenvolvimento de outras produções, paralelamente à mineração, abriu caminho para o que foi descrito, por Martins Filho & Martins, como um pujante processo de expansão da economia mineira, no século XIX: uma economia centrada na agropecuária, usando trabalho escravo, e produzindo essencialmente para o mercado interno[97]. Uma crítica ácida ao argumento de Furtado no capítulo 15 aparece em Martins[98].

92. Caio Prado Jr., *Formação do Brasil Contemporâneo*, pp. 57-59, 197-202.
93. Antonil, *Cultura e Opulência do Brasil*, p. 169.
94. Miguel Costa Filho, *A Cana de Açúcar em Minas Gerais*, pp. 159 e ss.
95. *Idem*, p. 164.
96. Kenneth Maxwll, *Conflicts and Conspiracies; Brazil and Portugal, 1750-1808*, p. 88.
97. Amílcar Martins Filho e Roberto B. Martins, "Slavery in a Nonexport Economy: Nineteenth-Century Minas Gerais Revisited"; ver também os comentários de R. Slenes e outros historiadores, em seguida ao artigo.
98. Roberto B. Martins, *Crescendo em Silêncio*, pp. 492 e ss.

A "euforia" nas últimas décadas do período colonial mencionada por Furtado tem a ver com o que a literatura mais recente chamou de "renascimento agrícola" no Brasil: uma expansão acentuada na produção e exportação de vários produtos – açúcar, algodão, fumo, o café tornando-se um item significativo nas exportações etc. Tal expansão foi favorecida por diversos fatores: redução de produções concorrentes, como a ocorrida após a revolta no Haiti ou durante as várias guerras do período; aumentos de produção, em resposta aos estímulos introduzidos por Pombal; e, não menos importante, aumento de demanda na Europa, trazendo subida em vários preços. Sabe-se hoje bem mais sobre isso do que quando Furtado escrevia[99]. E mesmo nas três décadas após a Independência, embora a evolução dos preços de exportação não tenha sido favorável, como Furtado menciona, houve crescimento significativo em quantidades exportadas, e não só do café: o *quantum* de exportações de açúcar, por exemplo, aumentou cerca de 3,5% ao ano, nesse período; em Pernambuco, a quantidade produzida de açúcar cresceu mais, cerca de 4,5% ao ano[100].

Mas a questão mais importante quanto a esse período de três quartos de século é que o modelo analítico de Furtado não parece aplicar-se a ele, no sentido de que o nível de atividade econômica e de renda gerada não pode ser aferido pelos dados de exportação apenas. Com efeito, há sinais de que o comércio interno, e por consequência a produção para o mercado interno, tenham se expandido de forma importante nessa fase. O detalhado estudo de Larissa Brown sobre o comércio centrado no Rio de Janeiro, nos trinta anos antes da Independência, mostra que o Rio, tradicionalmente o porto mais importante do comércio exterior, "became the center of a much more complex internal trade network"[101]. A vantagem para comerciantes de artigos destinados ao mercado interno de negociarem por meio de intermediários no Rio de Janeiro era principalmente o crédito: os setores de comércio externo e comércio interno "were

---

99. Ver, por exemplo, os dados em Dauril Alden, "Late Colonial Brazil, 1750-1808", pp. 627 e ss.
100. Taxas de crescimento entre 1821-1825 e 1846-1850. Fonte dos dados: IBGE, *Repertório Estatístico do Brasil: Quadros Retrospectivos*, p. 84; David A. Denslow, *Sugar Production in Northeastearn Brazil and Cuba, 1858-1908*.
101. Larissa V. Brown, *Internal Commerce in a Colonial Economy: Rio de Janeiro and Its Hinterland, 1790-1822*, p. 655.

connected through a chain of credit and debit which financed the exchange of commodities and goods in the internal trade system"[102]. Após 1808, muito desse crédito viria de ricos comerciantes no Rio de Janeiro[103], inclusive, depois de 1808, os portugueses emigrados para o Brasil com o futuro D. João VI[104]. Mas havia também transações que não passavam pelo Rio. No Rio Grande do Sul, por exemplo,

[...] local producers and merchants were able to avoid complete domination by carioca merchant capitalists. [...] Rio Grande charqueadores [...] traded extensively with the northeast as well as with Rio de Janeiro. They sold as much as two-thirds of their charque production to Bahia and Recife[105].

A evidência mais clara contra a tese de predominância da produção exportadora, nesse período, são os dados sobre a importação de escravos africanos, disponibilizados na década passada[106]. Com efeito, da estimativa agora aceita para o desembarque total de escravos no Brasil em todo o período escravista, 4,860 milhões, mais da metade (55%) corresponde a cativos chegados entre 1776 e 1850, o suposto período de estagnação: 2,680 milhões. Nesse último intervalo, a importação de escravos se deu em escala crescente, em médias anuais: 25 mil por ano em 1776-1800; 40 mil em 1801-1820, e 42 mil em 1821-1850. É significativo que a média no primeiro desses períodos, 1776-1800, tenha sido bem superior à observada nos três quartos de século anteriores, período do que abrange auge da mineração: dezoito mil escravos por ano em 1701-1775[107].

102. *Idem*, p. 671.
103. João Luís R. Fragoso, *Homens de Grossa Aventura: Acumulação e Hierarquia na Praça Mercantil do Rio de Janeiro (1790-1830)*.
104. Riva Gorenstein, "Comércio e Política: O Enraizamento de Interesses Mercantis Portugueses no Rio de Janeiro (1808-1830)".
105. Larissa V. Brown, *Internal Commerce in a Colonial Economy*, p. 666.
106. O trabalho original de consolidação de dados sobre o tráfico de escravos para as Américas foi divulgado em David Eltis, Stephen Behrendt, David Richardson & Herbert Klein (ed.), *The Trans-Atlantic Slave Trade: A Database on CD-ROM*. Aperfeiçoamentos posteriores, que ampliaram muito o conhecimento sobre o volume de tráfico para o Brasil, podem ser consultados na Internet, na página *Voyages: The Trans-Atlantic Slave Trade Database*. Disponível em: www.slavevoyages.org
107. Dados da página *Voyages*, com arredondamento.

Ora, é difícil conciliar esses dados, que mostram um investimento crescente no que era essencialmente um ativo produtivo, com a ideia de uma economia estagnada. Pode-se buscar ter uma ideia sobre a ordem de grandeza desse investimento com uma comparação. Na década de 1821-1830, quando a entrada de escravos africanos no Brasil atingiu o ápice (52 mil por ano), se avaliarmos o total dos cativos desembarcados (524 300) pelo preço médio de escravos, entre quinze e quarenta anos, registrado em Minas Gerais nessa década (210 mil réis)[108], obteremos um total de cerca de 110 mil contos de réis. É uma avaliação que possivelmente peca pelo excesso, já que é provável que o valor venal de escravos em Minas refletido nos inventários *post mortem,* a fonte de Bergad, fosse superior aos preços pagos aos traficantes. Mesmo levando isso em conta, impressiona o contraste entre aquele número e o valor total das exportações de mercadorias pelo país, na mesma década: 243 263 contos de réis[109] – ou seja, pouco mais do dobro. Não há dúvida de que a compra de escravos significava um investimento de volume muito considerável.

Se as principais atividades exportadoras, com exceção do café, não tinham perspectivas animadoras na primeira metade do século XIX (como argumentou Furtado), como explicar esse investimento crescente? Serão necessárias mais pesquisas para responder a essa indagação. Mas são muito sugestivas as indicações da evolução do comércio interno de produtos agrícolas, como no estudo de Brown – uma possibilidade não considerada por Furtado, que via como alternativa para as exportações tradicionais, nessa fase, apenas a possibilidade de industrialização, como argumentou no capítulo 19 da *Formação.*

Não é fácil quantificar o comércio interno no século XIX; uma possibilidade, que tem sido explorada por alguns pesquisadores, são números da navegação de cabotagem. Estudo recente sobre a economia escravista de quatro províncias, Pernambuco, Maranhão, Sergipe e Rio Grande do Sul, constatou, principalmente com base em informações dessa origem, a relevância do comércio interno para essas províncias, em particular no caso de Pernambuco e Rio Grande do Sul, concluindo:

---

108. Laird W. Bergad, *Slavery and the Demographic and Economic History of Minas Gerais, Brazil, 1720-1888,* p. 268, table 1.
109. IBGE, *Repertório Estatístico do Brasil: Quadros Retrospectivos,* p. 68.

[P]arcela substancial da demanda pelos bens produzidos nas províncias aqui estudadas provinha do mercado interno, já na segunda metade do século XIX, bem antes do término da escravidão. Ou seja: já havia, então, um processo relevante de especialização produtiva e de trocas entre regiões, fonte potencial de aumentos de produtividade e de crescimento econômico[110].

Para a mesma direção aponta a evidência, no caso de Minas Gerais, sobre o crescimento acelerado das vendas de gado vacum e toucinho para fora da província, a partir da segunda década do século XIX[111]. Aparentemente, a relevância do mercado de outras províncias para a economia de Minas Gerais, já presente no século anterior, manteve-se, ou mesmo se expandiu, nesse período.

O quadro que se delineia, assim, é de um mercado interno de importância relevante, provavelmente crescente, ao longo do século XIX. O que contrasta com a visão exposta na *Formação*, que associa a formação de um mercado interno com a expansão do trabalho assalariado.

VII

Mas é certo que o peso do mercado interno aumentou substancialmente na segunda metade do século XIX, impulsionado pela expansão do café – analisada nos capítulos 20 a 25 da *Formação* – e estimulado pela difusão do trabalho assalariado. O que abriria caminho para o desenvolvimento da indústria.

Tendo em conta a expansão cafeeira, e com base principalmente em dados de exportação, Furtado supôs no capítulo 25 um crescimento do produto da ordem de 3,5%, na segunda metade do século XIX, o que significaria um aumento anual do produto *per capita* de cerca de 1,5% (e projetou ainda um crescimento da mesma ordem de grandeza, para o período 1900-1950). Posteriormente, várias outras estimativas do crescimento da economia no século XIX foram propostas na litera-

---

110. Renato L. Marcondes, Flávio R. Versiani, Luís Paulo F. Nogueról e José Raimundo O. Vergolino, "Inter-relações Econômicas e Trabalho Escravo: Maranhão, Pernambuco, Sergipe e Rio Grande do Sul", p. 86.
111. Roberto B. Martins, *Crescendo em Silêncio: A Incrível Economia Escravista de Minas Gerais no Século XIX*, tabela 5.7.

tura, com base em dados e metodologias diversos.[112] Os números de Furtado para o crescimento em 1850-1900 são provavelmente otimistas[113]; mas a grande discrepância entre as várias estimativas posteriores, e a insuficiência ou pouca confiabilidade de alguns dados básicos, indicam que serão necessárias mais pesquisas, antes que se possa quantificar com alguma precisão o ritmo de crescimento da economia brasileira nesse período, e em geral no século XIX.[114]

A ênfase dada à difusão do trabalho assalariado, no capítulo 26 – onde se expõe o efeito multiplicador dos salários, em contraste com o caso da produção com trabalho escravo – pode ter contribuído para a propagação, em textos de divulgação como livros didáticos, de uma ideia enganosa: a de que o aparecimento de um mercado interno substancial teria resultado diretamente da abolição da escravatura. Afirma-se mesmo, às vezes, que uma das motivações do movimento pela Abolição seria o fornecimento de mercado para a produção interna. Mas, como o próprio Furtado mostrou no capítulo 19, a simples transformação de um trabalhador escravizado em assalariado não lhe garantiria aumento de renda real ou de consumo: na região açucareira, onde a exportação declinava e os salários eram baixos, "seria difícil admitir que as condições materiais de vida dos antigos escravos [agora assalariados] se hajam modificado sensivelmente, após a abolição"[115]. Os dados de Eisenberg sugerem isso mesmo[116].

112. Ver, por exemplo, Nathaniel Leff, "Estimativa da Renda Provável no Brasil no Século XIX com Base nos Dados sobre a Moeda"; Cláudio Contador & Cláudio Haddad, "Produto Real, Moeda e Preços: a Experiência Brasileira no Período 1861-1970"; Raymond Goldsmith, *Brasil: 1850-1984: Desenvolvimento Financeiro sob um Século de Inflação*; Stanley Engerman & Kenneth Sokoloff, "Factor Endowments, Institutions, and Differential Paths of Growth Among New World Economies"; Angus Maddison, *The World Economy: A Millennial Perspective*; Stephen Castro & Flávio Gonçalves, *History of Path Dependence in Mixed-Poisson Growth: Brazil, 1822-2000 and USA, 1869-1996.*; Guilherme Tombolo e Armando Sampaio, "O PIB Brasileiro nos Séculos XIX e XX: Duzentos Anos de Flutuações Econômicas".
113. Marcelo de Paiva Abreu e Luís A.C. do Lago, *A Economia Brasileira no Império, 1822-1889*.
114. Por outro lado, a hipótese de Furtado de que a economia teria crescido, em 1900-1950, no mesmo ritmo por ele estimado para o meio século anterior, é claramente pessimista: os números de Haddad apontam para uma taxa de aumento do produto real da ordem de 4,4% ao ano, na primeira metade do século XX, significando uma expansão anual do produto *per capita* de cerca de 2,2% (IBGE, Estatísticas Históricas do Brasil. 2 ed, tabs. 4.1, 4.2, 1.7, 1.8.
115. Celso Furtado, *Formação Econômica do Brasil*, p. 118.
116. Peter L. Eisenberg, *The Sugar Industry in Pernambuco, 1840-1910: Modernization without Change*, cap. 8.

O efeito multiplicador manifestou-se e a indústria se desenvolveu ali onde houve crescimento de renda. Como na cidade e estado do Rio de Janeiro, com o benefício da atividade comercial centrada na então capital do país; no Censo Industrial de 1907 estava aí a maior aglomeração de operários industriais, o dobro do número para São Paulo. E com o extraordinário crescimento da produção de café a partir das décadas de 1870 e 1880, centrado no chamado Oeste paulista, a exportação do produto quase triplicou entre 1888-1890 e 1908-1910. Nesse período, a produção cafeeira paulista passou de cerca de 50% para próximo de 70% do total do país, absorvendo um enorme fluxo de imigração: entre 1885 e 1909, chegaram a São Paulo, na maior parte para a lavoura cafeeira, mais de 1,1 milhão de imigrantes; destes, 66% eram italianos. A maioria dos imigrantes viajou com subsídios governamentais que beneficiavam principalmente os cafeicultores paulistas. Com esse impulso, no Censo de 1920 São Paulo já liderava a indústria, em número de operários e valor da produção[117].

É possível que a imigração tenha trazido, também, um estímulo indireto à economia paulista, sob a forma de "enormes investimentos na construção de casas para os novos colonos [os imigrantes]"[118]. De fato, observadores contemporâneos a nós registraram intensa atividade de construção em fazendas de várias regiões de São Paulo no período[119].

Foram imigrantes, e não ex-escravos, que substituíram rapidamente o trabalho forçado na cafeicultura paulista. A explicação dada para isso na *Formação* é um tanto obscura: "[a]s vantagens que apresentava o trabalhador europeu com respeito ao ex-escravo são demasiado óbvias para insistir sobre elas"[120]. Mas os cafeicultores certamente preferiam os imigrantes aos ex-escravos, não porque aqueles fossem especialmente produtivos: reconhecia-se que os imigrantes eram

---

117. Dados de DGE, *Recenseamento do Brazil (1920)*, p. XI; IBGE, *Repertório Estatístico do Brasil: Quadros Retrospectivos*, pp.17, 85; Marcelino Martins e E. Johnston, "Apêndice Estatística sobre o Favorecimento a São Paulo no Programa de Subsídio à Imigração", em *150 Anos de Café*; Michael M. Hall, *The Origins of Mass Immigration in Brazil, 1871-1914*, pp. 106-108; Thomas H. Holloway, *Migration and Mobility: Immigrants as Laborers and Landowners in the Coffee Zone of São Paulo, Brazil, 1886-1934*, pp. 163-164.
118. Antônio Delfim Netto, *O Problema do Café no Brasil*, p. 17.
119. Thomas H. Holloway, *Migration and Mobility*, pp. 153-154.
120. Celso Furtado, *Formação Econômica do Brasil*, p. 139. Um meu aluno, afrodescendente, classificou de "racista" essa afirmativa...

bem menos produtivos do que os escravos haviam sido[121]. Mas essencialmente por efeito do ambiente preconceituoso da época: os ex-escravos eram vistos como "insubordinate and unreliable"[122]. E, em consequência, foram empregados apenas como solução temporária, enquanto não chegassem os desejados imigrantes; e com remuneração bem inferior à destes[123].

VIII

O crescimento da indústria deu um salto na década de 1930, com uma média estimada de incremento anual da ordem de 8% entre 1930 e 1939, ante 4% na década anterior[124]. Tornou-se clássica a interpretação de Furtado do comportamento da economia nesse período, nos capítulos 30 a 32 da *Formação*. A queda na renda de exportação do setor cafeeiro, consequente à drástica redução no preço externo do produto após 1929, foi compensada pela manutenção das compras governamentais, realizadas desde o início do século, no bojo das várias fases do programa de "valorização" do café. O governo teria praticado assim, sem o saber, uma política de sustentação da demanda, que viria a ser elemento básico do receituário de política econômica proposto por Keynes em seu célebre livro de 1936. Evitando-se a queda na renda, e considerando a grande desvalorização da moeda trazida pela redução no valor das exportações, houve deslocamento da demanda para a produção da indústria nacional, que se expandiu vigorosamente, especialmente no principal setor, o têxtil, cuja produção cresceu a um ritmo anual médio de 12%, entre 1929 e 1939[125]. Um crescimento tão rápido e sustentado foi possível, como se verificou posteriormente, pela existência, no final da década anterior, de um nível extraordinário de capacidade produtiva não utilizada, nesse setor da indústria[126].

Em consequência da expansão industrial, puxada pela demanda interna, o país sofreu de forma relativamente branda os efeitos da Grande Depressão: o índice do

---

121. "[O]pinion seems to have been virtually unanimous that immigrants did less work for their employers than slaves did" (Michael M. Hall, *The Origins of Mass Immigration in Brazil*, p. 88).
122. *Idem*, p. 113.
123. Thomas H. Holloway, *Migration and Mobility*, pp. 156-159.
124. IBGE, *Estatísticas Históricas do Brasil*, tabela 7.4.
125. *Idem*, tabela 7.
126. Flávio Rabelo Versiani, *A Década de 20 na Industrialização Brasileira*.

produto real de Haddad mostrou uma redução pouco superior a 5%, entre 1929 e 1931, voltando a crescer, a partir de 1932, a uma taxa média anual de 6,3%, entre esse ano e 1939[127].

A explicação "keynesiana" de Furtado para os anos trinta foi objeto de críticas e restrições factuais, mas passou no teste de um exame mais detalhado do ponto de vista da análise macroeconômica[128] e hoje é vista como a interpretação padrão do período.

Para Furtado, não teria havido aí apenas um crescimento rápido da indústria: essa década teria presenciado a guinada definitiva em direção a uma economia baseada na produção industrial voltada para o mercado interno. Daí para frente, o investimento visando a demanda interna seria o fator determinante do crescimento do produto, não mais a produção para exportação; estaria mudado o "centro dinâmico" da economia[129]. "Com o descolamento das atividades industriais do complexo primário-exportador [...] é a partir desse momento que se pode efetivamente falar de industrialização"[130]. Nas décadas seguintes, no entanto, essa ideia de uma mudança radical no foco do investimento interno perderia força[131].

IX

Em seu conhecido prefácio a uma reedição de *Raízes do Brasil*, de Sérgio Buarque de Holanda, Antônio Cândido falou da revelação que foram, para os estudantes da década de 1940, três livros então recentes: além do de Sérgio Buarque, de 1936, *Casa-Grande & Senzala*, de Gilberto Freyre, de 1933, e *Formação do Brasil Contemporâneo*, de Caio Prado Jr., de 1942[132]. Revelação principalmente por terem contribuído, de formas diferentes, para dissipar o ranço de fatalismos

---

127. IBGE, *Estatísticas Históricas do Brasil*, tabela 4.1. Índice de Haddad.
128. Eliana Cardoso, "Furtado Revisitado: A Década de 1930".
129. Celso Furtado, *Formação Econômica do Brasil*, cap. 32.
130. Celso Furtado, *A Fantasia Organizada*, p. 69.
131. Com respeito ao processo de industrialização, iniciado ainda no século XIX (cf. *Formação Econômica do Brasil*, cap. 36), há uma controvérsia na literatura quanto à relação entre a indústria e o setor externo. Ver: Flávio Versiani, "Industrialização e Economia de Exportação: a Experiência Brasileira antes de 1914".
132. Antonio Candido, "O Significado de Raízes do Brasil", pp. XI-XXII.

raciais, geográficos e outros, na interpretação do desenvolvimento histórico do Brasil, muito presentes na obra de intérpretes anteriores. Já para os estudantes da década de 1960, o impacto do livro de Furtado foi também poderoso. Era uma explicação sintética de nosso passado, desde o período colonial, mostrando as origens de nosso subdesenvolvimento, com o atrativo adicional, para os estudantes de Economia, de manejar conceitos familiares: distribuição de renda, estrutura do consumo, taxa de câmbio, multiplicador. E com uma mensagem otimista – o que contrastava com a *História Econômica do Brasil*, de Caio Prado, que líamos antes, livro que delineava uma perspectiva mais sombria para a economia, à espera de transformações estruturais. A *Formação* nos dizia que já havíamos superado os resquícios do passado colonial; o motor da economia era, agora, o investimento industrial – o qual se expandira a olhos vistos no período então recente. Restavam, para as próximas décadas, duas tarefas: "completar o processo de industrialização"[133], para reduzir o peso de importações no investimento, que trazia problemas para o balanço de pagamentos; e "reverter a tendência às disparidades regionais de nível de vida"[134]. Parecia um programa de ação atraente, e talvez factível, para os jovens de então.

Com os olhos da década de 1960, as correções históricas, referidas acima, não alterariam substancialmente o valor explicativo da estrutura analítica proposta por Furtado quanto à evolução passada da economia. É com o benefício da visão retrospectiva que podemos perceber fissuras naquele modelo.

Um primeiro exemplo pode ser a suposição da baixa elasticidade-renda da demanda pelas exportações de países como o Brasil. Tese proposta primeiro por Prebisch, referida à conhecida Lei de Engel, e que estava na base da ideia da substituição de importações como política aconselhável para os países latino-americanos[135]. Suposição aparentemente intuitiva, quando se pensa no caso do café; mas que desenvolvimentos posteriores mostraram ser uma generalização indevida. Nada indica, na experiência recente, que as demandas por carne, ou soja (usada principalmente como ração animal), ou suco de laranja, ou minérios, tenham mostrado baixa elasticidade-renda. E não foi um pressuposto inócuo, já que provavelmente esse "pessimismo das elasticidades" influiu na política econô-

---

133. Celso Furtado, *A Fantasia Organizada*, p. 214.
134. Celso Furtado, *Formação Econômica do Brasil*, cap. 36.
135. Ver Celso Furtado, *A Fantasia Organizada*, pp. 95 e ss.

mica brasileira do pós-Segunda Guerra, como tem sido observado na literatura; política essa que foi desfavorável à diversificação das exportações agrícolas. Nas discussões no âmbito da Cepal, como refere Furtado[136], reconhecia-se a necessidade de diversificar as exportações para ampliar a capacidade de importar bens de capital, mas essa diversificação era vista do lado das manufaturas: aparentemente não se considerava a possibilidade de diversificar exportações agrícolas.

Outro exemplo, também referente ao setor agrícola, foi a ideia de que haveria uma contraposição entre a produção para exportação e a produção de alimentos para o mercado interno, a primeira sendo vista como obstáculo à segunda. Isso ficou claro na política preconizada para o Nordeste, cuja agricultura, "deformada pela tradição de monocultura imobilizada por um sistema latifundiário", tornava escassa a oferta local de alimentos; seria necessário reorientar a produção para culturas alimentares[137]. A suposição era que uma reforma agrária, além do objetivo de permitir o acesso à terra por agricultores despossuídos, pudesse também aumentar a oferta de alimentos. A partir dessa noção, viu-se com desconfiança, mais tarde, a difusão de produtos de exportação, de grande lucratividade, na área irrigada do vale do São Francisco. Ao contrário, deveria ser privilegiada aí a produção alimentar, já que "todas as zonas do Nordeste são dependentes da importação de alimentos"[138]. Mas, como lembrou Gustavo Gomes[139], mais importante do que produzir milho e feijão com baixa produtividade é criar renda, para que as pessoas possam comprar tais gêneros onde forem produzidos com maior produtividade e menor preço.

Escrevendo em 1985, Furtado insistiu naquele ponto, generalizando-o: a agricultura brasileira estaria "totalmente distorcida, contra o mercado interno"; o aumento do coeficiente de exportação do setor agrícola, mais a produção de cana para álcool, explicariam "o declínio da oferta interna de alimentos"[140] No entanto, os notáveis aumentos de produção e produtividade na agricultura de

---

136. *Idem*, p. 134.
137. *Idem*, p. 200.
138. Celso Furtado, *Seca e Poder*, p. 33.
139. Gustavo Maia Gomes, *Velhas Secas em Novos Sertões: Continuidade e Mudança na Economia do Semi-Árido e dos Cerrados Nordestinos*, pp. 193 e ss.
140. Celso Furtado, *Diários Intermitentes, 1937-2002*, p. 316.

exportação, nos anos seguintes, não prejudicaram a oferta de alimentos, bem ao contrário. Como assinalaram Herbert Klein e Francisco Luna:

> It is important to emphasize that Brazil's transformation into a major exporter of agricultural products occurred at the same time as it achieved high levels of production and increased productivity even in traditional food crops. This allowed Brazilian agriculture to adequately supply the domestic market, which in turn led to a systematic fall in local food prices[141].

Mas pode-se ainda argumentar que essa e outras fissuras no modelo interpretativo exposto na *Formação* não invalidariam as contribuições desse modelo para a compreensão do desenvolvimento anterior da economia brasileira. Olhando para trás, com a perspectiva de 1959, entende-se melhor o que dizia o autor, pois este também analisava o passado para entender a atualidade. Como argumentou Edward Carr, qualquer historiador olha o passado, necessariamente, sob o prisma das condições e influências que o cercam no presente:

> The historian [is] the conscious or unconscious spokesman of the society to which he belongs; it is in this capacity that he approaches the facts of the historical past". E, em outra passagem: "When you take up a historical work, it is not enough to look for the author's name in the title page: look also for the date of publication or writing – it is sometimes even more revealing[142].

A *Formação* é, claramente, um livro da década de 1950, período em que, no mundo das ideias, prevalecia a visão "desenvolvimentista" sobre a política econômica adequada ao país (em boa parte por influência do próprio Furtado). E, na economia real, era o tempo de uma industrialização rápida, do surgimento de novos setores na indústria, como o automobilístico; do Presidente Kubitschek, que afirmava, em seu programa de governo, ser necessária "uma enérgica política de industrialização, a solução mais eficiente para resolver problemas de um país populoso, com um grande mercado interno em potencial, e dotado de adequados

---

141. Herbert Klein e Francisco Luna, *Feeding the World; Brazil's Transformation into a Modern Agricultural Economy*, p. 132.
142. Edward H. Carr, *What is History?*, pp. 42, 51.

recursos naturais"[143] – afirmativa que poderia ser tirada de um texto da Cepal. Era também uma fase em que hipóteses como a da inelasticidade-renda da demanda por exportações agrícolas, ou a de que uma reforma agrária poderia expandir a oferta de alimentos, podiam ser vistas como realistas. E a mudança do "centro dinâmico" da economia, da agricultura de exportação para a indústria, era uma proposição atraente. Naquele contexto histórico, parecia convincente a estrutura analítica proposta por Furtado, e mesmo as perspectivas de futuro delineadas no livro, como visto acima.

Os problemas surgem quando tal estrutura passa a ser vista como estática, um modelo fixo de análise, fonte cristalizada de prescrições de política econômica – mesmo se as circunstâncias mudem. E é evidente que mudaram muito, tanto na economia brasileira como na mundial, após a década de 1950.

Uma transformação óbvia foi a que recebeu o rótulo geral de globalização, um incremento acelerado de inter-relações financeiras e de sistemas produtivos, além das fronteiras nacionais, assim como uma internacionalização de padrões de consumo. Tais desenvolvimentos foram vistos, por Furtado e outros, como desfavoráveis para a economia brasileira. Seria nociva a reprodução indiscriminada de formas de consumo de sociedades mais avançadas, face às carências da maior parte da população; e o processo de globalização "interrompeu o avanço na conquista de autonomia na tomada de decisões estratégicas"[144].

Mas, ao longo do tempo, transformações são inelutáveis. Novas situações trazem novas questões, exigindo respostas novas, novas políticas, novas teorias, novos modelos de análise. É pertinente, nesse contexto – e para finalizar – lembrar a afirmativa de Furtado ao final de *A Fantasia Organizada*:

> A eficácia de algumas teorias [...] advém exatamente de que surgiram para dar resposta a perguntas precisas, relacionadas com situações que se apresentaram dentro de certo contexto histórico, e por isso são logo superadas[145].

---

143. *Apud* Fabio Giambiagi, André Villela, Lavínia Barros de Castro & Jennifer Hermann (org.), *Economia Brasileira Contemporânea (1945-2004)*, p. 47.
144. Celso Furtado, "Discurso Comemorativo aos 40 Anos de Atuação da Sudene", p. 312.
145. Celso Furtado, *A Fantasia Organizada*, p. 226.

REFERÊNCIAS BIBLIOGRÁFICAS

ABREU, Marcelo de Paiva & Luís A.C.do LAGO. *A Economia Brasileira no Império, 1822-1889*. Rio de Janeiro, Departamento de Economia da PUC. 2010 (Texto de Discussão nº 584).

ALDEN, Dauril. "Late Colonial Brazil, 1750-1808". *In*: BETHELL, Leslie (ed.). *The Cambridge History of Latin America*. Cambridge, Cambridge University Press, 1984, vol. 2.

ANCHIETA, José de. *Cartas, Informações, Fragmentos Históricos e Sermões*. Belo Horizonte, Ed. Itatiaia. 1988 [1554-94] (Cartas Jesuíticas, 3), .

ANDRADE, Manuel Correia de. *A Terra e o Homem no Nordeste*. 6. ed. Recife, Editora Universitária da UFPE, 1998.

ANTONIL, André João [João Antônio Andreoni]. *Cultura e Opulência do Brasil*. Belo Horizonte, Itatiaia, 1982 (1. ed. 1711).

ARRUDA, José Jobson de Andrade. "A Produção Econômica". *In*: SILVA, Maria Beatriz Nizza da (coord.). *O Império Luso-Brasileiro, 1750-1822*. Lisboa, Estampa, 1986 (Nova História da Expansão Portuguesa, VIII).

AZEVEDO, Fernando de. *A Cultura Brasileira*. 6. ed. Brasília, Editora da UNB, 1996 (1. ed. 1945).

BARICKMAN, B. J. *A Bahian Counterpoint; Sugar, Tobacco, Cassava, and Slavery in the Recôncavo, 1780-1860*. Stanford, Stanford University Press, 1998.

BERGAD, Laird W. *Slavery and the Demographic and Economic History of Minas Gerais, Brazil, 1720-1888*. Cambridge, Cambridge University Press, 1999.

BLAUG, Mark (ed.). *Economics of Education: Selected Readings*. Balimore, Penguin, 1968-1969, 2 vols.

BROWN, Larissa V. *Internal Commerce in a Colonial Economy: Rio de Janeiro and Its Hinterland, 1790-1822*. Ann Arbor, UMI, 1986.

CANDIDO, Antonio. "O Significado de *Raízes do Brasil*". *In:* HOLANDA, Sérgio Buarque de. *Raízes do Brasil*. 5. ed. Rio de Janeiro, José Olympio, 1969.

CARDOSO, Ciro Flamarion. S. *Agricultura, Escravidão e Capitalismo*. Petrópolis, Vozes, 1979.

CARDOSO, Eliana. "Furtado Revisitado: A Década de 1930". *Revista Brasileira de Economia*, n. 33, vol. 3, pp. 373-397, jul.-set. 1979.

CARDOSO, Fernando Henrique. *Pensadores que Inventaram o Brasil*. São Paulo, Companhia das Letras, 2013.

CARR, Edward H. *What is History?* New York, Vintage Books, 1961.

CASTRO, Stephen A. de & Flávio GONÇALVES. *History of Path Dependence in Mixed-Poisson Growth: Brazil, 1822-2000 and USA, 1869-1996*. Brasília, Departamento de Economia, Universidade de Brasília, 2010 (Textos de Discussão, n. 332).

CONTADOR, Cláudio R. & HADDAD, Cláudio L. "Produto Real, Moeda e Preços: a Experiência Brasileira no Período 1861-1970". *Revista Brasileira de Estatística* 36 (143):407-440, 1975

COSTA FILHO, Miguel. *A Cana-de-Açúcar em Minas Gerais*. Rio de Janeiro, Instituto do Açúcar e do Álcool, 1963.

COUTY, Louis. *A Escravidão no Brasil*. Trad. Maria Helena Rouanet. Rio de Janeiro, Fundação Casa de Ruy Barbosa, 1988 (1. ed. 1881).

CUNHA, Euclides da. *Os Sertões. Campanha de Canudos*. 27. ed. Brasília, Editora da UNB, 1963 (1. ed. 1902).

DELFIM NETTO, Antônio. *O Problema do Café no Brasil*. Rio de Janeiro, FGV, 1979 (1. ed. 1959).

DENSLOW, David A. *Sugar Production in Northeastearn Brazil and Cuba, 1858-1908*. Phd Dissertation, Yale University, 1974.

DGE – Directoria Geral de Estatística. *Recenseamento do Brazil (1920)*. Rio de Janeiro, [s. ed.], 1927, vol. V (1ª Parte).

EISENBERG, Peter L. *The Sugar Industry in Pernambuco, 1840-1910: Modernization without Change*. Berkeley, University of California Press, 1974.

ELTIS, David; BEHRENDT, Stephen D.; RICHARDSON, David & KLEIN, Herbert S. (ed.). *The Trans-Atlantic Slave Trade: A Database on CD-ROM*. Cambridge, Cambridge University Press, 1999.

ENGERMAN, Stanley L. & SOKOLOFF, Kenneth L. "Factor Endowments, Institutions, and Differential Paths of Growth Among New World Economies." HABER, Stephen (ed.). *How Latin America Fell Behind; Essays on the Economic Histories of Brazil and Mexico, 1800-1914*. Stanford, Stanford U. Press, 1997.

_____. & _____. *Economic Development in the Americas since 1500: Endowments and Institutions*. Cambridge, Cambridge University Press, 2012.

FORMIGA, Marcos & SACHS, Ignacy (coord.). *Celso Furtado, a Sudene e o Futuro do Nordeste – Seminário Internacional*. Recife, Sudene, 2000.

FRAGOSO, João Luís R. *Homens de Grossa Aventura: Acumulação e Hierarquia na Praça Mercantil do Rio de Janeiro (1790-1830)*. Rio de Janeiro, Arquivo Nacional, 1992

FREYRE, Gilberto. *Casa-Grande & Senzala: Formação da Família Brasileira sob o Regime da Economia Patriarcal*. 21. ed. Rio de Janeiro, José Olympio, 1981 (1. ed. 1933).

_____. *Nordeste: Aspectos da Influência da Cana sobre a Vida e a Paisagem do Nordeste do Brasil*. Rio de Janeiro, José Olympio, 1937.

_____. *Sobrados e Mucambos: Decadência do Patriarcado Rural e Formação do Urbano*. 9. ed. Rio de Janeiro, Record, 1996 (1. ed. 1936).

FURTADO, André Tosi. "As Contribuições de Caio Prado Jr. à *Formação Econômica do Brasil*". *In:* COELHO, Francisco da Silva & GRANZIERA, Rui Guilherme (org.). *Celso Furtado e a Formação Econômica do Brasil*. São Paulo, Editora Atlas/Ordem dos Economistas do Brasil, 2009.

FURTADO, Celso. *A Economia Brasileira: Contribuição à Análise do seu Desenvolvimento*. Rio de Janeiro, A Noite, 1954.

_____. *A Fantasia Organizada*. Rio de Janeiro, Paz e Terra, 1985.

_____. *Diários Intermitentes, 1937-2002*. São Paulo, Companhia das Letras, 2019.

_____. "Discurso Comemorativo aos 40 Anos de Atuação da Sudene". *In:* FORMIGA, Marcos & SACHS, Ignacy (coord.). *Celso Furtado, a Sudene e o Futuro do Nordeste – Seminário Internacional*. Recife, Sudene, 2000.

_____. *Formação Econômica do Brasil*. 14. ed. São Paulo, Companhia Editora Nacional, 1976 (1. ed. 1959).

_____. *Seca e Poder: Entrevista com Celso Furtado*. São Paulo, Fundação Perseu Abramo, 1998.

GALLOWAY, Jock H. *The Sugar Cane Industry: An Historical Geography from its Origins to 1914*. Cambridge, Cambridge University Press, 2005.

GAMA, Ruy. *Engenho e Tecnologia*. São Paulo, Duas Cidades, 1983.

GIAMBIAGI, Fabio; VILLELA, André; CASTRO, Lavínia Barros de & HERMANN, Jennifer (org.). *Economia Brasileira Contemporânea (1945-2004)*. Rio de Janeiro, Elsevier, 2005.

GOLDSMITH, Raymond W. *Brasil: 1850-1984: Desenvolvimento Financeiro sob um Século de Inflação*. São Paulo, Harper & Row do Brasil, 1986

GOMES, Gustavo Maia. *Velhas Secas em Novos Sertões: Continuidade e Mudança na Economia do Semi-Árido e dos Cerrados Nordestinos*. Brasília, Ipea, 2001.

GORENDER, Jacob. *O Escravismo Colonial*. 3 ed. São Paulo, Ática, 1980.

GORENSTEIN, Riva. "Comércio e Política: O Enraizamento de Interesses Mercantis Portugueses no Rio de Janeiro (1808-1830)". *In*: MARTINHO, Lenira M. & GORENSTEIN, Riva. *Negociantes e Caixeiros na Sociedade da Independência*. Rio de Janeiro, Secretaria Municipal de Cultura, 1993.

HALL, Michael M. *The Origins of Mass Immigration in Brazil, 1871-1914*. Ann Arbor, UMI, 1972.

HOLANDA, Sérgio Buarque de. "Metais e Pedras Preciosas". *In*: HOLANDA, Sérgio Buarque de (coord.). *História Geral da Civilização Brasileira*. São Paulo, Difel, 1985, vol. 2.

_____. *Raízes do Brasil*. 5. ed. Rio de Janeiro, José Olympio, 1969 (1. ed. 1936).

HOLLOWAY, Thomas H. *Migration and Mobility: Immigrants as Laborers and Landowners in the Coffee Zone of São Paulo, Brazil, 1886-1934*. Ann Arbor, UMI, 1974.

IBGE – Fundação Instituto Brasileiro de Geografia e Estatística. *Estatísticas Históricas do Brasil*. 2. ed. Rio de Janeiro, [s. ed.], 1990 (Estatísticas Retrospectivas, 3).

_____. *Repertório Estatístico do Brasil: Quadros Retrospectivos* [Separata fac-similar do *Anuário Estatístico do Brasil*, Ano v, 1939/1940]. Rio de Janeiro, [s. ed.], 1986 (Estatísticas Retrospectivas, 1).

JOHNSON, Harold. 1992. "Desenvolvimento e Expansão da Economia Brasileira". Trad. M. F. G. Azevedo. *In*: JOHNSON, Harold & SILVA, Maria Beatriz Nizza da (coord.). *O Império Luso-Brasileiro, 1500-1620*. Lisboa, Estampa, 1992 (Nova História da Expansão Portuguesa, VI).

KLEIN, Herbert S. & LUNA, Francisco V. *Feeding the World; Brazil's Transformation into a Modern Agricultural Economy*. Cambridge, Cambridge University Press, 2019.

KOSTER, Henry. *Travels in Brazil*. London, Longman, Hurst, Rees & Brown, 1816.

LEFF, Nathaniel H. "Estimativa da Renda Provável no Brasil no Século XIX com Base nos Dados sobre a Moeda". *Revista Brasileira de Economia*, 26 (2):45-61, 1972.

LEWIS, William Arthur. "Economic Development with Unlimited Supplies of Labour". *The Manchester School*, n. 22, pp. 139-191, may 1954.

LIBBY, Douglas C. "Notas sobre a Produção Têxtil Brasileira no Final do Século XVIII: Novas Evidências de Minas Gerais". *Estudos Econômicos*, n. 27, vol. 1, pp. 97-125, abr. 1997.

MADDISON, Angus. *The World Economy: A Millennial Perspective*. Paris, Development Centre of the Organisation for Economic Co-operation and Development, 2001.

MAGEE, Bryan. *Popper*. London, Fontana/Collins, 1978.

MARCONDES, Renato L.; VERSIANI, Flávio R.; NOGUERÓL, Luís Paulo F. & VERGOLINO, José Raimundo O. "Inter-relações Econômicas e Trabalho Escravo: Maranhão, Pernambuco, Sergipe e Rio Grande do Sul." *In*: VERSIANI, Flávio R. & NOGUERÓL, Luís Paulo F. (org.). *Muitos Escravos, Muitos Senhores: Escravidão Nordestina e Gaúcha no Século XIX*. Brasília, Editora da UNB, 2016.

MARTINS FILHO, Amílcar & MARTINS, Roberto B. "Slavery in a Nonexport Economy: Nineteenth-Century Minas Gerais Revisited". *Hispanic American Historic Review*, n. 63, vol. 3, pp. 537-568, aug. 1983.

MARTINS, Marcelino & JOHNSTON, E. *150 Anos de Café*. 2. ed. Santos, Martins & Johnston, 1992.

MARTINS, Roberto B. *Crescendo em Silêncio: A Incrível Economia Escravista de Minas Gerais no Século XIX*. Belo Horizonte, Icam, 2018.

MAURO, Frédéric. *Portugal, o Brasil e o Atlântico, 1570-1670*. Trad. M. Barbosa. Lisboa, Estampa. 1997, vol. 1.

MAXWELL, Kenneth R. *Conflicts and Conspiracies; Brazil and Portugal, 1750-1808*. Cambridge: Cambridge University Press, 1973.
MELLO, Evaldo Cabral de. *Olinda Restaurada: Guerra e Açúcar no Nordeste, 1630-1654*. 3. ed. São Paulo, Editora 34, 2007.
_____. *Rubro Veio: O Imaginário da Restauração Pernambucana*. 2. ed. Rio Janeiro, Topbooks, 1997.
_____. *Um Imenso Portugal: História e Historiografia*. São Paulo, Editora 34, 2002.
MELLO, José Antônio Gonsalves de. *Fontes para a História do Brasil Holandês*. I: *A Economia Açucareira*. Recife, Parque Histórico Nacional dos Guararapes, 1981.
_____. *Gente da Nação: Cristãos-Novos e Judeus em Pernambuco, 1542-1654*. 2. ed. Recife, Massangana, 1996.
MONTEIRO, John M. *Negros da Terra; Índios e Bandeirantes nas Origens de São Paulo*. São Paulo, Companhia das Letras, 1994.
MUELLER, Bernardo P. M. "A Evolução Histórica dos Direitos de Propriedade sobre Terras no Brasil e nos EUA". *História Econômica & História de Empresas*, n. 9, pp. 24-42, 2006.
NABUCO, Joaquim. *Minha Formação*. Brasília, Senado Federal, 2001 (1. ed. 1900).
PINTO, Virgílio Noya. *O Ouro Brasileiro e o Comércio Anglo-Português: Uma Contribuição ao Estudo da Economia Atlântica no Século XVIII*. 2. ed. São Paulo, Companhia Editoar Nacional, 1979.
PRADO JR., Caio. *Formação do Brasil Contemporâneo. Colônia*. 17. ed. São Paulo: Brasiliense, 1981 (1. ed. 1942).
_____. *História Econômica do Brasil*. 5. ed. São Paulo, Brasiliense, 1959 (1. ed. 1945).
PUNTONI, Pedro. *A Guerra dos Bárbaros: Povos Indígenas e a Colonização do Sertão Nordeste do Brasil, 1650-1720*. São Paulo, Fapesp/Hucitec/Edusp, 2002.
RIBEIRO, Darcy. "Gilberto Freyre: uma Introdução a *Casa-Grande & Senzala*". *Sobre o Óbvio*. Rio de Janeiro, Guanabara, 1986.
RODRIGUES, Félix Contreiras. *Traços da Economia Social e Política do Brasil Colonial*. Rio de Janeiro, Ariel Editora, 1935.
SALVADOR, Frei Vicente do. *História do Brasil (1500-1627)*. 4. ed. São Paulo, Melhoramentos, 1954 (1. ed. 1627).
SCHWARTZ, Stuart B. *Sugar Plantations in the Formation of Brazilian Society: Bahia, 1550-1835*. Cambridge, Cambridge University Press, 1985.
_____. *Slaves, Peasants and Rebels; Reconsidering Brazilian Slavery*. Urbana, University of Illinois Press, 1992.

SILVA, Andrée M.-D. "Portugal and Brazil: Imperial Re-Organization, 1750-1808". *In*: Leslie Bethell (ed.). *The Cambridge History of Latin America*. Cambridge, Cambridge University Press, 1984, vol. 1.

SIMONSEN, Roberto C. *História Econômica do Brasil (1500/1820)*. 7. ed. São Paulo, Companhia Editora Nacional, 1977 (1. ed. 1937).

TOMBOLO, Guilherme & Armando SAMPAIO. "O PIB Brasileiro nos Séculos XIX e XX: Duzentos Anos de Flutuações Econômicas". *Revista de Economia* 39(3): 181-216, 2013.

VERSIANI, Flávio Rabelo. "Escravidão 'Suave' no Brasil: Gilberto Freyre Tinha Razão?" *Revista de Economia Política*, vol. 27, n. 2, pp. 163-183, abr.-jun. 2007.

_____. "The Colonial Economy". *In*: AMANN, Edmond; AZZONI, Carlos & BAER, Werner (ed.). *The Oxford Handbook of the Brazilian Economy*. New York, Oxford University Press, 2018.

_____. "Industrialização e Economia de Exportação: a Experiência Brasileira antes de 1914," *Revista Brasileira de Economia*, 34(1):3 40, 1980.

_____. *A Década de 20 na Industrialização Brasileira*. Rio de Janeiro, Ipea/Inpes, 1987.

VOYAGES: *The Trans-Atlantic Slave Trade Database*. http://www.slavevoyages.org. Acesso em 3-1-2020.

5

Formação Econômica do Brasil e a Nova Historiografia Econômica Brasileira

Flávio Saes

Ao completar sessenta anos de sua publicação, *Formação Econômica do Brasil* de Celso Furtado ainda está presente em grande parte dos programas da disciplina História/Formação Econômica do Brasil dos cursos de graduação em Economia. A obra de Furtado (publicada em 1959), *História Econômica do Brasil* de Roberto Simonsen (de 1937) e *Formação do Brasil Contemporâneo* de Caio Prado Jr. (de 1942), foram, e em certa medida ainda são, as principais referências bibliográficas daquela disciplina e se tornaram "clássicos" sobre o tema[1]. Nesse longo período (oitenta anos desde a publicação da obra de Simonsen), suas interpretações da história econômica do Brasil (em particular da economia colonial) foram objeto de críticas de diferentes ordens. Neste texto, procuramos apontar algumas das correntes críticas aos "clássicos" de nossa historiografia econômica e fazer um balanço do estado atual das polêmicas interpretativas.

Alguns questionamentos apareceram já nos anos 1970, propondo visões alternativas a uma noção central da interpretação dos "clássicos": de que a constituição da economia colonial se dera por determinantes "externos" (ou seja, para atender às necessidades do comércio ou do capital mercantil europeu). Mas foi no final desses anos 1970, e mais ainda a partir dos anos 1980, que a produção sobre a história econômica do Brasil teve substancial incremento. Curiosamente, esse incremento da pesquisa se deu ao mesmo tempo em que a História Econômica

---

1. Como as críticas da nova historiografia se dirigem principalmente às obras de Caio Prado Jr., de Celso Furtado e, com menor frequência, de Roberto Simonsen, utilizamos o termo "clássicos" para identificá-las ao longo do texto.

perdia prestígio entre os historiadores[2]. Apesar disso, historiadores e economistas ainda encontravam na história econômica do Brasil temas cuja pesquisa levantava problemas de interesse para a historiografia. Nesse movimento, surgiu uma tendência à crítica da "velha" história econômica – em particular aos "clássicos" – no que, por vezes, é nomeada de Nova Historiografia Econômica Brasileira (que daqui em diante denominaremos apenas Nova Historiografia). O volume de pesquisas, a diversidade temática, o foco específico de estudos monográficos (localidades, pessoas, instituições) e as nuances em relação às criticas à velha historiografia dificultam a tentativa de abarcar o conjunto dessa produção[3]. Ainda assim é possível identificar algumas correntes cuja critica se dirige de modo mais direto aos "clássicos" de nossa historiografia econômica. Organizamos este texto em torno de contribuições de duas dessas correntes a fim de entender o fundamento de suas críticas e avaliar as propostas de interpretação alternativas às dos "clássicos".

A ECONOMIA E A SOCIEDADE COLONIAL NOS "CLÁSSICOS" DA HISTORIOGRAFIA

Apesar das diferenças entre as interpretações de Simonsen, Prado Jr. e Furtado, há um elemento comum em suas obras: a produção da economia colonial brasileira se voltava para o mercado externo, o que é decisivo na determinação da estrutura da economia e da sociedade colonial brasileira. Simonsen havia sistematizado esse argumento em torno da noção dos ciclos dos produtos de exportação. Mas foi Caio Prado Jr. que formulou de forma mais acabada essa noção ao definir o "sentido da colonização: " a colonização dos trópicos toma o aspecto de uma

---

2. João Fragoso e Manolo Florentino, no capítulo "História Econômica" da coletânea *Domínios da História*, afirmavam: "a história econômica agoniza". Seu fundamento era o número de artigos publicados na revista *Annales* e de teses e dissertações defendidas em três universidades brasileiras (João Fragoso & Manolo Florentino, "História Econômica", p. 27). Por outro lado, é bem conhecido o impacto da chamada "Nova História" francesa sobre os estudos históricos, pois ela deslocou a história econômica para um plano secundário ao privilegiar outras áreas.

3. O autor quer registrar que não é um pesquisador da economia colonial e do escravismo, embora um leitor interessado nesses temas. Por isso, talvez omita contribuições importantes da Nova Historiografia dada a grande quantidade de textos sobre os temas em pauta.

vasta empresa comercial [...] destinada a explorar os recursos naturais de um território virgem em proveito do comércio europeu"[4].

A partir do "sentido da colonização", Caio Prado Jr. define a própria estrutura da economia e da sociedade colonial. Sua base é a "grande exploração": para atender ao mercado externo (ao comércio e ao capital mercantil europeu) é preciso produzir em grande escala, o que exige a grande propriedade, a monocultura e o trabalho escravo. Uma leitura seletiva de *Formação do Brasil Contemporâneo* (que se limite, por exemplo, aos capítulos "Sentido da Colonização" e "Economia") pode induzir o leitor a acreditar que, para Caio Prado Jr., a economia da colônia só produzia para exportação e que a sociedade só comportava grandes proprietários (senhores) e escravos: nas palavras de um crítico, a colônia seria um grande canavial. Mas *Formação do Brasil Contemporâneo* não se limita a isso: em dezesseis capítulos aborda vários aspectos do povoamento, da vida material e da vida social, com base nas fontes acessíveis oitenta anos atrás. É certo que esse amplo conjunto reafirma o "sentido da colonização": Prado Jr. deixa clara esta mensagem ao iniciar o capítulo sobre Economia retomando a noção de "sentido da colonização":

> Aquele "sentido" é o de uma colônia destinada a fornecer ao comércio europeu alguns gêneros tropicais ou minerais de grande importância: o açúcar, o algodão, o ouro... [...] A nossa economia se subordina inteiramente a este fim, isto é, se organizará e funcionará para produzir e exportar aqueles gêneros. Tudo mais que nela existe, e que é aliás de pouca monta, será subsidiário e destinado unicamente a amparar e tornar possível a realização daquele fim essencial[5].

Embora Celso Furtado, em *Formação Econômica do Brasil*, não faça nenhuma referência a Caio Prado Jr., sua análise da economia colonial parte dos mesmos

---

4. Caio Prado Jr., *Formação do Brasil Contemporâneo*, p. 31.
5. *Idem*, p. 119. Convém lembrar que *Formação do Brasil Contemporâneo* tem o subtítulo *Colônia*. Ou seja, Caio Prado Jr. se coloca no fim do período colonial para traçar um quadro do Brasil durante esses três séculos e entende que há mudanças que, contrárias ao sentido da colonização, não chegam a neutralizá-lo: "Este início [da colonização], cujo caráter se manterá dominante através dos três séculos, que vão até o momento que ora abordamos da história brasileira, se gravará profunda e totalmente nas feições e na vida do país. *Haverá resultantes secundárias que tendem para algo de mais elevado, mas elas ainda mal se fazem notar*" (idem, p.32; grifo nosso).

pressupostos. O título de seu primeiro capítulo – "Da Expansão Comercial à Empresa Agrícola" – já anuncia a proximidade de sua concepção com a de sentido da colonização:

"De simples empresa espoliativa e extrativa – idêntica à que na mesma época estava sendo empreendida na costa da África e nas Índias Orientais – a América passa a constituir parte integrante da economia reprodutiva europeia, cuja técnica e capitais nela se aplicam para criar de forma permanente um fluxo de bens destinados ao mercado europeu"[6]. Essa proximidade é reafirmada pelos títulos da segunda e da terceira parte do livro: "Economia Escravista de Agricultura Tropical" e "Economia Escravista Mineira", ou seja, o foco de sua análise da economia colonial é a produção escravista que se dirigia ao exterior.

É curioso notar que, em sua tese de doutoramento, defendida na França em 1948, Furtado fazia várias referências à *Formação do Brasil Contemporâneo*, de Caio Prado Jr. No primeiro capítulo da obra, referente a "Fontes", Furtado afirma: "A ideia, também dominante no presente trabalho, de que a monocultura, fundamento da organização econômica colonial brasileira, era um imperativo do meio tropical encontra-se desenvolvida na obra de Caio Prado Jr., *Formação do Brasil Contemporâneo*"[7].

Em uma dezena de notas, Furtado reafirma sua identidade com a visão de Caio Prado Jr., em especial no capítulo "Formação da Sociedade Colonial". No entanto, em *Formação Econômica do Brasil* o foco é "a análise dos processos econômicos e não reconstituição dos eventos históricos", perspectiva distinta da proposta por Prado Jr. A partir da caracterização do fluxo de renda, Furtado analisa as condições em que se processavam a expansão e o declínio da economia colonial. Se a expansão se fazia de forma extensiva (pela incorporação de mais fatores de produção, sem aumento de produtividade), no declínio (pela queda do preço internacional do produto ou, no caso da mineração, pelo esgotamento de jazidas) haveria a redução da rentabilidade da atividade exportadora, a deterioração dos ativos e, paralelamente, a regressão econômica e a expansão da área de subsistência. O capítulo "Formação do Complexo Econômico Nordestino" é exemplar desse processo: argumenta que, no século XVII, o declínio dos preços do açúcar

---

6. Celso Furtado, *Formação Econômica do Brasil*, p. 8.
7. Celso Furtado, *Economia Colonial no Brasil nos Séculos XVI e XVII*, p. 19.

no mercado internacional reduziu a rentabilidade dos engenhos e iniciou um processo de deterioração de seus equipamentos (que levaria, no longo prazo, à desativação de uma parte dos engenhos). A existência de terras livres no sertão, em geral ocupadas pela pecuária, sustentava o crescimento demográfico, ao mesmo tempo em que o mercado para a pecuária – os próprios engenhos – reduzia suas compras. Assim, nos dois setores havia uma redução da renda monetária de modo a ampliar a faixa de subsistência da economia nordestina. Mais importante, numa fase de regressão econômica era possível a expansão física e demográfica da economia nordestina num processo de declínio da produtividade e, consequentemente, de aumento da pobreza.

A análise da dinâmica da economia escravista mostrava que o comportamento da economia colonial dependia essencialmente das exportações, com reflexos sobre o conjunto da economia. Além disso, sugeria que a resistência da economia escravista às crises (pois o custo monetário de produção é quase nulo) impedia mudanças profundas em sua estrutura, embora levasse à sua depreciação no longo prazo.

A conjugação do pensamento de Caio Prado Jr. e de Celso Furtado levava à definição de algumas características da economia colonial que adquiriram força nas interpretações da História Econômica do Brasil e que foram (e ainda são) objeto da crítica da Nova Historiografia. Em relação a Caio Prado Jr., o foco crítico principal mirava na estrutura da economia e da sociedade: produção dirigida para o mercado externo (com produção para o mercado interno "subsidiária" e de "pequena monta"); sociedade dividida em senhores e escravos (com população livre pouco expressiva em termos econômicos e sociais), predomínio da grande propriedade. Em Celso Furtado, a crítica se dirigia a sua visão da dinâmica da economia colonial, dependente dos mercados externos com regressão econômica nas fases de declínio e consequente aumento da área de subsistência (resultado da ausência de um mercado interno consolidado).

Havia algo a mais em comum entre Prado Jr. e Furtado: suas interpretações da história econômica do Brasil, a partir da economia colonial, tinham o objetivo de buscar as raízes da pobreza e do subdesenvolvimento brasileiro no século xx. Tratava-se, portanto, de uma história engajada que partia da história para pensar em formas de ação para transformar a economia, a sociedade e a política brasileira. De certo modo, a reflexão presente nessas obras as tornava de interesse para um público mais amplo que o dos "especialistas" e justificava seu sucesso editorial.

VISÕES ALTERNATIVAS E CRÍTICAS AOS "CLÁSSICOS" NOS ANOS 1970

Como indicamos acima, já na década de 1970 surgiram algumas críticas e visões alternativas aos "clássicos". Ciro Cardoso e Jacob Gorender, por exemplo, propuseram, de forma independente, o estudo da economia colonial com base na categoria de modo de produção de Marx: sob essa ótica, o fundamental para determinar a estrutura da economia e da sociedade colonial são as relações internas (em especial as relações de produção: senhor/escravo) e não o mercado externo/ capital comercial europeu (embora não possa prescindir dele para a circulação de sua produção). Ao formularem a noção de Modo de Produção Escravista/Colonial, explicitavam também sua crítica aos "clássicos" a partir de um fundamento metodológico: a estruturação das sociedades, em geral, se daria com base nas relações de produção e não a partir de relações de mercado. Por vezes, identificava-se essa crítica com o rótulo do "circulacionismo" que marcaria as obras de Caio Prado Jr. e Celso Furtado. Embora tenha obtido grande repercussão à época, essa forma de entender a economia colonial perdeu força nas décadas seguintes, em parte pelo próprio declínio da influência do marxismo entre os historiadores econômicos[8].

Em perspectiva teórica diferente, Antônio Barros de Castro também divergia de Prado Jr. e Furtado: entendia que, uma vez estabelecido o sistema produtivo na colônia, ele adquire um sentido próprio – ou seja, o de atender às suas necessidades, garantir sua reprodução. Desse modo, os interesses mercantis teriam de levar em conta as determinações que se estabeleciam ao nível da produção[9].

Ainda nos anos 1970, também de forma independente, surgiram estudos que apontavam que a importância do mercado interno teria sido negligenciada pelos "clássicos": estes, ao privilegiarem a produção para exportação, entendiam que as demais atividades – inclusive a produção para o mercado interno cuja existência reconheciam – seriam de "pouca monta" e destinadas apenas a apoiar a atividade exportadora. Maria Yedda Linhares e Francisco Carlos Teixeira da Silva, de um lado, e José Roberto do Amaral Lapa de outro, afirmavam a possibilidade de

---

8. Ciro Flamarion Cardoso, "El Modo de Producción Esclavista Colonial en América"; Jacob Gorender, *O Escravismo Colonial*.
9. Antônio Barros de Castro, "A Economia Política, o Capitalismo e a Escravidão", p. 88.

existência de um mercado interno relevante, ou seja, não um mero acessório da produção para exportação[10].

Em suma, nos anos 1970 já estava presente certa insatisfação com o modelo explicativo da economia colonial formulado pelos "clássicos". Essa insatisfação foi reforçada a partir do fim daquela década, com base em um novo padrão de pesquisa: trata-se da exposição de elementos empíricos levantados em amplas pesquisas em fontes primárias até então pouco exploradas (ou exploradas de modo não sistemático). Essa possibilidade foi favorecida pelo avanço contínuo dos recursos da informática (como a microcomputação) que viabilizou a coleta, o processamento e a análise de grande volume de dados, em especial os quantitativos. Em alguma medida, o acesso às fontes primárias também foi facilitado pela melhor organização de arquivos de modo a estimular sua exploração pelos pesquisadores (recursos que, obviamente, não estavam à disposição de Prado Jr. e Furtado). Além disso, a expansão dos cursos de pós-graduação em história e em economia levou à produção de teses e dissertações cujos autores aproveitaram as condições favoráveis para a pesquisa empírica. O volume dessa produção é imenso, o que dificulta a tentativa de abarcar todas as temáticas tratadas e as nuances entre as diferentes contribuições sobre um tema. Para nosso objetivo – identificar a postura crítica da Nova Historiografia aos "clássicos" – procuramos selecionar uma pequena amostra de pesquisas que agrupamos, arbitrariamente e com o risco de alguma impropriedade, em duas correntes: a da "demografia histórica" e a do "arcaísmo como projeto". A seguir, tratamos das contribuições dessas duas correntes.

A NOVA HISTORIOGRAFIA: A CONTRIBUIÇÃO DA DEMOGRAFIA HISTÓRICA

Entre os pesquisadores da corrente que identificamos como "demografia histórica" é frequente (quase unânime) a crítica aos "clássicos" da historiografia econômica brasileira. Iraci Costa, um dos pioneiros dessa corrente, dirige sua crítica a Caio Prado Jr. naquilo que denomina de modelo pradiano, pois nele, ao se pensar "a constituição da economia brasileira como uma mera projeção imediata do capital

---

10. José Roberto do Amaral Lapa, *O Antigo Sistema Colonial*; Maria Yedda Linhares & Francisco Carlos Teixeira Silva, *História da Agricultura Brasileira. Combates e Controvérsias*.

comercial no plano da produção [...] perde-se de vista, assim, o que hodiernamente chamaríamos 'Brasil real' e se privilegia desmesuradamente o 'Brasil exportacionista', vale dizer o segmento econômico voltado para os mercados mundiais"[11]. Esta crítica parecia exprimir um consenso entre os pesquisadores da demografia histórica, consenso construído a partir dos resultados de pesquisas desenvolvidas desde final dos anos 1970.

No artigo "A Demografia Histórica no Brasil: Contribuições à Historiografia", José Flávio Motta revê algumas das principais tendências da pesquisa nessa área, expõe seus resultados e seu impacto sobre a historiografia. O texto, publicado em 1995, abarca cerca de quinze anos dessa produção e contempla as principais linhas de pesquisa da Demografia Histórica até essa data. Sigamos, pois, o roteiro desse artigo.

Como já indicamos, o crescimento da demografia histórica no Brasil foi impulsionado pela pesquisa em fontes primárias até então pouco utilizadas: listas censitárias nominativas, registros paroquiais de nascimentos, batismo e casamentos, registros de matrículas de escravos, listas de classificação para alforria, registros de alforria, livros de compra e venda de escravos, inventários, testamentos, processos cíveis e criminais. Evidências empíricas aí levantadas suscitaram críticas à "velha história econômica".

Motta inicia sua revisão pelos trabalhos de Iraci Costa e Francisco Luna referentes a Minas Gerais do século XVIII, ou seja, à época da mineração do ouro. Um tema desses trabalhos (e que, desde então, se tornou um dos focos da demografia histórica) é a estrutura da posse de escravos. Motta inicia sua revisão referindo-se a trabalho de Luna, de 1981, que tratava de cinco localidades mineiras entre 1718 e 1804:

> Nas cinco localidades analisadas por Luna, contrariamente ao que se poderia esperar em termos da eventual dominância da grande unidade de exploração, evidenciou-se a presença majoritária de proprietários de cinco ou menos cativos, que chegavam a perfazer mais de quatro quintos do total de escravistas. Esses proprietários, ademais, detinham significativa parcela da massa escrava, em nenhum caso inferior a um quarto e em vários superior a um terço. Tais proporções verificaram-se para pontos distintos no período de 1718 a 1804, vale dizer, quer na etapa ascendente, quer na fase de decadência da mineração[12].

---

11. Iraci del Nero da Costa, "Repensando o Modelo Interpretativo de Caio Prado Jr.", pp. 80-81.
12. José Flávio Motta, "A Demografia Histórica no Brasil: Contribuições à Historiografia", p. 135.

A estrutura da posse de escravos se tornou uma fértil linha de pesquisa, especialmente em relação à Capitania de São Paulo, pois as listas nominativas de habitantes foram preservadas no Arquivo do Estado. Os resultados indicaram que grande parte dos domicílios tinha escravos (entre 14 e 38%), cerca de 70% dos proprietários de escravos tinham pequenos plantéis (até cinco cativos). Seus escravos somavam entre 16 e 45% do total de cativos existentes nos domicílios registrados nas listas nominativas. Estes dados referem-se a dez localidades da capitania (Campinas, Curitiba, Guaratinguetá, Iguape, Itu, Jacareí, Lorena, Mogi das Cruzes, São Sebastião e Sorocaba), mas pesquisas revelaram padrões semelhantes da estrutura de posse de escravos para outras localidades (litoral norte, nove localidades do Paraná então pertencente à Capitania de São Paulo, Bananal, Taubaté e a cidade de São Paulo). Em algumas dessas localidades a cana-de-açúcar estava presente (como Campinas e Itu) e em outras o café começava a chegar no final do período (como Taubaté e Bananal). Mas, de modo geral, não eram regiões típicas da *plantation* exportadora.

Nas áreas em que predominava a *plantation* a concentração da propriedade de escravos era maior, porém, admitem os pesquisadores, não indicava a dominância da grande exploração. Stuart Schwartz, em pesquisa sobre a Bahia em 1816-1817, registrou que apenas 15% dos engenhos levantados na pesquisa (cerca de metade dos engenhos da Bahia naquele período) possuíam mais de cem escravos e que o número médio de escravos por senhor de engenho era de 65,5. Conclui Schwartz que "propriedades com uma escravaria dessa magnitude não se parecem enquadrar na imagem comum da grande lavoura brasileira como um imenso latifúndio com centenas de escravos trabalhando sob o comando unitário e patriarcal de um proprietário e senhor residente"[13].

Schwartz acrescenta que, ao lado dos senhores de engenho, havia proprietários com menor número de escravos como os lavradores de cana, que forneciam cana para os engenhos, com cerca de dez escravos cada um; e outros com menos escravos como os plantadores de tabaco, pescadores, donos de alambique, artesãos, pequenos negociantes etc. Em suma, apesar de mais concentrada na produção de açúcar, a presença de escravos era disseminada entre várias atividades.

O interesse pela estrutura da posse de escravos se manteve ao longo do tempo: Motta, no artigo de 1995, registrava alguns resultados para Minas Gerais, São

---

13. Stuart B. Schwartz, *Segredos Internos. Engenhos e Escravos na Sociedade Colonial*, p. 364.

Paulo, Paraná e Bahia. Vinte anos depois, Flávio Versiani e Luiz Paulo Nogueról organizaram uma coletânea, fruto de um grande projeto de pesquisa, em que aquele é o tema central da maior parte dos artigos, com foco em outras regiões. As pesquisas sobre Pernambuco, Maranhão, Sergipe e Rio Grande do Sul tendem a confirmar aí a presença de "muitos escravos, muitos senhores", ou seja, a posse de escravos também disseminada entre muitos proprietários, a maior parte com pequeno número de escravos.

Dos quase 22.000 escravos de nossa amostra de inventários de Pernambuco, por exemplo, no período entre 1800 e 1887, mais da metade (cerca de 55%) fazem parte de posses de até 20 cativos, e quase 40% de posses de 10 ou menos indivíduos. Na Zona da Mata, região do açúcar, essas proporções são menores (40% e 25%, aproximadamente). Mas no restante da Província [...] as proporções aproximadas de escravos em plantéis de até 20 ou até 10 cativos são, respectivamente, de 75% e 55%. Semelhantemente ao caso de Pernambuco, no Rio Grande do Sul, dos 7.652 escravos da amostra, 4.617 (60%) faziam parte de posses de até 20 cativos, e 3.038 (39%) de até 10. Situação análoga foi encontrada nas demais regiões estudadas em nosso Projeto [...][14].

Em suma, as pesquisas sobre a estrutura da posse de escravos, ao evidenciarem a existência de senhores com poucos escravos, levavam à crítica da caracterização da economia e da sociedade colonial atribuída a Caio Prado Jr. como constituída, no essencial, por grandes proprietários (com grande número de escravos) e pelos próprios escravos.

Essa conclusão levou a desdobramentos que também questionavam a velha historiografia, a exemplo da defesa da hipótese da existência e do vigor de um mercado interno. Iraci Costa é bastante enfático a este respeito:

[...] as articulações presentes na sociedade brasileira sobrepujavam largamente um mero empreendimento dirigido pelo capital comercial e imediatamente voltado para o mercado mundial e dele totalmente dependente. Neste sentido tratava-se de uma economia com expressivos traços de integração endógena e que comportava uma gama diversificada de atividades produtivas votadas para o atendimento de suas próprias necessidades, dando-se, também, processos internos de acumulação. Disto decorria a geração, na órbita

---

14. Flávio Rabelo Versiani e Luiz Paulo Ferreira Nogueról (org.), *Muitos Escravos, Muitos Senhores: Escravidão Nordestina e Gaúcha no Século XIX*, pp. 18-19.

doméstica, de condições que permitiam um espaço econômico relativamente autônomo vis-à-vis a economia internacional e o capital comercial, espaço econômico este ao qual, ademais, deve-se atribuir expressivo contributo no que tange à formação da renda e do produto[15].

Se este quadro tinha como referência principal os proprietários de poucos escravos, algo semelhante se atribuía aos não proprietários de escravos que, segundo Costa, dominavam amplamente a produção de mantimentos (arroz, feijão, milho, mandioca), de algodão e a pesca; com base em dados referentes a São Paulo, Paraná, Santa Catarina, Minas Gerais, Bahia e Piauí (séculos XVIII e XIX). Costa afirmava que os não proprietários de escravos

> [...] eram partícipes ativos do mundo produtivo. Faziam-se presentes em todas as culturas, mesmo nas de exportação, vinculavam-se às lidas criatórias, ao fabrico e/ou ao beneficiamento de bens de origem agrícola e compareciam com relevo nas atividades artesanais. Suas apoucadas posses, é evidente, limitavam e condicionavam sua presença, a qual, não obstante, não pode ser negada nem deve ser subestimada[16].

Desse modo, a uma posse de escravos disseminada entre proprietários de poucos escravos parecem corresponder atividades voltadas ao mercado interno, reforçadas pela produção dos não proprietários de escravos. Assim, a crítica ao modelo de economia colonial exposto por Caio Prado Jr. e Celso Furtado atingia dois pontos centrais do modelo: a prevalência de grandes unidades de produção e a irrelevância do mercado interno.

Estes elementos também estão presentes nas críticas de Roberto Martins a Celso Furtado, cujo foco é o capítulo 15 de *Formação Econômica do Brasil* – "Regressão Econômica e Expansão da Área de Subsistência". Ao tratar da decadência da mineração do ouro no fim do século XVIII, Furtado admitiu ter havido substancial redução da renda monetária e da divisão do trabalho de modo a gerar um processo de regressão econômica, com a população se abrigando em atividades de subsistência de baixa produtividade. Admite mesmo que teria havido a liberação de escravos para a cafeicultura em expansão no Sudeste. Roberto Borges Martins, em sua tese de doutorado defen-

---

15. Iraci del Nero da Costa, "Repensando o Modelo Interpretativo de Caio Prado Jr.", p. 96.
16. Iraci del Nero da Costa, *Arraia Miúda. Um Estudo sobre os Não-Proprietários de Escravos no Brasil*, p. 111.

dida em 1980, contesta a hipótese de Furtado. Seu ponto de partida foi a constatação de que a população escrava de Minas cresceu ao longo do século XIX (de cerca de 168 mil em 1819 para 382 mil em 1872), a indicar a vitalidade da economia mineira:

> *Growing in Silence* contesta frontalmente a noção de que Minas tenha passado por uma crise no início do século XIX, ou que fosse decadente no Império. Demonstra que no começo do oitocentos e ao longo desse século sua economia era próspera e diversificada, desvinculada da "grande lavoura" e da *plantation* exportadora, e voltada principalmente para seu mercado interno. Essa estrutura produtiva era acompanhada por um componente que a singulariza no âmbito da escravidão americana: um grande e crescente contingente escravo – o maior do Império e um dos maiores da América – não vinculado à atividade exportadora. A maior parte desse plantel não residia na região exportadora, e apenas uma pequena fração dele era ocupada na agricultura de exportação, mesmo nas décadas finais do regime escravista. A manutenção e o crescimento desta população cativa se processavam por meio de contínuas importações (inicialmente de africanos e depois de outras regiões do Brasil)[17].

O núcleo dessa prosperidade era a fazenda mineira:

> As principais características da fazenda mineira eram sua diversificação e sua autossuficiência. A produção mercantil era limitada e praticamente não tinham nenhuma ligação com mercados distantes. Seus produtos eram consumidos localmente, ou vendidos para vilas e cidades de sua vizinhança. A fazenda mineira não era uma empresa: apesar de produzir alguns artigos para venda (*cash crops*), ela nunca se especializava na produção mercantil, e suas decisões econômicas eram apenas parcialmente determinadas pelas forças de mercado[18].

Essa característica levou-o a definir Minas Gerais no século XIX como uma "ilha econômica". Em texto posterior, Martins reavaliou o uso da noção de "ilha econômica": ela procurava ressaltar a importância do mercado interno de Minas Gerais[19]. Douglas Libby também tratou de Minas Gerais no século XIX e se aproxima da visão de Martins ao indicar que em várias regiões da Província "o

---

17. Roberto B. Martins, *Crescendo em Silêncio: A Incrível Economia Escravista de Minas Gerais no Século XIX*, p. 411.
18. *Idem*, p. 250.
19. *Idem*, pp. 435-470.

grande denominador comum era a atividade agrícola voltada principalmente para o autoconsumo, mas também para o mercado nacional"[20]. Mas acrescenta outras atividades relevantes para a dinâmica da economia mineira: pequenas e médias fundições de ferro e indústria têxtil, ambas extensões da fazenda mineira; e a mineração de ouro agora efetivada por empresas estrangeiras. No norte da província, a atividade mercantil se restringia à exportação de algodão e de pedras preciosas.

Desse modo, Martins e Libby se associam na crítica a Furtado afirmando que a economia mineira do século XIX, após o declínio da mineração de ouro, manteve-se em expansão, o que é evidenciado principalmente pelo aumento da população escrava e que essa expansão foi sustentada pelo mercado interno de Minas Gerais (e não por qualquer forma de exportação).

A relevância do mercado interno, que já fora sugerida em conexão com as evidências relativas à estrutura de posse de escravos, também foi estudada com base em outrosdados: os relativos ao comércio de cabotagem, ou seja, o comércio entre províncias realizado por via marítima. Tratando também do século XIX, Renato Marcondes identifica os produtos mais importantes no comércio de cabotagem e também as praças com maior participação: Rio de Janeiro, Pernambuco, Bahia, Rio Grande do Sul e São Paulo. Conclui:

> A partir das informações levantadas para o período imperial, especialmente as décadas de 1860 e 1870, verificamos que a maior parte das mercadorias nacionais comercializadas entre as províncias consistiu em produtos destinados ao consumo interno. Tal pauta de bens não se restringiu aos gêneros mais típicos de abastecimento interno, como as carnes, feijão, milho, arroz e farinha. Alguns produtos tradicionalmente referidos como de exportação, mantinham uma circulação interna por via marítima e sua maior parcela foi consumida internamente, como açúcar, fumo e couros. [...] Estes resultados acerca da cabotagem salientam a importância do mercado interno antes mesmo da abolição da escravidão no Brasil[21].

Estrutura de posse de escravos (existência de grande número de proprietários de poucos escravos, em muitos casos somando mais escravos do que os grandes

---

20. Douglas Cole Libby, *Transformação e Trabalho em uma Economia Escravista. Minas Gerais no Século XIX*, p. 347.
21. Renato Leite Marcondes, "O Mercado Brasileiro do Século XIX: Uma Visão por Meio do Comércio de Cabotagaem", p. 163.

proprietários) e um mercado interno dotado de alguma autonomia diante do movimento das exportações são dois temas em que as evidências levantadas pela demografia histórica permitiram questionar as análises de Prado Jr. e Furtado. Outros aspectos da economia colonial foram estudados pelos pesquisadores da demografia histórica; são temas menos ligados às obras de Prado Jr. e de Furtado, mas que fazem parte da visão geral implícita em suas análises da economia colonial. Temas como a estrutura das famílias senhoriais, família escrava, forros com propriedade de escravos são alguns dos objetos caros à demografia histórica e que polemizam com visões consolidadas pela "velha" historiografia. Fazemos o registro desses temas explorados pela Nova Historiografia, porém não trataremos deles neste texto.

A NOVA HISTORIOGRAFIA: "O ARCAÍSMO COMO PROJETO"

O Arcaísmo como Projeto, título da obra publicada por João Fragoso e Manolo Florentino em 1993, foi antecedido pelas teses de doutoramento dos dois autores: *Homens de Grossa Aventura*, de Fragoso, e *Em Costas Negras*, de Florentino. O título da obra, que, de certo modo, expressa a tese defendida pelos autores, acabou identificando essa corrente da nova historiografia que também é crítica aos "clássicos". Em texto mais recente, Fragoso sintetiza os "antigos modelos explicativos da chamada economia colonial" (ou seja, o dos "clássicos") para ressaltar sua divergência:

> [...] estes modelos, construídos principalmente sob a pena de eruditos – como Caio Prado Jr. nos anos de 1940 e, na década seguinte, Celso Furtado –, defendiam que a sociedade da América lusa dos séculos XVII e XVIII fora construída com o propósito de fomentar a transição do feudalismo para o capitalismo na Europa, ou ainda com o intuito de viabilizar a revolução industrial inglesa do século XIX. [...] Portanto, para aqueles autores e ainda seus atuais seguidores, a *terra brasilis* e outras paragens do Novo Mundo presenciaram a instalação de estruturas sociais e econômicas subordinadas aos interesses dos comerciantes. [...] O resultado destas vontades do capitalismo comercial europeu seria a constituição, na América lusa da passagem do século XVI para o XVII, grosso modo, de um grande canavial gerenciado por senhores de engenhos, porém dirigido por um "capital não residente", nas palavras de Celso Furtado[22].

---

22. João Fragoso, "Modelos Explicativos da Chamada Economia Colonial e a Ideia de Monarquia Pluricontinental: Notas de um Ensaio", p. 107.

Em consequência, a economia colonial dependeria das flutuações do mercado europeu e não comportaria um mercado interno; a produção de alimentos e a pecuária só existiriam quando do interesse da atividade exportadora (e voltada para ela)[23].

Por recusarem a hipótese de que a constituição da colônia fosse o resultado das "vontades do capitalismo comercial europeu", Fragoso e Florentino buscaram outro caminho que passa pela "compreensão da economia e sociedade lusitanas do Antigo Regime", sem se pautar por "uma análise econômica no sentido restrito". Como a colônia resulta da expansão metropolitana, o projeto português de colonização (e, portanto, a estruturação da economia e da sociedade colonial) deve atender às condições de existência da sociedade lusitana (e não ao interesse do capital mercantil). Como se caracteriza essa sociedade? Ainda no século XVIII, prevalece o caráter agrário da economia e da sociedade, com a aristocracia e o clero detendo 80% das terras; a cidade comporta atividades administrativas e mercantis e a indústria se limita a produção artesanal. No século XVI, o campesinato correspondia a 1/3 da população, com uma agricultura atrasada do ponto de vista tecnológico. Como resultado, essa agricultura era incapaz de prover os recursos necessários à subsistência da sociedade. Portanto, há uma estrutura social arcaica, com amplo domínio da terra pela aristocracia e pelo clero, mas uma agricultura incapaz de gerar os recursos para a manutenção dessa estrutura, o que se agrava ao longo dos séculos. Por isso, Fragoso e Florentino entendem que "a colonização ultramarina transformou-se em condição de possibilidade para a existência dessa estrutura"[24]. O Estado, com a expansão ultramarina, passou a extrair dos frutos da expansão a maior parte de sua renda. Sem absorver a renda fundiária, deixa esta nas mãos da aristocracia e do clero, de modo a sustentar a agricultura tradicional. Com a expansão marítima do século XV surgiu a figura do fidalgo-mercador, que procura compensar, pela atividade mercantil, a insuficiência da renda agrícola. No entanto, para se ascender

---

23. No capítulo I ("Problemas Gerais de Interpretação") de *O Arcaísmo como Projeto*, Fragoso e Florentino discutem os "Modelos Explicativos da Economia Colonial", incluindo não só Caio Prado Jr. e Celso Furtado, mas também Fernando Novais, Ciro Cardoso e Jacob Gorender (João Fragoso & Manolo Florentino, *O Arcaísmo como Projeto: Mercado Atlântico, Sociedade Agrária e Elite Mercantil no Rio de Janeiro, c. 1780 - c. 1840*, pp. 15-25).
24. João Fragoso & Manolo Florentino, *O Arcaísmo como Projeto*, p. 26.

na hierarquia social lusitana, é preciso pertencer à aristocracia. Por isso, recursos acumulados na esfera mercantil são canalizados para "atividades de cunho senhorial". Assim, o capital mercantil português mostra-se débil: em vez de promover transformações na sociedade, reitera o atraso ao se mostrar propenso ao arcaísmo. Como o projeto colonial português dispensa uma burguesia metropolitana forte, abre-se a possibilidade de autonomia da estrutura econômica colonial.

A reprodução da economia colonial demanda terra, escravos e alimentos. A terra é livre, escravos e alimentos, baratos; escravos por conta do tráfico atlântico e alimentos com base num "mosaico de produções pré-capitalistas". Mas esses mercados de homens e alimentos geram circuitos internos de acumulação que conduzem à emergência de um capital mercantil na colônia (um capital residente), que se torna hegemônico. Desse quadro geral decorrem algumas características da economia colonial.

Como os custos de homens e alimentos são reduzidos, a economia colonial pode ter autonomia em relação às flutuações do mercado internacional. Isso explica porque, em fases de declínio dos mercados, com queda dos preços dos produtos de exportação, a economia colonial está a se expandir, contrariamente ao que ensinavam os "clássicos".

Os baixos custos também permitem que "parcelas expressivas do sobretrabalho social" sejam esterilizadas sob a forma de entesouramento, aquisição de imóveis urbanos e rurais, transpondo para a colônia o ideal aristocrático da metrópole. Mas, além disso, essa aparece como uma estratégia da elite colonial para promover e perenizar a exclusão social:

> De tudo isso resultou uma economia de natureza atlântica, cujos lineamentos não capitalistas lhe permitia desfrutar de certa autonomia frente às pulsações do mercado internacional, além de sedimentar setores de acumulação a ela endógenos. *Pari passu*, rastreamos uma dinâmica na qual o mercado continuamente forjava uma hierarquia excludente de caráter arcaico. De fato, os negociantes de grosso trato da Colônia monopolizavam as atividades mais rentáveis (em especial aquelas ligadas ao comércio atlântico), em um movimento que implicava no direcionamento dos outros agentes econômicos para as atividades menos lucrativas – leia-se sobretudo a agricultura[25].

---

25. *Idem*, pp. 13-14.

O quadro delineado pelos autores tem por base extensa pesquisa documental referente ao Rio de Janeiro entre 1790 e 1840, e nele se evidenciam as divergências em relação aos modelos explicativos da economia colonial presentes nas obras de Caio Prado Jr. e Celso Furtado.

DÚVIDAS E PERGUNTAS DE UM LEITOR

A contribuição da "Nova Historiografia" para o conhecimento de nossa história econômica é inegável. Com foco na economia escravista da colônia e do império, tem revelado realidades ausentes no quadro atribuído, por exemplo, a Caio Prado Jr.. No texto, trabalhamos com uma pequena amostra da produção da "Nova Historiografia". Nesta discussão, não se pretende questionar os resultados das pesquisas que efetivamente demonstram algo diferente do presente nos "clássicos", em especial a existência de grande número de pequenos proprietários de escravos e de transações no mercado interno. No entanto, um velho leitor dos "clássicos" se permite expor dúvidas e fazer algumas perguntas à Nova Historiografia.

Pelo tipo de pesquisa realizada, sua abrangência temporal é, quase sempre, limitada: abarca, em geral, dos fins do século XVIII a meados do XIX, um período restrito e marcado por particularidades históricas importantes (por exemplo, os eventos relacionados à vinda da Corte e à Independência). No entanto, muitas vezes o leitor fica com a impressão que os autores sugerem que suas conclusões são válidas para todo o período da colônia e do império. O próprio Fragoso, em texto mais recente, reconhece o problema:

> Grande parte das investigações há pouco citadas teve como objeto o Rio de Janeiro e São Paulo de fins do século XVIII e, principalmente, o século XIX. Apesar desse recorte temporal, aqueles trabalhos, inclusive o meu, possuíam o velho vício e a arrogância da tradição ensaísta brasileira, qual seja a tentação de, a partir de investigações de apenas um curto período e uma região, explicar, por meio de esquemas lógicos, o conjunto temporal da sociedade escravista da América lusa, inclusive seu vasto período colonial (de 1500 a 1822)[26].

26. João Fragoso, "Modelos Explicativos da Chamada Economia Colonial e a Ideia de Monarquia Pluricontinental", p. 111. Em resenha de obras de João Fragoso e de Iraci Costa, Stuart Schwartz também expõe essa opinião: "Os trabalhos desta nova historiografia, apesar de con-

A pergunta que se coloca é se os proprietários de poucos escravos e o mercado interno, como identificados nas pesquisas referentes ao final do século XVIII e ao século XIX, seriam característicos de todo o período colonial; ou se foram o resultado de um processo histórico a ser elucidado[27]. É provável que as fontes disponíveis para os séculos XVI, XVII e mesmo para boa parte do XVIII não forneçam elementos empíricos suficientes para a exploração adequada daqueles temas. De qualquer modo, o leitor deve ser esclarecido sobre a validade das conclusões das pesquisas em relação à sua abrangência temporal e espacial, evitando sua eventual generalização.

Um dos mais competentes pesquisadores da Nova Historiografia talvez induza o leitor a essa generalização ao comentar resultados referentes à "preeminência numérica dos pequenos escravistas" em 1870:

> A literatura da estrutura da propriedade de escravos já ressaltou esse resultado para períodos anteriores e espaços distintos. [...] A diferenciação na sociedade escravocrata derivada deste tipo de análise aponta para uma pirâmide social com larga participação dos pequenos, um pouco menor dos médios e reduzida parcela para os grandes escravistas[28].

Alguns resultados descritos na literatura permitem uma leitura um pouco matizada dessa distribuição da posse de escravos. Evidentemente, a definição de pequeno, médio e grande escravista envolve alguma arbitrariedade, assim como

---

centrarem-se normalmente nos finais do século XVIII, projetam suas descobertas para períodos anteriores ou assumem que estão tratando de realidades estruturais e não históricas" (Stuart Schwartz, "Mentalidades e Estruturas Sociais no Brasil Colonial", p. 134).

27. Em Caio Prado Jr. as transformações na economia ao longo do período colonial são vistas como resultado de um processo histórico: "Não há na realidade modificações substanciais do sistema colonial nos três primeiros séculos de nossa história. [...] Em certos aspectos ele naturalmente se complicou, surgindo elementos novos ou, pelo menos, tendências que alteram a simplicidade inicial do quadro que traçamos de uma colônia produtora de alguns gêneros destinados ao comércio da metrópole. O fato elementar do crescimento da população já constitui por si só um fator de transformação, porque determina a constituição e desenvolvimento do mercado interno e, com ele, de um setor propriamente nacional, isto é, orientado já não exclusivamente para a exportação, mas para as necessidades do país. Este setor vai ganhando em importância, e tende a se tornar, de um elemento subsidiário de expressão mínima e desprezível no conjunto da economia brasileira, numa parte ponderável dela, e que por si só, sem a dependência de um outro setor que lhe dê vida e o impulsione, exprima alguma coisa" (Caio Prado Jr., *Formação do Brasil Contemporâneo*, p. 125).

28. Renato Leite Marcondes, *Diverso e Desigual: o Brasil Escravista na Década de 1870*, p. 189.

uma participação "larga, pouco menor e reduzida". É certo que, em todos os casos, a presença expressiva dos pequenos proprietários é registrada, porém ainda se observa a existência de grandes plantéis.

Fragoso e Florentino indicam que, entre 1790 e 1835, no agro fluminense, plantéis com mais de cinquenta escravos (que consideram como *plantation* propriamente dita) concentravam entre um e dois terços da mão de obra. Concluem pela existência de grandes propriedades exportadoras de base escravista com nítida tendência à concentração da escravaria nos grandes plantéis e na agroexportação[29].

Barickman, em estudo sobre o Recôncavo Baiano (1780-1860), também traz dados de interesse para o tema da estrutura da posse de escravos. Divide a área do Recôncavo em três, de acordo com a produção predominante: mandioca, fumo e açúcar. Na área da mandioca, o número médio de escravos por proprietário variava de 4,4 a 4,8; na área do fumo, o número médio de escravos era 6,5; e na área do açúcar, o número médio de escravos variava de 10,0 a 18,6. No entanto, quando se observa a distribuição dos escravos por engenhos, o quadro de concentração e do tamanho dos plantéis ressalta a presença dos grandes. No caso mais expressivo, o da Freguesia de Santiago do Iguape, onze engenhos (de um total de 21) tinham plantéis com mais de cem escravos e somavam 52% dos escravos. Se incluirmos os com mais de sessenta escravos, a concentração da posse de cativos ascende a 81%. Não pretendemos negar – e os dados do autor mostram – a presença de um grande número de proprietários de poucos escravos no conjunto das localidades pesquisadas. No entanto, o dado agregado não deve ocultar a existência de expressivo número de engenhos com mais de sessenta, mais de cem e mesmo mais de duzentos escravos[30].

Em São Paulo, proprietários de grande número de escravos aparecem na produção de açúcar nas primeiras décadas do século XIX. Ao estudar a Vila de Areias, Luna encontra os seguintes resultados para a produção de açúcar: em 1817, 59,3% dos escravos pertenciam a plantéis com quarenta ou mais escravos; em 1822, 92,8% estavam nesse estrato; em 1829, 96,7%[31]. Como o dado não

---

29. João Fragoso & Manolo Florentino, *O Arcaísmo como Projeto*, p. 38.
30. Bert J. Barickman, *Um Contraponto Baiano: Açúcar, Fumo, Mandioca e Escravidão no Recôncavo, 1780-1860*, pp. 237-243.
31. Francisco Vidal Luna, "População e Atividades Econômicas em Areias (1817-1836)", pp. 153-154.

estratifica plantéis com mais de quarenta escravos, não podemos identificar aqueles que teriam, por exemplo, mais de cem. De qualquer modo, a concentração quase total em plantéis com mais de quarenta escravos sugere a possibilidade da existência de alguns com mais de cem. Além disso, se 97% dos escravos pertencem a plantéis com mais de quarenta escravos, os pequenos escravistas praticamente desapareceram, sugerindo que a *plantation* tende a destruir os pequenos ou a empurrá-los para outras áreas.

A distribuição é menos desigual em Bananal, de acordo com dados apresentados por Motta. Considerando a produção de açúcar e aguardente, em 1801 40% dos escravos pertenciam a plantéis com mais de quarenta escravos; em 1817, eram apenas 20%; mas em 1829, 100% dos escravos faziam parte de plantéis com mais de sessenta escravos[32]. O que aconteceu com os pequenos escravistas?

A produção de café exige menos recursos que a de açúcar (na parte manufatureira) e tende a ser menos concentrada. No entanto, em sua expansão também surgem unidades com número crescente de escravos. Por exemplo, o número médio de escravos possuídos na atividade cafeeira em Areias cresceu: em 1817, era de 5,3; em 1822, 8,8; em 1829, 11,5 e em 1836, 12,6[33]. Com a consolidação da cafeicultura como uma grande produção para a exportação, é possível observar a existência de propriedades com alto número de escravos. Em Bananal (localidade com forte presença do café), em 1873, 63% dos escravos estavam em plantéis com quarenta ou mais escravos[34]. Para esse mesmo ano, Marcondes localizou, numa amostra de treze localidades de São Paulo, 25 proprietários com mais de cem escravos, sendo dezesseis em Bananal, quatro em Limeira, três em Itu, um em Taubaté e um em São Luiz do Paraitinga[35].

Em estudo sobre Taubaté, Rangel apresenta resultados de interesse para a discussão do tema. Entre o final do século XVIII e as primeiras décadas do XIX, Taubaté apresentou um breve surto açucareiro (entre 1798 e 1808); outro produto de exportação – o fumo – tem vida mais longa, valores modestos e em declínio depois de 1810. A produção de café cresceu a partir de 1817, mas

---

32. José Flávio Motta, *Corpos Escravos, Vontades Livres: Posse de Escravos e Família Escrava em Bananal (1801-1829)*, p. 149.
33. Francisco Vidal Luna, "População e Atividades Econômicas em Areias (1817-1836)", p. 151.
34. Renato Leite Marcondes, *Diverso e Desigual*, p. 277.
35. *Idem*, p. 106.

só na segunda metade do século adquiriu grande expressão. Desse modo, a economia de Taubaté entre 1798 e 1835 (período estudado por Rangel) fundava-se na produção para o mercado interno, principalmente de alimentos e animais. Nessa economia, a presença de propriedades com grande número de escravos é pouco frequente; assim, os proprietários de pequeno número de escravos adquirem maior expressão no conjunto dos senhores. No entanto, grande parte da população livre de Taubaté era constituída por não proprietários de escravos: em doze anos (situados entre 1774 e 1835), os domicílios sem escravos correspondiam a números entre 74 e 81% do total[36]. Outro dado de interesse diz respeito à posse de terras e casas na vila: 40% dos domicílios declararam "viver a favor" (ou seja, em terras alheias), sendo que 89% destes também não tinham escravos. Uma pequena parte dos que "viviam a favor" tinha a posse de escravos[37]. Em suma, mesmo numa localidade não tipicamente exportadora parece haver a existência de relações de dependência de parte expressiva da população livre em relação aos grandes proprietários de terra.

Outros estudos confirmam que os não proprietários de escravos constituem a maior parte da população. Em São Paulo, entre 1768 e 1828, a parcela dos domicílios sem escravos situou-se entre 75% e 77%; para localidades mineiras, entre 1790 e 1804, essa parcela variou entre 47% e 71%[38]; em Minas Gerais no século XIX, de cerca de 20 mil domicílios levantados, 66,7% não possuíam escravos[39]. Schwartz admite que entre 50% e 65% da população colonial não tinham escravos[40]. Existe, portanto, outro grupo – o dos sem escravos –, quantitativamente mais expressivo do que o dos pequenos escravistas, e que tem merecido pouca atenção da Nova Historiografia[41].

---

36. Armênio de Souza Rangel, *Escravismo e Riqueza. Formação da Economia Cafeeira no Município de Taubaté – 1765-1835*, pp. 204-205.
37. *Idem*, p. 237.
38. Iraci del Nero da Costa, *Arraia Miúda. Um Estudo sobre os Não-Proprietários de Escravos no Brasil*, p. 16.
39. Douglas Cole Libby, *Transformação e Trabalho em uma Economia Escravista*, p. 97.
40. Stuart Schwartz, *Segredos Internos*, p. 133.
41. Libby lembra que a presença majoritária de unidades familiares sem escravos "relativiza de vez qualquer noção sobre um escravismo democrático que pode surgir, e não sem razão, quando se examina apenas a parcela proprietária de cativos" (Douglas Cole Libby, *Transformação e Trabalho em uma Economia Escravista*, p. 97).

Os dados acima arrolados não pretendem negar as revelações da Nova Historiografia, porém levam o leitor a formular algumas perguntas.

Em que medida à reduzida parcela dos grandes proprietários de escravos corresponde reduzida importância econômica, política e social? Como enquadrar os proprietários de mais de quarenta ou sessenta escravos? Por menor que seja sua participação (no conjunto dos proprietários de escravos e na posse de escravos), sua ligação com a atividade exportadora, central para a economia colonial, deve ser considerada. Se a imagem atribuída à velha historiografia ("todos" os engenhos com centenas de escravos) deve ser corrigida, não se pode ignorar seu peso na economia, com as implicações sociais e políticas dessa posição.

No polo oposto, qual é a posição dos proprietários de poucos escravos na economia, na sociedade e na política? Quando se indica sua importância quantitativa (como parcela dos proprietários e como parcela dos escravos possuídos), pode ficar a impressão de que se trata de proprietários independentes que se movem num espaço econômico dotado de autonomia (em geral, no interior do mercado interno). Qual é a sua situação em relação à terra: proprietários, posseiros, arrendatários ou "vivem a favor"? A posse de um ou mais escravos garante sua independência em relação aos senhores da terra? Em suma, embora reconhecendo sua importância quantitativa, cabe perguntar como eles se situam no quadro mais geral da economia e da sociedade colonial e escravista.

Essa pergunta se torna mais plausível quando se lembra da presença majoritária de não proprietários de escravos (alguma coisa entre 50 e 80% dos domicílios) dentro da população da colônia e do império. Sua importância econômica, social e política não corresponde à sua presença quantitativa?

Em que medida a posse de um ou dois escravos estabelece uma diferença fundamental entre os pequenos escravistas e os sem escravos? Do ponto de vista social, havia uma hierarquia entre não proprietários de escravos e pequenos e médios proprietários de escravos? Costa afirma que não havia um hiato absoluto (demográfico e socioeconômico) entre proprietários e não proprietários de escravos[42]. Cabe então considerá-los como partes de um mesmo grupo em relação às suas bases econômicas e à sua posição social? E, nesse caso,

---

42. Iraci del Nero da Costa, *Arraia Miúda*, p. 116.

constituiriam um próspero grupo de pequenos produtores para o mercado interno ou estariam mais próximos da descrição de Caio Prado Jr.?[43]

Não questionamos a vasta evidência empírica que registra a presença dos proprietários de poucos escravos no fim da época colonial e na primeira metade do século XIX. No entanto, perguntamos se à evidência quantitativa corresponde uma nova realidade qualitativa; em outros termos, se a diferença do quadro proposto pela Nova Historiografia em relação ao modelo de Caio Prado Jr. é qualitativa ou apenas de grau.

Assim como em relação à estrutura da posse de escravos, não se trata de questionar as evidências a respeito da existência de transações no mercado interno que, para Caio Prado e para Celso Furtado, não eram expressivas (embora reconhecessem sua existência). Em particular, para Celso Furtado o surgimento de um mercado interno (ou mais propriamente de uma economia de mercado interno) resultou da introdução do trabalho assalariado dos imigrantes na economia cafeeira nas últimas décadas do século XIX. Economia de mercado interno é mais do que a realização de transações dentro do território nacional. Trata-se da existência de agentes ou ramos cujas transações se inter-relacionam de modo a gerar o efeito multiplicador da renda. Esse efeito depende do grau de especialização e de divisão do trabalho e permite ao mercado interno um movimento autônomo que pode ser influenciado, porém não determinado, pelas flutuações das exportações.

Barickman estudou o mercado de farinha de mandioca na Bahia, abarcando a região do Recôncavo (em que se localizavam engenhos de açúcar e alguns núcleos urbanos como Cachoeira, São Félix, Nazaré e Santo Amaro) e a cidade de Salvador. A farinha de mandioca era produzida, em geral, por pequenos proprietários do Recôncavo que dispunham de algum trabalho escravo. O mercado para a farinha era o daqueles núcleos urbanos e o dos engenhos que, segundo Barickman, preferiam comprar o produto no mercado em vez de produzi-lo em suas terras com os escravos. Os produtores de fumo – outro produto de exportação da Bahia – não geravam uma demanda por farinha, pois preferiam produzi-la em suas propriedades. Mas qual é a dinâmica desse mercado? Barickman a sintetiza em poucas linhas:

43. "A agricultura que pratica é rudimentar, mais próxima do tipo caboclo. Se contribui para o comércio com algum excesso, é em proporções relativamente pequenas; às vezes até esporadicamente apenas" (Caio Prado Jr., *Formação do Brasil Contemporâneo*, pp. 291-292).

Em suma, direta e indiretamente, a economia escravista de exportação fomentou e até exigiu o desenvolvimento no Recôncavo de um mercado urbano e rural significativo de farinha e de outros gêneros essenciais. As relações complementares que ligavam a produção para suprir as necessidades locais à economia de exportação permitiram o crescimento *extensivo* do mercado interno. Mas essas mesmas relações limitaram severamente a possibilidade que a expansão do mercado interno acarretasse mudanças qualitativas dinâmicas na economia como um todo[44].

Trata-se, portanto, de um mercado interno claramente dependente das exportações de açúcar, seja diretamente (a demanda de farinha dos engenhos para a alimentação dos escravos e mesmo dos livres), seja indiretamente, pelo impacto que as exportações tinham sobre a economia de Salvador e dos núcleos urbanos do Recôncavo. Ou seja, há produção para o mercado interno, porém não há uma economia de mercado interno cujo movimento seja dotado de autonomia em relação às exportações (ainda que influenciado por elas).

O comércio de cabotagem também registra um grande volume de transações realizadas dentro do país (ou seja, no mercado interno). Mais difícil é avaliar o possível impacto desse comércio sobre as regiões "exportadoras", pois isso dependeria das relações internas nessas economias, admitindo-se que não havia ainda um mercado de âmbito nacional integrado. Por exemplo: as vendas de carne do Rio Grande do Sul para o Rio de Janeiro são realizadas dentro do espaço do país; porém, para a economia gaúcha podem ter o mesmo impacto de uma exportação para um país estrangeiro. Do nosso ponto de vista, Rio Grande do Sul e Rio de Janeiro não constituem uma "economia de mercado interno", embora seja usual afirmar que as transações entre eles se realizam no mercado interno. O efeito multiplicador dependeria da organização interna da economia gaúcha e da fluminense e não decorreria imediatamente do comércio de cabotagem.

O caso de Minas Gerais também traz à tona de modo mais claro a questão do mercado interno. Como indicamos anteriormente, Martins critica a afirmação de Furtado de que Minas Gerais, após o declínio da extração de ouro em fins do século XVIII, teria passado por uma fase de regressão econômica; ao contrário, afirma o dinamismo de sua economia. Na base dessa economia estava a fazenda mineira, que, como já referido anteriormente, tinha reduzida parcela de sua atividade na esfera mercantil.

---

44. Bert J. Barickman, *Um Contraponto Baiano*, pp. 126-127.

Quando transposta para o plano da Província, essa caracterização da fazenda mineira colocava uma questão: se a produção mercantil de Minas era limitada, se não se ligava com mercados distantes, se não exportava, como obtinha os recursos para a importação de escravos? Pela descrição da fazenda, não se tratava de uma dinâmica "economia de mercado interno" que gerasse, dentro do espaço mineiro, um fluxo de renda elevado capaz de prover recursos para a compra de escravos importados da África.

Esse impasse foi apontado por alguns pesquisadores[45]. Slenes retomou a questão de forma bastante minuciosa, propondo uma explicação alternativa para o crescimento da população escrava de Minas no século XIX. Admite, diversamente de Martins, "a existência em Minas de uma economia extrativa e agropecuária significativa, orientada para mercados fora da província" (no Brasil e no exterior). Ou seja, questiona a hipótese de que a produção mercantil da economia mineira fosse limitada; além do café, outros produtos de "exportação" (no sentido de que eram enviados para fora da província) faziam parte da esfera mercantil de Minas (como animais, alimentos, tecidos, minérios). Slenes complementa sua explicação com outro dado: "o alto preço dos produtos importados para Minas (decorrente do alto custo de transporte) garantiu que a demanda por bens e serviços, oriunda dos setores exportadores, tivesse um efeito multiplicador especialmente grande sobre os setores que produziam para o mercado interno da província"[46]. Ou seja, Slenes sugere o surgimento de uma "economia de mercado interno" em Minas, a partir dos impulsos derivados das exportações. No entanto, a dependência em relação às exportações ainda subsiste: Slenes afirma que ao enfraquecimento dos setores tradicionais de exportações na segunda metade do século XIX (exceto o café) correspondeu uma tendência ao declínio da escravidão na província.

Martins comentou longamente os argumentos de Slenes, em particular mostrando que o consumo interno de diversos produtos superava as "exportações" para fora de Minas Gerais e que o impacto dos "insumos" embutidos nas "exportações" de Minas (por exemplo, o milho que alimentava os porcos vendidos para o Rio de Janeiro) era pequeno. Não nos cabe aqui adentrar na

---

45. Wilson Cano e Francisco Vidal Luna, "A Reprodução Natural de Escravos em Minas Gerais (Século XIX): Uma Hipótese", pp. 499-509.
46. Robert W. Slenes, "Os Múltiplos de Porcos e Diamantes: A Economia Escrava de Minas Gerais no Século XIX", pp. 449-450.

polêmica, mas apenas mostrar as nuances envolvidas na questão do mercado interno.

Fragoso e Florentino também afirmam, em perspectiva um pouco distinta, a autonomia do mercado interno: como indicado anteriormente, para os autores a debilidade do capital mercantil metropolitano deixou espaço para a afirmação de um capital mercantil "residente" (colonial) que acaba sendo o elemento central para a retenção de parte do excedente gerado na colônia. Dadas as características da economia colonial (terras livres, baixo custo de mão de obra e alimentos), essa economia, por meio de seu mercado interno, é capaz de se mostrar autônoma em relação às flutuações do mercado internacional, conclusão que confrontava com as interpretações de Caio Prado Jr. e Celso Furtado. A base empírica para essa conclusão era o comportamento da economia do Rio de Janeiro entre 1790 e 1840. Esses resultados foram objeto de polêmica: Mariutti, Nogueról e Danielli[47] questionaram a adequação dos cálculos elaborados por Fragoso e Florentino; Pesavento & Gil[48] refutaram os argumentos de Mariutti, Nogueról e Danielli. Schwartz também aponta alguma dificuldade na argumentação de Fragoso em *Homens de Grossa Aventura*: "Fragoso enfatiza a importância do mercado interno, mas demonstra continuamente (e corretamente) suas ligações com o setor de exportação, o que cria uma certa tensão em seu argumento, oscilando entre a novidade de suas afirmações e o reconhecimento da ligação íntima entre a economia interna e o comércio de ultramar"[49].

Também aqui não cabe entrar no interior dessa polêmica, mas apenas apontar a existência de dúvidas quanto à efetiva independência do comportamento do mercado interno em relação às flutuações das exportações.

Ao mostrar a existência de grande número de proprietários de poucos escravos (e de não proprietários de escravos), ao relativizar a presença dominante de grandes plantéis de escravos, ao identificar transações realizadas no interior do território colonial/nacional, a Nova Historiografia tem dado importante contri-

---

47. Eduardo Barros Mariutti, Luiz Paulo Ferreira Nogueról e Mário Danieli Neto, "Mercado Interno Colonial e Grau de Autonomia: Críticas às Propostas de João Luís Fragoso e Manolo Florentino".
48. Fábio Pesavento e Tiago Gil, "Conversa de Surdos: Breve Subsídio para o Debate sobre a Autonomia do Mercado Interno Colonial".
49. Stuart Schwartz, "Mentalidades e Estruturas Sociais no Brasil Colonial", p. 131.

buição para o conhecimento da economia colonial e do escravismo no Brasil. No entanto, ao leitor restam dúvidas sobre o conjunto de evidências e argumentos que procuramos explicitar. Nesse sentido, nos aproximamos da avaliação feita por Stuart Schwartz:

> Eu pessoalmente continuo descrente da ideia que nega a posição preeminente do setor escravista exportador da economia como motor da vida colonial, sua razão de ser e sua condição de melhor caminho para o entendimento de seu desenvolvimento histórico. Grande parte das pesquisas sobre o comércio interno e os nele envolvidos – estudo sobre o chamado "pequeno Brasil" – imbuídas da tarefa de desviar o foco das grandes plantações, da escravidão e do setor de exportação, acabam por criar uma falsa dicotomia e terminam por perder o significado da relação entre o setor escravista agroexportador e o desenvolvimento de um campesinato alijado da propriedade escrava, capaz de exercer uma série de funções[50].

E acrescenta:

> O reconhecimento desta relação deveria destacar ainda mais a posição central das grandes propriedades e do setor exportador para o entendimento da formação socioeconômica do Brasil, bem como as formas que uma constelação de relações sociais – mesmo fora da escravidão – foram moldadas pelo escravismo e muitas vezes pela realidade dos latifúndios[51].

"CLÁSSICOS", "NOVA HISTORIOGRAFIA" E MODELOS EXPLICATIVOS

Na "Apresentação" de uma coletânea de textos identificados com o que denominamos "Nova Historiografia", Luna, Costa e Klein atribuem ao enriquecimento por ela propiciado "uma efetiva superação de nossos conhecimentos sobre a evolução da sociedade brasileira. Superação esta que ocorreu, pois, no âmbito de

---

50. Idem, p. 134
51. Idem, p. 135. Como indicamos anteriormente, Schwartz, ao estudar a Bahia colonial, havia questionado a imagem da grande lavoura como latifúndio com centenas de escravos, apontando a existência de plantéis com poucos escravos. No entanto, ainda considera crucial a posição da grande propriedade e da exportação para a constituição da economia e da sociedade colonial, como explícita na citação acima.

avanços articulados e integrados nos planos teórico, metodológico e empírico". E complementam: "Não se trata ainda, diga-se desde logo, do estabelecimento de uma nova perspectiva global, de um novo paradigma"[52].

A formulação de um paradigma ou modelo explicativo da economia e da sociedade colonial propõe algumas dificuldades. Ciro Cardoso aponta um dilema inevitável:

> Tais sociedades [as colônias] só revelam o seu pleno sentido se forem consideradas como integrantes de um sistema mais vasto, na medida em que surgiram como anexos complementares da economia europeia, dependentes de áreas metropolitanas... Mas também é verdade que as atividades de conquista e colonização tiveram como resultado o aparecimento de sociedades cujas estruturas internas possuem uma lógica que não se reduz exclusivamente ao impacto da sua ligação com o mercado mundial em formação e com as metrópoles europeias[53].

Esse dilema, em geral, acaba sendo "resolvido" ao se privilegiar, nas explicações dos processos históricos, o "externo" ou o "interno" (por exemplo, na "oposição" entre o sentido da colonização e o modo de produção escravista colonial).

Problema semelhante ocorre quando se trata do interior da economia colonial. Barickman, ao estudar a produção de açúcar e de farinha de mandioca no Recôncavo baianoreconhece essa dificuldade ao afirmar: "O desafio atual é, na verdade, investigar e analisar a evolução das relações entre a produção para a exportação, a economia interna e a escravidão nas diversas regiões brasileiras"[54].

Essas questões poderiam encontrar uma resposta, talvez apenas parcial, por meio da formulação de um novo modelo explicativo. Como as pesquisas da nova historiografia levaram à crítica do "modelo explicativo" da economia colonial dos "clássicos", trata-se agora de propor um novo paradigma que incorpore as evidências empíricas reveladas (a menos que se considere a tarefa do historiador concluída com a descrição das evidências). Alguns pesquisadores têm caminhado nessa direção.

---

52. Francisco Vidal Luna, Iraci del Nero da Costa e Herbert S. Klein, *Escravismo em São Paulo e Minas Gerais*, p. 9.
53. Ciro Flamarion Cardoso, "As Concepções acerca do 'Sistema Econômico Mundial' e do 'Antigo Sistema Colonial': A Preocupação Obsessiva com a Extração do Excedente", pp. 109-110.
54. Bert J. Barickman, *Um Contraponto Baiano*, p. 317.

Iraci Costa e Julio Pires definiram a categoria de Capital Escravista-Mercantil para superar o que consideram limitações do modelo explicativo de Caio Prado Jr.[55]. Fragoso e Florentino, em *O Arcaísmo como Projeto*, propõem uma nova forma de entender o processo de colonização (com base no arcaísmo da sociedade portuguesa). Mais recentemente, Fragoso procura ampliar aquele modelo sob a ótica da Monarquia Pluricontinental[56]. Fazemos o registro dessas importantes contribuições, embora não possamos realizar, neste espaço, o exame cuidadoso exigido por esses textos.

Mas há ainda um último tópico que julgamos oportuno discutir. Caio Prado Jr. e Celso Furtado eram historiadores engajados, ou seja, sua reflexão sobre a história econômica do Brasil era um dos fundamentos para propor formas de intervenção numa realidade que julgavam indesejável: miséria, pobreza, desigualdade, subdesenvolvimento, seja qual for o termo para designar as mazelas do Brasil de então (e por que não de hoje?). E a história era importante nesse caminho porque as raízes desses problemas (e sua reprodução no tempo) podiam ser identificadas voltando ao passado. Essa mensagem da obra de Prado Jr. e Furtado frequentemente se perde quando mergulhamos num universo de pesquisas empíricas cada vez mais rigorosas na exploração das fontes, no uso das técnicas, na exploração da literatura, nos aspectos formais e na divulgação por meios reconhecidos pela comunidade acadêmica. Mas frequentemente parecem ausentes as perguntas fundamentais que, acredito, são as mesmas que orientavam Prado Jr. e Furtado, apenas atualizadas oitenta ou sessenta anos depois.

De certo modo, Fragoso e Costa procuraram retomar a história engajada de Prado Jr. e Furtado.

Fragoso e Florentino iniciam *O Arcaísmo como Projeto* com comentários sobre a concentração de renda no Brasil e sobre a exclusão social. E a questão da exclusão social tem, na estrutura de sua obra, uma posição importante. O controle da acumulação pelo capital mercantil e seu ideal aristocratizante (desviando os lucros para aquisição de terras e outros ativos arcaicos) acaba por restringir o acesso dos pobres às atividades mais lucrativas. E o sistema só se mantém pela conjunção de terras livres com baixos custos da alimentação e da mão de obra. Assim, a exclu-

---

55. Julio Manuel Pires e Iraci del Nero da Costa (org.), *O Capital Escravista-Mercantil e a Escravidão nas Américas*.
56. João Fragoso, "Modelos Explicativos da Chamada Economia Colonial e a Ideia de Monarquia Pluricontinental: Notas de um Ensaio".

são é reiterada ao longo do tempo pelas condições econômicas, mas também pela postura social arcaica/aristocratizante do capital mercantil. Em artigo posterior, Fragoso procura mostrar como, em cada época (do século XVII ao XIX), a economia e a sociedade se transformam, mas os esquemas que promovem a exclusão se adaptam às novas condições da economia e da sociedade[57]. E em entrevistas Fragoso é mais incisivo, o que já se denota nos títulos dessas matérias: "A Culpa é Nossa"; "O Problema Não É Só a Elite". Por um lado, recusa as explicações do atraso brasileiro (portanto, a pobreza e a exclusão) fundadas na hipótese da dependência. Essa recusa parece consistente com sua visão de que a economia colonial (como expressa em *O Arcaísmo como Projeto*) era capaz de acumular de forma independente da metrópole. Por outro lado, também exime a elite (senhores, burgueses) da condição de únicos culpados pela exclusão social:

> Nós e a elite somos cúmplices de nossa história. [...] Nós somos agentes, e não vítimas, da situação. Não significa que a sociedade não tenha uma hierarquia, que não haja diferenças, mas dentro desse cenário, temos um espaço de ação. Temos a possibilidade de construção e transformação[58].

Como se observa, a perspectiva histórica de Fragoso aponta em duas direções: na recusa da dependência como explicação do atraso e na atribuição da culpa pelo atraso não só às elites, mas ao conjunto da sociedade, aí incluídos as próprias vítimas da exclusão (escravos, operários, pobres e miseráveis em geral), que, em sua visão, não são vítimas.

Em breve e recente texto com o título "Sobre o Caráter Mobilizador da Disciplina Formação Econômica e Social do Brasil", Iraci Costa também busca, na história, a explicação para nossas mazelas. Porém seu caminho e sua conclusão são bem distintos dos de Fragoso, embora, como ele, retorne à época colonial: "No período colonial o que movia as camadas dominantes era, como sabido, a produção em larga escala de mercadorias destinadas ao comércio internacional". Esse foi o ponto de partida para a imposição do trabalho escravo como fonte de mão de obra barata (pelo acesso ao mercado africano) e da desvalorização do trabalho

---

57. João Fragoso, "Para que Serve a História Econômica? Notas sobre a História da Exclusão Social no Brasil".
58. João Fragoso, "O Problema Não É Só a Elite".

enquanto categoria socioeconômica (não só escravos, mas também imigrantes e uma população redundante que "sempre pareceram verdadeiros alienígenas tamanho o seu nível de marginalização")[59].

No plano político, a elite, por não depender do apoio da população contra classes dominantes preexistentes, "impôs a violência e a excludência econômica, política e social como formas costumeiras de tratamento da massa trabalhadora"[60]. Essa exclusão era reforçada pelo fato de, nos diferentes períodos de nossa história, a burguesia (rural ou industrial) dispensar a massa da população como elemento da demanda para sua produção (demanda essa garantida pelo mercado externo ou pelo caráter cativo do mercado interno para a produção industrial). Iraci Costa acrescenta ainda que os limites para a ação da burguesia brasileira vinham do exterior, não sendo gerados endogenamente. Flutuações do mercado internacional (contra as quais há escassos meios de se contrapor) e restrições políticas (domínio de Portugal, tutela da Inglaterra e alinhamento aos Estados Unidos) indicam os limites impostos à burguesia brasileira.

Esse o quadro geral que se reproduz ao longo de nossa história e é "… sobre esse pano de fundo que devemos projetar nossa imensa dívida social e a inaptidão de nossos governos e da elite brasileira para solucionarem os problemas estruturais de fundo que têm obstado, secularmente, a melhora plena das condições materiais e espirituais de vida de nossas populações". Para tanto, o que falta é "… a ação decisiva, organizada e decidida de nossa população"[61]. E conclui, retornando à proposta implícita no título do artigo:

Como se observa, este verdadeiro chamamento à participação política dirigido à população e a todos os que a considerarem necessária foi inferido, imediatamente, da parte inicial deste texto na qual sumariamos o conteúdo das leituras adotadas no curso em epígrafe. A nosso ver tais leituras trazem implícita, pois, uma posição política bem definida que deveria ser explicitada e discutida com nossos alunos[62]

---

59. Iraci del Nero da Costa, "Sobre o Caráter Mobilizador da Disciplina Formação Econômica e Social do Brasil".
60. *Idem*.
61. *Idem*.
62. *Idem*, pp. 15-17.

Costa retorna, assim, às leituras do curso de Formação Econômica e Social do Brasil: não é difícil identificar em seu texto as ideias de Caio Prado Jr. e de Celso Furtado. Também é clara sua divergência em relação a Fragoso: aqui, a "culpa é das elites" e a dependência também atua como restrição à superação da exclusão.

Independente das divergências, parece-nos saudável que, por meio da história econômica e social do Brasil, se coloque novamente, como em Prado Jr. e em Furtado, a questão da miséria, da pobreza, da exclusão, do subdesenvolvimento, qualquer que seja o termo com o qual queiramos definir as condições do Brasil atual.

A nova historiografia tem revelado aspectos até então desconhecidos de nossa história com base em pesquisas rigorosas. Talvez seja o momento de retomar a tradição dos "clássicos" e incorporar suas descobertas à reflexão sobre o impacto da herança histórica na economia e na sociedade atual, talvez por meio de um novo modelo explicativo da economia colonial. Certamente, esse seria o caminho para ultrapassar os muros da academia e novamente participar dos debates sobre os destinos do país como fizeram Caio Prado Jr. e Celso Furtado.

REFERÊNCIAS BIBLIOGRÁFICAS

BARICKMAN, Bert J. *Um Contraponto Baiano: Açúcar, Fumo, Mandioca e Escravidão no Recôncavo, 1780-1860*. Rio de Janeiro, Civilização Brasileira, 2003.

CANO, Wilson & LUNA, Francisco Vidal. "A Reprodução Natural de Escravos em Minas Gerais (Século XIX): Uma Hipótese". *In:* LUNA, Francisco Vidal; COSTA, Iraci del Nero da & KLEIN, Herbert S. *Escravismo em São Paulo e Minas Gerais*. São Paulo, Edusp/Imprensa Oficial do Estado de São Paulo, 2009.

CARDOSO, Ciro Flamarion S. "As Concepções acerca do 'Sistema Econômico Mundial' e do 'Antigo Sistema Colonial': A Preocupação Obsessiva com a Extração do Excedente". *In:* LAPA, José Roberto do Amaral (org.). *Modos de Produção e Realidade Brasileira*. Petrópolis, Vozes, 1980.

_____. "El Modo de Producción Esclavista Colonial en América". *In:* ASSADOURIAN, Carlos S. et al. *Modos de Producción en América Latina*. Buenos Aires, Siglo XXI, 1973 (Cuadernos de Pasado y Presente, 40).

CASTRO, Antônio Barros de. "A Economia Política, o Capitalismo e a Escravidão". *In:* LAPA, José Roberto do Amaral (org.). *Modos de Produção e Realidade Brasileira*. Petrópolis, Vozes, 1980.

Costa, Iraci del Nero da. *Arraia Miúda. Um Estudo sobre os Não-Proprietários de Escravos no Brasil*. São Paulo, MGSP, 1992.

_____. "Repensando o Modelo Interpretativo de Caio Prado Jr.". *In:* Pires, Julio Manuel & Costa, Iraci del Nero da (org.). *O Capital Escravista-Mercantil e a Escravidão nas Américas*. São Paulo, Educ/Fapesp, 2010.

_____. "Sobre o Caráter Mobilizador da Disciplina Formação Econômica e Social do Brasil". *Informações FIPE*, pp. 15-17, jun. 2016.

Fragoso, João. "A Culpa é Nossa [Entrevista]". *Folha de S. Paulo*, 13-2-2006, p. E1.

_____. "Modelos Explicativos da Chamada Economia Colonial e a Ideia de Monarquia Pluricontinental: Notas de um Ensaio". *História (São Paulo)*, vol. 31, n. 2, pp. 106-145, jul.-dez. 2012.

_____. "O Problema Não É Só a Elite [Entrevista]". *Isto É*, n. 1995, 30-1-2008.

_____. "Para que Serve a História Econômica? Notas sobre a História da Exclusão Social no Brasil". *Estudos Históricos*, n. 29, 2002.

_____. & Florentino, Manolo. "História Econômica". *In:* Cardoso, Ciro Flamarion & Vainfas, Ronaldo (org.). *Domínios da História. Ensaios de Teoria e Metodologia*. Rio de Janeiro, Elsevier, 1997, pp. 27-43.

_____. *O Arcaísmo como Projeto: Mercado Atlântico, Sociedade Agrária e Elite Mercantil no Rio de Janeiro, c. 1780 – c. 1840*. Rio de Janeiro, Diadorim, 1993.

Furtado, Celso. *Economia Colonial no Brasil nos Séculos XVI e XVII*. São Paulo, Hucitec/ABPHE, 2001.

_____. *Formação Econômica do Brasil*. 8 ed. São Paulo, Companhia Editora Nacional, 1968 (1. ed. 1959).

Gorender, Jacob. *O Escravismo Colonial*. São Paulo, Ática, 1978.

Lapa, José Roberto do Amaral. *O Antigo Sistema Colonial*. São Paulo, Brasiliense, 1982.

Libby, Douglas Cole. *Transformação e Trabalho em uma Economia Escravista. Minas Gerais no Século XIX*. São Paulo, Brasiliense, 1988.

Linhares, Maria Yedda & Silva, Francisco Carlos Teixeira. *História da Agricultura Brasileira. Combates e Controvérsias*. São Paulo, Brasiliense, 1981.

Luna, Francisco Vidal. "População e Atividades Econômicas em Areias (1817-1836)". *In:* Luna, Francisco Vidal; Costa, Iraci del Nero da & Klein, Herbert S. *Escravismo em São Paulo e Minas Gerais*. São Paulo, Edusp/Imprensa Oficial do Estado de São Paulo, 2009.

Luna, Francisco Vidal; Costa, Iraci del Nero da & Klein, Herbert S. *Escravismo em São Paulo e Minas Gerais*. São Paulo, Edusp/Imprensa Oficial do Estado de São Paulo, 2009.

MARCONDES, Renato Leite. *Diverso e Desigual: o Brasil Escravista na Década de 1870.* Ribeirão Preto, Funpec, 2009.

_____. "O Mercado Brasileiro do Século XIX: Uma Visão por Meio do Comércio de Cabotagem". *Revista de Economia Política*, vol. 32, n. 1, pp. 142-166, jan.-mar. 2012.

MARIUTTI, Eduardo Barros; NOGUERÓL, Luiz Paulo Ferreira & DANIELI NETO, Mário. "Mercado Interno Colonial e Grau de Autonomia: Críticas às Propostas de João Luís Fragoso e Manolo Florentino". *Estudos Econômicos*, São Paulo, vol. 31, n. 2, pp. 369-393, abr.-jun. 2001.

MARTINS, Roberto B. *Crescendo em Silêncio: A Incrível Economia Escravista de Minas Gerais no Século XIX.* Belo Horizonte, Icam/ABPHE, 2018.

MOTTA, José Flávio. "A Demografia Histórica no Brasil: Contribuições à Historiografia". *Revista Brasileira de Estudos Populacionais*, vol. 12, n. 1-2, pp. 133-149, 1995.

_____. *Corpos Escravos, Vontades Livres: Posse de Escravos e Família Escrava em Bananal (1801-1829).* São Paulo, Fapesp/Annablume, 1999.

PIRES, Julio Manuel & COSTA, Iraci del Nero da (org.). *O Capital Escravista-Mercantil e a Escravidão nas Américas.* São Paulo, Educ/Fapesp, 2010.

PRADO Jr., Caio. *Formação do Brasil Contemporâneo. Colônia.* 9. ed. São Paulo, Brasiliense, 1969 (1. ed. 1942).

PESAVENTO, Fábio & GIL, Tiago. "Conversa de Surdos: Breve Subsídio para o Debate sobre a Autonomia do Mercado Interno Colonial". *VI Jornada Setecentista*, Curitiba, 2005.

RANGEL, Armênio de Souza. *Escravismo e Riqueza. Formação da Economia Cafeeira no Município de Taubaté – 1765-1835.* Tese de Doutoramento, Universidade de São Paulo, 1990.

SCHWARTZ, Stuart B. "Mentalidades e Estruturas Sociais no Brasil Colonial: Uma Resenha Coletiva". *Economia e Sociedade*, n. 13, pp. 120-153, Campinas, dez. 1999.

_____. *Segredos Internos. Engenhos e Escravos na Sociedade Colonial. 1550-1835.* São Paulo, Companhia das Letras, 1988.

SIMONSEN, Roberto C. *História Econômica do Brasil.* 6. ed. São Paulo, Companhia Editora Nacional, 1969 (1. ed. 1937).

SLENES, Robert W. "Os Múltiplos de Porcos e Diamantes: A Economia Escrava de Minas Gerais no Século XIX". *Estudos Econômicos*, vol. 18, n. 3, São Paulo, pp. 449-495, set.-dez. 1988.

VERSIANI, Flávio Rabelo & NOGUERÓL, Luiz Paulo Ferreira (org.). *Muitos Escravos, Muitos Senhores: Escravidão Nordestina e Gaúcha no Século XIX.* São Cristóvão/Brasília, UFS/Editora da UnB, 2016.

6

Celso Furtado, Douglass North e a Nova História Econômica

Mauro Boianovsky

INTRODUÇÃO

Entre 1959 e 1961, foram publicados dois livros seminais que mudariam a interpretação histórica do crescimento a longo prazo no Brasil e nos Estados Unidos: *Formação Econômica do Brasil* por Celso Furtado, e *The Economic Growth of the United States, 1790-1860* (*O Crescimento Econômico dos Estados Unidos*), por Douglass North. O livro de Furtado – escrito no ano letivo de 1957-1958, que ele passou na Universidade de Cambridge ao deixar seu cargo de diretor da divisão de desenvolvimento da Cepal (Comissão Econômica das Nações Unidas para a América Latina) – foi a primeira aplicação abrangente da abordagem estruturalista à história econômica de um país latino-americano[1], enquanto a monografia de North foi uma das obras fundadoras da "Nova História Econômica" na historiografia norte-americana[2]. Ambos os volumes representaram o culminar de contribuições anteriores de Furtado[3] e de North[4]. A peça historiográfica prin-

---

1. *Vide*, por exemplo, Joseph Love, "The Rise and Decline of Economic Structuralism in Latin America: New Dimensions", pp. 110-116; Mauro Boianovsky, "Furtado, Celso (1920-2004)".
2. Ver, por exemplo, Stanley Engerman, "Douglass C. North's *The Economic Growth of the United States*, 1790-1860 Revisited"; Johan Myhrman e Barry Weingast, "Douglass C. North's Contributions to Economics and Economic History".
3. Celso Furtado, *Economia Colonial no Brasil nos Séculos XVI e XVII*; "Características Gerais da Economia Brasileira"; *A Economia Brasileira*.
4. Douglass C. North, "Location Theory and Regional Economic Growth"; "International Capital Flows and the Development of the American West".

cipal de Furtado após *Formação* foi sua história econômica da América Latina[5], uma elaboração adicional da análise histórica estruturalista. O próximo livro de North[6] estendeu a investigação do crescimento econômico americano a outros períodos. Ele elaborou gradualmente o papel das instituições no crescimento econômico, o que acabou se tornando o principal tópico de sua pesquisa[7].

Embora os dois economistas tenham investigado a história para entender o processo de crescimento econômico em seus respectivos países, deve-se notar que, enquanto Furtado tentou entender o atraso relativo da economia brasileira, North tentou explicar o amplo sucesso econômico americano. Não há evidência de que os dois autores se citaram, embora tenham se conhecido quando North visitou o Brasil em 1961 para dar palestras sobre história econômica e crescimento econômico regional[8], bem como para avaliar o programa de desenvolvimento econômico da Sudene[9]. Além disso, como será discutido abaixo, Furtado provavelmente estava a par do artigo de North[10] quando escreveu *Formação*.

A hipótese de que a diferença entre a renda *per capita* do Brasil e de outros países da América Latina, de um lado, e a América do Norte (Canadá e Estados Unidos), de outro, foi originada não no século XX, mas no século XVIII e (especialmente) no século XIX, tornou-se amplamente aceita na historiografia econômica moderna[11]. As taxas médias de crescimento na maioria das economias latino-americanas no século XX foram próximas às dos Estados Unidos. A tentativa de interpretação das causas e consequências desse atraso dominou as ciências sociais latino-americanas

---

5. Celso Furtado, *Formação Econômica da América Latina*.
6. Douglas C. North, *Growth and Welfare in the American Past. A New Economic History*.
7. De Douglas C. North, *Structure and Change in Economic History*; *Institutions, Institutional Change and Economic Performance*.
8. Douglas C. North, "O Crescimento Econômico Regional: Quatro Conferências do Professor Douglass C. North".
9. Ver Mauro Boianovsky, "HES Presidential Address: Economists and their Travels, or the Time when JFK sent Douglass North on a Mission to Brazil"; Mauro Boianovsky e Leonardo Monastério, "O Encontro entre Douglass North e Celso Furtado em 1961: Visões Alternativas sobre a Economia Nordestina".
10. Douglas C. North, "International Capital Flows and the Development of the American West".
11. *Vide*, por exemplo, John H. Coatsworth, "Economic and Institutional Trajectories in Nineteenth-Century Latin America".

na historiografia geral e econômica em particular desde as primeiras décadas do século passado[12]. Como frequentemente apontado[13], o estudo de Furtado de 1959 procurou fornecer uma resposta para a questão: "por que o Brasil ficou para trás?"

De fato, no segundo volume de sua autobiografia, Furtado lembrou que "Como parte do estudo dos países que foram formados em território Americano como uma projeção da expansão Europeia, a experiência norte-americana adquire um significado particular. Nenhuma outra questão me deixou tão obcecado quanto esta: por que eles encontraram o caminho certo – o caminho do desenvolvimento – e nós o errado, o do subdesenvolvimento?"[14]

Alguns representantes da Nova História Econômica afirmaram que a *Formação* de Furtado e a historiografia estruturalista em geral não estavam à altura da missão, uma vez que sua atitude crítica em relação à economia neoclássica os levou a evitar os "métodos analíticos e quantitativos significativos do crescimento da economia"[15]. Haber reconheceu que Furtado fez uso de dados quantitativos, mas apenas para fins de descrição, não como parte do teste de hipóteses da maneira que os Novos Historiadores Econômicos, tal como North e outros, estavam começando a fazer para a história econômica americana[16]. Consequentemente, algumas características cruciais da dinâmica histórica das economias brasileira e latino-americana – como o papel fundamental do comércio exterior na promoção do crescimento econômico e a influência perversa das instituições coloniais no desenvolvimento econômico de longo prazo – só apareceriam, então o argumento continua, após a aplicação sistemática da abordagem da Nova História Econômica à investigação da história latino-americana, iniciada na década de 1980[17]. Na mesma linha, North e Weingast saudaram a "nova história econômica emergente da América Latina" por (1) romper com as "explicações de dependência" do cres-

---

12. Ver Albert Hirschman, "Ideologies of Economic Development in Latin America".
13. Por exemplo, por Harry Stark, "Review of Furtado (1959) 1963"; Warren Dean, "Review of Furtado [1959] 1963"; Werner Baer, "Furtado Revisited"; Mauro Boianovsky, "A Formação Política do Brasil segundo Furtado".
14. Celso Furtado, *Os Ares do Mundo*, pp. 114-115.
15. Stephen Haber, "Introduction: Economic Growth and Latin American Economic Historiography", p. 8.
16. *Idem*, p. 23.
17. *Idem*; Sandra K. Ficker, "From Structuralism to the New Institutional Economics: The Impact of the Theory on the Study of Foreign Trade in Latin America".

cimento defasado regional, (II) integrar história, economia e política – que eles encontraram ausentes na antiga literatura estruturalista sobre o desenvolvimento latino-americano – e (III) enfatizar o teste de hipóteses claramente especificadas[18].

Contudo, tais alegações de alguns novos historiadores econômicos foram contestadas. Conforme apontado por Coatsworth[19], a Cepal realizou pesquisa empírica pioneira na década de 1950 sobre o desempenho passado das economias latino-americanas, como parte de seu trabalho sobre planejamento econômico[20]. Além disso, a sugestão de que a historiografia estruturalista-dependente havia ignorado os vínculos entre história, economia e política refletia extensa falta de conhecimento sobre essa literatura. O objetivo do presente artigo é comparar alguns aspectos das abordagens de Furtado e North à história econômica. Embora North tenha se tornado crítico das origens neoclássicas da revolução cliométrica e defendido papel mais amplo das análises institucionais no estudo da história[21], vou me referir à Nova História Econômica no sentido amplo, como abrangendo a aplicação da teoria econômica ao entendimento da mudança institucional[22]. A próxima seção mostra que a preocupação de North com a influência das instituições no desempenho econômico de longo prazo o aproximou da história econômica estruturalista de Furtado. Isso é seguido por uma discussão sobre o papel da abordagem das mercadorias básicas (*staples approach*) ao desenvolvimento econômico no contexto de North e de Furtado. Finalmente, o artigo explora a hipótese cada vez mais influente de que o crescimento defasado das economias latino-americanas foi em grande parte resultado de arranjos institucionais coloniais que eram adversos ao desenvolvimento a longo prazo[23].

18. Douglass C. North e Barry Weingast, "Concluding Remarks: The Emerging New Economic History of Latin America", pp. 7-8.
19. John H. Coatsworth, "Structures, Endowments and Institutions in the Economic History of Latin America", p. 123, n. 18.
20. *Vide*, por exemplo, Cepal, *The Economic Development of Brazil*, relatório elaborado por uma equipe sob a supervisão de Furtado.
21. Ver, de Douglass C. North, "Beyond the New Economic History"; "Structure and Performance: The Task of Economic History"; *Structure and Change in Economic History*.
22. Ver Donald McCloskey, "Fogel and North: Statics and Dynamics in Historical Economics"; Stephen Haber (ed.), *How Latin America Fell Behind – Essays on the Economic Histories of Brazil and Mexico, 1800-1914*.
23. Para um levantamento dessa literatura, *vide* Nathan Nunn, "The Importance of History for Economic Development".

ESTRUTURAS ECONÔMICAS E HISTÓRIA

A contribuição de Furtado para a história econômica fez parte de seu esforço ao longo da vida para entender o subdesenvolvimento econômico dos países latino-americanos, que só podia ser compreendido por meio de investigações históricas[24]:

> Por que esses países são subdesenvolvidos? Esse é um estágio evolutivo ou uma configuração estrutural que tende a se perpetuar? A necessidade de pensar em termos históricos me levou a fazer uma pergunta metodológica: o que as ciências sociais e, principalmente, a economia, podem contribuir para a história? Os historiadores europeus da École des Annales fizeram uma pergunta semelhante. Eles procuraram ajuda das ciências sociais. Eu, como cientista social, procurei na história[25].

Embora Furtado tenha concluído seus estudos de pós-graduação em Paris no final da década de 1940, ele permaneceu alheio ao método da École des Annales, que dominava a história quantitativa da França, até meados da década de 1960, quando retornou à França para lecionar na Sorbonne[26]. A escola francesa dos Annales, bem como a Nova História Econômica americana, perseguiram o desenvolvimento da quantificação, mas suas respectivas concepções de história eram distintas. Enquanto a primeira investigava o passado em busca de leis gerais do desenvolvimento histórico, a segunda via a história econômica como um campo para testar proposições práticas com base em uma teoria geral[27]. Como lembrado por Furtado, seu objetivo "não era explicar a 'História', mergulhando em formas de reducionismo nas quais Marx e muitos outros pensadores do século XIX caíram"[28]. A ideia era aumentar a percepção da história, utilizando os recursos da economia, principalmente por meio de modelos macroeconômicos que pudessem esclarecer sobre a dinâmica de certas estruturas econômicas, tal como a

---

24. Celso Furtado, "Underdevelopment: To Conform or to Reform", pp. 205-206; Mauro Boianovsky, "A View from the Tropics: Celso Furtado and the Theory of Economic Development in the 1950s", seção 1.
25. Celso Furtado, "Underdevelopment: To Conform or to Reform", p. 205.
26. Celso Furtado, *A Fantasia Organizada*, p. 167.
27. Héctor Pérez Brignoli e Ernesto Ruiz, "History and Quantification in Latin America: An Assessment of Theories and Methods", p. 209.
28. Celso Furtado, *A Fantasia Organizada*, p. 167.

economia açucareira do Nordeste brasileiro na era colonial. Em particular, *Formação* foi concebida como uma coleção de "hipóteses interpretativas" extraídas da análise econômica. A abordagem consistiu em extrair "perguntas precisas" da economia e obter respostas na história[29].

As reações de alguns leitores do livro indicam que Furtado foi bem-sucedido em seu empreendimento. Mueller o descreveu como um esforço para "integrar uma variedade de modelos de crescimento em uma matriz histórica em movimento" e chamou a atenção para suas "ideias instigantes, bem como para uma ousada construção de modelos"[30]. Outro leitor ficou impressionado com a "engenhosidade de Furtado em fazer estimativas estatísticas a partir de dados existentes, com suas lacunas típicas nos anos mais antigos"[31]. Baer, um dos pioneiros na aplicação dos métodos da Nova História Econômica à economia brasileira[32], julgou improcedentes as acusações de que Formação era "não quantitativa e com poucas evidências" e ressaltou que Furtado era "um dos primeiros economistas a tentar empregar a atual análise de renda para lidar com fenômenos históricos"[33]. Essas imputações foram feitas por Carlos Manuel Peláez e alguns outros primeiros disseminadores da Nova História Econômica no Brasil nas décadas de 1960 e 1970[34]. O primeiro grande evento em que os historiadores debateram a aplicação de métodos quantitativos à história econômica brasileira foi a conferência internacional de 1971 sobre "A História Quantitativa do Brasil de 1800 a 1930", organizada pelo historiador francês Frédéric Mauro em Paris. Furtado contribuiu nessa ocasião com um artigo metodológico sobre "Análise Econômica e História Quantitativa", no qual perguntou se "a análise econômica em geral e a macroeconomia em particular poderiam ajudar a enriquecer a visão que obtemos da história"[35]. De acordo com Furtado,

A história quantitativa não existe fora de um determinado quadro analítico, o que permite classificar os dados, escolher as variáveis, estabelecer uma relação causal entre os

---

29. *Idem*, pp. 205, 215.
30. Hans Mueller, "Review of Furtado (1959)", pp. 359-360.
31. Allen Lester, "Revisão de Furtado (1959)", p. 210.
32. Stephen Haber, "Introduction: Economic Growth and Latin American Economic Historiography", p. 23, n. 15.
33. Werner Baer, "Furtado Revisited", pp. 114-115.
34. *Vide* Héctor Pérez Brignoli & Ernesto Ruiz, "History and Quantification in Latin America".
35. Celso Furtado, "Analyse Économique et Histoire Quantitative", p. 24.

movimentos de certas variáveis, etc. Esse quadro analítico nos é fornecido, essencialmente, pela economia[36].

O tipo específico de análise econômica que Furtado sublinhou como parte da caixa de ferramentas do historiador era a "análise estrutural", que em sua opinião tornou possível levar em consideração ao mesmo tempo os dados econômicos e não econômicos[37]. *Formação* não incluiu nenhuma declaração explícita sobre metodologia. Foi no prefácio de seu próximo livro que Furtado explicou que a variedade de estágios de (sub)desenvolvimento e situações históricas em diferentes países o levaram a "adotar uma visão estrutural dos problemas econômicos" e tentar identificar fatores específicos para cada estrutura[38]. Ele retornaria ao tópico da metodologia estruturalista em seu artigo de Yale em 1965 e, especialmente, no apêndice da primeira parte de seu livro de 1967. A característica distintiva do estruturalismo econômico foi a ênfase em "parâmetros não econômicos" nos modelos macroeconômicos; a tarefa do economista (especialmente em seu papel de historiador econômico) era transformar esses parâmetros em variáveis[39]. Como o comportamento das variáveis econômicas depende desses parâmetros, que "tomam forma e evoluem em um contexto histórico", não é possível separar o estudo dos fenômenos econômicos do seu contexto histórico[40]. Tais parâmetros não econômicos foram ocasionalmente descritos por Furtado como "parâmetros institucionais"[41], embora ele não tenha sugerido nenhuma ligação conceitual com os antigos institucionalistas americanos[42]. De fato, Furtado deixaria os institucionalistas americanos e a Escola Histórica Alemã fora de seu estudo das teorias

---

36. *Idem, ibidem.*
37. *Idem*, p. 26.
38. Celso Furtado, *Development and Underdevelopment*, p. vii.
39. Celso Furtado, *Teoria e Política do Desenvolvimento Econômico*, pp. 83-84.
40. Celso Furtado, "Underdevelopment: To Conform or to Reform", p. 210; Mauro Boianovsky, "Between Lévi-Strauss and Braudel: Furtado and the Historical Structural Method in Latin American Political Economy".
41. Celso Furtado, "Development and Stagnation in Latin America: A Structuralist Approach", p. 159.
42. Para uma comparação entre o estruturalismo latino-americano e a antiga escola institucionalista norte-americana, *vide* Carlos Mallorquin, "El Institucionalismo Norteamericano y el Estructuralismo Latinoamericano: Discursos Compatibles?"

do crescimento, com o argumento de que eles tinham desempenhado principalmente um "papel crítico", sem contribuição sistemática para a interpretação do processo de crescimento[43].

Assim como Furtado, o programa de pesquisa inicial de North na história econômica refletia o crescente interesse pelo crescimento econômico na década de 1950, especialmente nas investigações histórico-quantitativas lançadas por Moses Abramowitz e Simon Kuznets[44]. Segundo North, a história econômica concentra-se no crescimento econômico e seus efeitos no bem-estar dos vários segmentos da sociedade[45]. Pode-se encontrar apenas poucas observações específicas sobre o papel das instituições nos escritos de North das décadas de 1950 e 1960, refletindo seu desprezo pelo velho tipo institucionalista americano de história econômica. North propôs seu livro de 1961 como uma ruptura com a história econômica à moda antiga, que ele criticou por sua preocupação com "descrição e mudança institucional" e "foco apenas fortuito no processo de crescimento econômico", culpado, segundo North, pela ausência de análise histórica abrangente do desenvolvimento americano. Após o *boom* da Nova História Econômica, North mudou o alvo de suas críticas. Seu livro de 1971 com Lance Davis ofereceu uma nova interpretação do crescimento econômico americano com base no processo de criação de novos arranjos institucionais e formas de organização econômica. A questão foi analisada em dois artigos metodológicos[46], seguidos por seu livro de 1981, no qual ele contribuiu para a abordagem conhecida como economia "neoinstitucional"[47]. A ideia não era voltar à história econômica descritiva tradicional, e sim fornecer uma teoria sobre a evolução das restrições enfrentadas pelos agentes em suas escolhas econômicas.

A revolução cliométrica na história econômica uniu a economia neoclássica e os métodos quantitativos para descrever e explicar o desempenho das economias

---

43. Celso Furtado, *Development and Underdevelopment*, p. VII.
44. Ver Mauro Boianovsky, "A View from the Tropics: Celso Furtado and the Theory of Economic Development in the 1950s"; Stephen Haber, "Introduction: Economic Growth and Latin American Economic Historiography", p. 2.
45. Douglass C. North, *Growth and Welfare in the American Past. A New Economic History*, p. 1.
46. Douglass C. North, "Beyond the New Economic History" e "Structure and Performance: The Task of Economic History".
47. Douglass C. North, *Structure and Change in Economic History*.

no passado. A história econômica ganhou rigor e pretensão científica, mas à custa de não explorar um conjunto muito mais fundamental de perguntas sobre a estrutura em evolução das economias, subjacente ao desempenho. A cliometria deu as costas a uma longa tradição que se estende de Joseph Schumpeter a Karl Marx e Adam Smith. Estes estudiosos consideravam a história econômica essencial porque acrescentava uma dimensão à economia. Seu objetivo era analisar os parâmetros mantidos constantes pelo economista[48].

O apelo de North para a incorporação de mudanças estruturais na história econômica é uma reminiscência do apelo de Furtado ao método histórico-estrutural. North definiria estrutura como "as características de uma sociedade que acreditamos ser os determinantes fundamentais de desempenho", tal como instituições econômicas e políticas, tecnologia, demografia e ideologia[49]. Os dois elementos constitutivos desenvolvidos por North para entender mudanças estruturais e crescimento são (I) uma teoria dos direitos de propriedade que explique as formas de organização econômica criadas para reduzir custos de transação e organizar o intercâmbio e (II) uma teoria do Estado para explicar a especificação da estrutura de direitos de propriedade.

Embora o conceito de custos de transação não tenha sido integrado ao aparato dos estruturalistas latino-americanos, a noção de direitos de propriedade foi parte integrante de sua abordagem, conforme ilustrado pelo papel desempenhado por instituições como sistema de propriedade de terras, controle de empresas por capital estrangeiro e escravidão na interpretação do desempenho econômico de longo prazo da região. Além disso, o padrão de crescimento foi profundamente influenciado pela forma de inserção dessas regiões – tanto da América do Norte quanto da América Latina – na economia internacional, conforme será discutido a seguir.

ABORDAGEM DAS MERCADORIAS BÁSICAS (*STAPLES*) E CRESCIMENTO

Conforme mencionado na introdução, o argumento histórico na *Formação* de Furtado refletiu sua preocupação com as causas dos distintos padrões de cresci-

---

48. Douglass C. North, "Structure and Performance: The Task of Economic History", p. 963.
49. Douglass C. North, *Structure and Change in Economic History*, p. 3.

mento de longo prazo do Brasil e dos Estados Unidos. A questão havia sido discutida pelos intelectuais brasileiros sob perspectivas políticas, culturais e antropológicas[50], mas ainda faltava uma investigação econômica completa sobre a questão.

A pergunta é frequentemente feita: por que os Estados Unidos se tornaram uma nação industrial no século XIX, mantendo-se lado a lado dos países europeus, enquanto o Brasil evoluiu de tal maneira que se tornou uma vasta região subdesenvolvida no século XX? Deixando de lado o fatalismo supersticioso implícito nas teorias de inferioridade do clima e da raça que prevalecem há algum tempo, a questão adquiriu um significado mais preciso do ponto de vista econômico[51].

A principal informação para resolver o quebra-cabeça seria fornecida pelas respectivas taxas de crescimento do Brasil e dos Estados Unidos ao longo do século XIX. Furtado refere-se a estimativas feitas por Kuznets para o NBER (National Bureau of Economic Research) que indicavam uma taxa média de crescimento da renda per capita de 1,9% para os Estados Unidos no período 1850-1950[52]. Os dados sobre as taxas de crescimento de longo prazo no Brasil ainda não estavam disponíveis na época, o que levou Furtado a tentar uma estimativa com base em informações sobre o valor das exportações e o cálculo dos termos de troca. A taxa anual de aumento do valor em libra esterlina das exportações brasileiras na primeira metade do século XIX, após o declínio do ciclo de mineração de ouro no terceiro trimestre do século XVIII, foi de apenas 0,8%, enquanto a população cresceu 1,3% ao ano. Além disso, Furtado estimou que os termos de troca caíram 40% nesse período, o que o levou a deduzir que a renda real *per capita* decresceu entre 1800 e 1850. A estagnação econômica refletia também o aumento relativo do setor de subsistência, de menor produtividade que o setor de exportações, que geralmente ocorria durante períodos de estagnação das exportações antes do início do processo de industrialização no século XX[53].

---

50. *Vide* Clodomir Vianna Moog, *Bandeirantes e Pioneiros: Paralelo entre Duas Culturas*, provavelmente a discussão comparativa mais conhecida das sociedades brasileiras e americanas antes do livro de Furtado.
51. Celso Furtado, *The Economic Growth of Brazil: A Survey from Colonial to Modern Times*, p. 108.
52. *Idem*, p. 164.
53. *Idem*, cap. 19.

Em meados do século XIX, o crescimento da economia cafeeira mudaria drasticamente o cenário econômico brasileiro. A quantidade de café exportado aumentou 341% e os preços internacionais do café 91% entre as décadas de 1840 e 1890, o que implicou em uma taxa anual de crescimento de 4,5% na renda real gerada pelas exportações de café. Utilizando o mesmo tipo de dados para outros produtos e regiões do país, Furtado estimou uma taxa de crescimento anual *per capita* de 1,5% para a economia brasileira como um todo na segunda metade do século XIX, que continuaria no século XX. As conclusões sobre o crescimento a longo prazo do Brasil em comparação com os Estados Unidos e a Europa Ocidental eram inconfundíveis, afirmou Furtado.

Os dados apresentados esclarecem sobre o problema do atraso relativo da economia brasileira nos dias de hoje. Esse atraso tem suas raízes não na taxa de desenvolvimento do século passado (*c.* 1850-1950), que parece ter sido razoavelmente rápido, mas na reversão que ocorreu nos três quartos de século anteriores. Como o Brasil não conseguiu se integrar às correntes em expansão do comércio mundial durante esse período de rápida transformação das estruturas econômicas de países mais progressistas, criaram-se acentuadas disparidades entre o sistema econômico brasileiro e o da Europa Ocidental[54].

Os resultados de Furtado foram confirmados apenas em parte pela história quantitativa moderna. Segundo Maddison, a taxa de crescimento da renda *per capita* no Brasil foi tão baixa quanto 0,2% entre 1820 e 1870, contra 1,2% nos Estados Unidos[55]. O ponto de virada do crescimento econômico brasileiro de longo prazo aparentemente ocorreu mais tarde do que o reivindicado por Furtado – os dados de Maddison indicam que foi somente após a Primeira Guerra Mundial que a economia começou a crescer de forma persistente (a uma taxa *per capita* de 2,0% entre 1913-1950, em comparação com 1,6% nos Estados Unidos). A segunda metade do século XIX ainda era uma época de baixo crescimento no Brasil (0,3% no período de 1870-1913; 1,8% nos Estados Unidos no mesmo período), conforme medido pelos números de Maddison.

Em contraste com o Brasil, os Estados Unidos estavam bem integrados ao comércio internacional em expansão que acompanhou a revolução industrial bri-

---

54. *Idem*, p. 165.
55. Angus Maddison, "Explaining the Economic Performance of Nations, 1820-1989", p. 22.

tânica na primeira metade do século XIX. Foi principalmente como fornecedor de algodão – a principal matéria-prima do comércio mundial – para a indústria têxtil britânica que a economia americana participou do crescimento da economia internacional na época[56]. O algodão, cultivado nos estados do Sul com trabalho escravo, representava mais da metade do valor das exportações americanas e foi "o primeiro elemento dinâmico no desenvolvimento dos Estados Unidos na primeira metade do século XIX"[57]. O desenvolvimento de outras regiões americanas, como a produção de alimentos no Centro Oeste e as manufaturas no Nordeste, refletiu os efeitos dinâmicos sobre a demanda agregada e as importações da renda direta ou indiretamente proveniente do setor algodoeiro[58].

A produção de algodão havia sido bastante lucrativa para algumas regiões brasileiras (como o Maranhão) na época da guerra da independência americana e das guerras napoleônicas. No entanto, quando a produção em larga escala começou nos Estados Unidos, os preços do algodão caíram acentuadamente e os produtores brasileiros não puderam competir no mercado internacional[59]. A visão de que as décadas de 1790 a 1860 foi o período crítico da aceleração do crescimento econômico americano seria elaborada em detalhes por North, que enfatizou o papel central das exportações de algodão no processo[60]. A nova hipótese sobre os elos cruciais entre as exportações de algodão e a transformação da economia americana havia sido avançada pela primeira vez em um artigo de North de 1956[61], que Furtado provavelmente leu enquanto trabalhava em sua *Formação* em Cambridge. É verdade que não há referência ao texto de North em *Formação*, mas as práticas de citação de Furtado estavam longe de ser ortodoxas. Como Furtado explicaria mais tarde, ele havia lido tantos documentos nas bibliotecas de Cambridge que decidiu restringir as referências apenas a obras para as quais queria explicitamente chamar a atenção e às fontes de dados: "era um livro de análise, não de história; portanto,

---

56. Celso Furtado, *The Economic Growth of Brazil*, cap. 18.
57. *Idem*, p. 113.
58. *Vide* também Celso Furtado, *Economic Development of Latin America*, p. 31, n. 3.
59. Celso Furtado, *The Economic Growth of Brazil*, cap. 16.
60. Douglass C. North, *The Economic Growth of the United States, 1790-1860;* "O Crescimento Econômico Regional".
61. Douglass C. North, "International Capital Flows and the Development of the American West".

não era apropriado dar crédito a todos os pesquisadores que haviam contribuído no plano de estudos históricos"[62].

A explicação de North sobre o impacto das exportações de algodão na economia dos Estados Unidos foi baseada na "abordagem das mercadorias básicas (*staples*)" do crescimento econômico, apresentada pelo historiador canadense Harold Innis[63]. Innis havia avançado a tese de que a exportação de mercadorias básicas teve um papel fundamental na criação das condições para o início da industrialização do Canadá. A abordagem de Innis ao impacto geral na economia e na sociedade da produção básica foi mais elaborada e aplicada à história econômica americana por North[64]. O foco da abordagem básica foram os potenciais efeitos de propagação do setor de exportação com base em recursos naturais na economia doméstica, que cresce por meio da diversificação da base de exportação[65]. Sua hipótese principal era que a experiência de crescimento de um país "novo" é historicamente moldada pelas características específicas das mercadorias primárias ("básicas") que esse país exporta para os centros industriais. Tais características podem ser descritas com o conceito de efeitos de ligação (*linkages*) para trás e para frente, introduzidos por Hirschman[66]. Se os efeitos do vínculo forem fracos, a economia pode ficar presa em uma "armadilha básica" (*staple trap*), na qual a economia, em vez de diversificar suas atividades, permanece dependente de uma base estreita de exportação e apresenta uma taxa decrescente de crescimento econômico. Nesse caso, o aumento de renda da expansão do setor exportador leva a um aumento na oferta desse produto, com pouco efeito na ampliação da base exportadora ou na ampliação do tamanho do mercado interno.

A disposição da renda recebida do setor de exportação desempenha um papel fundamental no processo. O tipo de cultivo de mercadorias de exportação – bem como a atividade de mineração – foi contrastado com a agricultura familiar: a distribuição desigual no primeiro caso leva a fracos efeitos de ligação, uma vez que a

---

62. Celso Furtado, *A Fantasia Organizada*, p. 215.
63. Harold Innis, *The Fur Trade in Canada: An Introduction to Canadian Economic History*.
64. De Douglass C. North, "Location Theory and Regional Economic Growth"; "International Capital Flows and the Development of the American West"; *The Economic Growth of the United States, 1790-1860;* "O Crescimento Econômico Regional".
65. *Vide* Melville Watkins, "A Staple Theory of Economic Growth".
66. Albert Hirschman, *The Strategy of Economic Development*.

renda será gasta em alimentos e em necessidades básicas pela maior parte do população e na importação de bens de luxo pelos demais, com pouco impacto na demanda de investimento interno. Tais padrões divergentes também são relevantes para o investimento em conhecimento, conforme apontado por North:

> Sob o sistema de *plantation*, com sua acentuada desigualdade de renda, o agricultor ficará relutante em aplicar suas receitas em gastos com educação ou pesquisa que não sejam os relacionados a mercadorias básicas. Por outro lado, a região com uma distribuição de renda mais equitativa estará ciente da importância de melhorar sua posição comparativa por meio da educação e pesquisa e estará disposta a dedicar gastos públicos nessas direções. Isto melhorará sua posição relativa em vários tipos de atividade econômica e ampliará a base econômica resultante[67].

A economia açucareira do Nordeste brasileiro na era colonial, analisada em detalhes na parte II de *Formação*, foi interpretada por Furtado como um sistema de plantação escravo no qual um impulso externo não provocou processo autogerado de desenvolvimento econômico[68]. Um argumento semelhante se aplica a economias de enclave na mineração, tal como a Bolívia, conforme sugerido por Furtado na conferência de 1957 da Associação Econômica Internacional sobre Desenvolvimento. Apesar do grande investimento (principalmente estrangeiro) em mineração e infraestrutura, que resultou em um aumento substancial nas exportações, a economia boliviana permaneceu estacionária mesmo no século XX. O sistema de apropriação e utilização do excedente do país (no sentido clássico ricardiano) não foi alterado pelo investimento em mineração, uma vez que a estrutura da demanda interna permaneceu a mesma. Isto foi explicado pelo duplo fato de que a mineração empregava apenas uma pequena fração da força de trabalho do país e os lucros gerados foram quase que inteiramente transferidos para o exterior. Consequentemente, o impacto do investimento na composição da demanda interna foi leve e pôde ser absorvido pelo aumento das importações.

A dinâmica da economia cafeeira no Brasil, principalmente após o fim da escravidão, foi significativamente diferente do padrão descrito no último parágrafo. O mesmo montante de investimento em uma mercadoria intensiva em mão de

---

67. Douglass C. North, *The Economic Growth of the United States*, pp. 4-5.
68. Celso Furtado, *The Economic Growth of Brazil*, pp. 56-57.

obra, tal como o café, teria efeitos diferentes, como mostra o processo de crescimento econômico brasileiro. O grande aumento no volume agregado de salários reais, acompanhado pelo investimento dos lucros do café nas atividades econômicas internas, causou amplas mudanças na estrutura da demanda, que iniciou a primeira rodada do processo de industrialização no Brasil.

Se a demanda externa absorver quantidades crescentes de café por um período prolongado, uma mudança substancial poderá ocorrer na estrutura da demanda. À medida que a oferta interna acompanhe essas mudanças, a posse do excedente será inevitavelmente transferida da classe tradicional de proprietários de terras para a classe empresarial comercial e industrial. Como as classes empresariais de primeira geração têm uma alta propensão a poupar, a concentração de parte do excedente em suas mãos será condutora de um aumento considerável no investimento. O processo subjacente de mudança social ocorre sob o estímulo de fatores exógenos, ou seja, a criação de um fluxo de exportações ou uma entrada de recursos do exterior[69].

A primeira fase do processo de industrialização brasileiro foi assim induzida pela expansão das exportações, seguida por outra etapa caracterizada pela industrialização via substituição de importações[70]. A recente "revisão" do papel das exportações no desenvolvimento econômico da América Latina[71] é em grande parte uma repetição da interpretação de Furtado, embora escrita como uma crítica à historiografia econômica estruturalista.

INSTITUIÇÕES COLONIAIS E DESENVOLVIMENTO A LONGO PRAZO

Embora a causa imediata das trajetórias divergentes de crescimento das economias brasileira e americana desde meados do século XVIII esteja relacionada à estagnação duradoura das exportações no Brasil, houve causas mais profundas associadas por Furtado à organização econômica e política da economia colonial

---

69. Celso Furtado, "Comments on Professor Rosenstein-Rodan's Paper", p. 71.
70. Celso Furtado, *The Economic Growth of Brazil*, parte 5; *Economic Development of Latin America*, parte 4.
71. *Vide* Sandra K. Ficker, "From Structuralism to the New Institutional Economics"; Stephen Haber, "The Political Economy of Latin America Industrialization".

brasileira do século XVI ao XVIII. Os fundamentos coloniais da economia e da sociedade brasileiras foram objeto de sua tese de doutorado em 1948, escrita sob a influência do livro clássico de Caio Prado Jr.[72]. Furtado distinguiu entre colonização de assentamentos no século XVII na Nova Inglaterra, Nova York e Pensilvânia, de um lado, e nas áreas tropicais da América Latina, de outro[73]. A distinção foi aprofundada por Furtado em livro de 1954[74] e especialmente em *Formação*[75]. Inicialmente, a produtividade das colônias das regiões setentrionais dos Estados Unidos era inferior à dos sistemas de plantio com base nas exportações de produtos tropicais, predominantes no Brasil. Devido à pequena concentração de renda e à proporção muito baixa de renda que reverteu para o ganho de capitalistas estrangeiros, as características das sociedades nas colônias de pequenas propriedades eram bastante distintas daquelas das colônias agrícolas exportadoras mais ricas. Apesar da menor produtividade, o padrão médio de consumo foi maior em relação à renda *per capita*, uma vez que os gastos foram distribuídos por toda a população, em contraste com as colônias tropicais. Tais diferenças na estrutura econômica "estavam fadadas a corresponder a grandes disparidades no comportamento das classes dominantes nos dois tipos de colônias", como apontado por Furtado[76]. A independência das classes dominantes nas colônias do Norte – formada por pequenos agricultores e um grupo de grandes comerciantes – em relação à metrópole britânica se tornaria um fator básico no desenvolvimento dos Estados Unidos[77], em comparação com os grandes agricultores e proprietários de escravos que governavam o Brasil.

Segundo Furtado, a colonização portuguesa por meio do empreendimento agrícola escravagista definiu o "quadro institucional básico" da sociedade e economia brasileiras, que diferia acentuadamente da estrutura institucional norte-americana[78]. O argumento foi estendido à colonização ibérica da América Latina como um todo, embora os experimentos de colonização portuguesa e espanhola

---

72. Caio Prado Jr., *Formação do Brasil Contemporâneo*. Ver também o artigo escrito pelo filho de Celso Furtado, André Tosi Furtado, "As Contribuições de Caio Prado Jr. à *Formação Econômica do Brasil*".
73. Celso Furtado, *Economia Colonial no Brasil nos Séculos XVI e XVII*, pp. 109-110.
74. Celso Furtado, *A Economia Brasileira*, cap. II.
75. Celso Furtado, *The Economic Growth of Brazil*, caps. 5-6.
76. Celso Furtado, *The Economic Growth of Brazil*, p. 32.
77. *Idem*, pp. 33, 109.
78. Celso Furtado, *Análise do "Modelo" Brasileiro*, pp. 93-94.

diferissem em alguns aspectos importantes. Furtado assinalou que o comportamento das variáveis econômicas que determinaram o desenvolvimento da economia latino-americana foi condicionado por "parâmetros institucionais"[79]. A colonização ibérica gerou duas características principais da organização social latino-americana. A primeira foi a existência de um setor urbano, por meio do qual o poder proveniente das respectivas metrópoles europeias era exercido mediante uma rígida estrutura administrativa e de um sistema econômico descentralizado, sob a direção de agentes que possuíam prerrogativas semifeudais. As classes dominantes, às quais os fatores de produção eram distribuídos pelo poder central, eram formadas por homens conectados a este por laços de lealdade. "Sendo um instrumento de dominação sobre uma sociedade em que prevaleciam algumas formas de descentralização semifeudal, o Estado emergiu nos tempos coloniais como uma forte burocracia", que persistiu mesmo após a independência política[80]. O resultado é que "a estrutura institucional que prevalece na América Latina produz padrões de distribuição de renda responsáveis por comportamentos incompatíveis com a utilização mais racional dos recursos disponíveis, ou seja, com a maximização da produção total em qualquer horizonte temporal específico"[81].

O conceito de Furtado de persistência de instituições e elites dominantes muito além de seu surgimento original desempenhou um papel fundamental em sua tese de 1948, na qual reconheceu a influência do historiador belga Henri Pirenne[82] nesse sentido[83]. A visão de que instituições podem persistir ao longo do tempo foi formal e empiricamente elaborada pela literatura neoinstitucional moderna[84]. A persistência das instituições está implícita na tentativa de explicação de North dos fatores de longo prazo por trás dos caminhos divergentes de desenvolvimento na América Latina e nos Estados Unidos. Segundo North, a história econômica dos Estados Unidos caracterizou um sistema político federal e uma estrutura básica de direitos de propriedade

---

79. Celso Furtado, "Development and Stagnation in Latin America", pp. 159-160.
80. *Idem*, p. 160.
81. *Idem*, p. 174.
82. Henri Pirenne, "Les Periodes de l'Histoire Sociale du Capitalisme".
83. Celso Furtado, Economia Colonial no Brasil nos Séculos XVI e XVII, pp. 145-149.
84. Daron Acemoglu e James Robinson, "De Facto Political Power and Institutional Persistence". Para um estudo do caso brasileiro, ver Joana Naritomi, Rodrigo S. Soares & Juliano Assunção, "Institutional Development and Colonial Heritage Within Brazil".

que incentivaram contratos de longo prazo, necessários à acumulação de capital e ao crescimento econômico[85]. A história econômica da América Latina, por outro lado, "perpetuou as tradições burocráticas centralizadas herdadas de sua tradição espanhola/ portuguesa"[86]. A conclusão de North tem algumas semelhanças com a de Furtado, embora cunhada em uma linguagem diferente.

Os caminhos divergentes estabelecidos pela Inglaterra e Espanha no Novo Mundo não convergiram, apesar dos fatores mediadores de influências ideológicas comuns. No primeiro, evoluiu uma estrutura institucional que permite a troca impessoal complexa necessária à estabilidade política e captura dos ganhos potenciais da tecnologia moderna. No último, as relações individualizadas ainda são a chave para grande parte do intercâmbio político e econômico. Eles são uma consequência de uma estrutura institucional em evolução que não produz estabilidade política nem realização consistente do potencial da tecnologia moderna[87].

A percepção de que diferenças exógenas na herança nacional explicam o caminho distinto do desenvolvimento nas Américas foi criticada por Engerman e Sokoloff em uma série de artigos influentes[88]. Embora compartilhem a abordagem neoinstitucional de North da história e do crescimento econômico, Engerman e Sokoloff argumentaram que as diferenças institucionais podem ser atribuídas aos diversos ambientes em que os europeus estabeleceram suas colônias e aos graus muito distintos de desigualdade econômica. A configuração de dotações de fatores predominantes (quantidades e qualidades relativa da terra, mão de obra e capital) na América Latina no período colonial provocou, segundo esses autores, altos níveis de concentração de propriedade e riqueza, em contraste com as colônias do norte da América do Norte britânica. A consequente concentração de poder levou à criação de instituições que protegiam os privilégios dos interesses das elites, em vez de proteger os direitos de propriedade da maior parte da sociedade. O argumento de Engerman e Sokoloff representou o culminar de uma agenda de pesquisa na historiografia americana e na economia do desenvolvimento que

---

85. Douglass C. North, *Institutions, Institutional Change and Economic Performance*, p. 116.
86. *Idem*, pp. 102-103.
87. *Idem*, p. 117.
88. Ver, de Stanley L. Engerman e Kenneth L. Sokoloff, as duas versões do artigo "Institutions, Factor Endowments and Paths of Development in the New World".

começou com Mosk[89] e Hoselitz[90]. Ambos os autores alegam que a explicação para o retardo econômico da América Latina deveria ser buscada nas "condições institucionais estabelecidas precocemente e que mostraram uma forte tendência a persistir"[91]. Tais condições institucionais foram amplamente determinadas pelo sistema de posse da terra[92].

Engerman e Sokoloff sugeriram uma taxonomia de três tipos de colônias do Novo Mundo, de acordo com suas dotações de fatores. A primeira categoria compreendeu as colônias – Brasil e Antilhas – que possuíam clima e solo adequados para a produção de açúcar e outros importantes produtos tropicais caracterizados por economias de escala associadas ao uso de escravos. O segundo tipo incluía colônias espanholas, como México e Peru, com população relativamente alta de nativos e distribuição entre poucos colonizadores de direitos a enormes blocos de mão de obra nativa, terras e recursos minerais (chamados *encomiendas*). A distribuição da riqueza em ambas as categorias foi extremamente desigual, o que contribuiu para a evolução das instituições que tipicamente protegiam os interesses econômicos das elites. A categoria final foi formada pelas colônias do Norte dos Estados Unidos e do Canadá, que não eram dotadas de grande população nativa capaz de fornecer trabalho nem vantagem comparativa na produção de culturas caracterizadas por economias de escala. Terras abundantes e baixos requisitos de capital levaram a uma distribuição relativamente igual da riqueza e ao desenvolvimento de instituições conducentes ao crescimento econômico de longo prazo[93].

A tipologia implantada por Engerman e Sokoloff já pode ser encontrada nos escritos de Furtado sobre a colonização do Novo Mundo. Furtado distinguiu entre os experimentos de colonização mexicana e norte-americana de acordo com a quantidade relativa de população indígena, com implicações para a imigração e o desenvolvimento do mercado interno[94]. Em contraste com os Estados Unidos, a colonização do México não gerou um processo autônomo de desenvolvimento;

---

89. Sanford Mosk, "Latin America *versus* the United States".
90. Bert Hoselitz, "Economic Growth of Latin America".
91. Sanford Mosk, "Latin America *versus* the United States", p. 367.
92. *Idem*, seção 1; Bert Hoselitz, "Economic Growth of Latin America", pp. 88-90.
93. Stanley L. Engerman e Kenneth L. Sokoloff, "Institutions, Factor Endowments and Paths of Development in the New World", 1997, pp. 272-273.
94. Celso Furtado, *A Economia Brasileira*, pp. 51-72.

sendo assim, na época da independência, a população mexicana e seus gastos médios de consumo eram provavelmente menores do que no período imediatamente anterior à conquista espanhola. A instituição mais importante e duradoura estabelecida pelos espanhóis na América Latina foi o sistema de *encomienda*, que definiu a estrutura contratual da ocupação dos novos territórios[95]. A colonização portuguesa do Brasil representou uma combinação dos casos americano e mexicano. Como nos Estados Unidos, apresentava importações de mão de obra, capital e técnica. Por outro lado, foi um sucesso comercial, acompanhado por salários reais estagnados como no México, embora por diferentes razões[96]. Em especial, Furtado apontou que o sistema de plantio escravo era a maneira mais eficiente de minimizar custos e organizar a produção nas áreas tropicais do Brasil e das Índias Ocidentais[97]. Nessa perspectiva, a análise de Furtado sobre a escravidão estava próxima da abordagem desenvolvida mais tarde pelos novos historiadores econômicos Fogel e Engerman em sua investigação sobre a escravidão nos estados do Sul dos Estados Unidos antes da Guerra Civil[98].

CONSIDERAÇÕES FINAIS

Como apontado por Coatsworth, a recente onda de interesse dos historiadores econômicos sobre o impacto de estruturas, instituições e dotações de fatores no desenvolvimento econômico de longo prazo da América Latina representa, de várias maneiras, um retorno à agenda de pesquisa da tradição historiográfica estruturalista, com ênfase na economia política como uma dimensão crucial da história econômica[99]. O argumento do presente artigo é que o sentido do aspecto "moderno" da abordagem estruturalista da história econômica latino-americana pode ser mais aguçado, comparando-se os marcos metodológicos e historiográfi-

---

95. Celso Furtado, *Economic Development of Latin America*, cap. 2.
96. Celso Furtado, *A Economia Brasileira*, p. 71.
97. Celso Furtado, *The Economic Growth of Brazil*, parte II.
98. Robert Fogel & Stanley Engerman, *Time on the Cross*. Ver também Flávio Rabelo Versiani, "Trabalho Livre, Trabalho Escravo, Trabalho Excedente: Mão de Obra na Formação Econômica do Brasil", p. 184.
99. John H. Coatsworth, "Structures, Endowments and Institutions in the Economic History of Latin America", p. 126.

cos de Furtado com as contribuições seminais feitas por North à Nova História Econômica de modo geral e à economia neoinstitucional especificamente. A evidência textual apresentada acima mostra alguns paralelos significativos entre o estruturalismo de Furtado e o neoinstitucionalismo de North. Suas respectivas análises do papel das exportações nos processos de crescimento brasileiro e norte-americano apresentam algumas semelhanças notáveis, parcialmente reforçadas pela provável influência de North na interpretação de Furtado da industrialização norte-americana. Por fim, os dois autores enfatizaram o papel fundamental das regras coloniais na explicação dos diferentes caminhos de desenvolvimento econômico de longo prazo na América do Norte e na América Latina, embora Furtado tenha ido além de North ao não restringir a discussão à influência de heranças de diferentes heranças nacionais (britânica, espanhola, portuguesa).

REFERÊNCIAS BIBLIOGRÁFICAS

ACEMOGLU, Daron & ROBINSON, James. "De Facto Political Power and Institutional Persistence". *American Economic Review*, n. 96, pp. 325-330, 2006.

BAER, Werner. "Furtado Revisited". *Luzo-Brazilian Review*, n. 11, pp. 114-121, 1974.

BOIANOVSKY, Mauro. "A Formação Política do Brasil segundo Furtado". *Revista de Economia Política*, n. 34, pp. 198-211, 2014.

_____. "A View from the Tropics: Celso Furtado and the Theory of Economic Development in the 1950s". *History of Political Economy*, n. 2, vol. 42, pp. 221-266, 2010.

_____. "Between Lévi-Strauss and Braudel: Furtado and the Historical Structural Method in Latin American Political Economy". *Journal of Economic Methodology*, vol. 22, n. 4, pp. 413-438, 2015.

_____. "Furtado, Celso (1920-2004)". *In*: DURLAUF, S. & BLUME, L. (ed.). *The New Palgrave Dictionary of Economics*. London, Palgrave Macmillan, 2008.

_____. "HES Presidential Address: Economists and their Travels, or the Time when JFK sent Douglass North on a Mission to Brazil". *Journal of the History of Economic Thought*, vol. 40, n. 2, pp. 149-177, 2018.

_____. & MONASTÉRIO, Leonardo. "O Encontro entre Douglass North e Celso Furtado em 1961: Visões Alternativas sobre a Economia Nordestina". *Revista Brasileira de Economia*, n. 72, pp. 275-291, 2018.

CEPAL – Comissão Econômica para a América Latina e o Caribe. *The Economic Development of Brazil*. New York, United Nations, 1956.

COATSWORTH, John H. "Economic and Institutional Trajectories in Nineteenth-Century Latin America". *In*: COATSWORTH, John H. & TAYLOR, Alan M. (ed.). *Latin America and the World Economy since 1800*. Cambridge, Harvard University Press, 1998.

_____. "Structures, Endowments and Institutions in the Economic History of Latin America". *Latina America Research Review*, n. 40, pp. 126-144, 2005.

DEAN, Warren. "Review of Furtado [1959] 1963". *Luzo-Brazilian Review*, n. 2, pp. 105-107, 1965.

ENGERMAN, Stanley. "Douglass C. North's *The Economic Growth of the United States, 1790-1860 Revisited*". *Social Science History*, n. 1, pp. 248-257, 1977.

_____. & SOKOLOFF, Kenneth. "Institutions, Factor Endowments and Paths of Development in the New World". *In*: HABER, Stephen (ed.). *How Latin America Fell Behind – Essays on the Economic Histories of Brazil and Mexico, 1800-1914*. Palo Alto, Stanford University Press, 1997.

_____. "Institutions, Factor Endowments and Paths of Development in the New World". *Journal of Economic Perspectives*, n. 14, pp. 217-232, 2000.

FICKER, Sandra K. "From Structuralism to the New Institutional Economics: The Impact of the Theory on the Study of Foreign Trade in Latin America". *Latin America Research Review*, n. 40, pp. 145-162, 2005.

FOGEL, Robert & ENGERMAN, Stanley. *Time on the Cross*. Boston, Little Brown, 1974.

FURTADO, André Tosi. "As Contribuições de Caio Prado Jr. à *Formação Econômica do Brasil*". *In:* COELHO, Francisco da Silva & GRANZIERA, Rui Guilherme (org.). *Celso Furtado e a Formação Econômica do Brasil*. São Paulo, Editora Atlas/Ordem dos Economistas do Brasil, 2009.

FURTADO, Celso. *A Economia Brasileira*. Rio de Janeiro, A Noite, 1954.

_____. *A Fantasia Organizada*. Rio de Janeiro, Paz e Terra, 1985.

_____. *Análise do "Modelo" Brasileiro*. Rio de Janeiro, Civilização Brasileira, 1972.

_____. "Analyse Économique et Histoire Quantitative". *L'Histoire Quantitative du Brésil de 1800 a 1930*. Paris, Centre National de la Recherche Scientifique, 1973 (Colloques Internationaux du Centre National de la Recherche Scientifique, 543).

_____. "Características Gerais da Economia Brasileira". *Revista Brasileira de Economia*, n. 4, pp. 7-37, 1950.

_____. "Comments on Professor Rosenstein-Rodan's Paper". *In*: ELLIS, Howard & WALLICH, Henry (ed.). *Economic Development for Latin America*. London, Macmillan, 1961a.

_____. "Development and Stagnation in Latin America: A Structuralist Approach". *Studies in Comparative International Development*, n. 1, pp. 159-175, 1965.

_____. *Development and Underdevelopment*. Translated by Ricardo Aguiar and Erich Drysdale. Berkeley, University of California Press, 1964 [ed. orig. *Desenvolvimento e Subdesenvolvimento*. Rio de Janeiro, Fundo de Cultura, 1961b].

_____. *Economia Colonial no Brasil nos Séculos XVI e XVII*. São Paulo, Hucitec/ABPHE, 2001. Tradução de *L'Économie Coloniale Brésilienne (XVI et XVII Siècles)*, PhD Thesis, Faculté de Droit, Université de Paris, 1948.

_____. *Economic Development of Latin America*. Translated by Suzette Macedo. Cambridge, Cambridge University Press, 1970 [ed. orig. *Formação Econômica da América Latina*. São Paulo, Companhia Editora Nacional, 1969].

_____. "O Desenvolvimento Econômico – Ensaio de Interpretação Histórico-Analítica". *Econômica Brasileira*, n. 1, pp. 3-24, 1955.

_____. *Os Ares do Mundo*. São Paulo, Paz e Terra, 1991.

_____. Teoria e Política do Desenvolvimento Econômico. São Paulo, Companhia Editora Nacional, 1975 (1. ed. 1967).

_____. *The Economic Growth of Brazil: A Survey from Colonial to Modern Times*. Translated by Ricardo Aguiar and Erich Drysdale. Berkeley, University of California Press, 1963 [ed. orig. *Formação Econômica do Brasil*. Rio de Janeiro, Fundo de Cultura, 1959].

_____. "Underdevelopment: To Conform or to Reform". *In:* MEIER, Gerald (ed.). *Pioneers in Development – Second Series*. New York, Oxford University Press/World Bank, 1987, pp. 205-227.

HABER, Stephen (ed.). *How Latin America Fell Behind – Essays on the Economic Histories of Brazil and Mexico, 1800-1914*. Palo Alto, Stanford University Press, 1997a.

_____. "Introduction: Economic Growth and Latin American Economic Historiography". *In:* HABER, Stephen (ed.). *How Latin America Fell Behind – Essays on the Economic Histories of Brazil and Mexico, 1800-1914*. Palo Alto, Stanford University Press, 1997b.

_____. "The Political Economy of Latin America Industrialization". *In*: BULMER-THOMAS, Victor; COATSWORTH, John & CORTÉS CONDE, Roberto (ed.). *The Cambridge Economic History of Latin America*. Cambridge, Cambridge University Press, 2006.

HIRSCHMAN, Albert. "Ideologies of Economic Development in Latin America". *In*: HIRSCHMAN, Albert (ed.). *Latin American Issues*. New York, Twentieth Century Fund, 1961.

_____. *The Strategy of Economic Development*. New Haven, Yale University Press, 1958.

HOSELITZ, Bert. "Economic Growth of Latin America". *In*: *First International Conference on Economic History*. Paris, Mouton/Unesco, 1960, pp. 87-101.

INNIS, Harold A. *The Fur Trade in Canada: An Introduction to Canadian Economic History*. Toronto, University of Toronto Press, 1956 (1. ed. 1930).

LESTER, Allen. "Revisão de Furtado (1959)". *American Economic Review*, n. 50, pp. 209-210, 1960.

LOVE, Joseph "The Rise and Decline of Economic Structuralism in Latin America: New Dimensions". *Latin American Research Review*, n. 40, pp. 100-125, 2005.

MADDISON, Angus. "Explaining the Economic Performance of Nations, 1820-1989". *In:* BAUMOL, William; NELSON, Richard & WOLFF, Edward (ed.). *Convergence of Productivity: Cross National Studies and Historical Evidence*. Oxford, Oxford University Press, 1994.

MALLORQUIN, Carlos. "El Institucionalismo Norteamericano y el Estructuralismo Latinoamericano: Discursos Compatibles?" *Revista Mexicana de Sociologia*, n. 63, pp. 71-108, 2001.

McCLOSKEY, Donald. "Fogel and North: Statics and Dynamics in Historical Economics". *Scandinavian Journal of Economics*, n. 96, pp. 161-166, 1994.

MOSK, Sanford. "Latin America *versus* the United States". *American Economic Review*, n. 41, pp. 367-383, 1951.

MUELLER, Hans. "Review of Furtado (1959)". *Journal of Economic History*, n. 23, pp. 359-360, 1963.

MYHRMAN, Johan & WEINGAST, Barry. "Douglass C. North's Contributions to Economics and Economic History". *Scandinavian Journal of Economics*, n. 96, pp. 185-193, 1994.

NARITOMI, Joana; SOARES, Rodrigo S. & ASSUNÇÃO, Juliano. "Institutional Development and Colonial Heritage Within Brazil". *Texto para Discussão*, PUC-RIO, 2009.

NORTH, Douglass C. "Beyond the New Economic History". *Journal of Economic History*, n. 34. pp. 1-7, 1974.

_____. *Growth and Welfare in the American Past. A New Economic History*. Englewood Cliffs, Prentice-Hall, 1966.

_____. "International Capital Flows and the Development of the American West". *Journal of Economic History*, n. 16, pp. 493-505, 1956.

_____. *Institutions, Institutional Change and Economic Performance*. Cambridge, Cambridge University Press, 1990.

_____. "Location Theory and Regional Economic Growth". *Journal of Political Economy*, n. 63, pp. 243-258, 1955.

_____. "O Crescimento Econômico Regional: Quatro Conferências do Professor Douglass C. North". *Revista Brasileira de Economia*, n. 15, pp. 5-72, 1961b.

_____. *Structure and Change in Economic History.* New York, Norton, 1981.

_____. "Structure and Performance: The Task of Economic History". *Journal of Economic Literature*, n. 16, pp. 963-978, 1978.

_____. *The Economic Growth of the United States, 1790-1860.* Englewood Cliffs, Prentice-Hall, 1961a.

_____. & Davis, Lance. *Institutional Change and American Economic Growth.* Cambridge, Cambridge University Press, 1971.

North, Douglas C. & Weingast, Barry. "Concluding Remarks: The Emerging New Economic History of Latin America". *In*: Haber, Stephen (ed.). *Political Institutions and Economic Growth in Latin America. Essays in Policy, History and Political Economy.* Stanford, Hoover Institution Press, 2000.

Nunn, Nathan. "The Importance of History for Economic Development". *Annual Review of Economics*, n. 1, pp. 65-92, 2009.

Pérez Brignoli, Héctor & Ruiz, Ernesto. "History and Quantification in Latin America: An Assessment of Theories and Methods". *Social Science History*, n. 8, pp. 201-215, 1984.

Pirenne, Henri. "Les Periodes de l'Histoire Sociale du Capitalisme". *Bulletin de la Classe des Lettres de l'Academie Royale de Belgique*, n. 5, 1914.

Prado Jr., Caio. *The Colonial Background of Modern Brazil.* Translated by Suzette Macedo. Berkeley, University of California Press, 1967 (ed. orig. 1942).

Stark, Harry. "Review of Furtado (1959) 1963". *Hispanic American Historical Review*, n. 44, p. 139, 1964.

Versiani, Flávio Rabelo. "Trabalho Livre, Trabalho Escravo, Trabalho Excedente: Mão de Obra na Formação Econômica do Brasil". *In*: Coelho, Francisco da Silva & Granziera, Rui Guilherme (org.). *Celso Furtado e a Formação Econômica do Brasil.* São Paulo, Atlas, 2009.

Vianna Moog, Clodomir. *Bandeirantes e Pioneiros: Paralelo entre Duas Culturas.* Porto Alegre, Globo, 1954.

Watkins, Melville. "A Staple Theory of Economic Growth". *Economics and Political Science*, n. 29, pp. 141-158, 1963.

III

TEORIA E MÉTODO
EM *FORMAÇÃO ECONÔMICA DO BRASIL*

7

Celso Furtado e o Estruturalismo como Método[1]

Pedro Cezar Dutra Fonseca

INTRODUÇÃO

O objetivo deste artigo é contribuir na investigação do que Celso Furtado entendia como "método estruturalista". Embora haja muitos estudos sobre as teorias estruturalistas, pouco se escreveu sobre seu método, omissão especialmente verificada entre os "clássicos" do pensamento cepalino, como Celso Furtado, Raúl Prebisch, Maria da Conceição Tavares, Osvaldo Sunkel e Aníbal Pinto, dentre outros. A rigor, caberia perguntar: há um "método estruturalista" em economia, entendendo-se este não como o estruturalismo consagrado da antropologia, mas outro homônimo, que teria aflorado na América Latina na década de 1950, especialmente sob o impulso da Cepal? Em que consiste tal método, o que o difere de outros?

O método em economia, assim como nas demais ciências, deve ser ao mesmo tempo uma epistemologia e um instrumento. A primeira exige que o conhecimento deva assentar-se em uma base filosófica, ou seja, tenha apoio em uma teoria de conhecimento. Nesse quesito, não há como escapar das perguntas clássicas sobre a origem do conhecimento (da razão ou da experiência, ou dedução *versus* indução, com as incontáveis mediações entre as duas polaridades) e sobre suas possibilidades, envolvendo questões como determinismo, probabilismo e ceticismo. Também um

---

1. Síntese da apresentação no Seminário Celso Furtado e os 50 Anos de *Formação Econômica do Brasil*, realizado entre 6 e 8 de novembro de 2019, no Centro de Pesquisas e Formação do Sesc/São Paulo. Agradeço a Fabian Scholze Domingues as sugestões.

método deve explicitar qual sua raiz filosófica no que tange à primazia do sujeito (subjetivismo) ou do objeto (objetivismo), e/ou da interação entre ambos, pois método sempre aflora como uma relação entre o pesquisador e seu objeto de análise. Tais "ismos" aqui mencionados apenas tentam sumariar a complexidade da problemática envolvida, até porque tais termos são polissêmicos e abarcam pensadores muitas vezes discordantes entre si, que os definem em consonância a seus próprios *approaches* filosóficos. Já como instrumento, o método também deve ser uma ferramenta útil. Os cientistas ou pesquisadores, ao optarem por determinado método para testar suas hipóteses, recorrem a procedimentos e técnicas sobre qual caminho percorrer: por exemplo, a escolha das variáveis, a delimitação do problema, a formulação de hipótese testável, a utilização ou não da linguagem matemática, os instrumentais estatísticos e econométricos, os discursos e fontes primárias e secundárias. Vale lembrar que as ferramentas auxiliam, mas geralmente são limitadas em seu escopo e abrangência; desde Descartes, o benefício da dúvida nunca pode ser subestimado.

Infelizmente, os mencionados "clássicos" do estruturalismo latino-americano não nos deixaram estudos que detalhassem o método que embasa sua visão teórica. Há considerações esparsas, mas na maior parte das vezes a palavra "estruturalismo" é usada como referência à especificidade da formação histórico-econômico-social latino-americana e, assim, para justificar a necessidades de teorias que atentem às peculiaridades do subcontinente e de seus países; que não se poderia nesses apenas se "transpor" acriticamente e sem mediações teorias concebidas para outras realidades. Pode-se afirmar, sem risco de generalização apressada, que tal "preceito da peculiaridade" é ponto de convergência de todos os estruturalistas da tradição cepalina, além de ser alvo frequente de crítica do pensamento liberal da época, como de Gudin. Para este, a teoria econômica era sempre a mesma: "o que muda são os parâmetros, não as equações"[2].

A despeito de esse debate haver florescido com força no Brasil nas décadas de 1940 a 1960, como é sobejamente conhecido não se trata de novidade no campo da epistemologia. É um dos pilares filosóficos da Escola Histórica Alemã do século XIX, cujos membros negavam, em menor ou maior grau, a possibilidade de uma Ciência Econômica universal. Ao invés do *homo economicus* abstrato e a-

---

2. Eugênio Gudin, "O Caso das Nações Subdesenvolvidas".

-histórico dos "ingleses" (Smith e Ricardo, principalmente), as análises deveriam incorporar o homem real, concreto, histórico, marcado por sua nacionalidade, hábitos, crenças – enfim, por sua cultura. Por isso é usual resgatar nomes como List, Hildebrand, Roscher, Schmoller, Knies e outros quando se buscam as fontes formadoras do pensamento cepalino[3]. Esses autores, talvez não individualmente, mas no conjunto da obra, formularam o que se pode considerar método no sentido forte: neles há tanto a epistemologia como a "caixa de ferramentas". Caso se leve ao paroxismo tal aproximação com a História Escola Alemã, o estruturalismo cepalino, em termos metodológicos, não apresenta nenhuma contribuição inovadora de maior peso, pois, a rigor, nada o difere tanto dos principais preceitos filosóficos como do *modus operandi* de trabalhar com variáveis econômicas que tenha passado despercebido pelos referidos intelectuais. Deixa-se patente aqui que tais ponderações restringem-se ao *método*: de forma alguma se as estende às contribuições *teóricas* cepalinas, de fundamental importância na história do pensamento econômico latino-americano, como deterioração dos termos de troca, inflação e desemprego estruturais, inelasticidade da oferta agrícola, dualismo e heterogeneidade estrutural, dentre outras.

A ANÁLISE BEM-COMPORTADA

Um dos poucos escritos sobre o tema em pauta por parte dos "clássicos" do pensamento cepalino é o Anexo Metodológico do capítulo 6 de *Teoria e Política do Desenvolvimento Econômico*, cuja publicação original é de 1967. Todas as citações a seguir foram extraídas desta edição da coleção Os Economistas da editora Abril, onde estão concentradas em apenas três páginas e meia[4]. Ideias semelhantes foram também expressas por Furtado em Paris, em 1971, em um dos Colloques Internationaux du Centre National de la Recherche Scientifique e, posteriormente, publicado[5].

---

3. De Pedro C. Dutra Fonseca, "Sobre o Método em História Econômica: Aspectos Teóricos"; "As Origens e as Vertentes Formadoras do Pensamento Cepalino"; "O Pensamento Econômico Alemão no Século XIX".
4. Celso Furtado, *Teoria e Política do Desenvolvimento Econômico*, pp. 71-74. Todos os grifos nas citações a seguir são do original.
5. Celso Furtado, "Analyse Économique et Histoire Quantitative".

É interessante cogitar por que tal capítulo 6, ao ser escrito, teria despertado em Furtado a oportunidade ou a necessidade de um anexo metodológico, mesmo que breve. O capítulo intitula-se "Segunda Projeção da Análise Keynesiana: Os Modelos Dinâmicos" e é, sem erro, o mais abstrato da obra toda. Ele começa discutindo as condições de equilíbrio do modelo keynesiano, inicialmente no curto prazo, com estoque к de capital dado, e posteriormente inclui a ampliação da capacidade produtiva. O modelo de Harrod é exposto por equações e gráficos, tratamento também feito a seguir ao modelo de Kaldor. Ambos são tratados como "dinamização" do modelo keynesiano: este, em sua formulação inicial, era um modelo de equilíbrio atemporal, como o tempo considerado variável *coeteris paribus*. Nessa "segunda linha de pesquisa", diz Furtado, "tem-se procurado dinamizar o modelo de Keynes desagregando-lhe algumas das variáveis e aprofundando no estudo do comportamento de alguns dos agentes responsáveis por decisões de caráter estratégico"[6]. Essas são as últimas palavras do capítulo 6. Já aí Furtado sugere a necessidade de *"dinamizar" o modelo*, mas o que isso realmente significaria? Dinâmica envolve tempo, opõe-se à estática. A interpretação mais restrita, usual em econometria, é incluir variáveis defasadas nos modelos, de modo que, em vez de um único ponto de equilíbrio, chega-se a uma série temporal. Essa seria a interpretação mais próxima do *mainstream*.

Outra interpretação seria o uso do termo *dinamizar* com acepção mais próxima à dialética, em que a dinâmica é associada à lei de movimento, ou à tríade tese-antítese--síntese (negação da negação). Todavia, pelo que escreveu nos primeiros parágrafos do Anexo Metodológico, Furtado parece mais próximo da interpretação convencional, até pelos autores citados e termos teóricos utilizados. A única observação um pouco mais crítica seria a de mencionar que se faz necessário desagregar variáveis e aprofundar no comportamento estratégico de alguns agentes, mostrando certa objeção a modelos com variáveis com alto grau de agregação. Ainda outra inferência que se pode fazer é que, para ele, o modelo "em si" não bastaria: ele ajuda como instrumento, seria um ponto de partida, mas a pesquisa deveria avançar a graus maiores de concreção e desagregação. Como se verá, adiante Furtado procurará clarear seu entendimento robustecendo esta última acepção. Mas, antes disso, faz-se mister recuperar alguns pontos de seu pensamento expressos no início do Anexo.

---

6. Celso Furtado, *Teoria e Política do Desenvolvimento Econômico*, p. 69.

O Anexo foi construído de tal forma que seus primeiros parágrafos aproximam-se ao *mainstream*: uma análise "bem-comportada", nada diferente dos tradicionais manuais de macroeconomia ou econometria, dentro dos cânones do método hipotético-dedutivo. Começa com: "A análise econômica se propõe, como tarefa ordinária, explicar certos fenômenos a partir de outros que são conhecidos. Esses fenômenos são tratados como *variáveis* toda vez que passíveis de expressão quantitativa sob a forma de grandezas arbitrárias"[7]. Nota-se que a palavra "explicar" é aqui de certo modo imprópria, ou usada em sentido lato, pois o que ela sugere é *correlacionar* variáveis, e não propriamente *explicar* suas causas ou motivações, pois não há pretensão de causalidade. O caminho proposto é testar se há correlação lançando-se mão de uma variável como dependente e outra(s) como independente(s): "Um modelo linear, que é o instrumento mais simples de análise econômica, permite determinar os valores numéricos de um vetor de variáveis (endógenas), a partir de valores conhecidos de outro vetor de variáveis (exógenas)"[8]. A seguir, afirma que variáveis tendem a captar o comportamento dos agentes econômicos, e "o conjunto de relações precisas entre as variáveis constitui a *matriz estrutural* do modelo. Se os valores dos parâmetros são especificados, as relações entre variáveis assumem características precisas, definindo-se uma *estrutura*"[9]. Essa é a primeira vez que, de forma cabal, Furtado utiliza o vocábulo estrutura – mas, note-se, está no contexto de elaboração de modelos, em alto grau de abstração, não em referência a um método ou mesmo a um fenômeno concreto-histórico das economias latino-americanas, como sói acontecer nas teorias de tradição cepalina. Prosseguindo, afirma que uma matriz estrutural é composta por variáveis e parâmetros e pode ir aprimorando-se com a adição de mais e mais equações – tal como se entende na técnica elaboração e teste de modelos.

A seguir, Furtado recorre a duas autoridades: François Perroux e Max Weber. Do primeiro, vale-se da definição de estrutura: "Proportions et relations qui caractérisent um ensemble économique localisé dans le temps et dans l'espace". De Max Weber, frisa que os economistas trabalham com "grande similitude" aos tipos ideais aconselhados por este autor, pois os modelos são simplificações da realidade, uma tentativa de abstrair o relevante sem a pretensão de abarcá-la por

7. *Idem.*
8. *Idem.*
9. *Idem.*

completo ou de forma definitiva; inclusive, vários modelos poderiam ser elaborados para um mesmo objeto. Este preceito metodológico foi explicitado por Weber em seu trabalho sobre a influência da ascese protestante nas origens do capitalismo. No intuito de criticar o materialismo histórico de Marx, o qual considerava um determinismo econômico, Weber afirma, ao final da obra, que assim como dissertara sobre a influência dos fatores religiosos na economia, poderia realizar também o procedimento contrário – ir da economia para a "superestrutura", e que este seria tão legítimo quando o outro. O equívoco marxista seria não o fato de pretender explicar a superestrutura (religião, ideologia, cultura, crenças) pela infraestrutura econômica, mas de entender que este era o único caminho cientificamente válido. Em outras palavras: múltiplos modelos podem explicar um mesmo fenômeno; qual deles é o "mais adequado" só podemos conhecer por meio de teste empírico, em consonância como método hipotético-dedutivo.

A DINAMIZAÇÃO DOS PARÂMETROS

A leitura até essa parte do Anexo sugere que Furtado segue a tradição kantiana: não busca alcançar a "coisa em si". O cientista social trabalha com representações, intenta *relacionar* variáveis para "dar ordem ao caos". Mas isso, acrescenta, exige a busca de maior lastro empírico, ou "em termos *concretos*, isto é, como relações entre variáveis com uma significação precisa"[10]. Justamente nessa passagem, em que deixa de tratar da formulação e da "técnica" de modelar, e começa a abordar a concreção, é que Furtado dá uma guinada no texto. Ao prosseguir, afirma que a matriz estrutural de um modelo não passa de uma estrutura matemática, axiomática, que independe da significação de cada elemento que compõe seu conjunto. Seria como uma sintaxe, pois o significado "substantivo" dos elementos do conjunto são decisões (de consumidores, empresários e outros agentes econômicos) dificilmente passíveis de simples quantificação. Assim, assevera, provavelmente referindo-se às teorias marginalistas e neoclássicas, as análises "a partir do século passado" (século XIX) teriam sido estáticas e a-históricas. A corrente latino-americana do estruturalismo não se apoiaria nem nessas escolas nem no estrutu-

---

10. *Idem.*

ralismo francês (que privilegiaria também a "sintaxe" em seu entendimento)[11]. O afastamento de Furtado com o *mainstream* representado pelo método hipotético-dedutivo é indubitável nesse aspecto. Talvez o ponto de rompimento esteja nesta passagem, que até choca o leitor de tão diferente do que fora escrito nos primeiros parágrafos do Anexo:

> A introdução de um eixo diacrônico em um modelo pode exigir drásticas simplificações no eixo da sincronia. Dessa forma, a "dinamização" do modelo pode ser de reduzida significação, se o que se tem em vista é aumentar a eficácia do mesmo como instrumento de explicação da realidade[12].

Observa-se que aqui já há a antinomia entre sincrônico e diacrônico, a sugerir que os modelos, por estabelecerem relação entre variáveis que são ou endógenas ou exógenas, não permitiriam abarcar nem causalidade recíproca nem mudanças mais significativas – ou, simplesmente, a incorporação da História. Num *approach* dialético, poder-se-ia postular que os modelos entre variáveis funcionais são incapazes de incorporar o movimento do objeto, sua tese e antítese – e, portanto, sua transformação e sua história. A análise da retórica furtadiana evidencia a recorrência a adjetivos depreciativos – "drásticas" e "reduzida" – para mostrar os limites do método que ele mesmo parecia ter defendido inicialmente, mas que, ganhando vida no correr da exposição, passa a ser apenas um momento de um procedimento bem mais complexo e diversificado (e pretensioso). Também se faz necessário assinalar que, a partir daí, a palavra *explicação* recebe outra conotação: não se trata de apenas correlacionar varáveis, mas da busca de instrumental mais robusto para "aumentar a eficácia" da explicação da realidade, o que a sintaxe do modelo entre variáveis quantitativas não é capaz, *per se*, de lograr. Mais próximas da tradição hegeliana, as novas considerações sugerem que o conhecimento científico só se completa com a explicação, a qual não pode prescindir da gênese histórica (e que se completa com gênese lógica), indo além das visões epistemológicas positivistas ou instrumentalistas, em que a ciência apenas busca relacionar variáveis e testar

---

11. Boianovsky tem entendimento diferente ao defender que Furtado foi influenciado por abordagens "aparentemente incompatíveis" de Claude Lévi-Strauss e Fernand Braudel de estrutura e história (Mauro Boianovsky, "Between Lévi-Strauss and Braudel: Furtado and the Historical Structural Method in Latin American Political Economy").
12. Celso Furtado, *Teoria e Política do Desenvolvimento Econômico*,

correlações, mesmo partindo de pressupostos irrealistas, desde que se mostre capaz de fazer previsões aceitas a um grau de probabilidade.

Furtado não chega a detalhar a "caixa de ferramentas" desse método, mas dá pistas na própria passagem em que, de forma taxativa, define o próprio método: "O estruturalismo econômico (escola de pensamento surgida na primeira metade dos anos 50 entre economistas latino-americanos) teve como objetivo principal pôr em evidência a importância dos 'parâmetros não econômicos' dos modelos macroeconômicos". A incorporação de tais parâmetros pode ser feita de forma a "dinamizar os modelos econômicos", ou "transformar as *constantes* em *variáveis*"[13]. Tal afirmação surpreende por seu caráter inovador, a ponto de permitir ser lida como heresia, já que o formalismo dos modelos assenta-se na diferença nítida entre variáveis, constantes e parâmetros. Parâmetro variável sugere uma contradição em termos.

Todavia, embora permeado por certo hermetismo, o que Furtado propõe pode ser clareado com um exemplo. Supõe-se uma função em que x e y sejam duas variáveis quaisquer: $y = f(x)$. Na forma linear mais simples chega-se a: $y = \alpha + \beta x$, onde α e β são os parâmetros estimados. Normalmente, ao se encontrarem os parâmetros e após os testes sobre sua validade, o trabalho é dado como encerrado e torna-se um instrumento útil de previsão. Essa é a concepção *mainstream*. Entretanto, podemos ponderar, mesmo os parâmetros variam no tempo e no espaço quando nos colocamos em uma perspectiva histórica, ou seja, serão diferentes tanto daqui a dez anos como, num mesmo tempo t, em dois lugares diferentes. As perguntas então são: por que os parâmetros eram diferentes anos atrás, por que aumentaram ou diminuíram (ou não se alteraram)? Se fosse uma função consumo, por exemplo, caberia indagar por que a propensão marginal a consumir (β) de determinado país caiu em certa década, por exemplo, de 0,73 para 0,64; que motivos levaram a tal queda? Da mesma forma, se no Brasil $\beta = 0,60$ e no Haiti $\beta = 0,52$, restaria investigar por que tal diferença, que fatores ou variáveis a explicariam.

Observa-se que, para Furtado, a simples estimativa dos parâmetros não é o fim do trabalho, mas o começo de uma nova etapa. Por isso, ele defende que tal dinamização é necessária, ou seja, faz-se mister investigar as razões (ou variáveis) de a propensão marginal a consumir ter caído nesse espaço de dez anos, ou por que no Brasil é maior

---

13. *Idem.*

que no Haiti. Nesta etapa da pesquisa é que se dá a incorporação de fatores "não econômicos". Aqui há um afastamento do método hipotético-dedutivo e a história passa a ser relevante como laboratório: os parâmetros não são *explicados* sem ela. Por isso, o estruturalismo como método não pode prescindir da história, entendimento que aproxima Furtado de autores que, embora sob argumentos diferentes, também assim se manifestaram, como os membros da Escola Histórica Alemã, Marx, Schumpeter e Veblen, dentre outros. Também para eles, a dinamização dos parâmetros exige a incorporação de dimensões políticas, culturais, institucionais, legais, religiosas, dentre outras. Isso significa que os economistas não podem ignorar que o presente é necessariamente "herança", ou síntese de determinações passadas. Nenhuma conjuntura pode ser entendida sem se *explicar* suas origens, seus determinantes ou condicionantes, seu "contexto", em "um processo histórico no qual o 'econômico e o 'não econômico' se condicionaram mutuamente em todos os instantes". Por isso, completa, "os estruturalistas retomaram a tradição do pensamento marxista, no sentido de que este último colocou em primeiro plano a análise das estruturas sociais como meio para compreender o comportamento das variáveis econômicas"[14].

Note-se, finalmente, que essa elaboração intelectual de Furtado é fortemente condicionada pelo momento em que escreve: a era do desenvolvimentismo latino-americano, marcado por acentuada urbanização e industrialização em vários países, onde variáveis e parâmetros estimados se alteravam rapidamente. Ele manifesta consciência disso ao afirmar que "a natureza dos mesmos pode modificar-se significativamente em fases de rápida mudança social, ou quando se amplia o horizonte temporal da análise. Essa observação é particularmente pertinente com respeito a sistemas econômicos heterogêneos, social e tecnologicamente, como é o caso das economias subdesenvolvidas"[15].

CONCLUSÃO

Os "clássicos" do estruturalismo latino-americano não se preocuparam em deixar explícito o que seria o "método estruturalista" e suas diferenças em relação a outros métodos. Uma exceção é o Anexo metodológico de Celso Furtado aqui anali-

---

14. *Idem.*
15. *Idem.*

sado. Este começa bastante convencional, aceitando os preceitos do método hipotético-dedutivo, mas após alguns parágrafos apresenta uma mudança de pensamento. Ao enfatizar a necessidade de "dinamizar os parâmetros", Furtado aponta para os limites de tal método e passa a defender que a explicação dos fatos sociais vai além de correlação entre variáveis e só se completa com estudos históricos e com a incorporação de variáveis não econômicas, dando a entender que essas são as variáveis políticas, culturais e institucionais, por exemplo. Numa contextualização histórica, pode-se dizer que o texto é bastante arrojado, pois até então tais variáveis eram geralmente elencadas como *coeteris paribus*, ou seja, os economistas afinados com o *mainstream* reconheciam sua existência, mas as entendiam como fora de seu âmbito de investigação.

Restam, todavia, alguns aspectos que merecem investigações com maior acuidade. Um deles é verificar se a contribuição de Furtado no Anexo Metodológico é suficiente para legar ao estruturalismo latino-americano um *status* de método próprio, ou seja, se difere da Escola Histórica Alemã ou do indutivismo historicista a ponto de poder ser considerado um método novo. Uma hipótese razoável é que se trata de argumentos, embora criativos e bem elaborados, que robusteçam a defesa do tradicional método histórico-dedutivo. Outro estudo que resta ser feito é se Furtado foi consistente com tais ideias em sua obra mais famosa: *Formação Econômica do Brasil*, escrita quase uma década antes do Anexo Metodológico.

REFERÊNCIAS BIBLIOGRÁFICAS

BOIANOVSKY, Mauro. "Between Lévi-Strauss and Braudel: Furtado and the Historical Structural Method in Latin American Political Economy". *Journal of Economic Methodology*, vol. 22, n. 4, pp. 413-438, 2015.

FONSECA, Pedro C. Dutra. "As Origens e as Vertentes Formadoras do Pensamento Cepalino". *Revista Brasileira de Economia*, Rio de Janeiro, vol. 54, n. 3, 2000.

_____. "O Pensamento Econômico Alemão no Século XIX". *In*: HELFER, Inácio. *Pensadores Alemães dos Séculos XIX e XX*. Santa Cruz do Sul, Unisc, 2000.

_____. "Sobre o Método em História Econômica: Aspectos Teóricos". *Perspectiva Econômica*, São Leopoldo, vol. 10, n. 29, 1980.

FURTADO, Celso. "Analyse Économique et Histoire Quantitative" *In*: *L'Histoire Quantitative du Brésil de 1800 a 1930*. Paris, Centre National de la Recherche Scientifique, 1973 (Colloques Internationaux du Centre National de la Recherche Scientifique, 543).

_____. *Teoria e Política do Desenvolvimento Econômico*. São Paulo, Abril Cultural, 1983. (Os Economistas).

GUDIN, Eugênio. "O Caso das Nações Subdesenvolvidas". *Revista Brasileira de Economia*, Rio de Janeiro, vol. 6, n. 3, 1952.

RODRÍGUEZ, Octavio. "Fundamentos del Estructuralismo Latinoamericano". *Comercio Exterior*, México, D. F., vol. 51, n. 2, pp. 100-111, 2001.

_____. *O Estruturalismo Latino-Americano*. Rio de Janeiro, Civilização Brasileira, 2009.

WEBER, Max. *The Protestant Ethic and the Spirit of Capitalism*. London/New York, Routledge, 1992.

8

Formação Econômica do Brasil: Economia e História[1]

Mauricio C. Coutinho

Uma das características mais marcantes de *Formação Econômica do Brasil* é a aplicação de modelos econômicos à história. Na Introdução, Furtado situa o livro como "um esboço do processo histórico de formação da economia brasileira"[2]. No Prefácio de *A Economia Brasileira*, obra que antecede *Formação* e que antecipa muitas de suas soluções, Furtado foi mais específico: afirma que, após anos de prática em análise econômica e manuseio de estatísticas, procurou ver "o processo em seu conjunto", adotando "a técnica de análise que os economistas chamam de construção de modelos". Esclarece ainda que se preocupou com o "mecanismo mesmo" do sistema e identifica dois elementos em sua reconstrução, o fluxo de renda (e suas transformações) e distribuição[3].

Em obras subsequentes[4], Furtado voltaria a propor sínteses históricas baseadas em modelos. Naturalmente, a cada momento os modelos elaborados sofreram modificações, seja pela incorporação de novas categorias, seja pela absorção de outras perspectivas de análise. De todo modo, pode-se afirmar que *Formação Econômica do Brasil* pertence a um conjunto de obras caracterizado pela aplicação de técnicas de análise econômica à reconstituição de processos históricos. Se uma das razões de seu sucesso e longevidade editorial é a pioneira aplicação de modelos e categorias econômicas à história brasileira, não deixa de surpreender

---

1. Este trabalho beneficiou-se dos comentários de Maria Alice Rosa Ribeiro e Renata Bianconi.
2. Celso Furtado, "Introdução", *Formação Econômica do Brasil*.
3. Celso Furtado, "Prefácio", *A Economia Brasileira*, p. 14.
4. Por exemplo, *Economia Latino-Americana: Formação Histórica e Problemas Contemporâneos*; *Subdesenvolvimento e Estagnação na América Latina*.

que um público amplo tenha sido tão receptivo a esse tipo de narrativa, em um momento em que a familiaridade com a análise e modelagem da economia era bem menos difundida entre nós. Convém ainda assinalar que, embora desde a juventude aberto à história e às ciências sociais, Furtado veio a adquirir treinamento em modelagem econômica e na própria utilização (e aferição) de variáveis econômicas em suas atividades como economista na Cepal, iniciadas em 1949.

A rigor, o primeiro trabalho de Furtado a aplicar técnicas de análise econômica aos processos históricos é "Características Gerais da Economia Brasileira", publicado logo ao início de suas atividades na Cepal. Nesse artigo, Furtado atribui os problemas correntes da economia brasileira a suas origens coloniais e sustenta que fatores seculares decisivos teriam influenciado o desempenho da economia brasileira no século XX; dentre eles, a piora na relação de trocas, a elevação da taxa cambial, a inflação crônica. Impossível deixar de notar que a deterioração das relações de troca era a ideia símbolo de Raúl Prebisch. Por sua vez, a desvalorização cambial, o substrato da industrialização por substituição de importações, aparece no artigo relacionada às transferências de renda implícitas à desvalorização – como se sabe, a "socialização das perdas" constitui uma das fórmulas emblemáticas de *Formação Econômica do Brasil*. Até mesmo a inflação, um tema em alta na economia brasileira do pós-guerra, aflui à argumentação histórica. No limite, a divisão internacional do trabalho, a moldura básica das abordagens da Cepal sobre desenvolvimento econômico, permanece ao fundo das incursões históricas de "Características Gerais", texto no qual o Brasil é caracterizado como tendo sido, ao menos até 1914, uma "economia colonial", definida pela exportação de poucos produtos primários e importação de diversos produtos industriais.

Para realçar a mudança de tom, bem como de recursos analíticos utilizados a partir de "Características Gerais", vale assinalar que a tese de doutoramento de Furtado, *Economia Colonial no Brasil nos Séculos XVI e XVII*, não se destaca pela aplicação de modelos econômicos à história. A tese representa uma incursão à história econômica brasileira, tendo como referência o açúcar nordestino e suas características econômicas e sociais, bem como seu legado à agricultura, à sociedade e à economia brasileiras como um todo. Como nas subsequentes obras históricas, o açúcar é caracterizado na tese de doutoramento como a matriz do projeto colonial luso-brasileiro, sem que Furtado se aproxime em 1948 das categorias e instrumentos correntes da teoria econômica e do debate econômico do pós-guerra, muito utilizados nas obras posteriores, notadamente em *Formação Econômica do Brasil*. Dentre essas categorias e instrumentos, fluxo de renda, indução do produto pela demanda, compatibilização entre oferta e demanda, fluxos cambiais. Enfim, o leitor não encontrará em *Economia Colonial* o substrato analítico de obras posteriores. Modelagens da história e mesmo a caracterização de "sistemas" em evolução são perspectivas ausentes. O contraste com "Características Gerais" e com *A Economia Brasileira* sugere que se credite à prática de análise econômica de Furtado na Cepal sua aproximação às modelagens de história que vieram a se tornar a marca distintiva de *Formação*[5].

Fluxo de renda, câmbio, indução do produto pela demanda, distinção entre economia monetária e não monetária, excedente econômico e distribuição de renda parecem ser os elementos mais marcantes da modelagem de *Formação*. A visão de excedente e distribuição, por sua vez, marca a aproximação peculiar de Furtado ao modelo de crescimento com oferta ilimitada de mão de obra, que transpassa tanto *A Economia Brasileira* quanto *Formação*. Vamos nos deter em cada um destes elementos, dando atenção especial ao modo como se apresentam (e destacam) em *Formação Econômica do Brasil*.

Convém iniciar por fluxo de renda e distinção entre economia monetária e não monetária. Nos capítulos 8 e 9 da Parte Dois ("Economia Escravista de Agricultura Tropical – Séculos XVI e XVII"), Furtado estima a renda gerada pela economia açucareira no século XVI e os gastos com capital, considerando mão de obra escrava e outros insumos, inclusive trabalho não escravo. A renda total da economia é estimada a partir do açúcar exportado, e chega-se à renda líquida pela dedução de gastos monetários de reposição[6]. Dada a pequena população de origem europeia, a estimativa revela uma renda *per capita* bastante elevada e, ademais, concentrada nas mãos dos senhores de engenho. Os gastos monetários internos, por sua vez, dizem respeito unicamente ao pequeno número de assalariados internos à unidade produtiva e a despesas com fornecedores de lenha e gado para tração. A estimativa de Furtado é de que os pagamentos internos cor-

---

5. Sobre as relações entre *Economia Colonial*, "Características Gerais", *A Economia Brasileira* e *Formação Econômica do Brasil*, ver Maurício C. Coutinho, "*A Economia Brasileira* (1954), de Celso Furtado".

6. Celso Furtado, *Formação Econômica do Brasil*, p. 78.

respondiam a apenas três por cento da renda gerada[7], o que significa que a classe proprietária se apropriava de grande parte da renda e da quase totalidade da renda monetária. Já os fluxos de renda monetária transcorriam em grande medida no exterior, envolvendo compra de escravos, de equipamentos e de bens de consumo dos proprietários, além da amortização da dívida junto aos financiadores internacionais. A quase totalidade da subsistência interna correspondia a atividades não monetárias, desenvolvidas no interior da grande propriedade ou nas extensas e crescentes faixas de "economia de subsistência" que se estabeleciam à margem do cultivo de exportação.

Por "economia de subsistência" Furtado entendia tanto atividades escassamente penetradas por transações monetárias quanto, de modo geral, a operação a baixíssimos níveis de produtividade. Para Furtado, a lavoura de exportação – tanto o açúcar quanto, no século XIX, o café – podia beneficiar-se de "produtividade econômica" eventualmente proporcionada por elevados preços no mercado internacional. De modo geral, no entanto, a agricultura, não tinha acesso aos ganhos de "produtividade física" que caracterizam as atividades manufatureiras ou industriais[8]. A "economia de subsistência" parece não se haver beneficiado de uma ou de outra modalidade de ganhos de produtividade.

É importante notar que a inexistência de fluxos de renda monetária no interior do território, tanto no processo de expansão do capital quanto no de sustentação das atividades, faz com que a economia de exportação não seja penetrada pelos mecanismos de difusão da renda que caracterizam a "economia industrial". Nesta última, de acordo com Furtado, a inversão produz um fluxo interno de pagamentos que vem a criar "renda monetária"[9]; vale dizer, os pagamentos em moeda acionam o multiplicador. Já na economia exportadora-escravista, a renda real provocada pelo investimento corresponde apenas ao lucro do empresário, um

---

7. *Idem*, p. 80.
8. A distinção entre produtividade "física" e "econômica", bastante problemática, foi desenvolvida em *A Economia Brasileira* e sustentada em *Formação Econômica do Brasil*. Furtado associa produtividade "econômica" a variações de preços relativos, enquanto a "física" envolve a elevações do *output* por unidade de insumo, em geral associada ao aumento de capital por unidade de trabalho.
9. Celso Furtado, *Formação Econômica do Brasil*, p. 85.

incremento de renda que, não sendo objeto de pagamento, não tinha "expressão monetária" – portanto, não ativava formação de renda adicional[10].

É claro que apenas o processo de assalariamento e de compra disseminada (e externa à unidade exportadora) de subsistência e insumos produtivos ativará o mecanismo multiplicador, e esta a razão da imensa importância conferida à transição para o assalariamento, objeto da extensa e decisiva Parte Quatro de *Formação* ("Economia de Transição para o Trabalho Assalariado – Século XIX"). Como se sabe, Furtado associa a formação do assalariamento no Brasil à lavoura cafeeira com mão de obra livre. Acredito que as mesmas razões – ausência do assalariamento e do mecanismo multiplicador – expliquem outras peculiaridades de *Formação*, como a pequena atenção concedida à economia cafeeira com trabalho escravo, uma atividade que não apenas unificou o Brasil pós-colonial como obteve uma dominância econômica bastante prolongada – ao menos de 1830 a 1880[11].

A ausência de dominância do trabalho livre, com os efeitos decorrentes, pode explicar ainda o tratamento bem particular e concentrado dado ao ciclo do ouro na Parte Três ("Economia Escravista Mineira – Século XVIII"). A economia mineradora brasileira é vista por Furtado como peculiar porque, em contraste com a lavoura canavieira escravista, envolveu uma transposição considerável de mão de obra portuguesa, interiorização, criação de núcleos urbanos importantes; elementos em princípio favoráveis à expansão do mercado interno. Estando aberta à exploração por grandes e por pequenos capitais, a mineração admitiu a utilização tanto de trabalho escravo em larga escala como de trabalho livre com mínima

---

10. "Economia industrial", em contraponto a "economia comercial", é uma fórmula de *A Economia Brasileira*. Furtado relaciona "economia industrial" à contratação da confecção de manufaturas – portanto, mobilização de mão de obra e de capitais autônomos – por parte de mercadores, com todos seus efeitos: divisão do trabalho, especialização, pagamento a fatores, fluxos de rendimento, cadeias de crédito. Em *Formação Econômica do Brasil*, a expressão "economia industrial" identifica contratação de fatores externamente à propriedade agrícola exportadora. As consequências, como pagamento de fatores, fluxos monetários e, preponderantemente, criação de renda via multiplicador, são análogas. Ver a respeito Celso Furtado, *Formação Econômica do Brasil*, cap. 9, p. 85.

11. A pouca importância concedida por Furtado à lavoura escravista cafeeira talvez possa ser explicada pelo declínio do nível de renda entre o final do século XVIII e a primeira metade do XIX, conforme a estimativa de Furtado no capítulo 19 de *Formação Econômica do Brasil*.

assistência. A economia urbana, a fixação dos escravos na atividade mineradora (afastados de trabalho misto em minas e em subsistência) e a existência de um contingente razoável de portugueses implicam necessidade de abastecimento e formação de redes de fornecimento ativadas por pagamentos em dinheiro. Por todas essas condições, a mineração de ouro poderia em princípio oferecer à colônia brasileira possibilidades de desenvolvimento de uma economia de mercado interno, o que não se realizou, de acordo com Furtado, graças à pequena duração do auge minerador e à baixa capacitação técnica do imigrante português. Daí a regressão à "economia de subsistência" ao término do auge minerador[12]. Enfim, a economia escravista mineira teria representado um ensaio não desenvolvido de formação de mercado interno.

O contraste entre os diversos modelos de economia colonial e, particularmente, entre a do Nordeste norte-americano e a do Brasil, reforça as distinções entre modos de ocupação territorial, estrutura de propriedade e fluxos de renda. Pode-se dizer que o contraponto entre a ocupação da América do Norte e a das Antilhas, da América Central e da América do Sul, fornece a Furtado o pano de fundo para uma melhor especificação histórica do processo de colonização do Brasil. Os capítulos 5 ("As Colônias de Povoamento do Hemisfério Norte") e 6 ("Consequências da Penetração do Açúcar nas Antilhas") iluminam o caráter distintivo da colonização britânica da América do Norte, que envolveu trabalho livre combinado à servidão contratual (*indentured servitude*) e, preponderantemente, ocupação da terra por pequena propriedade. Furtado conclui que, por não se haver criado uma corrente de produtos agrícolas exportáveis para a Europa, diminuiu a atratividade da colonização para as companhias mercantis. Com o tempo, no entanto, o dinamismo da economia exportadora antilhana, baseada no trabalho escravo, acabou por criar mercados adicionais para a produção agrícola e mesmo para a manufatureira (navios, destilação de bebida alcoólica) do Nordeste continental. A criação de uma agricultura não voltada à exportação de produtos tropicais força a expansão do mercado interno e a exportação de produtos diversos, o que envolve transações monetárias e abertura a pequenos capitais. A estrutura econômica e social que se forma em algumas das colônias inglesas na América do Norte vem a ser muito menos concentrada que a da típica economia exportadora escravista, o que acabaria por levar a conflitos políticos com os interesses metropolitanos. Em suma, a pequena propriedade

---

12. *Idem*, cap. 15.

e o nexo de transações internas e com a economia antilhana marcam a formação de um mercado livre de trabalho, com multiplicação de capitais nativos. O fluxo de renda é ativado por demanda interna e por uma demanda externa estranha à agricultura tropical, o que por fim estimula a própria atividade manufatureira. O contraste com a agricultura escravista açucareira no Brasil é total.

O mesmo contraste entre América do Norte e Brasil nos permite observar uma distinção fundamental no sistema de Furtado, aquela entre indução do produto por demanda externa ou por demanda interna. A agricultura tropical escravista de exportação é o caso clássico de indução do produto por demanda externa. Em caso de expansão do mercado externo e/ou do preço do produto, a economia pode vir a se beneficiar e até mesmo a obter crescimento marcante. Queda da demanda externa ou dos preços, naturalmente, produzirá retração. Tanto o açúcar quanto o café no Brasil passaram por fases expansivas ou retrativas, para não falarmos em outros produtos agrícolas de exportação, em economia escravista ou com mão de obra livre – algodão, borracha –, que conheceram impulsos expansivos provocados por demanda externa. Note-se que o impulso externo, no caso, não promoverá saltos de produtividade na economia como um todo, salvo se houver mercado de trabalho livre e presença de condições cambiais bem determinadas. Ressalte-se que em *Formação Econômica do Brasil* nenhum destaque é dado à possibilidade de aumento de produtividade na agricultura, principalmente na agricultura de exportação[13].

Para Furtado, a indução do produto por demanda interna – uma prerrogativa das economias baseadas em trabalho livre – é que produz possibilidades de diversificação econômica e de aumentos de produtividade do trabalho provocados por especialização e até mesmo por desenvolvimento manufatureiro. Veja-se que no caso norte-americano, acima referido, transações agrícolas com as Antilhas, em condições bem determinadas[14], levaram à especialização e, em princípio, a possíveis aumentos de produtividade na agricultura e nas atividades comerciais. A agricultura tropical de exportação não tem os mesmos efeitos indutores, mesmo em regime de mão de obra assalariada; a menos, naturalmente, que a demanda

---

13. Nos referimos, nos termos de Furtado, à "produtividade física". Naturalmente, em economia com mão de obra livre a demanda interna produzida por impulsos exportadores pode levar até mesmo à expansão da produtividade "física".
14. Baixos custos de transporte, bloqueio da concorrência continental, aproveitamento dos conflitos políticos entre as potências continentais.

interna ativada por exportações favoreça a divisão do trabalho, a ocupação de recursos ociosos e, eventualmente, a especialização. No caso da economia brasileira, estaríamos nessa situação transitando da economia primário-exportadora para o desenvolvimento do mercado interno, o que receberá de Furtado um tratamento especial, que envolve restrições cambiais, desenvolvimento urbano, políticas governamentais e análise das consequências do choque provocado pela Grande Depressão – temas longamente desenvolvidos nas Partes Quatro e Cinco de *Formação* e que vieram a culminar na conhecida interpretação do autor sobre a passagem da economia primário-exportadora à industrialização.

Antes de entrarmos em industrialização, uma breve referência ao tratamento amplo e variado à questão cambial, um tema que percorre *Formação* de alto a baixo. Como é sabido, a taxa de câmbio é, em combinação com a política de compra e eliminação do estoque de café, o mecanismo-chave para a explicação da industrialização brasileira a partir da crise da economia cafeeira (capítulo 30). Já antes da crise dos anos 1930 e nas pegadas do tratamento dado por Prebisch às peculiaridades do funcionamento do mecanismo cambial nas economias latino-americanas[15], Furtado havia conferido atenção especial à impossibilidade de uma economia primário-exportadora adaptar-se ao padrão-ouro, bem como aos diversos episódios de desvalorização cambial no Brasil nos séculos XIX e XX. O capítulo 27 ("A Tendência ao Desequilíbrio Externo") da Parte Quatro trata exatamente disto, ou seja, da impossibilidade de uma economia com elevados coeficientes de exportação de produtos primários e de importação de produtos industriais ajustar-se ao grau de contração do produto requerido pela manutenção do equilíbrio cambial, em situações de contração brusca do valor das exportações. Ademais, a desvalorização cambial produz a "socialização das perdas", ou a transferência de renda das classes importadoras e consumidoras de produtos importados às classes exportadoras. A elite cafeeira logra, até mesmo por ser capaz de impor à política econômica as guinadas cambiais que venham a favorecê-la, proteger-se das perdas ditadas pela contração de preços do café no mercado internacional.

Observe-se que, no próprio capítulo 27, Furtado adverte que em uma economia escravista o problema dos impasses provocados por queda nos preços de exportação não se coloca, simplesmente porque, sendo a procura monetária

---

15. Ver Raúl Prebisch, *El Patrón Oro y la Vulnerabilidad Económica de nuestros Países*.

equivalente às exportações, a contração destas constituiria o mecanismo óbvio de ajuste[16]. Apenas com o regime de trabalho assalariado as dificuldades de conviver com desvalorizações cambiais se evidenciam, uma vez que a esfera monetária se dilata e a procura monetária excede as exportações. Enfim, o câmbio passa a ser disputado por consumidores diversos, pela economia urbana assim como pela economia agrícola, em um quadro em que a renda é expandida por atividades não agrícolas, as quais, no entanto, não geram divisas. Cria-se uma disputa pelo câmbio, à qual se sobrepõem ainda os dilemas fiscais da economia brasileira, que em certos momentos culminam em desajustes monetários. As diversas saídas encontradas para os dilemas cambiais e monetários quando a base industrial e a economia urbana se expandem são extensamente debatidas por Furtado na Parte Cinco de *Formação*.

É importante observar, no entanto, que a irrupção da temática cambial em *Formação* vai bem além dos capítulos que tratam da economia brasileira pós-independência, estendendo-se ao período colonial; no qual, a rigor, a autoridade controladora da moeda (e eventualmente do câmbio) era Portugal. Além das alusões às sempre lembradas consequências negativas da sobrevalorização da moeda espanhola após a descoberta das minas americanas, e de incursões à política cambial portuguesa no âmbito do Tratado de Methuen (nos capítulos 7 e 14), Furtado retorna às vicissitudes cambiais de Portugal e do Brasil em diversas circunstâncias. Entre outras, no tratamento da depreciação da moeda portuguesa em face dos impactos da concorrência antilhana sobre o açúcar brasileiro (capítulo 4), na análise do comportamento da pecuária e do açúcar diante da lenta decadência do sistema açucareiro nordestino (capítulo 11), nos comentários sobre os impactos da crise açucareira em Portugal (capítulo 12). Isso para não falarmos de dois temas recorrentes. Em primeiro lugar, as interfaces entre política monetária e cambial – assunto que, tendo recebido tratamento especial nos capítulos sobre industrialização brasileira, vêm à tona em outras passagens; por exemplo, no tratamento das dificuldades de solvência pública no pós-independência (capítulo 17) ou dos impactos das variações cambiais sobre um sistema de arrecadação baseado em impostos específicos (capítulo 18). Em segundo lugar, a variação das relações de troca, questão sempre associada à abordagem pioneira de Prebisch sobre a rela-

---

16. Celso Furtado, *Formação Econômica do Brasil*, p. 226.

ção centro-periferia e subdesenvolvimento. Furtado está atento à possibilidade de deterioração das relações de troca, mas chama atenção ao fato de que, graças ao comportamento do café, o Brasil parece ter sido um caso conspícuo de apreciação (ao menos localizada) das relações de troca no período primário-exportador, o que é exemplificado por meio da comparação entre os decênios de 1840 e 1890 (capítulo 25).

O propósito dessa breve referência à questão cambial em *Formação Econômica do Brasil* não é o de proceder a um levantamento detalhado de suas ocorrências[17], e menos ainda o de retomar as interconexões entre câmbio e industrialização, seja na explicação clássica da "crise da economia cafeeira" e do "deslocamento do centro dinâmico", seja na exposição detalhada do "desequilíbrio externo e sua propagação" no período da Segunda Guerra e na década subsequente. O objetivo é chamar atenção para a importância da temática cambial em *Formação* e, paralelamente, sugerir que o leitor desprovido de conhecimento mínimo na matéria terá na certa dificuldades em compreender passagens fundamentais da obra.

Duas palavras sobre a abordagem de Furtado à industrialização brasileira presente na Parte Cinco ("Economia de Transição para um Sistema Industrial – Século XX"), que comporta três segmentos distintos. O primeiro trata da "crise da economia cafeeira" (capítulo 30), dos "mecanismos de defesa e a crise de 1929" (capítulo 31) e do "deslocamento do centro dinâmico" (capítulo 32). Neste segmento, Furtado aborda a expansão da oferta brasileira de café a partir da década final do século XIX, examina os mecanismos de defesa da economia cafeeira, inclusive o Acordo de Taubaté (1906) e a política subsequente, para finalmente se deter nos impactos da crise de 1929 e nos efeitos da política de proteção sobre o redirecionamento dos indutores de crescimento econômico, da agricultura exportadora à indústria. Trata-se de uma análise da política econômica e das perspectivas de transformação da economia brasileira ao término do período primário--exportador, do rompimento do padrão de crescimento provocado pela reação à crise de 1929 (em presença de um mercado interno já alargado pela difusão do assalariamento) e, afinal, dos impactos da crise e das políticas adotadas sobre a construção de uma base industrial.

17. O que foi feito em Maurício C. Coutinho, "A Política Cambial: Instrumento Privilegiado na Análise de *Formação Econômica do Brasil*".

O segundo segmento é bem mais específico. Nele, Furtado analisa a propagação do desequilíbrio externo (capítulo 33) entre 1937 e 1945, em função da fixação da taxa de câmbio aos níveis do pré-guerra em um momento de acumulação de saldos positivos na balança comercial. A alta de preços foi uma das consequências desse período de acesso restrito a importações, sendo examinado, entre outros elementos, o binômio câmbio-inflação. O capítulo subsequente (34) se detém nas políticas cambiais adotadas no pós-guerra e na dinâmica de renda relativa entre setor exportador e setor produtor de bens para o mercado interno na primeira metade dos anos 1950. O capítulo 35, finalmente, contém uma análise bastante detalhada e inovadora do fenômeno inflacionário brasileiro, a qual combina desvalorização cambial, impactos sobre os preços, mecanismos (inclusive o sistema creditício) de propagação da elevação de preços em uma situação de inflação elevada, para não falarmos em impactos distributivos. Em suma, neste segmento Furtado se atem a um período restrito (menos de vinte anos) e marcado por situações anômalas no *front* cambial, em um momento em que o mercado interno já se tornara o principal indutor de crescimento. A análise é favorecida pelo exame mais fino de políticas cambiais alternativas, de movimentos de preço e renda relativa e, inclusive, de política monetária, vindo a atingir um detalhamento que não se poderia esperar nas partes anteriores da obra, que abordam períodos mais dilatados de desenvolvimento econômico.

O terceiro segmento é representado pelo capítulo final, o 36. De modo a especular sobre as possibilidades de desenvolvimento nos decênios subsequentes, Furtado efetua uma revisão das características gerais do desenvolvimento econômico brasileiro em suas várias etapas, com ênfase no papel do setor externo e seus impactos sobre o crescimento econômico, de modo geral, e sobre a capitalização, de modo particular. O capítulo retoma dois temas que a todo momento emergem da apreciação de Furtado sobre o desenvolvimento brasileiro: a articulação entre as regiões que compõem o espaço nacional e a distribuição de renda (pessoal e regional). Em suma, no capítulo final Furtado reitera sua perspectiva sobre desenvolvimento econômico, tendo como referência um sumário da evolução da economia brasileira a partir da desintegração do regime escravista.

Como se vê, a abordagem da industrialização brasileira realizada na Parte Cinco abrange elementos bem diversos: uma síntese do esgotamento do processo de crescimento baseado na exportação do café, a formulação de uma hipótese sobre o movimento específico de transição para a industrialização no Brasil, além de uma apreciação das características de uma fase singular do desenvolvimento industrial brasileiro – a Segunda Guerra e o período no entorno. Ao final, retoma hipóteses mais gerais sobre o desenvolvimento econômico[18] a partir da experiência brasileira. Em particular no segundo segmento – comentário sobre o período 1937-1954 –, Furtado lança um olhar mais detalhado sobre os instrumentos de política econômica disponíveis e seus impactos sobre a economia, o que se tornou possível pela limitação do período, pela maior disponibilidade de informações precisas sobre a economia e a política econômica no período, assim como, certamente, pela maior familiaridade do autor com a economia brasileira pós-1930.

De toda maneira, o contraste entre as abordagens da Parte Cinco (industrialização brasileira) e os segmentos anteriores de *Formação Econômica do Brasil* é evidente. No tratamento da economia colonial brasileira e mesmo da economia exportadora na maior parte do século XIX, Furtado se vale da aplicação de modelos amplos, baseados, como foi dito, no contraste entre economia monetária e não monetária, na descrição dos fluxos de renda, no tratamento dos impactos (sobre a renda, sobre a capitalização) do assalariamento. Como pano de fundo, a temática cambial e a apreciação do impacto da indução externa sobre o crescimento em economias primário-exportadoras, bem como a exploração do contraste entre economias especializadas em exportações agrícolas e economias submetidas a diversificação interna. Já no tratamento da economia brasileira pós-1930 Furtado refina, com dados e comentários específicos sobre alternativas de política econômica, a apresentação do caso brasileiro do modelo de crescimento por substituição de importações. Sabemos que este modelo é movido por constrangimentos cambiais e pelos decorrentes dilemas e conflitos, em uma situação em que o mercado interno passa a ser o principal indutor do crescimento.

Apesar das diferenças assinaladas, pode-se dizer que há elementos comuns aos modelos amplos e de longo prazo característicos das quatro Partes iniciais de *Formação* e à aproximação mais detalhada à economia e à política econômica em momentos restritos, após a industrialização, na Parte Cinco. Convém, mesmo sem desenvolver, chamar atenção para dois destes elementos; presentes, aliás, em todas as obras históricas e abordagens de Furtado sobre o subdesenvolvimento e

---

18. Discussão desenvolvida ao longo dos anos 1950 e cujos elementos centrais encontram-se reunidos em Celso Furtado, *Desenvolvimento e Subdesenvolvimento*.

muito ativos em *Formação*. O primeiro deles é a visão de excedente econômico. Um dos fundamentos das aproximações de Furtado aos fenômenos econômicos e sociais, assim como de suas modelagens da história, é a visão da economia como um processo de produção e redistribuição de excedente, o que envolve tanto a organização da produção no sentido estrito como a estrutura social[19]. Cada forma de organização social e cada período da história revelam um aparato distributivo próprio, não raro sujeito a tensões. Vale a pena lembrar que, na abordagem de Furtado, a redistribuição do excedente e os conflitos distributivos são afetados não apenas pelos mecanismos e estruturas elementares – organização da produção, divisão da sociedade em classes, tecnologias... –, como também por políticas econômicas concretas, a exemplo das cambiais e das monetárias. Para ficarmos em casos extremos, a preocupação de Furtado com excedente e estrutura social revela-se tanto na ampla descrição da economia açucareira nordestina nos séculos XVI e XVII quanto na análise das tensões inflacionárias do período pós Segunda Guerra.

O segundo elemento, certamente relacionado ao anterior, é o modo como as economias podem capturar ganhos de produtividade, crescer, desenvolver-se. Ao longo de *Formação*, fica bem claro que os diversos surtos de crescimento econômico na economia brasileira envolveram reorganização dos fatores produtivos, em geral levando ao aproveitamento de recursos antes ociosos. No sentido contrário, ciclos retrativos levam à ociosidade de fatores. A lavoura açucareira nordestina envolveu aproveitamento de recursos antes ociosos, se tivermos em vista a economia mercantil internacional: terras, madeira, a ocasional mão de obra indígena etc. Já a retração da economia açucareira levou contingentes de trabalhadores à "economia de subsistência". A exploração mineira em Minas Gerais ativou terras vizinhas para produção de subsistência e gado da região Sul para transporte. O café do Vale do Paraíba se valeu de escravos e capitais transladados de Minas Gerais, com a decadência das minas.

Por outro lado, o aproveitamento da mão de obra egressa do "setor de subsistência" implica deslocamento para atividades com maior produtividade, seja na agricultura de exportação, seja na indústria e em outras ocupações urbanas. Cresce a produtividade da mão de obra em contato com o capital. Na última

---

19. Este tópico está desenvolvido em Renata Bianconi e Maurício C. Coutinho, *A Visão de Furtado sobre Excedente e Estrutura Social: Continuidade e Mudança*.

situação, que envolve deslocamento da população das "economias de subsistência" para os setores dinâmicos, temos uma versão típica – a de Furtado – do modelo de crescimento com oferta ilimitada de mão de obra: a produção local nas regiões em que houve emigração é pouco ou nada afetada, enquanto se eleva a produtividade do trabalho transferido a ocupações agrícolas ou urbanas mais modernas[20].

Já a maior produtividade da indústria e o crescimento de produtividade da própria indústria são explicados pelo maior nível de capitalização e, naturalmente, pelo progresso técnico. Além disso, para Furtado, a industrialização faz o acesso da população a bens produzidos em condições modernas deixar de se dar apenas por via da importação. Em que medida os bens da indústria moderna se difundem e em que medida a própria indústria sofre modernização, uma questão apenas aflorada nos capítulos finais de *Formação Econômica do Brasil*, receberá tratamento mais detido em obras posteriores[21]. Uma das características dos processos de industrialização com oferta ilimitada de mão de obra é a baixa remuneração do trabalho de modo geral, o que solidifica a concentração de renda e pode vir a afetar a expansão dos mercados para determinados produtos industriais e a própria estrutura da indústria. Os limites da modernização são críticos, enquanto a estrutura econômica for subdesenvolvida. Aliás, a própria solução dos dilemas cambiais[22] afetará distribuição de renda, taxa de investimento na indústria, ocupação e rentabilidade dos projetos industriais; enfim, terá incidência sobre a reorganização dos recursos produtivos e o grau de modernização da economia.

REFERÊNCIAS BIBLIOGRÁFICAS

BIANCONI, Renata & COUTINHO, Maurício C. *A Visão de Furtado sobre Excedente e Estrutura Social: Continuidade e Mudança*. No prelo.

---

20. Sobre Furtado e o modelo de crescimento com oferta ilimitada de mão de obra ver Mauro Boianovsky, "A View from the Tropics: Celso Furtado and the Theory of Economic Development in the 1950s".
21. Entre elas, *Subdesenvolvimento e Estagnação na América Latina*; *Análise do "Modelo" Brasileiro*; *O Mito do Desenvolvimento Econômico*.
22. Ver Celso Furtado, *Formação Econômica do Brasil*, cap. 34.

BOIANOVSKY, Mauro. "A View from the Tropics: Celso Furtado and the Theory of Economic Development in the 1950s". *History of Political Economy*, n. 2, vol. 42, pp. 221-266, 2010.

COUTINHO, Maurício C. "*A Economia Brasileira* (1954), de Celso Furtado". *História e Economia*, vol. 18, n. 1, São Paulo, 2017.

_____. "A Política Cambial: Instrumento Privilegiado na Análise de *Formação Econômica do Brasil*". *In*: COELHO, Francisco da Silva & GRANZIERA, Rui Guilherme (org.). *Celso Furtado e a Formação Econômica do Brasil*. São Paulo, Editora Atlas/Ordem dos Economistas do Brasil, 2009.

FURTADO, Celso. *A Economia Brasileira (Contribuição à Análise de seu Desenvolvimento)*. Rio de Janeiro, A Noite, 1954.

_____. *Análise do "Modelo" Brasileiro*. Rio Janeiro, Paz e Terra, 1972.

_____. "Características Gerais da Economia Brasileira". *Revista Brasileira de Economia*, vol. 4, n. 1, Rio de Janeiro, 1950.

_____. *Desenvolvimento e Subdesenvolvimento*. Rio de Janeiro, Contraponto, 2009 (1. ed. 1961).

_____. *Economia Colonial no Brasil nos Séculos XVI e XVII*. São Paulo, Hucitec/ABPHE, 2001 (1. ed. 1948).

_____. *Economia Latino-Americana: Formação Histórica e Problemas Contemporâneos*. São Paulo, Companhia das Letras, 2007 (1. ed. 1976).

_____. *Formação Econômica do Brasil*. São Paulo, Companhia das Letras, 2009 (1. ed. 1959).

_____. *O Mito do Desenvolvimento Econômico*. Rio Janeiro, Paz e Terra, 1974.

_____. *Subdesenvolvimento e Estagnação na América Latina*. R. Janeiro, Civilização Brasileira, 1966.

PREBISCH, Raúl. *El Patrón Oro y la Vulnerabilidad Económica de nuestros Países*. México, El Colegio de México, 1944.

9

Os Usos da História em *Formação Econômica do Brasil*

Roberto Pereira Silva

Rosa Freire d'Aguiar, na apresentação à edição comemorativa do cinquentenário de *Formação Econômica do Brasil*, de 2009, coloca de forma lapidar a problemática que iremos tratar neste capítulo. Diz ela: "há uma história entre *Formação Econômica do Brasil* e os historiadores". Com isso, assinala certa dificuldade destes em lidar com a inovadora conciliação de interpretação histórica e teoria econômica que o livro trazia. Pensando sobre isso, talvez pudéssemos acrescentar que há, também, uma história entre *Formação Econômica do Brasil* e os economistas, na medida em que estes foram igualmente surpreendidos pela mobilização criativa da história brasileira, portuguesa e europeia posta em movimento e diálogo com os conceitos da teoria do desenvolvimento econômico que Celso Furtado vinha formulando desde o início dos anos 1950.

Uma das questões centrais que perpassa este livro de 1959 é justamente o equilíbrio entre história e teoria econômica. Celso Furtado combinou-as de diversas formas ao longo de sua obra, de tal maneira que a primeira nem sempre ocupou um lugar idêntico em suas interpretações sobre o passado brasileiro, como veremos neste capítulo.

Nosso propósito é investigar o papel da história em *Formação Econômica do Brasil*, ou seja, o uso que Celso Furtado fez da disciplina em suas análises sobre o passado brasileiro sob a perspectiva econômica. Isso nos permitirá visualizar com mais nitidez alguns dos grandes achados interpretativos do livro, responsáveis, ainda hoje, pelo poder de inspiração que a obra segue estimulando. Na sequência, iremos apresentar duas vertentes que lidaram com essa problemática. Isso nos auxiliará a delimitar a abrangência da questão. Em seguida, abordamos duas obras de Celso Furtado, *Economia Colonial no Brasil nos Séculos XVI e XVII*, de 1948, e *A Economia Brasileira (Contribuição à Análise de seu Desenvolvimento)*, publicada em 1954. Elas ofereceram respostas distintas à nossa problemática, tornando-se fundamentais para delinearmos o caráter inovador da proposta exibida em *Formação Econômica do Brasil*. Finalmente, discutiremos, com base nas duas primeiras partes desta obra, como Celso Furtado utilizou a História para interpretar o processo histórico-econômico do Brasil.

A questão da História em Celso Furtado não é nova e vem sendo debatida por dois caminhos diferentes. Por um deles, examinou-se a influência de historiadores ou cientistas sociais (que fizeram uso consistente da disciplina em seus trabalhos) em seu pensamento. Buscou-se certa arqueologia da cultura histórica do autor, identificando os interlocutores implícitos e explícitos, as principais teses ou interpretações que subjazem em seus livros. Nesta senda, pressupõe-se um Celso Furtado historiador, consciente dos métodos e problemas que configuram a especificidade deste *métier*.

Por outro caminho, investigou-se como o economista paraibano, ciente da complexidade das questões teóricas próprias à ciência econômica, envidou esforços para inserir a história no corpo da teoria econômica. Assim, ao contrário da primeira abordagem, encontramos um Celso Furtado economista, que domina os meandros da *dismal science* e esforça-se para nela incorporar a história.

Veremos, agora, com mais vagar, essas duas vertentes.

CELSO FURTADO, HISTORIADOR E ECONOMISTA

Uma das chaves para investigar o papel da história na obra de Celso Furtado foi avaliar a influência de alguns historiadores, europeus e brasileiros, em sua tomada de consciência e na utilização da história enquanto um elemento fundamental para acessar, compreender e formular os problemas da economia e da sociedade brasileira.

Nesta seara, sua tese de doutorado, *Economia Colonial no Brasil nos Séculos XVI e XVII*, defendida em Paris no ano de 1948 e publicada no Brasil em 2001 tornou-se uma fonte privilegiada de investigação. Com uma extensa bibliografia, o recurso frequente aos relatos de missionários, piratas e viajantes que visitaram o Brasil em seus primeiros séculos de colonização, esta obra permitiu aos intérpretes furtadianos uma comprovação de sua familiaridade com a História e do estágio avançado de suas reflexões sobre a economia colonial. Além disso, teria trazido resposta a um problema que vinha inquietando os estudiosos do pensamento de Celso Furtado[1], a saber, as poucas referências citadas no livro de 1959, que nem de longe davam conta da profundidade da abordagem do passado brasileiro que a obra trazia.

Para Tamás Szmrecsányi, a tese de doutorado garantiu a identificação de "algumas das referências bibliográficas e documentais não declaradas pelo autor em seu trabalho posterior [*Formação Econômica do Brasil*], mas que, muito provavelmente, foram levadas em conta por ele durante a sua elaboração"[2]. Da mesma maneira, Rodrigo Ricupero destaca a importância do livro para reconstituir o diálogo de Celso Furtado com o Pensamento Social Brasileiro[3].

Uma análise mais detalhada dessas fontes e referências, embora revelem um uso instrumental das fontes históricas[4], explicitam, por outro lado, a forte presença de autores como Caio Prado Jr. e Antônio Sergio para definir as relações entre metrópole e colônia. Com o ensaísta português, Celso Furtado buscou entender a colonização brasileira como parte da expansão marítima, comandada pela burguesia mercantil, que passou a direcionar o Estado lusitano após a Revolução de Avis[5].

De Caio Prado Jr., reteve o traço expropriador da colonização, bem como a organização econômica e social implementada na América portuguesa para viabilizar a exploração de artigos de grande valor no comércio internacional: a grande propriedade monocultora trabalhada por escravos[6]. O caráter mercantil desta atividade e, também, a crítica que Celso Furtado elabora sobre a suposta tese do feudalismo no Brasil são apresentadas em um capítulo cujo título revelador é "O Sentido da Colonização"[7].

1. Francisco Iglésias, *História e Ideologia*; Francisco de Oliveira, "Viagem ao Olho do Furacão: Celso Furtado e o Desafio do Pensamento Autoritário", p. 60.
2. Tamás Szmrecsányi, "Sobre a Formação da Formação Econômica do Brasil de C. Furtado", p. 208.
3. Bernardo Ricupero, "Celso Furtado e o Pensamento Social Brasileiro", p. 371.
4. Roberto Pereira Silva, "O jovem Celso Furtado: História, Política e Ideologia (1941-1948)".
5. João Antonio de Paula, "Celso Furtado, a História e a Historiografia", p. 157.
6. Caio Prado Jr., *Formação do Brasil Contemporâneo*.
7. Celso Furtado, *Economia Colonial no Brasil nos Séculos XVI e XVII*, pp. 77-92.

Contudo, as influências de Celso Furtado não se resumem à presença de autores ligados à produção histórica portuguesa e brasileira. O ambiente intelectual e a historiografia francesa são outras marcas deste trabalho.

Os escritos de François Perroux sobre o efeito dominação, retomados por Maurice Byé, orientador da tese de Furtado, são outras referências que compuseram o exame das relações entre metrópole e colônia. A primeira exerce um poder desigual sobre a segunda, que se explicita no comércio e nos lucros canalizados para Portugal e resultam na inexistência de uma política voltada ao fomento de atividades que beneficiem o conjunto dos colonos americanos.

Sobre a história econômica francófona, cabe destacar ainda as obras de Henri Pirenne e Henri Sée[8]. Segundo Furtado, o historiador belga despertou sua percepção de que a economia é uma ferramenta importante na abordagem dos problemas históricos[9]. Um dos objetivos de sua tese, aliás, foi a "aplicação da teoria de Henri Pirenne de correlação dos períodos de história social do capitalismo com a formação de novas elites dirigentes"[10].

A Escola dos *Annales*, por sua vez, é outra referência incontornável do trabalho de doutoramento. O próprio Henri Pirenne foi uma das principais influências na criação dos *Annales de Histoire* Économique *et Sociale*, sob a direção de Marc Bloch[11]. Além disso, o método comparativo – uma preocupação partilhada por Pirenne, Bloch e Febvre – foi decisivo na obra, ao colocar lado a lado as experiências de colonização brasileira e antilhana[12]. Maurice Byé, que insistira junto a Celso Furtado sobre a comparação, havia recebido uma elogiosa resenha de seu livro sobre o comércio no porto de Gênova de ninguém menos que Lucien Febvre, que destacou, entre outros méritos, o esforço comparativo do economista francês[13].

---

8. Tamás Szmrecsányi, "Sobre a Formação da Formação Econômica do Brasil de C. Furtado"; Mauro Boianovsky, "Between Lévi-Strauss and Braudel: Furtado and the Historical-Structural Method in Latin American Political Economy"; Alain Alcouffe, "Furtado, o Brasil e os Economistas Franceses: Influências Cruzadas".
9. Celso Furtado, "Aventuras de um Economista Brasileiro", pp. 19-20.
10. Celso Furtado, *Economia Colonial no Brasil nos Séculos XVI e XVII*, p. 20.
11. François Dosse, *A História em Migalhas: Dos Annales à Nova História*.
12. Celso Furtado, *Economia Colonial no Brasil nos Séculos XVI e XVII*, pp. 110-121.
13. Lucien Febvre, "Ports d'Aujourd'hui, Ports d'Autrefois: A Propos d'une Etude sur Gênes et sur Marseille"; Roberto Pereira Silva, *O Jovem Celso Furtado. História, Política e Ideologia (1941-1948)*, pp. 185-186.

Dessa forma, as preocupações de Celso Furtado estavam conectadas com os problemas mais gerais da história econômica francesa dos anos de 1930 e 1940. Segundo Joao Antônio de Paula, ele estava em sintonia com o "estado da arte do melhor da historiografia europeia"[14]. Mauro Boianovsky, por sua vez, assinalou a coincidência temporal entre a tese de doutorado de Celso Furtado e a de Fernand Braudel e, embora não seja possível falar de uma leitura cruzada, ambas exibiam a preocupação em conjugar análises de curto e de longo prazo[15].

Estas pesquisas concluem que ao final da década de 1940 Celso Furtado já estaria familiarizado com as discussões e os problemas da história econômica. Contudo, fundamentais para explicar *Economia Colonial no Brasil nos Séculos XVI e XVII*, as evidências reunidas por estas análises esbarraram no laconismo e na economia de citações de fontes e referências de *Formação Econômica do Brasil*. Ademais, a despeito de alguns autores apontarem uma continuidade entre as duas obras, argumentaremos que esta hipótese precisa ser relativizada.

CELSO FURTADO, ECONOMISTA E HISTORIADOR

O segundo caminho tomado pelos intérpretes para investigar o papel da história, já não somente em *Formação Econômica do Brasil*, mas no conjunto da obra de Celso Furtado, foi investigar suas reflexões teóricas sobre o diálogo entre esta e a teoria econômica.

Nessa perspectiva, em lugar de enfatizar os métodos e as técnicas do *métier* de historiador, adotou-se a ótica do economista, e a interrogação fundamental seria: em que medida a teoria econômica pode incorporar a história? A resposta a esta pergunta foi buscada através do exame das possibilidades teóricas desta integração[16].

---

14. João Antonio de Paula, "Celso Furtado, a História e a Historiografia", p. 158.
15. Mauro Boianovsky, "Between Lévi-Strauss and Braudel", pp. 14-15.
16. *Idem*; Mauro Boianovsky, "Furtado, North and the New Economic History"; de Maurício C. Coutinho, "Economia de Minas e Economia da Mineração em Celso Furtado", "A Teoria Econômica de Celso Furtado: *Formação Econômica do Brasil*" e "*Subdesenvolvimento e Estagnação na América Latina*, de Celso Furtado"; Roberto Pereira Silva, *Celso Furtado, entre a História e a Teoria Econômica (1948-1959): Uma Interpretação Historiográfica*.

Mauro Boianovsky examinou a totalidade da produção de Celso Furtado, com ênfase em seus escritos de cunho teórico – e não especificamente em *Formação Econômica do Brasil* – e confrontou-a com algumas correntes de história econômica que responderam ao desafio de conciliação e diálogo da História com a teoria econômica: a Escola dos Annales, a antropologia estruturalista de Lévi--Strauss e a New Economic History.

Nesta perspectiva, as noções de modelo, sistema e estrutura ganharam um papel central. O trabalho com modelos, sobretudo macroeconômicos, esteve presente na obra de Celso Furtado, e a busca de um diálogo entre história e teoria econômica foi feita considerando que a inteligibilidade dos processos históricos depende de um conjunto de conceitos, ou de modelos cuja função é ordenar os dados, os eventos, garantindo uma visão abrangente do conjunto do fenômeno estudado. Nessa direção, sua obra se distanciaria da Escola dos Annales, pois a história não teria o caráter hierarquicamente superior e federativo desejado por Marc Bloch, Lucien Febvre e Fernand Braudel. Por outro lado, embora algumas noções como as de estrutura e modelo sugiram uma proximidade de Celso Furtado com o estruturalismo de Lévi-Strauss, essa vizinhança se sustenta unicamente pela origem comum destas noções, formuladas por alguns econometristas de finais da década de 1940, como von Newman e Morgenstern, e mesmo anteriormente, com Jan Tinbergen[17]. Ademais, a recusa da história na obra de Lévi-Strauss, nos parece, afasta o estruturalismo francês do projeto furtadiano.

No que tange à New Economic History, e, especificamente, Douglass North, Boianovsky demonstra a confluência de temas e formas de abordagem: a preocupação com o desenvolvimento econômico dos Estados Unidos, o uso de dados quantitativos e a apreensão da história valendo-se das ferramentas oriundas da teoria econômica[18]. Além disso, outro elemento fundamental que aproximaria as duas vertentes seria a consideração de fatores não-econômicos no processo de desenvolvimento, aliados a aspectos institucionais de longo prazo. Contudo, cabe destacar que enquanto o institucionalismo do economista estadunidense valia-se sobretudo da teoria neoclássica para interrogar o passado – visão que criticaria

---

17. Mauro Boianovsky, "Between Lévi-Strauss and Braudel", p. 4.
18. Mauro Boianovsky, "Furtado, North and the New Economic History".

posteriormente[19] –, Celso Furtado buscou aplicar sua própria teoria do subdesenvolvimento econômico para compreender o passado brasileiro.

Maurício Coutinho, por sua vez, tem investigado o que chama de "reconstrução racional" de Celso Furtado, a saber: a maneira como articula os conceitos da teoria do subdesenvolvimento para analisar os problemas do passado econômico brasileiro ou, em suas palavras, a "aplicação de abstrações racionais a uma determinada realidade econômica"[20]. Neste sentido, examina como Celso Furtado operacionalizou seus conceitos econômicos na interpretação da realidade histórica, tanto em *Formação Econômica do Brasil* – especificamente na apreciação da economia mineradora do século XVIII – como em trabalhos posteriores do autor[21].

Em nossos estudos, procuramos identificar as formas pelas quais Celso Furtado articulou História e teoria econômica na década de 1950, destacando como este diálogo foi uma importante arma de combate na luta por projetos políticos no contexto de ascensão e auge do desenvolvimentismo[22]. Ao alinhar a história brasileira, as categorias cepalinas e sua teoria do desenvolvimento econômico, Celso Furtado atingiu um grau de coesão teórica rara naquele momento, o que lhe permitiu revisar a teoria econômica convencional e questioná-la pela sua dificuldade em captar as especificidades dos países subdesenvolvidos. Ao mesmo tempo, ao mobilizar o passado para compreender o presente, dava maior legitimidade às suas análises da conjuntura brasileira e suas propostas de política econômica, sugerindo soluções aos dilemas coetâneos.

Em suma, enquanto a primeira vertente buscou captar a familiaridade de Celso Furtado com problemas e métodos da história, a segunda percorreu sua obra indicando como suas reflexões teóricas voltavam-se para a integração da história no arcabouço da teoria econômica.

Esses dois caminhos interpretativos nos auxiliam a refletir sobre o papel da história em *Formação Econômica do Brasil*. De fato, as duas abordagens que acabamos de examinar já estavam latentes desde o lançamento do livro, em

---

19. *Idem*, p. 690.
20. Maurício C. Coutinho, "A Teoria Econômica de Celso Furtado", p. 523.
21. Maurício C. Coutinho, "Economia de Minas e Economia da Mineração em Celso Furtado" e "*Subdesenvolvimento e Estagnação na América Latina*, de Celso Furtado".
22. Roberto Pereira Silva, *Celso Furtado, entre a História e a Teoria Econômica*.

1959, formando dois núcleos interpretativos da recepção da obra, no Brasil e no exterior[23].

Autores como Nelson Werneck Sodré, Renato Arena, Paul Singer e Paulo Sá, reagindo ao livro logo após seu lançamento, repreenderam seu autor pelo escasso uso de fontes, o descuido no tratamento histórico dos temas e um excessivo economicismo. No outro polo, à exceção de Fernando Novais e Francisco Iglésias, foram os autores estrangeiros que logo perceberam a importância do livro como um exemplo de interpretação histórica lastreada em um modelo de desenvolvimento econômico. Brasilianistas ou estudiosos da América Latina, como Warren Dean, Ruggiero Romano, Werner Baer e Frédéric Mauro chamaram atenção justamente para a proposta de conjugação de história e teoria econômica e destacaram a validade de grande parte de suas proposições.

Esta tensão já existente na recepção de *Formação Econômica do Brasil* nos indica que se trata de uma obra-chave para compreendermos o papel da história e seu diálogo com a teoria econômica.

Portanto, para melhor examinarmos esse esforço de integração, nos desviaremos brevemente destas duas tradições interpretativas para propor uma leitura de *Formação Econômica do Brasil* que capte a peculiaridade da utilização da história a partir de uma perspectiva, ela também, histórica, ou, melhor dizendo, *historiográfica*[24]. Queremos, com isto, deslindar a própria historicidade da resposta de Celso Furtado a esta problemática, o que exige a investigação das combinações de história e teoria econômica que efetuou anteriormente. Dito de outra forma, é necessário

---

23. Roberto Pereira Silva, "A Trajetória de um Clássico: Formação Econômica do Brasil de Celso Furtado"; Rômulo Felipe Manzatto e Alexandre Macchione Saes (org.), *Os Sessenta Anos de Formação Econômica do Brasil: Pensamento, História e Historiografia*. A edição comemorativa dos cinquenta anos de *Formação Econômica do Brasil*, organizada por Rosa Freire d'Aguiar, reúne uma importantíssima fortuna crítica da obra, desde as primeiras reações em jornais de ampla circulação, passando pelas revistas acadêmicas, os prefácios às traduções do livro até ensaios recentes, que buscaram fazer um balanço do lugar da obra na historiografia econômica brasileira.

24. Usamos o termo no sentido proposto por José Jobson de Andrade Arruda, segundo o qual uma obra deve ser compreendida em sua transtemporalidade, objetivando os problemas do presente de seu autor, a maneira como este mobiliza e reinterpreta o passado e seu projeto de futuro (José Jobson de Andrade Arruda, "Historiografia: Consciência Crítica da Produção Histórica").

identificar o lugar de *Formação Econômica do Brasil* na evolução dos escritos do autor, etapa prévia para compreendermos o papel peculiar da história nesta obra, sublinhando o que ela traz de avanços e de recuos em relação às suas predecessoras no tratamento desta questão.

OS USOS DA HISTÓRIA ANTES DE *FORMAÇÃO ECONÔMICA DO BRASIL*

Assinalemos, de início, que *Formação Econômica do Brasil* apresenta um equilíbrio entre história e teoria econômica que Celso Furtado passou dez anos perseguindo. De fato, este livro é a terceira[25] e talvez definitiva incursão do autor na história econômica do Brasil numa perspectiva multissecular.

A primeira delas foi sua tese de doutorado, *Economia Colonial no Brasil nos Séculos XVI e XVII*. Como vimos, este trabalho de 1948 procurou conciliar aspectos históricos, sociais e políticos para compreender a economia brasileira em seus dois primeiros séculos e suas repercussões no presente.

Retomando historiadores portugueses e reinterpretando-os a partir do conceito de feudalismo de Henri Pirenne[26], Celso Furtado destacou a ausência de instituições feudais no reino, pois o comércio nunca deixou de ser importante na península, o que deu a Portugal uma posição *sui generis* no continente. Essa peculiaridade se mostrou decisiva para a formação de um Estado comandado pela burguesia comercial que, ao contrário da experiência do resto da Europa ocidental, assimilou os proprietários de terra ao seu projeto político, cujo resultado maior foi a expansão marítima. Neste quadro, o Brasil seria um projeto específico dentro do empreendimento comercial maior da metrópole (pois implicava o po-

---

25. Estamos considerando, aqui, somente os livros escritos por Celso Furtado. Contudo, os artigos "Características Gerais da Economia Brasileira" e "Desenvolvimento Econômico (Ensaio de Interpretação Histórico-Analítica)" poderiam também ser incluídos nesta discussão.
26. Para Henri Pirenne, o Feudalismo foi um sistema social e econômico que vigorou na Europa em decorrência da expansão dos muçulmanos e do fechamento do mar Mediterrâneo. Impedidos de fazer comércio complementar no grande *mare nostrum* que marcou toda a Antiguidade, a Europa se viu obrigada a ruralizar-se, a voltar-se para autossuficiência. Sob o ponto de vista social, essa imposição externa deu origem à servidão e, no plano político, ao domínio dos senhores feudais (Henri Pirenne, *História Econômica e Social da Idade Média*).

voamento do território e a produção de gêneros de grande valor no comércio internacional). Assim, ao reconstituir a formação de Portugal e as formas de ligação com a América, Celso Furtado entrelaça história, política, sociologia e economia.

Em um segundo momento, discute o próprio conceito de colonização, recorrendo à classificação de René Maunier. Para o sociólogo francês, esta se caracteriza pela emigração, dominação e exportação de capitais e técnicas. Tal definição não se aplicaria aos primeiros contatos dos portugueses com o novo território americano, caracterizados pela extração do pau-brasil, prática que não ensejou uma emigração permanente nem dominação. A colonização só seria efetivada através do sistema de capitanias hereditárias, com os estímulos provenientes da Coroa para o desenvolvimento da produção de açúcar. A indústria canavieira seria o nervo de sustentação da ocupação da América portuguesa, responsável, também, pela organização social e econômica que se plasmou aqui: a grande propriedade monocultora com mão de obra escrava.

A argumentação de Celso Furtado, portanto, está pautada pela mobilização de eventos históricos: a Revolução de Avis, a Expansão Marítima, a ocupação e o povoamento do território e o surgimento de uma atividade econômica em grande escala, a produção açucareira. A narrativa é organizada pelos eventos, que aos poucos delineiam o traçado geral da economia colonial brasileira. Ao eleger a política econômica portuguesa como foco para observar a colônia, percebemos um movimento de determinação e comando da metrópole sobre seu domínio americano. Assim, esta tentativa inaugural de conciliação entre história e teoria econômica deu grande ênfase à primeira, na esteira dos principais autores usados por Celso Furtado neste período.

Ademais, notemos algumas peculiaridades de suas escolhas como o uso da noção de ciclo econômico – resultado da influência de João Lúcio de Azevedo e Roberto Simonsen. Além disso, embora o objeto central seja a economia açucareira no Nordeste, a pecuária é mencionada brevemente, como uma atividade sufocada pela monocultura[27] – a despeito de autores como Caio Prado Jr. e mesmo Roberto Simonsen já terem sublinhado a importância da criação de gado para o povoamento e ocupação do território brasileiro.

---

27. Celso Furtado, *Economia Colonial no Brasil nos Séculos XVI e XVII*, pp. 120-121.

Em síntese, a tese de doutorado foi um momento de leitura, apropriação e revisão crítica da historiografia econômica e de aproximação com os métodos propagados pela Escola dos Annales. Exibia, já neste momento inicial, a forte ligação entre passado e presente[28] que marcará os escritos de Celso Furtado, sobretudo *Formação Econômica do Brasil*. Finalmente, embora o autor tenha tido contato com a teoria econômica durante a escrita de seu doutorado[29], ela não tem a mesma presença que ganhará em outros livros.

A outra obra de caráter histórico de Celso Furtado é *A Economia Brasileira (Contribuição ao Estudo de seu Desenvolvimento)*, de 1954. Embora já contenha a maior parte da análise que Furtado faz da economia brasileira no século XX – inclusive sua interpretação de que a política de valorização do café foi um política keynesiana *avant la lettre* – queremos acentuar a especificidade de algumas de suas análises, comparando-as com *Economia Colonial no Brasil nos Séculos XVI e XVII* e *Formação Econômica do Brasil*[30].

Em primeiro lugar, cabe destacar sua abordagem da colonização, diversa daquela apresentada em sua tese de doutorado. Ao contrário do trabalho de 1948, esta não é mais pensada a partir da tipologia de René Maunier. Agora, o vínculo que liga a metrópole ao seu domínio na América é econômico e se estabelece pela transferência de capital, tecnologia e mão de obra. A metrópole estimula a formação de um setor voltado à exportação dentro de seu domínio e, ao fazê-lo, provoca modificações e reorganizações dos fatores produtivos nesta última. Embora classifique as colônias em comerciais e industriais[31], são estas últimas que importam para o nosso argumento. Elas estão ligadas à exploração de matérias-primas, agrícolas ou minerais. Neste caso, merece destaque a análise do capital e da técnica que a metrópole exporta, e como esses dois fatores irão se relacionar com um terceiro, a mão de obra local. Assim, atividades como a mineração, intensivas em capital e técnica, absorvem somente uma pequena parte da população

---

28. Roberto Pereira Silva, *O Jovem Celso Furtado...*; João Antonio de Paula, "Celso Furtado, a História e a Historiografia".
29. Maurício C. Coutinho, "Celso Furtado e a Crítica da Teoria Econômica", p. 412.
30. Para uma discussão sobre o reaproveitamento de trechos de *A Economia Brasileira* em *Formação Econômica do Brasil*, consulte-se: Carlos Mallorquin, *Celso Furtado. Um Retrato Intelectual* e Roberto Pereira Silva, *Celso Furtado, Entre a História e a Teoria Econômica*.
31. Celso Furtado, *A Economia Brasileira (Contribuição à Análise de seu Desenvolvimento)*, p. 51.

local e, por isto, este núcleo exportador não é capaz de absorver ou modificar os outros setores econômicos, chamados de preexistentes ou estacionários. Já a agricultura de exportação – e Celso Furtado usa como exemplos produtos como "o açúcar, o café, a borracha, o cacau"[32] – absorveriam grandes quantidades de mão de obra, tendo maior tendência a modificar a situação econômica do domínio e incorporar a economia estacionária.

Ora, o que nos interessa nessa nova concepção de colonização é precisamente o critério de definição, que passou a ser a quantidade de mão de obra local absorvida por unidade de capital exportado pela metrópole. Celso Furtado deixa em segundo plano a política econômica exercida sobre a colônia – objeto de análise de sua tese de doutorado – e investiga os dois setores internos das colônias industriais: o exportador e estacionário. A preocupação fundamental, agora, é examinar como a concentração das atividades no setor exportador restringe as possibilidades de expansão desta economia em seu conjunto, seja porque a formação de capital é comandada pelo setor externo, que finalmente remete seus lucros e o aumento de produtividade para fora, seja porque essa preponderância do setor exportador inibe qualquer oportunidade alternativa de investimento interno.

Por sua vez, um exame mais concreto da economia colonial brasileira é feito também mediada mediado pelas variáveis-chave de sua definição de colonização: exportação de capital, tecnologia e mão de obra, sendo esta última o fator principal.

O domínio português na América se efetivou com exportação de capital, técnica e mão de obra escrava, e seu êxito comercial foi estabelecido com o florescimento da indústria do açúcar. Uma vez que este sistema econômico voltado para a exportação não mobilizou mão de obra local, os lucros dessa atividade concentraram-se nas mãos dos empresários que, na ausência de pagamentos ou de oferta de produtos internos, foram consumidos em importações, ou reinvestidos na produção, importando equipamentos e mão de obra. Com isso, qualquer possibilidade de formação de um mercado interno foi bloqueada.

Ao compararmos as análises presentes nos dois livros, notamos uma diferença na abordagem sobre a colonização e a produção açucareira. Se em *Economia Colonial no Brasil nos Séculos XVI e XVII* Celso Furtado usou uma definição do fenômeno emprestada da sociologia, que destaca imigração e domínio político, no livro de

---

32. *Idem*, pp. 53-54.

1954 ela é vista sob o ponto de vista econômico, cujas variáveis principais são a transferência de capital, técnica e mão de obra.

Em decorrência, a modificação de definição alterou sensivelmente a análise. Enquanto na tese de doutorado a colonização foi examinada sob o prisma da formação das classes sociais e do Estado português e como se articularam nas Grandes Navegações, desenvolvendo um empreendimento produtivo nos domínios americanos, em *A Economia Brasileira* a dimensão política praticamente desaparece, dando lugar a uma análise orientada por conceitos econômicos. O mercado externo, estimulado pela metrópole, impulsiona a produção colonial; mas já não se trata de uma relação idêntica àquela presente nos quadros do mercantilismo. A metrópole portuguesa exerce uma determinação econômica. Além disso, se em 1948 a ênfase recaia na força e na pressão políticas, expressas também no domínio econômico, agora a preocupação central é examinar as possibilidades e os limites de crescimento *dentro* da colônia.

Talvez, como decorrência dessa predominância dos fatores econômicos, as atividades coloniais tenham sido examinadas muito brevemente. A economia açucareira, por exemplo, recebeu nove páginas[33] e a transição da mão de obra escrava para a livre, tema que seria central em *Formação Econômica do Brasil*, em que se alongava por quatro capítulos, foi examinada em apenas três páginas de *A Economia Brasileira*[34].

Em suma, em *Economia Colonial no Brasil nos Séculos XVI e XVII*, Celso Furtado buscou a historicidade do fenômeno da colonização na dinâmica social do século XV e XVI em Portugal. Sob a inspiração de Henri Pirenne e António Sergio, examinou as relações entre as classes sociais e seus interesses econômicos. Já *A Economia Brasileira* ocupou-se em captar as linhas gerais da economia colonial, valendo-se de conceitos e categorias econômicos, tais como a formação de capital, o fluxo de renda e a alocação dos fatores produtivos: terra, capital e trabalho.

Assim, os dois livros, menos que complementares, apresentam preocupações metodológicas distintas. Se o trabalho de doutoramento esteve orientado para uma análise histórica dos determinantes sociais e políticos da expansão marítima e da implantação de uma produção em larga escala em sua colônia americana,

---

33. *Idem*, pp. 71-79.
34. *Idem*, pp. 87-89.

o livro de 1954 seguiu outra direção. Não se trata mais de uma reconstrução histórica, mas, como explicou no prefácio, de fazer "cortes verticais no processo histórico", adotando "a técnica de análise que os economistas chamam de construção de modelos", visando reconstituir "em abstrato, as linhas básicas dos distintos sistemas econômicos brasileiros e, observando o seu funcionamento, tentamos comprovar as possibilidades reais de expansão de cada um deles"[35].

Esta diferença de método, como não poderia deixar de ser, resultou em enfoques distintos para cada um dos livros. No primeiro, faz uma análise histórica das atividades produtivas no período, o pau-brasil e o açúcar, demonstrando como a política metropolitana foi um aspecto fundamental para êxito da colonização. Em 1954, concentrou-se no exame das repercussões internas da relação colonial, ou seja, em como o impulso externo dado pela metrópole repercutia na colônia.

Marcar as diferenças entre essas duas obras é essencial para pontuarmos como a busca pela resolução de um problema – a conciliação de história e teoria econômica – estava presente no pensamento de Celso Furtado e obteve respostas diversas que, ao que parece, não contentaram seu autor[36].

Em vista disso, é possível afirmar que *Formação Econômica do Brasil* apresentaria o acabamento histórico e a combinação de história e teoria econômica que Celso Furtado perseguiu durante uma década. Corrobora isso o fato de jamais ter alterado este livro, ao contrário do que fez com *Formação Econômica da América Latina*, que se transformaria, dez anos depois, em *A Economia Latino-Americana*[37].

É preciso, pois, captar a especificidade de *Formação Econômica do Brasil* não no que ele tem de continuidade com os trabalhos anteriores, mas no que apresenta de novo, de formulação e de reformulação, no que expandiu em relação às obras precedentes. Neste sentido, iremos nos deter nas duas primeiras partes do livro, sublinhando os avanços de Celso Furtado e, ao mesmo tempo, propondo elementos para um diálogo com as correntes interpretativas que se debruçaram sobre o papel da história na obra do autor e que apresentamos no início deste capítulo.

35. *Idem*, pp. 14-15.
36. Um indício desse descontentamento pode ser visto em sua recusa à proposta de republicar *A Economia Brasileira* (Celso Furtado, "A Fantasia Organizada", p. 331).
37. Rosa Freire d'Aguiar, "Apresentação", em Celso Furtado, *A Economia Latino-Americana*; Renata Bianconi, *L'Oeuvre de Celso Furtado à Paris: Le Parcours d'un Intellectuel et Homme d'État*, pp. 385-386.

O USO DA HISTÓRIA EM *FORMAÇÃO ECONÔMICA DO BRASIL*

A primeira parte do livro, "Fundamentos Econômicos da Ocupação Territorial", nos descortina uma nova proposta de utilização do conhecimento histórico em diálogo com a problemática econômica, e pode ser vista como uma forma original de uso da história na obra de Celso Furtado. Ele avança sobre as análises anteriores na questão da colonização, expostas em 1948 e 1954, apresentando agora uma síntese inovadora da interação entre metrópoles e colônias, que podemos chamar de dialética entre o interno e o externo[38].

Em *Economia Colonial no Brasil nos Séculos XVI e XVII*, a metrópole portuguesa, resultado da Revolução de 1383, instaura uma colônia na América para dela extrair riquezas. Nesta interpretação, havia uma direção marcada segundo a qual o poder político e econômico da metrópole impunha-se à colônia.

Em *A Economia Brasileira*, a metrópole é responsável por gerar um impulso externo na área colonizada por meio da exportação de capital, tecnologia e mão de obra. A questão central torna-se a investigação do resultado deste afluxo de fatores produtivos vindos de fora, que podem dinamizar ou limitar as chances de crescimento da colônia. Nesta perspectiva, não são tanto as interações e determinações da metrópole sobre a colônia que interessam, mas sim a formação e o funcionamento da própria economia colonial.

Formação Econômica do Brasil traz uma modificação completa destas concepções sobre a colonização. Com efeito, Celso Furtado elabora uma análise sincrônica, conectando a história europeia à americana e, ao mesmo tempo, estabelecendo uma relação dialética entre metrópoles e colônias, na qual os destinos de ambas estão entrelaçados, influenciando-se mutuamente.

Neste sentido, a história moderna, praticamente ausente no livro de 1954, e centrada em Portugal, na tese de doutorado, emerge como um elemento fundamental para o entendimento não apenas das colônias americanas, como também da própria Europa ocidental. Se a América é incorporada à órbita das principais potências do Ocidente, os destinos de Portugal, Espanha, França, Holanda e Inglaterra estarão ligados, por sua vez, ao tipo de colônia e de artigos que poderão extrair de seus domínios.

---

38. Tomamos a expressão do importante artigo de Paulo Teixeira Iumatti ("O Percurso para o Sentido da Colonização e a Dinâmica da Historiografia Brasileira nas Primeiras Décadas do Século XX") sobre a origem do conceito de "sentido da colonização" de Caio Prado Jr..

Portugal desenvolveu um intenso comércio com seu território americano, cuja produção de açúcar foi resultado de um conjunto de leis e decretos que a um só tempo garantiram a ocupação do território e asseguraram recursos financeiros para o reino. É esta produção que lhe proporcionará uma posição econômica central no comércio e na geopolítica europeia até a segunda metade do século XVII.

A Espanha, por sua vez, estabeleceu um enclave fechado de onde extraía ouro e prata. O fato de ter encontrado civilizações com amplos recursos demográficos, aliado à cobiça dos concorrentes por seus metais preciosos, levaram-na a isolar essa produção e restringir ao mínimo as trocas comerciais com o polo europeu. Como resultado, cortou as possibilidades de criar uma política mercantilista que fomentasse suas manufaturas e passou a depender da entrada líquida de recursos, o que provocou uma elevada inflação e tornou o reino dependente de importações europeias, sobretudo inglesas. É este constante afluxo de metais, vindos da América, que explica a decadência posterior de Castela, que terá sua produção agrícola e manufatureira desagregada. Assim, a organização da exploração mineradora adotada na América pela Espanha foi determinante para a perda de sua predominância na geopolítica europeia[39].

Já a América meridional não provocou grandes alterações na economia inglesa, que prosseguiu sua política de cercamentos, fomento da produção manufatureira e expansão agrícola. Os empreendimentos comerciais tentados no ultramar foram frustrados pela semelhança climática que impedia a produção de artigos de grande valor no comércio internacional. Dessa forma, a política econômica inglesa permaneceu voltada à Europa, ficando a América relegada a um escoadouro de dissidentes religiosos ou ponto de parada dos piratas e corsários que miravam os navios espanhóis carregados de metais preciosos.

De fato, vista em linhas gerais, a dinâmica da história europeia é influenciada pelas colônias estabelecidas na América. Para explicar as dinâmicas de Portugal e Espanha, elas foram o fator principal. Já a Inglaterra, em um primeiro momento, não tirou grande proveito de seus domínios no outro lado do Atlântico. Contudo, o desenrolar das disputas políticas no cenário europeu irão modificar as formas de colonização estabelecidas até então.

39. Celso Furtado, *Formação Econômica do Brasil*, pp. 37-41.

Atento à evolução política e econômica no continente, Celso Furtado identifica um ponto de virada nas relações entre Europa e América em meados do século XVII. A decadência espanhola abriu a possibilidade de outras potências – França, Inglaterra e Holanda – ocuparem seus territórios nas Antilhas, dando início a uma colonização de povoamento com objetivos militares e, em seguida, de cultivo de produtos tropicais demandados pela Europa.

As lutas políticas no Velho Mundo, a Guerra dos Trinta Anos (1618-1648), as guerras civis inglesas (1640-1688), a União Ibérica (1580-1640) e sua separação posterior, acarretaram modificações importantes na geopolítica ocidental. O enfraquecimento político e econômico da Espanha, as guerras com os holandeses e a consequente invasão do Nordeste brasileiro, resultaram na perda do monopólio português na produção do açúcar. Uma vez expulsos do Brasil, os holandeses levaram as técnicas de produção para as Antilhas, modificando o regime de trabalho e a paisagem demográfica do Caribe, com a introdução em larga escala do braço escravo nas plantações de cana. Ao perder seu monopólio, Portugal reforçaria a busca por metais preciosos e as tentativas de retomar as manufaturas no reino.

Por sua vez, outras colônias do mar do Caribe enfrentam dificuldades cada vez maiores para se comunicarem suas metrópoles beligerantes, criando as condições para que o Nordeste dos Estados Unidos assuma um papel de metrópole *de facto*: fornecedora de alimentos, artigos manufaturados e serviços de transporte, em troca de produtos tropicais antilhanos, que, manufaturados, revendia para as colônias do Sul, e também para África, Caribe e o continente europeu. Dessa forma, na segunda metade do século XVII, as circunstâncias políticas da Europa modificaram completamente a colonização da América.

Nesses movimentos percebemos como Celso Furtado integra fenômenos econômicos, sociais, geográficos e políticos, sem cair em uma visão unilateral da influência europeia sobre a América. De fato, ele acompanha sincronicamente a história dos dois continentes; articula de forma dialética as relações entre metrópoles e colônias, superando o determinismo econômico, pois os conflitos políticos também dão movimento e explicam as transformações em ambos os polos. Mais importante ainda, não perde de vista os aspectos mais conceituais da teoria do desenvolvimento econômico, pois o comércio colonial é um foco de atenção constante em toda a análise.

Assim, a forma como monta e movimenta as peças do xadrez da história moderna europeia e americana nos parece uma forma acabada de resolução das tentativas anteriores de trabalhar a colonização: não apenas econômica, mas também política, ambas interagindo dialeticamente na formação humana e social do território americano e impactando na história política e econômica europeia. Esta é uma inovação fundamental de *Formação Econômica do Brasil*, que pode ser atribuída à utilização do método comparativo, já presente na tese de doutorado, mas também a uma compreensão da totalidade do movimento da colonização, que extrapola as abordagens sociológica e econômica tentadas anteriormente.

O USO DA TEORIA ECONÔMICA EM *FORMAÇÃO ECONÔMICA DO BRASIL*

A segunda parte de *Formação Econômica do Brasil*, "Economia Escravista de Agricultura Tropical, Séculos XVI e XVII", aborda a economia açucareira e a criação de gado no sertão e propõe uma articulação entre elas. Sem distanciar-se dos achados de sua tese de doutorado sobre a primeira, a inserção da pecuária nordestina – que recebera pouca atenção em seus escritos anteriores – resulta na elaboração de um rico modelo aglutinador das duas atividades. Esta inovação nos permitirá captar um exemplo prático de resposta ao desafio de incorporar elementos históricos em uma análise conduzida por conceitos da teoria do desenvolvimento econômico.

Começando pela produção de açúcar no Nordeste, Celso Furtado realiza uma discussão integrada da microeconomia do engenho aliada à construção de um modelo macroeconômico para o conjunto da colônia nos séculos XVI e XVII.

No primeiro caso, examina o valor do investimento inicial, os custos de reposição e a depreciação do maquinário, os dispêndios internos na compra de insumos e força de trabalho e os lucros resultantes que, aparentemente[40], ficavam concentrados nos senhores de engenho. Eles são, aliás, a ligação do micro com o macroeconômico, já que seus ganhos são usados para medir as receitas do conjunto do setor e balizam a estimativa da renda em toda a colônia. Apenas uma

---

40. Aparentemente, pois Celso Furtado elucida que parte destes lucros, quase a metade ficava nas mãos dos comerciantes estrangeiros, "o que modernamente se chama renda de não residentes" (Celso Furtado, *Formação Econômica do Brasil*, p. 82).

pequena parte dos lucros era gasta internamente – cerca de 10% – enquanto o restante dos recursos disponíveis era canalizado para o exterior, seja por meio de importação, seja como lucro dos comerciantes.

A economia açucareira possuía forte capacidade de expansão, desde que houvessem terras disponíveis, fornecimento de mão de obra escrava e os preços do açúcar fossem atrativos. Essas condições estiveram asseguradas durante os séculos XVI e a primeira metade do XVII. Contudo, essa economia também era resistente às crises, pois era viável manter o engenho operando, dados os baixos custos de reposição e a possibilidade de utilizar a mão de obra ligada à produção açucareira em atividades de subsistência[41].

Estas análises, microeconômica e macroeconômica, são articuladas por alguns conceitos e categorias, tais como fatores de produção: terra, capital e trabalho, que se combinam de maneira variável em cada estrutura produtiva. O estudo do fluxo de renda é outro elemento organizador, permitindo captar a ligação de cada sistema produtivo com o exterior, via exportações, e com o interior, via compra de insumos e alimentos. A utilização destas categorias resultaria em uma abordagem predominantemente estática da estrutura econômica. A despeito disso, a análise é dinamizada pela investigação da capacidade de crescimento e desenvolvimento dos sistemas econômicos, apreendida pelas interligações possíveis entre os setores externo e interno.

É sob este último aspecto que podemos captar a grande inovação da interpretação sobre a economia açucareira, qual seja a integração desta atividade com a pecuária. Se a criação de gado no Nordeste teve espaço reduzido tanto em sua tese de doutorado quanto em *A Economia Brasileira*, ela adquire importância fundamental no que Celso Furtado chamaria de "complexo econômico nordestino", resultado da crise convergente da criação de gado e da produção açucareira, que pela primeira vez em sua obra aparecem articuladas.

O setor criatório foi a única atividade interna que recebeu estímulos da região açucareira, cuja utilidade era variada: movimentar as moendas dos engenhos, transportar as caixas de açúcar e a lenha que fazia arder as fornalhas, além da própria alimentação de trabalhadores e senhores[42]. Ela se transforma em um sis-

---

41. *Idem*, pp. 88-89.
42. Celso Furtado assinala que o valor das vendas de gado, mesmo nos períodos de auge da economia açucareira representava apenas 5% do valor das exportações de açúcar, e sua ocupação não teria ultrapassado mais que treze mil pessoas (*idem*, p. 98).

tema subsidiário da economia açucareira, adquirindo importância crescente no decorrer dos séculos XVIII e XIX.

Prosseguindo em sua análise, e valendo-se dos mesmos conceitos econômicos utilizados para a agricultura tropical do litoral nordestino, terra, capital e trabalho, Celso Furtado assinala que a terra foi o principal fator abundante no sistema criatório, sendo ocupada de forma itinerante, chegando a atravessar o rio São Francisco e instalar-se no Maranhão e no atual estado de Tocantins. Exigia pouco capital, pois a própria reprodução do gado aumentava o capital investido. A mão de obra empregada inicialmente era baixa, embora os currais tivessem elevada capacidade de absorção de trabalhadores.

Dessa forma, não havia limites para o crescimento e a expansão da pecuária do lado da oferta, ainda que ela conservasse seu caráter meramente extensivo. Entretanto, sob a ótica da demanda, os estímulos à expansão eram diretamente dependentes do litoral canavieiro. Com a perda do monopólio da produção na segunda metade do século XVII e o encarecimento do preço dos escravos após a descoberta do ouro em Minas Gerais, o dinamismo da economia açucareira estava comprometido, impactando na procura pelo gado. Mas, a despeito da diminuição da demanda, Furtado assinala que os rebanhos continuaram crescendo enquanto meio de subsistência e matéria-prima para todas as necessidades dos vaqueiros.

Considerando as características dos dois sistemas e as modificações impostas pela nova conjuntura histórica de perda do monopólio português na produção de açúcar, Celso Furtado compara as consequências de uma retração da demanda em ambas os setores, no curto e no longo prazo. Para tanto, cruza os conceitos econômicos que utilizou na caracterização destas atividades com as transformações históricas ocorridas na segunda metade do século XVII. Como vimos, a economia açucareira poderia absorver sem grandes abalos a queda nos preços do açúcar no curto prazo. Contudo, no longo prazo, a concorrência antilhana e, depois, a descoberta do ouro nas Minas Gerais, elevando exponencialmente o preço dos escravos, lançou o sistema em um prolongado período de prostração econômica, com a provável dissolução das unidades menos produtivas.

A pecuária, ao perder o impulso vindo do sistema açucareiro, continuou expandindo-se, mas para atender a subsistência. De fato, a abundância de terras e a baixa exigência de capital – dada a reprodução vegetativa do rebanho e o fato do produto ser utilizado seja para a venda, seja como alimento – garantiram a disseminação e a reprodução extensiva, no longo prazo, da pecuária pelo território do Norte e Nordeste, acolhendo a mão de obra expelida do litoral canavieiro. É essa capacidade de sobrevivência e de absorção populacional que está na origem da "formação do que no século XIX viria a ser o sistema econômico do Nordeste, cujas características persistem até hoje"[43].

Em suma, no longo prazo, os dois sistemas se comportaram de formas diversas. Enquanto a economia açucareira entra em uma longa crise nos séculos XVIII e XIX, a pecuária perde seu caráter mercantil e transforma-se em uma atividade de subsistência. Ao assinalar o funcionamento dos dois sistemas a partir de conceitos e categorias econômicas, Celso Furtado nos apresenta uma maneira de organizar a realidade histórica e de reconstituí-la de maneira estrutural, ou estática. Contudo, seu esforço não se esgota nesta leitura. A articulação entre os dois sistemas e seu exame em perspectiva de curto e de longo prazo incorporam as condições históricas que influenciam a produção, permitindo, portanto, uma perspectiva dinâmica.

Com efeito, a crise econômica que assola o reino português na segunda metade do século XVII e a modificação da disponibilidade de fatores produtivos (mão de obra e capital) decorrem de causas de ordem de social, política e econômica, que interagem e demandam respostas específicas destes dois sistemas. Esta incorporação de variáveis não econômicas foi possibilitada pelo fato de Celso Furtado não se restringir à elaboração de modelos estáticos, mas de incorporar as transformações históricas e utilizá-las como um fator dinamizador da estrutura dos sistemas econômicos.

Assim, a pecuária não aparece como mais uma atividade econômica no elenco dos produtos coloniais, mas entranhada na economia açucareira, respondendo às crises desta última, que são, também, fruto de crises maiores. Ao unir economia açucareira e pecuária nordestina para explicar a formação do complexo econômico nordestino, Celso Furtado nos apresenta um exemplo de como a teoria econômica pode integrar os influxos dados pela história.

43. *Idem*, p. 104.

CONCLUSÕES

O estudo das duas primeiras partes de *Formação Econômica do Brasil* nos deu dimensão da importância da história na obra de Celso Furtado, estabelecendo, também, um diálogo com as abordagens contemporâneas a respeito do papel desse saber em seus trabalhos. Retomando estas duas vertentes interpretativas, pudemos encontrar a familiaridade de Celso Furtado com a história na influência dos historiadores econômicos franceses e ingleses, na ampla gama de leituras que ele fez da historiografia sobre o Brasil, ou na forma como utilizou os métodos típicos do historiador em sua tese de doutorado. Contudo, não é menos válido ver como ele organiza e estrutura essas influências e esse saber histórico. A dialética entre o interno e o externo que buscamos reconstituir acima, que capta as múltiplas determinações da história europeia na formação do espaço americano e, ao mesmo tempo, como esse espaço também determina no médio e no longo prazo a história das metrópoles, nos parece ser um dos exemplos mais nítidos da história enquanto totalidade organizadora dos processos econômicos, sociais e políticos.

Já a árdua tarefa de buscar no conjunto sua obra a conciliação entre história e modelos econômicos pode tirar proveito da resposta concreta oferecida por Celso Furtado na articulação de economia açucareira e pecuária, no curto e no longo prazo.

Por sua vez, a revisão, em uma perspectiva histórica, das tentativas e dos resultados da conciliação entre história e teoria econômica propostas por Celso Furtado, ou seja, em comparação com suas obras anteriores, leva-nos a ser cautelosos em sugerir ligações diretas e contínuas entre *Formação Econômica do Brasil* e seus escritos precedentes. Como vimos, se o período e o tema abordado coincidem, a elaboração metodológica é consideravelmente diversa neste trabalho de 1959.

Finalmente, para além da articulação dos conhecimentos históricos e da possibilidade de integração da história na teoria econômica, um segundo critério de verificação da validade do uso da história por Celso Furtado seria investigar o resultado de suas explicações, confrontando-os com os desenvolvimentos posteriores da pesquisa em história econômica. Se bem que *Formação Econômica do Brasil* tenha recebido ataques de diversos historiadores, sobretudo no que se refere à interpretação da economia mineira[44], ainda assim, autores como Douglas Libby[45] e Luiz Felipe de Alencastro[46], por exemplo, discordaram da radicalidade dessas críticas, preservando o resultado de fundo para a decadência da mineração, sem ignorar o efetivo surgimento de atividades manufatureiras na região. Por sua vez, os capítulos de Flávio Saes e Flávio Versiani neste volume reabilitam outros aspectos da interpretação furtadiana. Considerando-se a precariedade das estatísticas históricas de que dispunha no momento de elaboração de seu livro, não nos parece exagero dizer que a familiaridade de Furtado com a história e sua elaboração da junção de modelos econômicos e análise histórica não apenas compensou essa carência, como são responsáveis pela força interpretativa e inspiradora de *Formação Econômica do Brasil*, sessenta anos depois de sua publicação.

REFERÊNCIAS BIBLIOGRÁFICAS

AGUIAR, Rosa Freire d'. "Apresentação". *In*: FURTADO, Celso. *Formação Econômica do Brasil. Edição Comemorativa – 50 Anos*. Organização de Rosa Freire d'Aguiar. São Paulo, Companhia das Letras, 2009, pp. 11-21.

_____. "Apresentação". *In*: FURTADO, Celso. *A Economia Latino-Americana. Edição Comemorativa – 50 Anos*. Organização de Rosa Freire d'Aguiar. São Paulo, Companhia das Letras, 2019, pp. 11-25.

ALCOUFFE, Alain. "Furtado, o Brasil e os Economistas Franceses: Influências Cruzadas". *In*: COELHO, Francisco da Silva & GRANZIERA, Rui Guilherme (org.). *Celso Furtado e a Formação Econômica do Brasil*. São Paulo, Atlas, 2009.

ALENCASTRO, Luiz Felipe de. "Introdução". *In*: FURTADO, Celso. *Formação Econômica do Brasil. Edição Comemorativa – 50 Anos*. Organização de Rosa Freire d'Aguiar. São Paulo, Companhia das Letras, 2009, pp. 23-40.

---

44. Daniel Cosentino (*Um Múltiplo de Transições. A Transição do Trabalho Escravo para o Trabalho Livre em Minas Gerais*) fez uma acurada revisão deste debate historiográfico, recentemente reacendido pela publicação em português de *Crescendo em Silêncio*, de Roberto Borges Martins, com um extenso *post scriptum*.
45. Douglas Libby, *Transformação e Trabalho em uma Economia Escravista*, p. 22.
46. Luiz Felipe de Alencastro, "Introdução", em Celso Furtado, *Formação Econômica do Brasil*; "O Sumiço dos Africanos: Notas sobre *Formação da Literatura Brasileira* e *Formação Econômica do Brasil*".

_____. "O Sumiço dos Africanos: Notas sobre *Formação da Literatura Brasileira* e *Formação Econômica do Brasil*". In: FONSECA, Maria Augusta & SCHWARZ, Roberto (org.). *Antônio Candido 100 Anos*. São Paulo, Editora 34, 2019, pp. 416-430.

ARRUDA, José Jobson de Andrade. "Historiografia: Consciência Crítica da Produção Histórica". *Historiografia. Teoria e Prática*. São Paulo, Alameda, 2014, pp. 17-61.

BIANCONI, Renata. *L'Oeuvre de Celso Furtado à Paris: Le Parcours d'un Intellectuel et Homme d'État*. Tese de Doutorado em História Moderna e Contemporânea, Université Paris-Sorbonne, 2014.

BIELSCHOWSKY, Ricardo. *Pensamento Econômico Brasileiro. O Ciclo Ideológico do Desenvolvimentismo 1930-1964*. Rio de Janeiro, Contraponto, 2000.

BOIANOVSKY, Mauro. "Between Lévi-Strauss and Braudel: Furtado and the Historical-Structural Method in Latin American Political Economy". *Journal of Economic Methodology*, vol. 22, n. 4, 2015, pp. 413-438.

_____. "Furtado, North and the New Economic History". *Economia*, vol. 10, n. 4, 2009.

COSENTINO, Daniel do Val. *Um Múltiplo de Transições: A Transição do Trabalho Escravo para o Trabalho Livre em Minas Gerais*. Dissertação de Mestrado, Universidade Estadual de Campinas, 2006.

COUTINHO, Maurício C. "A Teoria Econômica de Celso Furtado: *Formação Econômica do Brasil*". *In*: LIMA, Marcos Costa & DAVID, Mauricio Dias (org.). *A Atualidade do Pensamento de Celso Furtado*. Brasília, Verbena, 2008, pp. 139-159.

_____. "Celso Furtado e a Crítica da Teoria Econômica". *In*: SABOYA, João & CARVALHO, Fernando J. Cardim de (org.). *Celso Furtado e o Século XXI*. Rio de Janeiro, Manole, 2007, pp. 409-429.

_____. "Economia de Minas e Economia da Mineração em Celso Furtado". *Nova Economia*, n. 18, vol. 3, Belo Horizonte, set.-dez. 2008.

_____. "*Subdesenvolvimento e Estagnação na América Latina*, de Celso Furtado". *Revista de Economia Contemporânea*, n. 19, vol. 3, 2015, pp. 448-474.

DOSSE, François. *A História em Migalhas: Dos Annales à Nova História*. Bauru, Edusc, 2003.

FEBVRE, Lucien. "Ports d'Aujourd'hui, Ports d'Autrefois: A Propos d'une Etude sur Gênes et sur Marseille". *Annales d'Histoire Economique et Sociale*, vol. 1, n. 1, pp. 94-99, Paris, Armand Colin, 1929.

FURTADO, Celso. *A Economia Brasileira (Contribuição à Análise de seu Desenvolvimento)*. Rio de Janeiro, A Noite, 1954.

_____. "A Fantasia Organizada" [1985]. *Obra Autobiográfica*. Organização de Rosa Freire d'Aguiar. São Paulo, Paz e Terra, 1997, 3 tomos.

_____. "Aventuras de um Economista Brasileiro" [1973]. *Obra Autobiográfica*. Organização de Rosa Freire d'Aguiar. São Paulo, Paz e Terra, 1997, 3 tomos.

_____. "Características Gerais da Economia Brasileira". *Revista Brasileira de Economia*, vol. 4, n. 1, pp. 7-38, Rio de Janeiro, 1950.

_____. "Desenvolvimento Econômico (Ensaio de Interpretação Histórico-Analítica)". *Revista Econômica Brasileira*, vol. 1, n. 1, jan.-mar. 1955.

_____. *Economia Colonial no Brasil nos Séculos XVI e XVII*. São Paulo, Hucitec/ABPHE, 2001 (1. ed. 1948).

_____. *Formação Econômica do Brasil*. 36. ed. São Paulo, Companhia das Letras, 2007 (1. ed. 1959).

IGLÉSIAS, Francisco. *História e Ideologia*. São Paulo, Perspectiva, 1971.

IUMATTI, Paulo T. "O Percurso para o Sentido da Colonização e a Dinâmica da Historiografia Brasileira nas Primeiras Décadas do Século XX". *In*: IUMATTI, Paulo T. *et al.* (org.). *Caio Prado Jr. e a Associação dos Geógrafos Brasileiros*. São Paulo, Edusp, 2008, pp. 127-167.

LIBBY, Douglas Cole. *Transformação e Trabalho em uma Economia Escravista*. São Paulo, Brasiliense, 1988.

MALLORQUIN, Carlos. *Celso Furtado. Um Retrato Intelectual*. São Paulo, Xamã, 2005.

MANZATTO, Rômulo Felipe & SAES, Alexandre Macchione (org.). *Os Sessenta Anos de Formação Econômica do Brasil: Pensamento, História e Historiografia. XIII Congresso Brasileiro de História Econômica e 14ª Conferência Internacional de História de Empresas*. Criciúma, ABPHE, 2019.

MARTINS, Roberto B. *Crescendo em Silêncio. A Incrível Economia Escravista de Minas Gerais no Século XIX*. Belo Horizonte, Icam/ABPHE, 2018.

OLIVEIRA, Francisco. "Celso Furtado e o Pensamento Econômico Brasileiro" [1986]. *A Navegação Venturosa. Ensaios sobre Celso Furtado*. São Paulo, Boitempo, 2003, pp. 39-54.

_____. "Viagem ao Olho do Furacão: Celso Furtado e o Desafio do Pensamento Autoritário" [1997]. *A Navegação Venturosa. Ensaios sobre Celso Furtado*. São Paulo, Boitempo, 2003, pp. 60-82.

PAULA, João Antonio de. "Celso Furtado, a História e a Historiografia". *Cadernos do Desenvolvimento*, vol. 10, n. 17, pp. 144-165, Rio de Janeiro, jul.-dez. 2015.

PRADO JR., Caio. *Formação do Brasil Contemporâneo. Colônia*. São Paulo, Companhia das Letras, 2011.

PIRENNE, Henri. *História Econômica e Social da Idade Média*. Rio de Janeiro, Mestre Jou, 1968 (1. ed. 1933).

Ricupero, Bernardo. "Celso Furtado e o Pensamento Social Brasileiro". *Estudos Avançados,* vol. 19, n. 53, pp. 371-377, 2005.

Silva, Roberto Pereira. "A Trajetória de um Clássico: Formação Econômica do Brasil de Celso Furtado". *Economia e Sociedade,* vol. 20, n. 2, 2011, pp. 443-448.

_____. *Celso Furtado, Entre a História e a Teoria Econômica (1948-1959): Uma Interpretação Historiográfica.* Tese de Doutorado, Universidade de São Paulo, 2015.

_____. *O Jovem Celso Furtado. História, Política e Ideologia (1941-1948).* Bauru, Edusc, 2011.

Szmrecsányi, Tamás. "Cinquentenário de *A Economia Brasileira* de Celso Furtado". *Boletim Informativo da abphe,* dez. 2003.

_____. "Sobre a Formação da *Formação Econômica do Brasil* de C. Furtado". *Estudos Avançados,* vol. 13, n. 37, pp. 207-214, São Paulo, 1999.

IV

DA HISTÓRIA ECONÔMICA PARA A ECONOMIA BRASILEIRA: O PROJETO POLÍTICO DE *FORMAÇÃO ECONÔMICA DO BRASIL*

10

Modelo Analítico e Projeto Político de *Formação Econômica do Brasil*

Pedro Paulo Zahluth Bastos

A década de 1930 não inaugurou apenas um novo período histórico para os sistemas político e econômico no Brasil. Ela também presenciou a publicação de grandes obras sobre a formação histórica do país. Os dois processos estão certamente associados, pois a percepção de uma ruptura com o passado – manifesta inclusive na retórica dos agentes da Revolução de 1930 – exigiu olhar melhor para este passado. Ou melhor, reforçou a demanda social e política de entendimento do *sentido* da coletividade a que muitos historiadores, conscientemente ou não, procuram responder.

É verdade que este movimento intelectual não começou na década de 1930. Alberto Torres e Oliveira Vianna, por exemplo, não apenas foram precursores como, de certo modo, até mesmo influenciaram o antiliberalismo dos revolucionários de 1930, contra o qual se insurgiria Celso Furtado[1]. Ademais, as artes faziam um gesto de busca das origens pelo menos desde a década de 1920. Por exemplo, o Modernismo antropofágico questionava as formas canônicas europeizadas e pregava um experimentalismo que digeria e misturava o estrangeiro ao nacional. Enquanto o Movimento Regionalista afirmava orgulhosamente o legado nordestino, Mário de Andrade saía em expedição em busca de nossas diversas tradições locais de música e dança. No entanto, foi nos anos 1930 que, quase sistematicamente, o olhar histórico sobre o sentido da formação do povo brasileiro estendeu-se para vários campos do conhecimento nas ciências sociais,

---

1. Na interpretação de Francisco de Oliveira ("Viagem ao Olho do Furacão: Celso Furtado e o Desafio do pensamento autoritário brasileiro"). Para maiores nuances, ver Roberto Pereira Silva, *O Jovem Celso Furtado: História, Política e Economia (1941-1948)*.

multiplicando as perguntas: o que é e o que explica nosso passado peculiar? O que nos diferencia de outros povos? Por que somos atrasados economicamente, dados ao autoritarismo político e portadores de uma cultura predominantemente ocidental, mas talvez mais sujeita à miscigenação do que em outras colônias europeias? Somos uma "raça" ou pelo menos uma etnia diferente? De onde viemos, para onde devemos ir?[2]

A geração de 1930 foi liderada por três grandes intelectuais: os polímatas Gilberto Freyre, Sérgio Buarque de Holanda e Caio Prado Jr., como grifou originalmente Antonio Candido[3]. Nascido em 1920, Celso Furtado entrava na adolescência e, futuramente, beberia destes autores como de resto o faria toda a nova geração de intelectuais nacionalistas brasileiros. Em 1933, com *Casa-Grande & Senzala*, Gilberto Freyre dissecou o papel do patriarcado escravocrata e latifundiário na formação brasileira, mas inaugurou um paradigma que revalorizaria as heranças ibérica, africana e indígena, tradicionalmente vistas como motivos do atraso nacional diante da eficiência anglo-saxá e do refinamento francês. Nem tudo que vinha de nosso próprio passado era ruim, nem tudo que vinha de fora era melhor. A usina de açúcar, por exemplo, símbolo primeiro da modernização capitalista na agricultura setentrional inspirada na máquina britânica, tingiria de opressão impessoal relações sociais personalizadas que supostamente adocicavam a escravidão nos engenhos e o favor para agregados. Em *Sobrados e Mucambos*, de 1936, o efeito das modas da Corte infundida de francesismo reforçava a dependência cultural de elites, que, nas cidades, se separavam cada vez mais dos serviçais sub-humanos que habitavam mocambos e senzalas. A modernização das aparências não se limitava às modas e modos. Em *Raízes do Brasil*, também de 1936, Sérgio Buarque de Holanda ironizava políticos que importavam leis e discursos superficialmente liberais, mas que aplicavam a lei apenas contra inimigos, fraudavam eleições e desconheciam os "direitos humanos" dos escravos. O liberalismo era um mal-entendido nos trópicos escravistas.

---

2. Antonio Candido ("Literatura e Cultura de 1900 a 1945") frisa a década de 1920, mas contextualiza o Modernismo na permanente dialética entre localismo e cosmopolitismo que marca nossa literatura desde os primórdios. Para além das artes, Fernando Novais e Maria Arminda do Nascimento Arruda ("Revisitando os Intérpretes do Brasil") realçam a geração de 1930, mas datam o início da preocupação identitária com o "sentido da formação" muito antes, nos textos de José Bonifácio.
3. Antonio Candido, "O Significado de Raízes do Brasil".

O olhar histórico desde cedo se voltou a entender a economia e sua relação com a totalidade social. Em *Evolução Política do Brasil (Colônia e Império)*, de 1933, *Formação do Brasil Contemporâneo (Colônia)*, de 1942 e *História Econômica do Brasil*, de 1945, o historiador marxista Caio Prado Jr. encontrou o sentido da colonização na acumulação de capital nas metrópoles: atender a necessidades materiais, criar mercados monopolizados, extrair excedentes e explorar escravos. Éramos um capítulo da expansão mercantilista europeia, e este sentido marcava tudo: povoamento, concentração litorânea, vida material, relações de trabalho, autoritarismo político, aspirações culturais (ou a falta delas), fronteiras entre público e privado.

Celso Furtado defendeu na Sorbonne, em 1948, a tese de doutorado *Economia Colonial no Brasil nos Séculos XVI e XVII*. Nela, cita Freyre e Prado Jr. em abundância. Porém, não o faz em *Formação Econômica do Brasil*, de 1959. Em suas memórias, Furtado descreve assim a redação do livro na Universidade de Cambridge:

[...] o tempo de que dispunha não me permitiu levar muito longe esse trabalho de garimpagem nas bibliotecas, mas era tão vasto o horizonte de escolha que decidi limitar minhas referências bibliográficas a obras para as quais desejava chamar expressamente a atenção, ademais daquelas que fossem fontes dos dados que eu estava usando. Era um livro de análise, e não de história, portanto não cabia dar crédito a todos os pesquisadores que houvessem contribuído no plano dos estudos históricos[4].

As perspectivas teóricas e formas de atuação eram diferentes também: Celso Furtado não era um marxista como Caio Prado Jr., que, como tal, interpretava a realidade brasileira para resolver suas contradições por meio de uma revolução. Depois de doutorado como historiador econômico em 1948, Furtado participou do movimento reflexivo sobre a formação histórica do Brasil e da América Latina na condição de economista da Comissão Econômica para a América Latina (Cepal) da ONU. Como economista cepalino, por dever de ofício e convicção, fazia diagnósticos e propunha políticas e reformas institucionais dentro dos quadros do capitalismo. Por hipótese, isto marcaria tanto sua reflexão histórica quanto o projeto político implícito em *Formação Econômica do Brasil*[5].

---

4. Celso Furtado, *A Fantasia Organizada*, p. 215.
5. Como sugere Luiz Felipe Alencastro: "À diferença de outros grandes textos de interpretação do Brasil – como a notável exceção de *Abolicionismo* (1883), de Joaquim Nabuco –, *Formação Econômica do Brasil* é um livro em que a reflexão prepara a intervenção nos centros decisórios

Antes de trazer argumentos para defender esta hipótese, é importante advertir que *Formação Econômica do Brasil* é uma obra de história econômica, não um programa político. Contudo, Furtado já era um intelectual público que concebia a ciência como guia do posicionamento político, mais concretamente da proposição de políticas de Estado caracterizadas pelo planejamento racional de recursos escassos. À maneira de Karl Mannheim[6], acreditava que a política racional deveria se pautar por diagnósticos científicos dominados por uma *intelligentsia*[7]. Assim, análise do passado e projeto social devem ser entendidos, na obra de Furtado, como elementos de um conjunto cuja articulação é praticamente explicitada pelo próprio autor. Ao analisar *Formação Econômica do Brasil,* não é necessário um enorme esforço para desvelar o projeto social a partir das escolhas epistemológicas e da lógica dos conceitos, como o historiador Josep Fontana precisou fazer na análise da tradição filosófica e historiográfica ocidental[8]. Furtado é mais transparente. O título do último capítulo de *Formação* ("Perspectivas dos Próximos Decênios") é uma raridade em obra histórica e, ao mesmo tempo, é bastante indicativo da integração entre diagnóstico e prática e entre passado e futuro que estrutura sua reflexão.

A PERSPECTIVA CEPALINA E O MÉTODO ESTRUTURAL: TEORIA E PRÁTICA

Para entender como *Formação Econômica do Brasil* herda a integração entre diagnóstico e prática típica do pensamento cepalino e como inova a partir dele, é preciso abordar, embora sinteticamente, as características fundamentais deste corpo teórico que inspirou a obra de Celso Furtado nos anos 1950. Não há espaço aqui para desenvolver uma apreciação geral do pensamento cepalino em sua primeira década, nem para avaliar seu impacto sobre as ideias e as práticas na América Latina e no Sul Global em geral. Faço um desvio em relação ao objeto do capítulo (o projeto político implícito em *Formação*) apenas para apresentar didaticamente

do Estado" (Luiz Felipe de Alencastro, "Introdução", em Celso Furtado, *Formação Econômica do Brasil*, p. 26).
6. Karl Mannheim, *Man and Society in an Age of Reconstruction. Studies in Modern Social Structure.*
7. Celso Furtado, *A Fantasia Organizada*, pp. 17-18.
8. Josep Fontana, *Historia: Análisis del Pasado y Proyecto Social.*

os temas centrais da perspectiva cepalina originária e o modo como fundamenta a necessidade de planejamento econômico a partir de um certo diagnóstico das debilidades estruturais da industrialização periférica. Isto é necessário porque, como a exposição pretende sugerir, o modo de articulação entre diagnóstico e proposta inaugurado pelo argentino Raúl Prebisch influencia a narrativa de *Formação Econômica do Brasil*, que parte dele mas avança em relação ao estruturalismo cepalino. Por isto, creio ser necessário apresentar o liame entre análise e prática em pelo menos três dos textos fundadores do pensamento cepalino, todos de autoria de Prebisch: "O Desenvolvimento Econômico da América Latina e seus Principais Problemas", de 1949; "Crescimento, Desequilíbrio e Disparidades: Interpretação do Processo de Desenvolvimento Econômico", de 1950; e "Problemas Teóricos e Práticos do Desenvolvimento Econômico", de 1951[9].

O primeiro texto acabou conhecido como o "Manifesto Latino-Americano", pois além de um diagnóstico dos "principais problemas" do desenvolvimento econômico da América Latina, delineia os temas básicos do pensamento cepalino a partir de uma crítica potente das doutrinas liberais que legitimavam o "velho esquema da divisão internacional do trabalho", que ruía desde a década de 1930. Embora não afirme explicitamente, o texto de Prebisch tem três finalidades (que não aparecem nesta ordem no texto): a) explicar as causas do processo de industrialização que os países periféricos se viram obrigados a seguir, considerando a crise da velha divisão do trabalho que eles não deliberaram experimentar; b) defender a industrialização periférica das críticas feitas sob o argumento de que implicava em má alocação de recursos em relação à velha especialização primária, tendo em vista que não há alternativa à industrialização (em outras palavras, ela não é uma opção entre outras); c) identificar os principais problemas envolvidos nesta industrialização periférica (inclusive a inescapável má alocação de recursos) e propor políticas

---

9. A versão mais acessível em português dos três textos em conjunto está em Raúl Prebisch, *O Manifesto Latino-Americano e Outros Ensaios*. Para o primeiro texto, contudo, cito de acordo com a tradução em português de Celso Furtado, publicada na *Revista Brasileira de Economia* em 1949: Raúl Prebisch, "O Desenvolvimento Econômico da América Latina e seus Principais Problemas". Entre uma enorme bibliografia a respeito, ver especialmente Octavio Rodriguez, *O Estruturalismo Latino-Americano* e Adolfo Gurrieri, "A Economia Política de Raúl Prebisch". Para o contexto em que os textos foram escritos, ver Edgar Dosman, *Raúl Prebisch: A Construção da América Latina e do Terceiro Mundo*.

visando contorná-los. Em outras palavras, deve-se corrigir os obstáculos e desequilíbrios inerentes à industrialização periférica, mas não a abandonar apenas por ser difícil e problemática. Diagnóstico científico e proposta política são intimamente vinculados.

No primeiro ponto, a causa da industrialização periférica é a própria inviabilidade da velha divisão do trabalho entre os centros industriais e as periferias exportadoras de produtos primários, manifesta na crise da década de 1930. A questão essencial é que a estrutura do sistema centro-periferia é caracterizada por processos de difusão e distribuição desiguais do progresso técnico. Para Prebisch, a desigualdade apresentaria dois aspectos: a) o ritmo desigual do progresso técnico na indústria manufatureira e nas atividades primárias que se distribuem desigualmente entre centro e periferia; b) a deterioração dos termos de intercâmbio entre produtos industriais e primários no comércio internacional. Neste ponto, a distribuição desigual dos frutos do progresso técnico articula-se à escassez de divisas que induziu a industrialização (substitutiva de importações) da periferia.

O ritmo desigual do progresso técnico na indústria e na produção primária é tratado pelo autor como uma constatação e não como uma proposição teórica: é simplesmente um fato evidenciado na observação da experiência histórica[10]. Esta desigualdade implicaria que os países especializados em produtos industriais experimentariam maior ritmo de ampliação da produtividade e da renda *per capita* do que os países especializados em atividades primárias caso nenhum mecanismo de transferência dos ganhos de produtividade operasse por meio do comércio internacional. Segundo a teoria clássica do comércio internacional, porém, os países exportadores de *commodities* primárias seriam recompensados por meio da transfe-

---

10. A base de dados sobre o século XX mais completa que conheço referenda a hipótese de deterioração dos termos de troca, com algumas qualificações referentes às descontinuidades da tendência no tempo, que não descreve propriamente ciclos regulares: José Antonio Ocampo & María Angela Parra, "The Terms of Trade for Commodities in the Twentieth Century". Ver também Bilge Erten, *Uneven Development and the Terms of Trade: A Theoretical and Empirical Analysis* e Ricardo de Medeiros Carneiro, *Commodities, Choques Externos e Crescimento: Reflexões sobre a América Latina*. Entre 1870 e 1939, a tendência não era tão clara quanto Prebisch dava a entender para o período anterior a 1930, embora a quebra estrutural neste momento no sentido da deterioração seja inegável (ver Christopher Blattman, Jason Hwang & Jeffrey G. Williamson, "Winners and Losers in the Commodity Lottery: The Impact of Terms of Trade Growth and Volatility in the Periphery, 1870-1939").

rência dos ganhos de produtividade industrial para os preços finais, favorecendo os consumidores das manufaturas por meio da concorrência perfeita entre produtores industriais[11].

A inexistência deste mecanismo de transferência dos ganhos de produtividade industrial para os preços finais das manufaturas é, para o autor, também uma constatação empírica. Seu efeito é preservar os diferenciais de produtividade e renda *per capita* entre os centros industriais e os países periféricos. Com um agravante: a evolução dos preços internacionais indicaria nitidamente uma tendência de deterioração dos termos de intercâmbio contra as exportações primárias. Assim, os países centrais especializados na indústria não apenas absorvem seu próprio aumento de produtividade, deixando de transferi-los aos consumidores, ou seja, aos países importadores de manufaturas. Os centros também absorvem parte do aumento de produtividade verificado nas atividades primárias da periferia, através da tendência de queda relativa dos preços dos produtos primários no comércio internacional. Em suma, os mecanismos de difusão e distribuição dos frutos do progresso técnico favorecem duplamente os países industriais: a) porque se especializaram em atividades em que o ritmo de progresso técnico é superior; b) porque absorvem (por meio do comércio) parte do ritmo inferior de produtividade nas atividades primárias.

Se o diferencial de crescimento de produtividade entre países industriais e primários não é objeto de explicação por Prebisch, a tendência de deterioração dos termos de intercâmbio é. Seu argumento é que o modelo de concorrência perfeita não se aplica aos países industriais, de modo que a organização coletiva de empresários e trabalhadores resulta na ampliação da renda real (lucros e salários) através

---

11. Neste ponto, Prebisch comete um deslize teórico desnecessário que não compromete a essência de sua argumentação, mas abre um flanco vulnerável que de fato foi explorador por seus críticos: a suposição de que a teoria clássica envolvia o pressuposto da mobilidade internacional de fatores, que eliminariam diferenciais de rentabilidade. Na verdade, a aplicação da teoria da concorrência perfeita para o comércio internacional implica que os diferenciais de rentabilidade são eliminados por meio da transação de bens, tornando inexistentes os ganhos extraordinários que poderiam estimular a realocação internacional de fatores de produção (de um ponto de vista estritamente microeconômico). Em outras palavras, a especialização destes fatores segundo suas vantagens comparativas nacionais seria a maneira de equalizar sua rentabilidade por meio do deslocamento inter e intrassetorial induzido pelo comércio internacional, tornando desnecessário o investimento direto de capitais ou a migração de trabalhadores.

da absorção parcial dos ganhos de produtividade, ao invés de sua transferência para preços finais cadentes. Nada parecido acontece na periferia, em parte por causa da desorganização relativa de produtores e trabalhadores, em parte por causa das particularidades do período de produção (sazonal) de produtos primários. Durante as expansões da economia mundial, a ineslasticidade da oferta de produtos agrícolas (regidos por safras) a curto prazo melhora os termos de intercâmbio durante as expansões. Nas crises, porém, diante da redução da demanda dos centros importadores, a superprodução e a abundância/desorganização de trabalhadores implica em ajuste descendente de preços e salários, mais que anulando os ganhos anteriores. Nos centros, ao contrário, a relativa inflexibilidade de preços e salários preserva os ganhos de renda real da fase expansiva, e o consequente ajuste de quantidades transmite pressões de demanda para as periferias, até que o preço das *commodities* primárias caia e reduza custos industriais. Ao longo dos ciclos de expansão e contração da economia mundial, portanto, vigoraria uma tendência de melhoria dos termos de intercâmbio dos produtos manufaturados *vis-à-vis* primários que transferiria parte dos ganhos de produtividade nas atividades primárias para os centros importadores.

Esta tendência secular seria agravada depois da Primeira Guerra pelo comportamento do novo centro dinâmico da economia mundial, os Estados Unidos. Ao contrário da Grã-Bretanha, o novo centro dinâmico apresentava um coeficiente de abertura às importações reduzido e cadente associado ao protecionismo agrícola. Este surgiu para acomodar o elevado custo da produção interna derivado dos altos salários no campo, ajustados por meio do êxodo rural à elevação dos salários urbanos (provocada pelo progresso industrial e pela organização dos trabalhadores). Isto cristalizou uma alocação ineficiente de recursos (nos termos da teoria clássica do comércio internacional)[12].

Enquanto o protecionismo agrícola reduziu relativamente a oferta de dólares, a demanda dessa moeda tendeu a crescer ao longo do tempo, por dois motivos: a) demanda global de novos bens de capital avançados produzidos pela indústria estadunidense; b) a demanda global de novos bens de consumo, reforçada por técnicas de publicidade oriundas dos Estados Unidos. Sendo assim, o progresso

12. Aqui, Prebisch novamente comete novo deslize, ao argumentar que a proteção da renda dos fatores alocados na agricultura estadunidense se fez também pela restrição à migração de trabalhadores que supostamente seria esperada pela teoria clássica.

técnico na indústria estadunidense criava novos bens de capital e consumo de demanda crescente no exterior, ao mesmo tempo que o protecionismo agrícola limitava o crescimento das importações agrícolas que poderia fornecer os dólares necessários para satisfazer a demanda por suas exportações industriais. Segundo Prebisch, este desequilíbrio entre demanda e oferta de dólares ou entre exportações e importações norte-americanas resultou na acumulação de superávits e reservas de ouro no centro dinâmico que colocou em crise a velha divisão internacional do trabalho na década de 1930[13].

Em meio à crise, a escassez de dólares a) deprimiu a capacidade de importação dos países periféricos e b) ampliou a transferência dos ganhos de produtividade da periferia para os centros através dos preços cadentes das *commodities* primárias. Assim, a deterioração dos termos de intercâmbio se agravou a um ponto em que induziu a industrialização periférica – única alternativa remanescente de participação periférica na difusão do progresso técnico em meio ao novo contexto internacional. Prebisch concorda com os críticos liberais da industrialização periférica, segundo os quais ela gera menos eficiência global do que a alocação de recursos previsível nas circunstâncias ideais da teoria clássica do comércio internacional. Contudo, ela é mais eficiente que a alocação de recursos em atividades primárias cujos termos de intercâmbio foram, na realidade, deteriorados por mecanismos desiguais sistemáticos de geração e distribuição de produtividade e pela absorção de dólares pelos Estados Unidos. Nas palavras de Prebisch, "seguir certas regras do jogo" (do comércio multilateral) deixou de ser uma opção, sendo necessário "precaver-se de generalizações dogmáticas" e procurar uma "melhor compreensão dos fenômenos da periferia"[14]. Contra generalizações neoclássicas baseadas em supostos irreais, o apelo à análise histórica atenta aos processos verificados no tempo irreversível é evidente.

O particular, contudo, deve ser enquadrado na totalidade do sistema centro-periferia. Ao frisar a ausência de alternativas à industrialização por substituição

---

13. É digno de nota que Prebisch subestima o papel das transações financeiras na produção dos desequilíbrios de balanço de pagamentos e na dinâmica da economia em geral, como, de resto, também o faria Celso Furtado em *Formação Econômica do Brasil*. Ver Pedro Paulo Zahluth Bastos, "Centro e Periferia no Padrão Ouro-Libra: Celso Furtado Subestimou a Dinâmica da Dependência Financeira?".
14. Raúl Prebisch, "O Desenvolvimento Econômico da América Latina e seus Principais Problemas", p. 50.

de importações, Prebisch abre um campo de resposta à crítica liberal que será melhor explorado por Furtado em *Formação Econômica do Brasil:* se a crise é estrutural, a velha divisão internacional do trabalho ruiu a despeito da vontade das elites exportadoras nos países periféricos, ou seja, não resultou de uma opção política ou ideológica. A redução drástica da capacidade de importação induziu indústrias domésticas substitutivas de importações a despeito da vontade política. O fato de ser espontânea não significa que a industrialização periférica não tenha problemas, entre eles a inescapável má alocação de recursos. Pelo contrário, são estes problemas que devem ser objeto de diagnóstico orientado para fundamentar uma política consciente de industrialização.

Nestas circunstâncias, o comércio administrado para economizar dólares por meio do desvio de demanda de importações para países europeus e do rigoroso uso das divisas escassas com importações essenciais tornou-se uma imposição dos fatos. Assim como a escassez de divisas induziu ao comércio administrado (acordos de compensação bilateral e imposição de critérios de essencialidade no uso das divisas escassas), Prebisch pergunta se a orientação das inversões também não seria mais adequada à experiência da periferia com a escassez de divisas, tendo em vista os serviços financeiros acumulados e a escassez de novos financiamentos externos para inversões. Isto é, "caberia perguntar se não seria prudente orientar as inversões para aquelas aplicações produtivas que, ao reduzirem direta ou indiretamente as importações em dólares, permitam atender regularmente os serviços financeiros"[15]. Em outras palavras, o comércio administrado e a orientação das inversões para economizar divisas (substituindo importações) seriam políticas errôneas à luz das "generalizações dogmáticas" típicas dos critérios ideais de alocação de recursos no velho esquema da divisão internacional do trabalho, mas podem ser políticas adequadas em vista dos problemas reais e específicos experimentados pelos países periféricos. Em suma, se o diagnóstico é de escassez de divisas e de poupanças (financiamento), a proposta é a racionalização no uso dos recursos cambiais e das poupanças[16].

15. *Idem*, p. 50.
16. A noção de um duplo desequilíbrio no modelo de "duas brechas" seria formalizada por Hollis Chenery e Michael Bruno ("Development Alternatives in an Open Economy: The Case of Israel"), depois do estágio de Chenery na Cepal no final da década de 1950. Ver Mauro Boianovsky, "A View from the Tropics: Celso Furtado and the Theory of Economic Development in the 1950s", p. 238.

Prebisch argumenta que o critério para orientar o uso das poupanças deve ser a racionalização das inversões industriais, "contra uma tendência muito acentuada para certas modalidades de consumo que muitas vezes resultam incompatíveis com um alto grau de capitalização"[17]. Em outras palavras, a escassez de poupanças (derivada do próprio atraso na difusão do progresso técnico e da produtividade) cria um conflito entre a pressão de assimilação imediata dos modos de vida e consumo modernos e a necessidade de aumentar a capitalização e a produtividade nos países periféricos. Logo, torna-se necessário planejar, pois o esforço de capitalização "não se concilia geralmente com o tipo de consumo de determinados setores da coletividade, nem com a elevada proporção da renda nacional absorvida, em vários países, por certos tipos de gastos fiscais que não aumentam direta nem indiretamente a produtividade nacional"[18] (idem, p. 52). Assim, o autor faz um evidente elogio do planejamento "econômico" (no sentido de utilização eficiente de recursos escassos) em conjunto com uma crítica ao consumismo das elites[19].

Em suma, Prebisch critica o imediatismo e pede paciência na utilização dos recursos, ou melhor, defende planejamento do uso (gasto) das "poupanças escassas" em nome da elevação das inversões de capital que ampliariam a produtividade e, a médio prazo, a renda *per capita* e o nível de vida das populações. Para melhor utilizar poupanças escassas, são necessárias políticas que controlem o consumo suntuário através de taxação progressiva e controles cambiais (favorecendo a oferta e a demanda de bens de capital com isenções fiscais e disponibilidade de

---

17. Raúl Prebisch, "O Desenvolvimento Econômico da América Latina e seus Principais Problemas", p. 51.
18. *Idem*, p. 52.
19. Outro elemento normativo que o autor antecipa é a necessidade de contornar os problemas de escala que as plantas industriais experimentarão nos mercados nacionais latino-americanos (dadas suas dimensões limitadas). Ao invés de propor algo como o *big push* à la Rosenstein-Rodan ("Problems of Industrialisation of Eastern and South-Eastern Europe"), Prebisch recomenda a integração regional dos mercados locais, evitando autarquias nacionais ineficientes e promovendo a especialização necessária para otimizar escalas de produção. Ele aprofundaria esta análise em Prebisch ("El mercado comum latino-americano" e "Obstáculos ao Mercado Comum Latino-Americano") e, inclusive, seria protagonista na criação da ALALC em 1960. Para maiores detalhes, ver Pedro Paulo Zahluth Bastos, "A Economia Política da Integração da América do Sul no Mundo Pós-Crise".

recursos cambiais) e hierarquizem a despesa pública de maneira a incentivar inversões de capitais (aparentemente com externalidades ao investimento privado e/ ou financiando investimentos estatais). Querer mimetizar o nível de vida obtido pelos países avançados depois da lenta e gradual ampliação da produtividade, mas sem enfrentar o custoso processo de reinversão de poupanças para ampliar a produtividade ao longo do tempo, é condenar os países periféricos a desequilíbrios monetários crescentes. Pois a expansão monetária que acompanha um esforço de investimento não compensado pela moderação do consumo público e privado criaria pressões inflacionárias que, depois de uma primeira fase de euforia em que parece realizar-se um processo claro de poupança forçada, agudizaria desequilíbrios: a) porque os ganhos inflacionários se concentram em camadas de alta renda que partilham de um padrão de consumo supérfluo, caro e fortemente dependente de importações, desperdiçando a poupança forçada gerada pela inflação com gastos que não aumentam a produtividade nacional e acentuam desequilíbrios externos; b) porque a inflação tende "a desalentar formas típicas de poupança espontânea que, em alguns dos países latino-americanos, haviam chegado a adquirir importância crescente", substituindo-a pela poupança forçada que se faz em prejuízo "de camadas numerosas da coletividade, sem que lhes seja dado recolher seus frutos"[20] por meio da inversão de capitais e da resultante ampliação da produtividade e da renda *per capita*[21].

Portanto, para evitar a inflação e o desperdício de poupanças em atividades que pouco contribuem para o esforço de capitalização e desenvolvimento econômico, é necessário realizar um esforço para mobilizar "outras formas de poupança (espontânea ou por determinação coletiva) que, sem os graves inconvenientes da

20. Raúl Prebisch, "O Desenvolvimento Econômico da América Latina e seus Principais Problemas", p. 77.
21. Neste sentido, Prebisch antecipa a problemática do financiamento não inflacionário da industrialização abordada com maior detalhe por Ragnar Nurkse em 1953 (*Problems of Capital Formation in Underveloped Countries*). Em qualquer caso, ambos preservam, assim como Furtado e Chenery, a teoria neoclássica dos fundos empréstaveis (*loanable funds*) que é uma caracterização enganosa do problema do financiamento da industrialização periférica. Ver Carlos P. Bastos & Júlia G. d'Avila, "O Debate do Desenvolvimento na Tradição Heterodoxa Brasileira"; Pedro Paulo Zahluth Bastos, "Macroeconomia e Mercado de Trabalho: As Principais Teorias e o Brasil Contemporâneo"; e Pedro Paulo Zahluth Bastos e Luiz Gonzaga Belluzzo, "Capitalismo, Neoliberalismo e Democracia".

poupança forçada, permita uma aplicação mais adequada dos recursos em fins produtivos"[22]. Para além dos comentários sobre a política tributária seletiva, disciplina dos gastos públicos e controles cambiais, Prebisch não aprofunda aqui a questão das "outras formas de poupança" e como poderiam ser feitas espontânea ou por determinação coletiva. Na verdade, a questão da intervenção estatal direta no sistema financeiro ou produtivo (ao contrário da necessidade de "programar" investimentos com incentivos e desincentivos, a uma distância segura da intervenção direta) será sempre um ponto relativamente cego do discurso cepalino, talvez por causa do contexto da Guerra Fria em que o pensamento dito cepalino foi proposto, e do fato de ser a Cepal um organismo da ONU que era crítico do capitalismo liberal mas não podia nem queria apresentar-se como partidário do socialismo ou crítico do capitalismo enquanto tal (liberal ou outro qualquer)[23].

No fundo, os dois textos seguintes de Prebisch qualificam e aprofundam dimensões abordadas no "Manifesto". As inovações centrais de "Interpretação do Processo de Desenvolvimento Econômico", o segundo texto fundamental de Prebisch, são a) aprofundar o argumento de que a industrialização latino-americana marcava história como uma nova fase de difusão do progresso técnico; b) oferecer uma nova "versão" para a deterioração dos termos de intercâmbio em termos de tendências e não apenas de ciclos; c) a partir desta contribuição, estender a discussão da vulnerabilidade externa das economias periféricas a seu período de crescimento "para dentro", argumentando persistir uma *tendência estrutural ao desequilíbrio externo* por conta da dependência da capacidade de importação em relação às exportações primárias.

No primeiro ponto, Prebisch trata de aprofundar o argumento de que a industrialização latino-americana marcava história, pois representava uma nova fase de difusão do progresso técnico em uma região que o experimentara de maneira muito seletiva e localizada em certas atividades exportadoras. Há então uma primeira formulação da temática do subdesenvolvimento inerente ao modelo

---

22. Raúl Prebisch, "O Desenvolvimento Econômico da América Latina e seus Principais Problemas", p. 77.
23. No último ponto do primeiro texto, Prebisch trata dos mecanismos anticíclicos, afirmando que a retenção de estoques reguladores (como o programa de valorização do café no Brasil) é uma das poucas (senão a única) políticas anticíclicas à disposição de países dependentes de exportações de *commodities*. Furtado elaborou o ponto em *Formação Econômica do Brasil*.

primário-exportador e da possibilidade de desenvolvimento com a industrialização. Ainda que existissem diferenças nacionais no tipo de especialização primária (enclave minerador, agricultura tropical ou temperada), o crescimento "para fora" dos países periféricos *em geral* não resultava em desenvolvimento econômico, entendido como melhoria de vida da população (senão da totalidade, pelo menos de sua imensa maioria) através da difusão do progresso técnico, de ganhos de produtividade e do aumento da renda *per capita*. Afinal, havia grande excedente populacional que não encontrava oportunidades dinâmicas de emprego seja no setor exportador, seja em outros setores voltados para o mercado interno. Esta heterogeneidade tecnológica e o desnível enorme na renda *per capita*, mais tarde, seriam caracterizadas como subdesenvolvimento por Celso Furtado[24]. Prebisch tem esperança na industrialização planejada. Afinal, uma vez que o crescimento "para fora" entrou em crise, a industrialização deve ser vista não apenas como a única opção restante de participação periférica na difusão e distribuição mundial dos frutos do progresso técnico, mas como uma oportunidade real de desenvolvimento econômico, ou seja, de redução da heterogeneidade e do desemprego estrutural. Para isso, seria preciso superar os problemas identificados na nova orientação "para dentro" (escassez de poupança e reservas cambiais) por meio do planejamento da industrialização.

Para melhor identificar estes problemas, Prebisch apresenta uma nova "versão" para a deterioração dos termos de intercâmbio. Ele trata com maior rigor a deterioração ao longo dos ciclos (de produção e preços), mas a complementa com a análise da *tendência estrutural ao desequilíbrio externo* da periferia considerando a dinâmica da demanda e da oferta de produtos manufaturados e primários. Do ponto de vista da demanda, a tendência estrutural resultaria da inelasticidade-renda das exportações de *commodities* primárias e da elasticidade-renda das importações de manufaturados. O tema é aprofundado em seu terceiro texto, como veremos[25].

---

24. Celso Furtado, "Elementos para uma Teoria do Subdesenvolvimento".
25. Como se sabe, a diferença entre a elasticidade-renda de exportações e importações estaria no cerne do modelo de A. P. Thirlwall ("The Balance of Payments Constraint as an Explanation of International Growth Rate Differences") de restrição do balanço de pagamentos como explicação de diferenciais internacionais de crescimento. Thirlwall, em textos posteriores ("Foreign Trade Elasticities in Centre-Periphery Models of Growth and Development" e "Balance

Do ponto de vista da oferta, haveria tendência à superprodução por causa dos baixíssimos salários associados à "relativa lentidão como que o desenvolvimento industrial no mundo absorve o excedente real ou potencial da população ativa dedicada às atividades primárias"[26]. Eis, de novo embrionariamente, o tema do subdesenvolvimento e da heterogeneidade tecnológica, mas aqui Prebisch o explora pelo ângulo de seus efeitos sobre os termos de intercâmbio. Segundo ele, a oferta abundante de mão de obra "tende a pressionar continuamente os salários e os preços dos produtos primários", impedindo que a periferia "retenha uma parte de seu próprio progresso técnico"[27]. Prebisch utiliza o modelo neoclássico de determinação de preços em concorrência perfeita, em que os preços tendem a cair até o custo marginal de produção; no entanto, como faria Arthur Lewis[28], supõe que o custo marginal não tende a aumentar muito por causa da abundância de mão de obra barata. Assim, os produtores concorreriam entre si aumentando a produção com salários baixos, limitando os preços.

A terceira contribuição de Prebisch é a análise do desequilíbrio externo depois da crise do sistema centro-periferia. Segundo ele, o desequilíbrio persistiria porque as economias periféricas continuariam dependentes da capacidade de importação de bens manufaturados gerada pelas exportações primárias e, portanto, continuariam vulneráveis à tendência de deterioração dos termos de intercâmbio. Enquanto o coeficiente de exportação dos países periféricos tendia a diminuir, a capacidade de importar gerada pelas exportações cresceria a taxas menores que a renda agregada, mas o coeficiente de importações era pressionado a crescer pela industrialização. Ademais, a pauta de importações mudaria de composição ao longo do tempo e tornar-se-ia de mais difícil compressão através de produção substitutiva, ao exigir maiores investimentos, domínio de técnicas e escalas de produção. Nestas condições, a capacidade de importação continuava essencial e permanecia vulnerável a tendências crônicas de desequilíbrio externo. A médio prazo, a solução seria

of Payments Constrained Growth Models: History and Overview") admite a originalidade de Prebisch na construção da problemática.
26. Raúl Prebisch, "Crescimento, Desequilíbrio e Disparidades: Interpretação do Processo de Desenvolvimento Econômico", p. 201.
27. *Idem, ibidem.*
28. William Arthur Lewis, "Economic Development with Unlimited Supplies of Labour".

reduzir o coeficiente de importações através de a) controles de câmbio que impeçam importações não essenciais e canalizem divisas para importações essenciais ao esforço industrializante; e b) programação da industrialização com um conjunto de políticas (fiscais, cambiais, comerciais, financeiras, tecnológicas etc.) que orientem recursos escassos para os investimentos substitutivos de importações. A curto prazo, o financiamento externo permitiria que se chegasse ao médio prazo, pois os próprios investimentos substitutivos tendiam a demandar novas importações.

Finalmente, no terceiro texto de Prebisch na Cepal ("Problemas Teóricos e Práticos do Desenvolvimento Econômico"), a reinterpretação do desequilíbrio externo crônico da periferia seria aprofundada com a análise da elasticidade das importações de manufaturados e da inelasticidade das exportações primárias da periferia. Por um lado, a demanda de produtos primários seria afetada pela substituição da demanda de alimentos por novos padrões de consumo das famílias orientados para produtos manufaturados (inclusive alimentos industrializados) e serviços pessoais. Nas empresas, o progresso técnico resultaria em a) economia no uso de matérias primas e seus subprodutos; b) novos materiais sintéticos (como nitratos, fibras artificiais e plásticos), substituindo produtos naturais. A combinação destes processos teria "uma consequência de importância primordial para a periferia, pois, em virtude deles, as importações de produtos primários pelos centros industriais tendem a crescer com menor intensidade do que a renda real. Em outras palavras, a elasticidade-renda da demanda de importações primárias dos centros tende a ser menor que a unidade"[29]. Ademais, a produção primária da periferia ainda seria afetada por dois processos que melhorariam a competitividade da própria produção primária dos centros: d) o protecionismo agrícola dos países centrais; e) a introdução de inovações técnicas que permitiriam os centros "competir em condições favoráveis nos mercados externos com a periferia, apesar dos salários mais baixos que prevalecem nesta"[30].

Por outro lado, a elasticidade-renda das importações manufaturadas das periferias é superior à unidade: a) a industrialização envolve importações de insumos e bens de capital não produzidos no país; b) o crescimento da renda *per capita* estimula a demanda de bens de consumo manufaturados, reforçada pela publicidade. Assim, a diferença na elasticidade-renda das exportações e importações

---

29. Raúl Prebisch, "Problemas Teóricos e Práticos do Desenvolvimento Econômico", p. 268.
30. *Idem, ibidem.*

periféricas gera tendência ao desequilíbrio externo que deve ser enfrentada com planejamento dos investimentos substitutivos de importações. A alocação de recursos na indústria é menos eficiente que a internacional, porém mais eficiente do que a alocação no setor primário, se se trata de aumentar o nível de renda *per capita*. Dito isto, Prebisch propõe como critério de alocação de recursos (subempregados ou desempregados no setor primário) a maximização da produtividade marginal nas diferentes aplicações industriais (para aumentar a renda per capita) e seu potencial de substituir importações, dada a escassez de capacidade de importar.

Nestes três textos (escritos entre 1949 e 1951), todos os grandes temas da agenda cepalina foram colocados, alguns pelo menos embrionariamente: a) o sistema Centro-periferia e suas desigualdades estruturais, que vão muito além da tendência de deterioração dos termos de intercâmbio no comércio exterior; b) a especialização produtiva excessiva e a baixa produtividade geral do sistema econômico periférico, tendo em vista que sua subordinação internacional limita a diversificação interna; c) a heterogeneidade técnica e econômica entre os ramos exportadores e os ramos de subsistência na periferia, e a resultante incapacidade de absorver os trabalhadores em atividades de maior produtividade; d) a crise do sistema centro-periferia clássico e de sua forma restrita de difusão do progresso técnico, forçando a industrialização "para dentro" da periferia através da substituição de importações; e) a tendência estrutural ao desequilíbrio externo da industrialização substitutiva de importações; f) os bloqueios internos e externos do processo de industrialização, talvez superáveis pelo planejamento, de modo que se tornasse também um processo de desenvolvimento e, assim, melhorasse o nível de vida de populações anteriormente excluídas dos frutos do progresso técnico, reduzindo a heterogeneidade. É deste novo quadro epistemológico e normativo que Furtado partirá para orientar suas reflexões na década de 1950[31].

MODELO ANALÍTICO E PROJETO POLÍTICO
EM *FORMAÇÃO ECONÔMICA DO BRASIL*

Aqui não é o lugar para explorar com profundidade aquilo que *Formação Econômica do Brasil* preserva e supera da tradição cepalina da década de 1950, mas

---

31. Carlos Mallorquin, *Celso Furtado: Um Retrato Intelectual*.

algumas considerações são necessárias antes de chegarmos ao objeto do capítulo. Poucos discordariam que Furtado partilha do estruturalismo metodológico característico de Prebisch. Ou seja, primeiro, a rejeição do individualismo metodológico típico da economia neoclássica. Ao invés de partir de escolhas individuais livres em condições de escassez, a hipótese metodológica é que o sistema tem propriedades emergentes que não se resumem a uma somatória de ações e reações de indivíduos. Ao contrário, os indivíduos ocupam posições na estrutura social que delimitam sua liberdade e condicionam seu comportamento, e estabelecem relações a partir destas posições sociais que precedem sua existência individual. Como tal, o entendimento científico pode ser agrupá-los como classes de indivíduos que têm um certo tipo de comportamento a partir de pressões e incentivos característicos da organização e da dinâmica da estrutura na qual estão integrados. Os estruturalistas cepalinos fazem hipótese sobre a formação, desenvolvimento e crise de macroestruturas, e não partem dos indivíduos para explicá-las.

Segundo, a rejeição do nacionalismo metodológico característico, por exemplo, da escola histórica alemã: Furtado parte da história, mas rejeita o historicismo[32]. Ademais, a unidade de análise da perspectiva estrutural cepalina não é a nação, mas o sistema supranacional. Este também tem propriedades emergentes que não se resumem a uma somatória de ações e reações das nações, isto é, não é apenas um sistema internacional, mas um sistema no qual redes e dinâmicas mundiais, transnacionais, internacionais ou locais tem seu lugar. As propriedades emergentes do sistema mundial, aliás, condicionam as nações a relações que contribuem para estruturá-las como subsistemas com características e dinâmicas específicas. No sistema centro-periferia, por exemplo, os centros têm certas características comuns que os distinguem das periferias. Ambos os polos se estabelecem em relações assimétricas e devem ser entendidos com base em sua especificidade estrutural: têm problemas, dinâmicas e crises que não se esgotam em semelhanças ou continuidades e sim se desdobram em suas diferenças.

Dito isto, Furtado inova em relação ao estruturalismo de Prebisch. Considero que a principal diferença em relação à tradição cepalina – e uma das principais contribuições de *Formação Econômica do Brasil* – é a evolução do método estrutural em direção ao método *histórico-estrutural*. Com isto não quero afirmar que

---

32. Luiz Carlos Bresser-Pereira, "Método e Paixão em Celso Furtado".

Prebisch não historicize estruturas. Pelo contrário, ele localiza no tempo e no espaço as duas principais subestruturas que interagem no sistema centro-periferia, ou seja, o centro e a periferia. Ambos os polos só existem em uma relação que é histórica, isto é, que tem origem no tempo, é sujeita à dinâmica e à mudança estrutural. A periferia, por exemplo, surge para atender necessidades do centro na época de crescimento "para fora" e, sob pressão de mudanças exógenas e endógenas, passa por uma crise que leva à transição até uma estrutura que tem crescimento "para dentro".

Não obstante isto, a dinâmica histórica tem um papel limitado em Prebisch. O período anterior é como que estilizado para realçar aquilo que o presente não é. A origem e o movimento da estrutura prévia, assim como a transição entre estruturas, não são objetos de análise atenta, e muito menos localizados em um espaço delimitado. Tudo se passa como se Prebisch se prendesse à estática comparativa, enquanto Furtado considera detidamente o movimento no tempo e no espaço.

Mais do que isto, a perspectiva histórica de Furtado é muito mais longa, principalmente em *Formação Econômica do Brasil*. Não se limita a estilizar um antes de hoje para melhor caracterizar a diferença do tempo presente. Vai fundo em busca da própria origem da estrutura prévia que tem certas características essenciais que se prolongam secularmente a despeito das mudanças de época. Os recortes de época, por sua vez, são caracterizados por mudanças estruturais. Este talvez seja o principal significado do método histórico-estrutural: a estrutura tem história, e a história é periodizada pelas mudanças de estrutura. Furtado (1985, 67-68) coloca a questão deste modo em suas memórias:

> Ao invés de reduzir a realidade a um modelo, esforcei-me em adotar um enfoque histórico, abarcando o que cabia e o que não cabia no marco explicativo do economista. A visão de Prebisch era essencialmente sincrônica: assinalava uma descontinuidade estrutural no sistema capitalista, geradora de dinâmicas distintas nos segmentos central e periférico. Quando comparava o comportamento do sistema na época em que o centro principal era a Grã-Bretanha com o da época em que esse centro passou a ser os Estados Unidos, ele se limitava a fazer a interface dos dois cortes sincrônicos. Interessava-me captar o desenrolar dos acontecimentos no tempo, o encadeamento dos fatores que perpetuavam o atraso clamoroso da economia brasileira. Esse atraso era fenômeno global, estava em tudo, não requeria prova. O que interessava era desvendar o seu encadeamento na História. Não observei a economia primário-exportadora brasileira como "periférica", e sim como de

"tipo colonial", o que me permitia reinseri-la em seu quadro histórico. A degradação da relação de trocas podia ser vista como decorrência natural da vinculação de uma economia de tipo colonial com a metropolitana, sendo um aspecto da tendência à concentração do poder econômico que caracteriza a evolução do capitalismo[33].

Furtado, porém, tampouco pode ser considerado um historiador estrito senso, ou seja, um profissional dedicado à reconstituição e a descrição necessárias para a tarefa rigorosa de formação e crítica da memória social. Como adverte na introdução do livro de 1954, *A Economia Brasileira*, que seria o embrião de *Formação Econômica do Brasil*, ele não pretendia oferecer mais do que um delineamento do processo histórico que criou a economia brasileira, focando na análise de processos econômicos e não na reconstrução de eventos históricos por trás destes processos.

Contudo, Furtado também não é o oposto do historiador, ou seja, um teórico que toma a matéria histórica apenas como ilustração de processos universais. Ele busca no passado a origem de estruturas que têm dimensões com persistência secular, mas que podem ser objeto de transformação orientada pela ação racional porque não são naturais e eternas. Por isto a política é importante em *Formação Econômica do Brasil:* primeiro, porque as estruturas do subdesenvolvimento foram criadas pelo poder; segundo, porque elas podem ser modificadas pelo poder. Como veremos, a narrativa é organizada para legitimar intervenções políticas sobre a estrutura. Ou seja, para concentrar poder, pela argumentação racional, para agir.

Vez por outra, a própria análise histórica se desdobra sobre a política, como quando Furtado discute os grupos de interesse e as correntes de opinião que se formam no conflito em torno à gestão da política cambial na Primeira Repúbli-

---

33. Celso Furtado, *A Fantasia Organizada*, pp. 67-68. Em *Teoria e Política do Desenvolvimento Econômico*, Furtado aborda sistematicamente o método histórico-estrutural e sua relação com o poder político e econômico no anexo metodológico à primeira parte. Aí se distingue do estruturalismo francês com os mesmos termos (sincronia e diacronia) que usa para se diferenciar de Prebisch. Alega que o estruturalismo latino-americano 1) evidencia a importância dos "parâmetros não econômicos" dos modelos macroeconômicos e 2) transforma "constantes em variáveis", ou seja, analisa a mudança histórico-estrutural. Ver também Carlos Mallorquin, *Celso Furtado: Um Retrato Intelectual*, capítulo 9; Pedro Cezar Dutra Fonseca, "A Política e seu Lugar no Estruturalismo: Celso Furtado e o Impacto da Grande Depressão no Brasil"; e Mauro Boianovsky, "Between Lévi-Strauss and Braudel: Furtado and the Historical Structural Method in Latin American Political Economy".

ca[34]. No entanto, a política enquanto tal não é objeto de tratamento sistemático, sobretudo no período posterior ao "deslocamento do centro dinâmico". Chega a parecer que Furtado não quer se envolver diretamente nos conflitos, confiando na capacidade de argumentação racional para formar consensos que orientem intervenções técnicas sobre os problemas coletivos, como em Karl Mannheim. Não se pode alegar, porém, que a ausência relativa da alusão a eventos políticos em *Formação Econômica do Brasil* denuncia desconhecimento ou incapacidade de tratá-la que seria típica do estruturalismo cepalino, como criticaram Fernando Henrique Cardoso e Enzo Falletto[35]. Afinal, já em 1948 Furtado fez "uma tentativa de aplicação da teoria de Henri Pirenne de correlação dos períodos da história social do capitalismo com a formação de novas elites dirigentes"[36]. Como veremos, para Furtado, o poder está na própria origem das estruturas.

Seja como for, a menção ao "deslocamento do centro dinâmico" que conclui a narrativa histórica nos leva ao fio condutor de *Formação Econômica do Brasil:* a sucessão de mudanças estruturais que levam da colônia à possibilidade de constituição de uma nação moderna autônoma e desenvolvida. O sentido geral do argumento de Furtado deságua na percepção contemporânea de uma oportunidade única de enfrentar limites estruturais de longa duração. Neste sentido, o livro contribui para constituir um potencial de análise da história e, quem sabe, uma força política que o estruturalismo cepalino não tinha. Alguns anos depois, *Formação Econômica da América Latina,* escrito já no exílio político, demonstra o potencial de investigação comparativa do método histórico-estrutural.

Como afirmado, *Formação Econômica do Brasil* não foi antecipado apenas por *A Economia Brasileira,* mas também pela tese de doutorado defendida na Sorbonne em 1948, *Economia Colonial no Brasil nos Séculos XVI e XVII.* Furtado, portanto, já era um historiador econômico chancelado por uma instituição de renome mun-

---

34. Ver, de Pedro Paulo Zahluth Bastos, "Centro e Periferia no Padrão Ouro-Libra: Celso Furtado Subestimou a Dinâmica da Dependência Financeira?" e "Ortodoxia e Heterodoxia Antes e Durante a Era Vargas: Contribuições para uma Economia Política da Gestão Macroeconômica dos Anos 1930".
35. Fernando Henrique Cardoso & Enzo Falletto, *Dependência e Desenvolvimento na América Latina.*
36. Celso Furtado, *Economia Colonial no Brasil nos Séculos XVI e XVII: Elementos de História Econômica Aplicados à Análise de Problemas Econômicos e Sociais,* p. 20.

dial antes de entrar na Cepal. Isto ajuda a explicar a integração entre estruturalismo e história que produziu o método histórico-estrutural.

O caráter acadêmico de uma tese de doutorado leva Furtado a recorrer muito mais a citações do que em *Formação Econômica do Brasil*, o que nos abre uma janela para suas referências intelectuais[37]. Fica claro que Furtado teve contato com cronistas, viajantes, historiadores, sociólogos e economistas que se debruçaram sobre as origens do Brasil. Três se destacam: Gilberto Freyre, Caio Prado Jr. e Roberto Simonsen. De Freyre, Furtado realça a importância do patriarcado escravocrata e latifundiário na formação da sociedade brasileira. De Caio Prado Jr., o sentido da colonização na acumulação de capital nas metrópoles, a extração de excedentes, a limitação do mercado interno e a miséria urbana inerentes a um apêndice colonial destinado a atender necessidades externas por meio de latifúndios escravistas, sentido sempre comparado com a colonização norte-americana. Isso não mudará muito em *Formação Econômica do Brasil*.

Porém, de João Lúcio de Azevedo[38] e principalmente de Roberto Simonsen[39], Furtado toma uma categoria que será objeto de um corte epistemológico posterior: o "ciclo" monocultor, ou melhor, a sucessão histórica destes "ciclos". Em Simonsen, o termo "ciclo" é relativamente vago, funcionando menos como um conceito teórico do que uma descrição do movimento registrado pela base estatística do comércio levantada pelo autor, aliás fartamente usada por Furtado, e devidamente criticada e corrigida por José Jobson Arruda[40]. Na tese de Furtado de 1948, ainda aparecem termos como "ciclo do pau-brasil" e o "ciclo de açúcar". Já em *Formação Econômica do Brasil*, mesmo sem ter acesso a dados melhores que os de Simonsen, Furtado parte dos conceitos de "economia escravista de agricultura tropical", "economia escravista mineira", "economia de transição para o trabalho assalariado" e "economia de transição para um sistema industrial"[41].

---

37. Ver Tamás Szmrecsányi, "Sobre a Formação da Formação Econômica do Brasil de C. Furtado" e, especialmente, Roberto Pereira Silva, *O Jovem Celso Furtado: História, Política e Economia (1941-1948)*.
38. João Lúcio de Azevedo, *Épocas de Portugal Econômico*.
39. Roberto Simonsen, *História Econômica do Brasil: 1500-1820*.
40. José Jobson de Andrade Arruda, *O Brasil no Comércio Colonial*.
41. José Jobson de Andrade Arruda (*idem*) mostra a inadequação conceitual e estatística do termo "ciclo" para caracterizar a economia colonial e adverte que "os historiadores modernos da economia brasileira abandonam o conceito de ciclo para hierarquizar os vários momentos da

O sentido da mudança é superar o nominalismo usado para descrição estatística (de resto, equivocado, pois os dados não apresentam uma sucessão de ciclos) pela explicação teórica que realça novos determinantes. Agora, menos do que ciclos de produtos que supostamente se sucedem no comércio colonial, Furtado trata de analisar estruturas socioeconômicas que se organizam em torno à produção e que tem dinâmicas particulares de expansão e crise. Cada estrutura traça uma dinâmica histórica que, mesmo em *Formação Econômica do Brasil*, talvez ainda possa ser entendida como um período delimitado pela conjuntura do mercado mundial, uma vez que a tese de Furtado é que as estruturas regionais pouco se comunicam no mercado interno e não têm capacidade de autossustentação. Estas estruturas, contudo, não se sucedem, pois convivem no tempo, ainda que pouco se integrem no espaço. Um "ciclo" não se interrompe para que outro comece, ou seja, os ciclos não se sucedem como em Azevedo e Simonsen. Ademais, a dinâmica estrutural é recheada de determinações novas entendidas a partir do instrumental teórico que Furtado dominou após seu doutorado na Sorbonne e que serve para integrar o impulso do comércio exterior aos efeitos de multiplicação da renda e de propulsão/encadeamento de novas atividades internamente, dada cada estrutura econômica regional[42].

economia colonial ou nacional, como é o caso de Caio Prado Jr. e Celso Furtado. Este último faz questão de não usar o conceito em seu trabalho, ignorando-o, sem, no entanto, discuti-lo. Prefere o conceito de Economia Escravista de Agricultura Tropical para referir-se ao vulgarmente chamado Ciclo do Açúcar, ou Economia Escravista Mineira, referindo-se ao Ciclo da Mineração, e assim por diante" (*idem*, p. 607). Para uma visão oposta (e, a meu ver, equivocada) que retoma a categoria de "ciclo" para entender *Formação Econômica do Brasil*, ver Maurício C. Coutinho, "A Teoria Econômica de Celso Furtado: Formação Econômica do Brasil".

42. Para avaliações das influências sobre a obra de Furtado e seu diálogo com as teorias do crescimento, do desenvolvimento e do subdesenvolvimento, ver Ronald H. Chilcote, *Theories of Development and Underdevelopment*; Guido Mantega, *A Economia Política Brasileira*; Ricardo Bielschowsky, *Pensamento Econômico Brasileiro: O Ciclo Ideológico do Desenvolvimentismo*, "Celso Furtado's Contributions to Structuralism and their Relevance Today" e "Furtado's Economic Growth of Brazil: The Masterpiece of Brazilian Structuralism"; Joseph Love, *Crafting the Third World: Theorizing Underdevelopment in Rumania and Brazil* e "The Rise and Decline of Economic Structuralism in Latin America: New Dimensions"; Carlos Mallorquin, *Celso Furtado: Um Retrato Intelectual*, "Celso Furtado and Development: An Outline" e "Una Síntesis de Múltiples Determinaciones: Formación Económica del Brasil"; e Mauro

É por isto que Furtado periodiza as épocas históricas fazendo referência não só ao tipo de produção (agricultura tropical, economia mineira, sistema industrial), mas à relação de trabalho e ao papel da renda monetária em sua reprodução (economia escravista, economia de trabalho assalariado). Na análise propriamente dita, não só o tempo mas também o espaço são essenciais. Furtado não traz um capítulo teórico que apresente seu modelo analítico. Tampouco é o caso de fazê-lo aqui, para além do mero delineamento de suas relações teóricas e variáveis básicas. Antes disso, não é demais reafirmar que a principal inovação do método histórico-estrutural é historicizar as estruturas e estruturar a periodização histórica: a estrutura tem história, e a história é periodizada pelas mudanças de estrutura. Tanto na criação da estrutura quanto na ruptura estrutural, as relações de poder são fundamentais. Onde Furtado se inspirou para propor tal articulação entre estrutura e poder?

Pedro Fonseca propôs que a referência básica de Furtado foi Max Weber[43]. Sem negar esta influência em um nível metodológico mais geral, considero que o modelo analítico de *Formação Econômica do Brasil* para as vinculações entre estrutura e poder se organiza, criativamente, sobretudo a partir de uma convergência de duas influências: Raúl Prebisch e François Perroux. Com perdão da extensa citação, foi o próprio Furtado ([1994]2012) quem sugeriu a convergência em outro contexto:

> Foi essa visão do desenvolvimento que guiou a obra teórica de certos autores como François Perroux e Raúl Prebisch, a partir dos ensinamentos de Keynes e Schumpeter. [...] Dessa visão macrossocial emergiu uma teoria das decisões que deveria valorizar consideravelmente o papel dos centros de poder. Se a luta contra o subemprego exigia, nos países industrializados, uma ação diretiva do Estado sobre o conjunto do sistema econômico, que dizer das modificações estruturais sem as quais seria difícil escapar aos obstáculos do subdesenvolvimento? A obra de François Perroux foi de importância considerável na formação de um pensamento ligado a uma problemática que permitia conceitualizar o subdesenvolvimento. Perroux havia trabalhado desde os anos 1940 na elaboração de uma

---

Boianovsky, "Furtado, North and the New economic History" e "A View from the Tropics". Curiosamente, poucos frisam a importância da influência e do diálogo com François Perroux, enfatizada pelo próprio Furtado em pelo menos duas ocasiões, como veremos.

43. Pedro Cezar Dutra, "A Política e seu Lugar no Estruturalismo: Celso Furtado e o Impacto da Grande Depressão no Brasil".

teoria capaz de explicar as realidades de um mundo que se globalizava: ele tentou construir uma nova coerência teórica que assumia a desigualdade dos agentes, suas estratégias e o espaço geográfico, sublinhando porém a força organizadora do efeito de dominação. Certo, Schumpeter dera ênfase ao efeito de inovação, mas o circunscreveu a um quadro de referência estritamente econômico. Perroux conceitualizou o efeito mais completo de dominação, que excede necessariamente o econômico, e, além disso, estabeleceu uma relação entre as estruturas sociais e a organização do espaço. Observando desse ângulo as decisões dos diversos agentes sociais, ele pôs em destaque os fenômenos de macrodecisões, às quais atribuiu um papel preponderante na constituição da realidade econômica. A macrodecisão tem sua origem seja no Estado, seja em outra entidade dominante. [...] François Perroux, tendo unido estreitamente o desenvolvimento à ideia de poder, conferiu a sua obra um alcance considerável, que continua a crescer... esse poder é o principal vetor da integração transnacional das atividades econômicas e está na origem das assimetrias que engendram o subdesenvolvimento. As ideias de François Perroux influenciaram muito a pesquisa em ciências sociais na América Latina pelo fato de que completavam a visão de "centro-periferia" de Raúl Prebisch. [...] O aprofundamento dessas ideias pelo grupo de economistas conhecido posteriormente como escola estruturalista latino-americana deu origem à corrente de pensamento. [...] A partir da convergência das ideias de Perroux e Prebisch, vou me permitir apresentar algumas reflexões sobre o perfil emergente da realidade econômica mundial em rápida transformação. Certo, sou o único responsável pelo exercício de globalização que tentarei fazer, mas não estaria em condição de realizá-lo se não tivesse sido discípulo desses dois mestres[44].

Perroux foi professor de Furtado na Sorbonne e inspirador das pesquisas do próprio orientador de Furtado, Maurice Byé[45]. Como sugerido por Furtado, Per-

---

44. Celso Furtado, "Retorno à Visão Global de Perroux e Prebisch", pp. 299-301.
45. Para a influência de Byé na tese de doutorado de Furtado, ver Roberto Pereira Silva, *O Jovem Celso Furtado*. Para a obra de François Perroux anterior a *Formação Econômica do Brasil*, ver especialmente "Esquisse d'une Théorie de l'Economie Dominante", "Les Macro-Décisions", "The Domination Effect and Modern Economic Theory", "Economic Space: Theory and Applications", "Note sur la Notion de 'Pôle de Croissance'" e "Prise de Vues sur la Croissance de l'Economie Française, 1780-1950". Para uma apreciação geral de sua obra, ver Ducarmel Bocage, *General Economic Theory of François Perroux* e Benjamin Higgins e Donald Savoie (ed.), *Regional Economic Development: Essays in Honour of François Perroux*, inclusive os dois artigos de Perroux nesse último livro. A referência de Furtado a Perroux em suas memórias é digna de nota: "Segui com interesse as aulas de economia industrial de François Perroux, certamente um dos espíritos mais originais de sua geração. As pesquisas que nessa época

roux enquadra a análise de Schumpeter no espaço e a articula com o poder. Os ramos e empreendimentos propulsores são concentrados no espaço, levando à dominação de certos lugares e à dependência de outros. A polarização internacional e regional é inerente ao desenvolvimento econômico, portando efeitos de propulsão positivos e negativos (*backwash effects*). Estes efeitos são delimitados por macrodecisões controladas por agentes que tem poder para definir o "campo de forças" de suas operações. O espaço histórico relevante não é definido pela proximidade física (banal, segundo Perroux[46]), mas é um campo de forças estruturado pelo poder econômico e político, o que o leva além da *Staples theory* ou Hirschman, e antecipa Myrdal[47]. As relações de mercado, portanto, são estruturadas por relações de poder que se estendem pelo território e articulam seu próprio espaço, como campo de relações entre forças assimétricas. É por isso que polos de crescimento não se tornam necessariamente polos de desenvolvimento, posto que seus efeitos propulsores podem se articular em um espaço que não é necessariamente local ou nacional. Como escreve Furtado, "esse poder é o principal vetor da integração transnacional das atividades econômicas e está na origem das assimetrias que engendram o subdesenvolvimento"[48]. Neste sentido, o próprio sistema centro-periferia pode ser entendido como um espaço assimétrico, ou melhor, um campo de forças estruturado por relações de poder político e econômico.

A referência a estes dois clássicos sobre as polarizações internacional e regional, Prebisch e Perroux, e ao modo como as duas polarizações interagem, é essen-

---

realizava conduziram-no à ideia de 'polo de crescimento', de tanta repercussão alguns anos depois. Perroux procurava introduzir conteúdo econômico no espaço físico, passar da ideia de 'economia externa' à de 'espaço estruturado'. E hierarquizava as decisões econômicas, distinguindo aquelas que expressavam uma vontade de poder. As ideias de Perroux eram particularmente interessantes porque permitiam abarcar muito mais do que o estritamente econômico. [...] Perroux também começava a teorizar nessa época sobre o que ele chamou de 'unidade interterritorial', ou seja, a empresa que se organiza horizontalmente em vários países, disso derivando maior autonomia de decisão. Seu estudo pioneiro reportou-se à grande empresa petroleira anglo-iraniana. Essa linha de pesquisa, em que conjuntamente com Byé ele foi pioneiro, contribuiria mais do que qualquer outra para modificar a visão das relações econômicas internacionais" (Celso Furtado, *A Fantasia Organizada*, pp. 34-35).

46. François Perroux, "Economic Space: Theory and Applications".
47. Gunnar Myrdal, *Economic Theory and Underdeveloped Regions*.
48. Celso Furtado, "Retorno à Visão Global de Perroux e Prebisch", p. 300.

cial porque certas apreensões de Furtado pelo ângulo da macroeconomia tendem a superestimar o fluxo de renda e subestimar os efeitos de propulsão positivos e negativos, o que situa o autor mais na tradição da teoria do crescimento e menos na teoria do subdesenvolvimento. A atenção dada ao subdesenvolvimento e às condições de sua superação é clara já na pergunta retórica feita para fisgar o leitor que, como Furtado, olha para o passado canavieiro com os olhos no futuro: "que possibilidade efetiva de expansão e evolução estrutural apresentava esse sistema econômico, base da ocupação do território brasileiro?"[49] O recado de *Formação Econômica do Brasil* é que a "expansão" precisa trazer "evolução estrutural" para ganhar autossustentação e levar ao desenvolvimento.

Dito isto, qual o modelo analítico em *Formação Econômica do Brasil*? Para cada estrutura regional analisada, o dinamismo inicial é dado pela demanda externa segundo o sistema centro-periferia. Em seguida, via multiplicador das exportações, transborda sobre o fluxo interno de renda e, principalmente, pode ter efeitos propulsores para induzir a diversificação de atividades e os ganhos de produtividade. A magnitude do multiplicador e do efeito propulsor varia de acordo com estruturas históricas, cuja criação, por sua vez, articula-se a relações de poder que são exógenas ao modelo de relações entre variáveis econômicas[50]. Especificamente, depende 1) da estrutura mais ou menos concentrada de propriedade dos meios de produção, 2) da maior ou menor especialização produtiva setorial, 3) do tipo de relação de trabalho e 4) do vazamento derivado do coeficiente de importações e das rendas apropriadas por agentes externos, ou seja, das relações de poder econômico e político inerentes ao sistema centro-periferia. O subdesenvolvimento, como um todo, é uma estrutura histórica na qual o efeito de propulsão positivo do polo moderno não é suficiente para puxar e transformar o polo de baixa produtividade, o que preserva a heterogeneidade ao longo do tempo a despeito do crescimento do polo moderno. Aliás, tal crescimento pode até ter um efeito de propulsão negativo sobre o polo atrasado, como Furtado vai mostrar, em *Formação Econômica do Brasil*, na análise da polarização industrial no Sudeste e do atraso do Nordeste. Como estrutura que perpassa a formação histórica brasileira, o

---

49. Celso Furtado, *Formação Econômica do Brasil*, p. 103.
50. Ver Celso Furtado, *Teoria e Política do Desenvolvimento Econômico*; Pedro Cezar Dutra Fonseca, "A Política e seu Lugar no Estruturalismo: Celso Furtado e o Impacto da Grande Depressão no Brasil".

subdesenvolvimento deve ser entendido no quadro da expansão e reprodução do sistema centro-periferia e de suas mutações ao longo do tempo. De novo, embora não haja no livro de Furtado um capítulo teórico que identifique e fundamente os determinantes das mudanças estruturais, creio serem estas as variáveis que orientam a análise histórica da dinâmica e crise das várias estruturas econômicas que se entrelaçam no espaço colonial. Senão vejamos.

Depois da extração do pau-brasil, o latifúndio exportador escravista nordestino exemplifica a estrutura com menores efeitos multiplicador e de propulsão, em vista das enormes especialização produtiva e concentração da propriedade, da escravidão e do elevado coeficiente de importações e de intermediação externa. Dada a importação de escravos e outros bens de produção e consumo e a extração de rendas pelo exclusivo colonial, a expansão tem efeitos de propulsão baixos. Assim, a baixíssima diversificação e a grande heterogeneidade entre a economia exportadora e a de subsistência levarão a que a reversão secular do preço do açúcar resulte em expansão da população na economia de subsistência com regressão monetária e da renda real *per capita*. Não obstante o legado canavieiro para o subdesenvolvimento, é bom qualificar, seguindo José Jobson Arruda, que "o açúcar preponderou, em termos de contribuição no montante da exportação, desde o início até o fim do período colonial. Mesmo no ponto máximo da produção aurífera, o valor da exportação de açúcar foi maior"[51].

Mais tarde, parte da população "excedente" nordestina migrará, atraída pela economia extrativista da borracha na Amazônia. Uma crise relativamente semelhante, mas ainda mais grave, ocorrerá quando, na República, os preços de látex despencarem. Nos dois casos, o esgotamento estrutural do mercado exportador revela a escassez de efeitos de propulsão típicos da monocultura agrícola ou extrativista e a limitação resultante dos impulsos endógenos para a sustentação do crescimento do mercado interno. O tempo de abundância e alta dos preços externos enriquece uma minoria de proprietários e intermediários internos e externos que destinam parte importante da renda monetária para importações. O tempo do declínio secular dos preços preserva e expande uma enorme população pobre que se reproduz à margem da economia monetária e dos ganhos modernos de produtividade. Em suma, o dualismo entre o setor moderno e o setor de sub-

---

51. José Jobson de Andrade Arruda, *O Brasil no Comércio Colonial*, p. 610.

sistência é uma herança histórica de sucessivas estruturas regionais incapazes de autossustentação.

Comparativamente, a economia mineira tem efeitos multiplicador e de propulsão superiores, em vista de maiores dispersão da propriedade, oportunidades de trabalho livre, interiorização, dependência de muares e de serviços urbanos. Ela confere o primeiro impulso para a integração inter-regional e o embrião do mercado nacional, mas também experimentaria, segundo Furtado, expansão da população na economia de subsistência com regressão monetária e da renda real *per capita* depois do esgotamento das jazidas. Embora a política metropolitana de exclusivo colonial e proibição de manufaturas limite a diversificação, é principalmente a escravidão que inviabiliza o crescimento autossustentado. A economia escravista não teria fluxos monetários ou efeitos de multiplicação e propulsão suficientes para isto, nem sequer, supõe equivocadamente Furtado, para produzir desequilíbrios externos[52].

Assim, para Furtado, só a abolição da escravidão e a criação de um enorme mercado de trabalho assalariado criam estruturalmente os estímulos para desenvolver efeitos de propulsão e encadeamentos que internalizem a geração de ganhos de produtividade

---

52. Pedro Paulo Zahluth Bastos, "Centro e Periferia no Padrão Ouro-Libra". As qualificações possíveis são várias: José Jobson Arruda mostrou que, em parte sob efeito da política pombalina, houve grande diversificação agrícola colonial no último quarto do século XVIII depois da retração da extração de ouro (José Jobson de Andrade Arruda, *O Brasil no Comércio Colonial* e "Decadência ou Crise do Império Luso-Brasileiro: O Novo Padrão de Colonização do Século XVIII"). Roberto Borges Martins mostrou em *Crescendo em Silêncio: A Incrível Economia Escravista de Minas Gerais no Século XIX* que parte de Minas Gerais se reconverteu em uma economia produtora de alimentos, mantendo-se grande importadora de escravos, embora Robert Slenes rediscuta os motivos em "Os Múltiplos de Porcos e Diamantes". Fragoso e Florentino propõem descartar o modelo centro-periferia e sugerem a existência de ciclos econômicos locais independentes dos europeus na economia colonial (João Fragoso e Manolo Florentino, *O Arcaísmo como Projeto: Mercado Atlântico, Sociedade Agrária e Elite Mercantil no Rio de Janeiro, c. 1780 – c. 1840*). A controvérsia estimulada por estas revisões gerou bibliografia longa demais para ser abordada aqui. Seja como for, as qualificações não parecem refutar as hipóteses furtadianas de que o sistema centro-periferia importa para explicar nosso subdesenvolvimento e de que será apenas a economia exportadora cafeeira de trabalho assalariado o centro da integração do mercado nacional, já em São Paulo, sem eliminar a heterogeneidade (ver, de Wilson Cano, *Raízes da Concentração Industrial em São Paulo* e *Desequilíbrios Regionais e Concentração Industrial no Brasil, 1930-1995*).

(embora sobretudo via importação de bens de produção) e multipliquem as relações monetárias. Espacialmente, é apenas na economia cafeeira de trabalho assalariado que a magnitude da demanda externa e dos efeitos de multiplicação e propulsão se eleva a ponto de criar condições para o deslocamento e internalização do centro dinâmico com a industrialização. Nas palavras de Furtado:

> Observado de um ângulo distinto, o desenvolvimento da primeira metade do século XX apresenta-se basicamente como um processo de articulação das distintas regiões do país em um sistema com um mínimo de integração. O rápido crescimento da economia cafeeira – durante o meio século compreendido entre 1880 e 1930 –, se por um lado criou fortes discrepâncias regionais de níveis de renda *per capita*, por outro dotou o Brasil de um sólido núcleo em torno ao qual as demais regiões tiveram necessariamente de articular-se[53].

A explicação de Furtado para a internalização do centro dinâmico na década de 1930 é bem conhecida. O crescimento prévio das exportações já estimulara a diversificação industrial pelo lado da demanda e pela oferta de divisas para importar bens de capital. Em seguida, a industrialização por substituição de importações ocorre espontaneamente por conta do aumento da proteção do mercado interno derivado da quebra da capacidade de importar gerada, por sua vez, pelo colapso dos preços internacionais do café. Desta vez, o resultado da crise exportadora não é mais a regressão da moeda e da renda *per capita*, mas o salto para frente. A renda interna da economia cafeeira, afinal, foi protegida pelo governo Vargas com uma política de formação e queima de estoques com emissões monetárias. A sustentação da demanda monetária de alimentos, matérias primas e, principalmente, produtos industriais convive com o deslocamento da demanda de importações para o mercado interno, reativando a capacidade ociosa da indústria antes mesmo da política de canalização das reservas cambiais para importações de novos bens de capital para expansão da capacidade produtiva.

Tudo se passa como se o deslocamento do centro dinâmico resultasse de políticas de governo (defesa da renda, controle cambial) inconscientes. Não há espaço aqui para repetir que a inconsciência é uma caracterização enganosa da postura

---

53. Celso Furtado, *Formação Econômica do Brasil*, p. 328.

do governo Vargas diante da crise e seus desdobramentos[54]. O que importa é frisar o projeto político que emana da narrativa histórica. Se a mudança do centro dinâmico representa uma ruptura de época plena de possibilidades para o desenvolvimento nacional, a inconsciência quanto às suas condições de origem e de reprodução ampliada pode pôr a oportunidade a perder. Furtado parte de uma reconstrução histórica mais poderosa que a de Prebisch e de maior penetração em uma opinião pública sedenta por entender o passado e construir o futuro, mas chega no fundo à mesma recomendação prática: agora é preciso planejar racionalmente. As tarefas do planejador cepalino são bem definidas: 1) coordenar a alocação de "poupanças" (excedentes) e reservas cambiais em direção ao setor de bens de produção, e 2) reduzir os desequilíbrios regionais.

No referido último capítulo de *Formação Econômica do Brasil* ("Perspectivas dos Próximos Decênios"), a mensagem política é clara. A necessidade de alocar recursos para bens de produção, especialmente bens de capital, resulta da própria dinâmica do processo de substituição de importações. Afinal, como indicava Prebisch nos textos clássicos, a redução do coeficiente de importações determinado pela escassez de divisas é limitada pela recomposição da pauta de importações. Como a produção de bens de produção para a indústria se desenvolve limitadamente depois da indústria de bens de consumo final, o crescimento industrial depende da capacidade de importar bens de produção. No entanto, a importação de bens de produção deve ser planejada de modo a destinar a escassa capacidade de importar para a ampliação da produção de bens de produção e não apenas para atender a demanda da indústria de bens de consumo final. A própria indústria de bens de consumo deve ser contida, para não expulsar usos alternativos das reservas cambiais. Se o processo de internalização da indústria de bens de produção não for realizado em tempo, a industrialização tende a se esgotar, pois esbarrará na limitação da capacidade de importar, dado o baixo dinamismo das exportações tradicionais. Furtado é claro a respeito:

> A transformação estrutural mais importante que possivelmente ocorrerá no terceiro quartel do século XX será a redução progressiva da importância relativa do setor externo

---

54. Pedro Cezar Dutra Fonseca, "Sobre a Intencionalidade da Política Industrializante do Brasil na Década de 1930"; Pedro Paulo Zahluth Bastos, "Ortodoxia e Heterodoxia Antes e Durante a Era Vargas".

no processo de capitalização. Em outras palavras, as indústrias de bens de capital – particularmente as de equipamentos – terão de crescer com intensidade muito maior do que o conjunto do setor industrial. Essa nova modificação estrutural, que já se anuncia claramente nos anos cinquenta, tornará possível evitar que os efeitos das flutuações da capacidade para importar se concentrem no processo de capitalização[55].

Se o projeto político implícito em *Formação Econômica do Brasil* fosse apenas o de orientar o planejamento técnico nestas linhas, a publicação foi relativamente tardia. Em 1959, não apenas o Plano de Metas estava a pleno vapor no governo Juscelino Kubitschek, como já fazia quinze anos desde que o plano de desenvolvimento do Estado Novo para o período pós-Segunda Guerra buscava fazer, *avant la lettre*, exatamente o que Prebisch e Furtado propunham[56]. Ou seja, bloquear o uso de reservas cambiais para importações "supérfluas" de bens de consumo e destiná-las para importações que ampliassem a capacidade de produção de bens de produção. Mais do que isso, criar mecanismos de centralização financeira que passavam, por exemplo, pela taxação de "lucros extraordinários" e a canalização dos lucros para projetos industriais que contavam com prioridade para importação de bens de produção barateados por uma enorme apreciação cambial. Quando este projeto foi derrotado pelo liberalismo já no governo provisório de José Linhares em 1945, a crise cambial resultante da liberalização das importações e remessas de lucro acabou induzindo, mais uma vez de forma consciente no governo Eurico Dutra, uma versão aguada do licenciamento de importações já em 1947[57]. Esta crise cambial não apenas criou a oportunidade para Vargas discursar no Senado contra a imprevidência liberal que levara a desperdiçar o estoque de divisas com importações de "bugigangas", mas para elaborar discursos na campanha presidencial de 1950 que sistematizavam, para o grande público, o projeto nacionalista de desenvolvimento[58]. É preciso estar atento à cronologia: antes de ser influenciado pela Cepal, Getúlio Vargas agiu decisivamente para mantê-la contra a pressão dos Estados Unidos[59].

55. Celso Furtado, *Formação Econômica do Brasil*, p. 328.
56. Francisco L. Corsi, *Estado Novo: Política Externa e Projeto Nacional*; Pedro Paulo Zahluth Bastos, "O Presidente Desiludido: A Campanha Liberal e o Pêndulo de Política Econômica no Governo Dutra (1942-1948)".
57. Pedro Paulo Zahluth Bastos, "O Presidente Desiludido".
58. Pedro Paulo Zahluth Bastos, "Qual Era o Projeto Econômico Varguista?".
59. Edgar Dosman, *Raúl Prebisch: A Construção da América Latina e do Terceiro Mundo*, p. 309; Celso Furtado, *A Fantasia Organizada*, pp. 115-116.

O projeto político de *Formação Econômica do Brasil*, contudo, não era orientar o planejamento técnico da indústria pesada, tarefa em que Furtado, aliás, estava envolvido pelo menos desde a participação no grupo misto Cepal/BNDE, que, em 1954, criara o embrião do Plano de Metas. O projeto era mais o de legitimá-lo *ex post* diante da opinião pública que era educada, desde a década de 1930, a enxergar os problemas brasileiros à luz de grandes narrativas históricas sobre a formação da nação. Não deve surpreender que o livro trouxe o conceito de *Formação* para o título. Ele atendia à demanda social de entender o passado e seus prolongamentos para romper com ele e construir o futuro. *Formação Econômica do Brasil* levava o projeto da Geração de 1930 para o campo da economia, tratado de modo menos profundo e sem chegar ao presente por Caio Prado Jr. e Roberto Simonsen antes dele. Sua finalidade era educar historicamente para a cidadania. Agora não teríamos apenas uma Formação Cultural ou uma Formação Política do Brasil, mas uma Formação Econômica do Brasil. Se a formação do país não havia criado propriamente um "povo", que assistira bestializado à própria "proclamação" militar da República ("Velha"), agora era o momento de concluir sua formação. Cidadãos capazes de construir um destino coletivo precisam de uma identidade coletiva mínima que passe por uma narrativa de sua autoformação, se quiserem aspirar à autonomia nacional com democracia. É claro que as resistências ao projeto de desenvolvimento nacional não eram apenas teóricas. Contudo, seriam melhor enfrentadas se a maioria da opinião pública se unificasse em torno de boas teorias sobre sua própria formação histórica e, em vista dela, sobre seus interesses práticos no presente.

Havia um campo de atuação prática e intervenção estatal para o qual *Formação Econômica do Brasil* não chegara atrasado, contudo. O combate aos desequilíbrios regionais também se desdobrava como imperativo prático da narrativa histórica sobre a sucessão de estruturas espaciais. A urgência política do problema é transparente no último capítulo ("Perspectivas dos Próximos Decênios"):

> A solução desse problema constituirá, muito provavelmente, uma das preocupações centrais da política econômica no correr dos próximos anos. Essa solução exigirá uma nova forma de integração da economia nacional, distinta da simples articulação que se

processou na primeira metade do século. A articulação significou, simplesmente, desviar para os mercados da região cafeeira-industrial produtos que antes se colocavam no exterior. Um processo de integração teria de orientar-se no sentido do aproveitamento mais racional de recursos e fatores no conjunto da economia nacional[60].

A passagem da articulação do mercado nacional para a integração da economia nacional depende de uma política de desenvolvimento regional que reverta os efeitos de polarização regional espontâneos explicados em *Formação Econômica do Brasil*. O tratamento do tema é inovador, devendo a Perroux e mesmo a Gunnar Myrdal[61]. A ideia é que há efeitos cumulativos da concentração industrial regional que tendem a agravá-la no tempo a menos que haja um efeito consciente para revertê-la. O livro de Furtado, de novo, não apresenta as propostas, mas fundamenta historicamente o diagnóstico que deve orientar as políticas. O argumento é que, uma vez iniciado o desequilíbrio regional, há mecanismos que reforçam o desequilíbrio ao invés de restaurar o equilíbrio. Uma divergência inicialmente pequena pode se transformar em uma grande divergência com o tempo. A causa é a existência daquilo que seria chamado de economias de aglomeração, ou seja, a tendência a atrair atividades para a proximidade de outras que se complementam:

> Se, pela metade do século, a economia brasileira havia alcançado um certo grau de articulação entre as distintas regiões, por outro a disparidade de níveis regionais de renda havia aumentado notoriamente. À medida que o desenvolvimento industrial se sucedia à prosperidade cafeeira, acentuava-se a tendência à concentração regional da renda. É da natureza do processo de industrialização que as inversões só alcancem sua máxima eficiência quando se completam mutuamente, isto é, quando se coordenam funcionalmente em um todo maior. Numa economia de livre-empresa essa coordenação se faz um pouco ao acaso, e a probabilidade que tem cada um de fruir o máximo de vantagens indiretas é tanto maior quanto maior é o número de indivíduos que estão atuando simultaneamente[62].

Furtado tem consciência – e quer difundir a consciência nacionalmente – de que esta disparidade pode se transformar em um problema político cada vez mais sério:

60. Celso Furtado, *Formação Econômica do Brasil*, p. 333.
61. Gunnar Myrdal, *Economic Theory and Underdeveloped Regions*.
62. Celso Furtado, *Formação Econômica do Brasil*, pp. 329-330.

Essa disparidade de níveis de vida, que se acentua atualmente entre os principais grupos de população do país, poderá dar origem a sérias tensões regionais. Assim como na primeira metade do século XX cresceu a consciência de interdependência econômica – à medida que se articulavam as distintas regiões em torno do centro cafeeiro-industrial em rápida expansão –, na segunda poderá aguçar-se o temor de que o crescimento intenso de uma região é necessariamente a contrapartida da estagnação de outras. [...] Não existindo nesse caso a possibilidade de apelar para a tarifa ou subsídios cambiais, com o fim de corrigir a disparidade, a industrialização da região mais pobre passa a encontrar sérios tropeços. À medida que se toma consciência da natureza desse problema no Brasil, as tensões de caráter regional – que se haviam reduzido substancialmente nos decênios anteriores – poderão voltar a apresentar-se[63].

Furtado dá duas explicações para a origem do problema. Uma, mais formal e universal, diz respeito à abundância ou escassez relativa de *recursos naturais* das regiões: a baixa produtividade agrícola de uma região implica em custos unitários do trabalho maiores que deprimem relativamente a taxa de lucro em relação à existente na região de maior produtividade agrícola. Em seguida, a atração de mão de obra para a região de maior produtividade acaba tendo o efeito esperado por Arthur Lewis[64], ou seja, assegurar a oferta (ilimitada) de trabalho e, portanto, impedir que os salários acompanhem a elevação da produtividade, reduzindo ainda mais o custo unitário do trabalho na região que atrai imigrantes, potencialmente elevando-o na região que os expulsa. À medida que os ganhos de produtividade não são repassados para os salários na região mais rica, a elevação resultante dos lucros atrai também capitais desde as regiões mais pobres, reforçando as economias de aglomeração:

A tendência à concentração regional da renda é fenômeno observado universalmente, sendo amplamente conhecidos os casos da Itália, da França e dos EUA. Uma vez iniciado esse processo, sua reversão espontânea é praticamente impossível. [...] A causa da formação e do agravamento desse tipo de fenômeno está, via de regra, ligada à pobreza relativa de recursos naturais de uma região. Com efeito, coexistindo duas regiões dentro de uma mesma economia – integradas pelo mesmo sistema monetário –, aquela mais pobre de recursos naturais, particularmente de terras, tenderá a apresentar uma produtividade mais baixa por unidade de capital invertido. Em termos monetários, o salário de subsistência

---

63. *Idem*, pp. 331-333.
64. William Arthur Lewis, "Economic Development with Unlimited Supplies of Labour".

da população tende a ser relativamente mais elevado ali onde é mais baixa a produtividade do homem ocupado na produção de alimentos. A coexistência das duas regiões numa mesma economia tem consequências práticas de grande importância. Assim, o fluxo de mão de obra da região de mais baixa produtividade para a de mais alta, mesmo que não alcance grandes proporções relativas, tenderá a pressionar sobre o nível de salários desta última, impedindo que os mesmos acompanhem a elevação da produtividade. Essa baixa relativa do nível de salários traduz-se em melhora relativa da rentabilidade média dos capitais invertidos. Em consequência, os próprios capitais que se formam na região mais pobre tendem a emigrar para a mais rica. A concentração das inversões traz economias externas, as quais, por seu lado, contribuem ainda mais para aumentar a rentabilidade relativa dos capitais invertidos na região de mais alta produtividade[65].

Em suma, a concentração regional é explicada pelas economias de aglomeração e pela dinâmica desigual do custo unitário do trabalho e a da taxa de lucro, a partir de um fator inicial de divergência. Este fator não precisa ser necessariamente a desigualdade física-natural, contudo. Pode ser um produto histórico de relações de poder: em nosso caso, o controle das terras aráveis nordestinas na Zona da Mata por latifundiários política e culturalmente influentes, que descendiam das famílias que controlavam o empreendimento colonial na região e que empurravam a agricultura mercantil de alimentos para o semiárido[66].

Enfatizar o caráter histórico da própria forma de apropriação da terra no Nordeste como raiz para a baixa produtividade agrícola e para o alto custo unitário do trabalho na região tem duas implicações políticas. Primeiro, contribui para desmontar a armadilha do ressentimento político trazido pela suspeita de que o desenvolvimento do Sudeste é a própria causa do entorpecimento do Nordeste:

> À medida que se chegar a captar a essência desse problema, se irão eliminando certas suspeitas como essa de que o rápido desenvolvimento de uma região tem como contrapartida necessária o entorpecimento do desenvolvimento de outras. A decadência

---

65. Celso Furtado, *Formação Econômica do Brasil*, pp. 331-332.
66. É digno de nota que as secas nordestinas tampouco eram produtos da natureza. Como mostrou Mike Davis em *Late Victorian Holocausts: El Niño Famines and the Making of the Third World*, a grande seca de 1876-1878 fez parte da primeira onda de efeitos ecológicos globais do capitalismo.

da região nordestina é um fenômeno secular, muito anterior ao processo de industrialização do Sul do Brasil. A causa básica daquela decadência está na incapacidade do sistema para superar as formas de produção e utilização dos recursos estruturados na época colonial. A articulação com a região Sul, através de cartelização da economia açucareira, prolongou a vida do velho sistema cuja decadência se iniciou no século XVII, pois contribuiu para preservar as velhas estruturas monoprodutoras. O sistema de monocultura é, por natureza, antagônico a todo processo de industrialização. [...] Ora, a industrialização vem sempre acompanhada de rápida urbanização, que só pode se efetivar se o setor agrícola responde com uma oferta adequada de alimentos. Se a totalidade das boas terras agrícolas está concentrada em um sistema ancilosado de monocultura, a maior procura de alimentos terá de ser atendida com importações. No caso do Nordeste, a maior procura urbana tende a ser satisfeita com alimentos importados da região Sul, o que contribui para agravar a disparidade entre salário nominal e produtividade em prejuízo da região mais pobre. [...] Tratando-se de regiões integradas num mesmo sistema monetário, que determina a rentabilidade industrial é a relação entre a produtividade por operário e o salário monetário pago a este. Ora, como o salário monetário está condicionado pelos preços dos alimentos, a vantagem que tem o Nordeste de "mão de obra barata" é tanto menor quanto menos adequada é a oferta de alimentos produzidos na própria região[67].

A segunda vantagem é focar a resolução do problema em reformas na própria região nordestina. A alternativa tradicional era a pressão por transferências fiscais da União apropriadas pelos políticos e latifundiários que lucravam com a "solução hidráulica" para o problema da seca, ou seja, a construção de açudes em suas terras. Furtado não elabora a proposta reformista contra essa situação em *Formação Econômica do Brasil*, mas sua ação política pouco antes e logo depois da publicação do livro explicita o projeto. Em agosto de 1958, Furtado concluiu o sabático em Cambridge para a redação do livro e voltou ao Brasil exatamente para assumir um cargo na diretoria do BNDE, com a condição de que pudesse se dedicar exclusivamente ao Nordeste[68]. No banco, dirige o Grupo de Trabalho de Desenvolvimento do Nordeste (GTDN). Em janeiro de 1959, mesmo mês da publicação de *Formação Econômica do Brasil*, convence o presidente Juscelino Kubitschek a priorizar o desenvolvimento da região. Furtado

---

67. Celso Furtado, *Formação Econômica do Brasil*, pp. 333-334.
68. Celso Furtado, *A Fantasia Organizada*, p. 37.

será o mentor e o primeiro presidente da Superintendência de Desenvolvimento do Nordeste (Sudene)[69].

Sua principal proposta, publicada em 1959 no documento do GTDN *Uma Política de Desenvolvimento Econômico para o Nordeste*, emana diretamente da narrativa histórica de *Formação Econômica do Brasil*: realizar a reforma agrária e o desenvolvimento da agricultura de alimentos nordestina *pelo alto,* com apoio do governo federal contra a elite política nordestina. Isto é, do diagnóstico de *Formação Econômica do Brasil* sobre a diferença regional de produtividade agrícola como raiz da polarização industrial decorria implicitamente que a política fundiária e agrícola federal era condição para industrializar o Nordeste, objetivo que *Uma Política de Desenvolvimento Econômico para o Nordeste* explicitava. Sabe-se que o documento escrito por Furtado (sem explicitação de autoria) propunha também investimentos em infraestrutura e subsídios industriais, mas partia dos argumentos históricos e econômicos de *Formação Econômica do Brasil* para buscar convencer a elite das demais regiões de que fazer a reforma agrária na própria Zona da Mata nordestina era melhor do que ser levado a reprimir a revolução. Em suas memórias, Furtado pergunta: "que fazer, se a alternativa era mobilizar os camponeses, como fazia Julião, e o que se obtinha por esse meio era colocar as forças mais poderosas do Centro-Sul a serviço do imobilismo social na região?"[70]

CONSIDERAÇÕES FINAIS: PARA QUE *FORMAÇÃO ECONÔMICA DO BRASIL*?

Como vimos, o projeto político de *Formação Econômica do Brasil* não podia ser o de orientar o planejamento técnico da indústria pesada, que já estava em curso quando o livro foi publicado. Furtado, aliás, esteve envolvido nesta tarefa pelo menos desde a participação no grupo misto Cepal/BNDE que, em 1954, criara o embrião do Plano de Metas. Para este objetivo, o livro de 1959 contribuía ao legitimar – como nenhuma outra obra histórica – a industrialização como um

---

69. Entre uma enorme bibliografia, ver especialmente a síntese de Anderson Pellegrino, *Nas Sombras do Subdesenvolvimento: Celso Furtado e a Problemática Regional no Brasil.*
70. Celso Furtado, *A Fantasia Desfeita,* p. 66.

meio potencial de superação do subdesenvolvimento secular do país. Era bom entender que o futuro tinha que ser arrancado das garras do passado.

No que tange ao problema da polarização econômica regional, contudo, o *timing* era outro. A linha entre *Formação Econômica do Brasil*, o GTDN e a Sudene é quase reta. A diferença é que o livro procurou não jogar água no moinho do argumento de que uma região explora outra, mostrando que a causa última do atraso nordestino era o latifúndio monocultor, de um lado, e a baixíssima produtividade da agricultura de subsistência, de outro, ou seja, a enorme heterogeneidade característica da região. O argumento do GTDN, por sua vez, juntava a este argumento o de que a política industrialista de Vargas a Juscelino Kubitschek priorizava sim o Sudeste em detrimento do Nordeste.

Existia outro objetivo político implícito neste argumento, além do mais óbvio, ou seja, defender a reforma agrária, a política de desenvolvimento da agricultura mercantil de alimentos, a infraestrutura e os subsídios para a indústria nordestina? A resposta é simples, e foi dada pelo próprio Furtado na autobiografia *A Fantasia Desfeita*. Furtado precisava formar aliados para uma luta que não podia ser ganha apenas no Nordeste:

[...] compreendi que, sem amplo apoio da opinião pública no Centro-Sul, nada de importante poderia ser feito no Nordeste. A classe dirigente e a elite política da região nada fariam para modificar o quadro estrutural existente. Sem pressão de fora, as velhas estruturas continuariam a reproduzir-se, até que, um dia, explodisse a caldeira. Fosse o Nordeste um país, sua evolução histórica seria similar à das repúblicas centro-americanas, onde a via para a mudança tem sido frequentemente a violência. Somente porque não era um país cabia pensar em uma "revolução dirigida", graças a apoios obtidos em outras regiões. Dobrei, então, o esforço de pregação nas grandes capitais do Centro-Sul[71].

O autor poderia ser mais claro? Em *Formação Econômica do Brasil*, Furtado analisa canonicamente e denuncia o fardo de nossa herança histórica (a formação colonial, o subdesenvolvimento e a integração nacional problemática), e o faz como um intelectual público comprometido com o presente, rigoroso e acessível ao mesmo tempo. No momento em que o fardo de nossa herança histórica mais uma vez atrasa o futuro, não devemos, de formas diversas, seguir melhor seu exemplo?

---

71. *Idem*, p. 66.

REFERÊNCIAS BIBLIOGRÁFICAS

ALENCASTRO, Luiz Felipe de. "Introdução". *In*: FURTADO, Celso. *Formação Econômica do Brasil. Edição Comemorativa – 50 Anos*. Organização de Rosa Freire d'Aguiar. São Paulo, Companhia das Letras, 2009, pp. 23-40.

ARRUDA, José Jobson de Andrade. "Decadência ou Crise do Império Luso-Brasileiro: O Novo Padrão de Colonização do Século XVIII". *Revista USP*, pp. 66-79, 2000.

_____. *O Brasil no Comércio Colonial*. São Paulo, Ática, 1980.

AZEVEDO, João Lúcio de. *Épocas de Portugal Económico*. Lisboa, Clássica, 1929. Disponível em: https://digital.bbm.usp.br/handle/bbm/6840

BASTOS, Carlos P. & AVILA, Júlia G. d'. "O Debate do Desenvolvimento na Tradição Heterodoxa Brasileira". *Revista de Economia Contemporânea*, vol. 13, n. 2, pp. 173-199, 2009.

BASTOS, Pedro Paulo Zahluth. "A Economia Política da Integração da América do Sul no Mundo Pós-Crise". *Observatório da Economia Global – IE-Unicamp*, 2012.

_____. "Centro e Periferia no Padrão Ouro-Libra: Celso Furtado Subestimou a Dinâmica da Dependência Financeira?" *Economia*, vol. 8, n. 4, 2007.

_____. "Macroeconomia e Mercado de Trabalho: As Principais Teorias e o Brasil Contemporâneo". *Revista Ciências do Trabalho*, n. 7, 2017.

_____. "O Presidente Desiludido: A Campanha Liberal e o Pêndulo de Política Econômica no Governo Dutra (1942-1948)". *História Econômica e História das Empresas*, vol. 7, n. 1, pp. 99-135, 2004.

_____. "Ortodoxia e Heterodoxia Antes e Durante a Era Vargas: Contribuições para uma Economia Política da Gestão Macroeconômica dos Anos 1930". *Economia*, vol. 9, n. 4, 2008.

_____. "Qual Era o Projeto Econômico Varguista?" *Estudos Econômicos*, vol. 41, n. 2, pp. 345-382, São Paulo, 2011.

_____. & BELLUZZO, Luiz Gonzaga. "Capitalismo, Neoliberalismo e Democracia". *In*: PAULA, Luiz Fernando de & JABBOUR, Elias. *Repensar o Brasil*. São Luís, Centro Ignacio Rangel, 2020.

BIELSCHOWSKY, Ricardo. "Celso Furtado's Contributions to Structuralism and their Relevance Today". *Cepal Review*, n. 88, pp. 7-14, 2006.

_____. "Furtado's *Economic Growth of Brazil*: The Masterpiece of Brazilian Structuralism". *International Journal of Political Economy*, vol. 43, n. 4, pp. 44-62, 2014.

_____. *Pensamento Econômico Brasileiro: O Ciclo Ideológico do Desenvolvimentismo*. Rio de Janeiro, IPEA/INPES, 1988.

BLATTMAN, Christopher; HWANG, Jason & WILLIAMSON, Jeffrey G. "Winners and Losers in the Commodity Lottery: The Impact of Terms of Trade Growth and Volatility in the Periphery, 1870-1939". *Journal of Development Economics*, n. 82, pp. 156-179, 2007.

BOCAGE, Ducarmel. *General Economic Theory of François Perroux*. New York/London, University Press of America, 1985.

BOIANOVSKY, Mauro. "A View from the Tropics: Celso Furtado and the Theory of Economic Development in the 1950s". *History of Political Economy*, n. 2, vol. 42, pp. 221-266, 2010.

_____. "Between Lévi-Strauss and Braudel: Furtado and the Historical Structural Method in Latin American Political Economy". *Journal of Economic Methodology*, vol. 22, n. 4, pp. 413-438, 2015.

_____. "Furtado, North and the New economic History". *Economia,* vol. 10, n. 4, 2009.

BRESSER-PEREIRA, Luiz Carlos. "Método e Paixão em Celso Furtado". *In:* BRESSER-PEREIRA, Luiz Carlos & REGO, José Márcio. *A Grande Esperança em Celso Furtado: Ensaios em Homenagem aos seus 80 Anos*. São Paulo, Editora 34, 2001.

CANDIDO, Antonio. "Literatura e Cultura de 1900 a 1945". *Literatura e Sociedade*. São Paulo, T. A. Queiroz/Publifolha, 2000 (1. ed. 1950).

_____. "O Significado de *Raízes do Brasil*" [1967]. *In:* HOLANDA, Sérgio Buarque de. *Raízes do Brasil*. São Paulo, Companhia das Letras, 2016 (1. ed. 1936).

CANO, Wilson. *Desequilíbrios Regionais e Concentração Industrial no Brasil, 1930-1995*. Campinas, IE-Unicamp, 1998.

_____. *Raízes da Concentração Industrial em São Paulo*. São Paulo, Hucitec, 1990 (1. ed. 1975).

CARDOSO, Fernando Henrique & FALLETTO, Enzo. *Dependência e Desenvolvimento na América Latina*. Rio de Janeiro, LTC, 1970.

CARNEIRO, Ricardo de Medeiros. *Commodities, Choques Externos e Crescimento: Reflexões sobre a América Latina*. [s. l.], Cepal, 2012 (Macroeconomía del Desarrollo, 117).

CHENERY, Hollis B. & BRUNO, Michael. "Development Alternatives in an Open Economy: The Case of Israel". *Economic Journal*, n. 72, pp. 79-103, 1962.

CHILCOTE, Ronald H. *Theories of Development and Underdevelopment*. Boulder, Westview, 1984.

CORSI, Francisco L. *Estado Novo: Política Externa e Projeto Nacional*. São Paulo, Unesp, 2000.

COUTINHO, Maurício C. "A Teoria Econômica de Celso Furtado: *Formação Econômica do Brasil*". *In*: LIMA, Marcos Costa & DAVID, Mauricio Dias (org.). *A Atualidade do Pensamento de Celso Furtado*. Brasília, Verbena, 2008, pp. 139-159.

DAVIS, Mike. *Late Victorian Holocausts: El Niño Famines and the Making of the Third World*. London, Verso, 2001.

DOSMAN, Edgar. *Raúl Prebisch: A Construção da América Latina e do Terceiro Mundo*. Rio de Janeiro, Contraponto/Centro Internacional Celso Furtado, 2011.

ERTEN, Bilge. *Uneven Development and the Terms of Trade: A Theoretical and Empirical Analysis*. PhD Dissertation, University of Massachusetts Amherst, 2010. Disponível em: https://scholarworks.umass.edu/open_access_dissertations/279

FONSECA, Pedro Cezar Dutra. A Política e seu Lugar no Estruturalismo: Celso Furtado e o Impacto da Grande Depressão no Brasil". *Economia*, vol. 10, n. 4, pp. 867-885, 2009.

_____. "Sobre a Intencionalidade da Política Industrializante do Brasil na Década de 1930". *Revista de Economia Política*, vol. 23, n. 1 (89), pp. 133-148, São Paulo, jan.--mar. 2003.

FONTANA, Josep. *Historia: Análisis del Pasado y Proyecto Social*. Barcelona, Critica, 1982.

FRAGOSO, João & FLORENTINO, Manolo. *O Arcaísmo como Projeto: Mercado Atlântico, Sociedade Agrária e Elite Mercantil no Rio de Janeiro, c. 1780 – c. 1840*. São Paulo, Civilização Brasileira, 2001.

FURTADO, Celso. *A Economia Brasileira*. Rio de Janeiro, A Noite, 1954.

_____. *A Fantasia Desfeita*. Rio de Janeiro, Paz e Terra, 1989.

_____. *A Fantasia Organizada*. Rio de Janeiro, Paz e Terra, 1985.

_____. "Comentários sobre Estudos do Professor Rosenstein-Rodan". *Revista Econômica Brasileira*, vol. 5, pp. 84-85, jan.-jun. 1959.

_____. *Economia Colonial no Brasil nos Séculos XVI e XVII: Elementos de História Econômica Aplicados à Análise de Problemas Econômicos e Sociais*. São Paulo, ABPHE/Hucitec, 2001 (1. ed. 1948).

_____. "Elementos para uma Teoria do Subdesenvolvimento" [1958]. *Desenvolvimento e Subdesenvolvimento*. Rio de Janeiro, Contraponto/Centro Internacional Celso Furtado, 2009 (1. ed. 1961).

_____. *Formação Econômica do Brasil*. São Paulo, Companhia das Letras, 2009 (1. ed. 1959).

_____. "Resenha de *The Strategy of Economic Development*". *Revista Econômica Brasileira*, vol. 5, pp. 84-85, jan.-jun. 1959.

_____. "Retorno à Visão Global de Perroux e Prebisch" [1994]. *Cadernos do Desenvolvimento*, vol. 7, n. 10, pp. 296-304, 2018 [Tradução de *Retour à la Vision Globale de Perroux et Prebisch*. Paris, Institut de Science Economique Appliquée, 1994].

_____. *Teoria e Política do Desenvolvimento Econômico*. São Paulo, Companhia Editora Nacional, 1967.

_____. *Uma Política de Desenvolvimento Econômico para o Nordeste*. Recife, Sudene, 1967 (1. ed. 1959).

GURRIERI, Adolfo. "A Economia Política de Raúl Prebisch". *In:* PREBISCH, Raúl. *O Manifesto Latino-Americano e Outros Ensaios*. Rio de Janeiro, Contraponto/Centro Internacional Celso Furtado, 2011.

HIGGINS, Benjamin & SAVOIE, Donald J. (ed.). *Regional Economic Development: Essays in Honour of François Perroux*. [s. l.], Routledge, 2017 (1. ed. 1988).

LEWIS, William Arthur. "Economic Development with Unlimited Supplies of Labour". *The Manchester School*, vol. 22, n. 2, pp. 139-191, 1954.

LOVE, Joseph L. *Crafting the Third World: Theorizing Underdevelopment in Rumania and Brazil*. Palo Alto, Stanford University Press, 1996.

_____. "The Rise and Decline of Economic Structuralism in Latin America: New Dimensions". *Latin American Research Review*, vol. 40, n. 3, pp. 100-125, 2005.

MALLORQUIN, Carlos. "Celso Furtado and Development: An Outline". *Development in Practice*, vol. 17, n. 6, pp. 807-819, 2007.

_____. *Celso Furtado: Um Retrato Intelectual*. São Paulo/Rio de Janeiro, Xamã/Contraponto, 2005.

_____. "Una Síntesis de Múltiples Determinaciones: Formación Económica del Brasil". *Revista EconomiA*, vol. 10, n. 4, pp. 905-933, 2009.

MANNHEIM, Karl. *Man and Society in an Age of Reconstruction. Studies in Modern Social Structure*. [s. l.], Routledge, 2013 (1. ed. 1940).

MANTEGA, Guido. *A Economia Política Brasileira*. Petrópolis, Vozes, 1991 (1. ed. 1984).

MARTINS, Roberto B. *Crescendo em Silêncio: A Incrível Economia Escravista de Minas Gerais no Século XIX*. Belo Horizonte, Instituto Cultural Amilcar Martins/ABPHE, 2018 (1. ed. 1980).

MYRDAL, Gunnar. *Economic Theory and Underdeveloped Regions*. London, Gerald Duckworth & Co, 1957.

NOVAIS, Fernando A. & ARRUDA, Maria Arminda do Nascimento. "Revisitando os Intérpretes do Brasil". *In*: NOVAIS, Fernando A. *Aproximaçoes: Ensaios de História e Historiografia*. São Paulo, Cosac Naify, 2005 (1. ed. 1998).

NURKSE, Ragnar. *Problems of Capital Formation in Underveloped Countries*. Oxford, Oxford University Press, 1953.

OCAMPO, José Antonio & PARRA, María Angela. "The Terms of Trade for Commodities in the Twentieth Century". *Cepal Review*, n. 79, 2003.

OLIVEIRA, Francisco de. "Viagem ao Olho do Furacão: Celso Furtado e o Desafio do Pensamento Autoritário Brasileiro" [1997]. *A Navegação Venturosa. Ensaios sobre Celso Furtado*. São Paulo, Boitempo, 2003.

PELLEGRINO, Anderson. *Nas Sombras do Subdesenvolvimento: Celso Furtado e a Problemática Regional no Brasil.* Campinas, Alínea, 2005.

PERROUX, François. "Economic Space: Theory and Applications". *The Quarterly Journal of Economics,* vol. 64, n. 1, pp. 89-104, 1950.

_____. "Esquisse d'une Théorie de l'Economie Dominante". *Économie Appliquée,* vol. 2, n. 2, 1948.

_____. "Les Macro-Décisions". Économie Appliquée, vol. 3, n. 2, 1949.

_____. "Note sur la Notion de 'Pôle de Croissance'". *Économie Appliquée,* vol. 9, n. 1, 1955.

_____. "Prise de Vues sur la Croissance de l'Economie Française, 1780-1950". *Review of Income and Wealth,* vol. 5, n. 1, pp. 41-78, 1955.

_____. "The Domination Effect and Modern Economic Theory". *Social Research,* vol. 17, n. 2, pp. 188-206, 1950.

PREBISCH, Raúl. "Crescimento, Desequilíbrio e Disparidades: Interpretação do Processo de Desenvolvimento Econômico" [1950]. *O Manifesto Latino-Americano e Outros Ensaios.* Rio de Janeiro, Contraponto/Centro Internacional Celso Furtado, 2011.

_____. "O Desenvolvimento Econômico da América Latina e seus Principais Problemas". *Revista Brasileira de Economia,* vol. 3, n. 3, pp. 47-111, 1949.

_____. *O Manifesto Latino-Americano e Outros Ensaios.* Rio de Janeiro, Contraponto/Centro Internacional Celso Furtado, 2011.

_____. "Problemas Teóricos e Práticos do Desenvolvimento Econômico" [1951]. *O Manifesto Latino-Americano e Outros Ensaios.* Rio de Janeiro, Contraponto/Centro Internacional Celso Furtado, 2011.

_____. "El Mercado Comum Latino-americano" [1959]. In: GURRIERI, A. *La Obra de Prebisch en la Cepal.* Fondo de Cultura Ecónomica, 1982.

_____. "Obstáculos ao Mercado Comum Latino-Americano" [1964]. In: WIONCZEK, Miguel. *A Integração Econômica da América Latina: Experiência e Perspectivas.* Rio de Janeiro, O Cruzeiro, 1966.

RODRÍGUEZ, Octavio. *O Estruturalismo Latino-Americano.* Rio de Janeiro, Civilização Brasileira, 2009.

ROSENSTEIN-RODAN, Paul N. "Problems of Industrialisation of Eastern and South-Eastern Europe". *The Economic Journal,* vol. 53, n. 210/211, pp. 202-211, 1943.

SANDRETTO, René. "François Perroux, a Precursor of the Current Analyses of Power". *The Journal of World Economic Review,* vol. 5, n. 1, pp. 57-68, 2009.

SILVA, Roberto Pereira. *O Jovem Celso Furtado: História, Política e Economia (1941-1948).* Dissertação de Mestrado, Universidade Estadual de Campinas, 2010.

Simonsen, Roberto. *História Econômica do Brasil: 1500-1820*. Brasília, Senado Federal, 2005 (1. ed. 1937).

Slenes, Robert W. "Os Múltiplos de Porcos e Diamantes". *Estudos Econômicos*, vol. 18, n. 3, pp. 449-495, São Paulo, 1988.

Szmrecsányi, Tamás. "Sobre a Formação da *Formação Econômica do Brasil* de C. Furtado". *Estudos Avançados*, São Paulo, vol. 13, n. 37, pp. 207-214, 1999.

Thirlwall, Anthony P. "Balance of Payments Constrained Growth Models: History and Overview". *PSL Quarterly Review*, vol. 64, n. 259, pp. 307-351, 2011.

_____. "Foreign Trade Elasticities in Centre-Periphery Models of Growth and Development". *BNL Quarterly Review*, vol. 36, pp. 249-261, 1983.

_____. "The Balance of Payments Constraint as an Explanation of International Growth Rate Differences". *BNL Quarterly Review*, vol. 32, pp. 45-53, 1979.

11

Luta de Classes Inibida? Furtado e a Especificidade da Estrutura Social Brasileira[1]

Fernando Rugitsky

Sessenta anos após a sua publicação, a *Formação Econômica do Brasil*, de Celso Furtado, ainda tem muito a ensinar. Algumas de suas lições já estão consolidadas como cânones da interpretação sobre o Brasil. Outras, no entanto, merecem mais destaque. O objetivo deste capítulo é contribuir para trazer à tona uma dessas sugestões interpretativas pouco abordadas. Trata-se da identificação de uma especificidade da estrutura social brasileira, particularmente da estrutura do mercado de trabalho, e de seus impactos sobre os conflitos distributivos, as lutas dos trabalhadores e a determinação dos salários. Como Furtado diria em 1964, "[o] subdesenvolvimento deve ser entendido, em primeiro lugar, como um problema que se coloca em termos de estrutura social"[2]. Ao tirar a poeira de cima de algumas passagens do livro de 1959, deve ficar evidente sua capacidade de iluminar não apenas o passado da nossa economia, mas também os dilemas do presente.

UMA AMBIGUIDADE EM FURTADO

Em 1964, cinco anos após a publicação da *Formação* e instigado pelo acirramento dos conflitos na sociedade brasileira às vésperas do golpe, Furtado

---

1. Gostaria de agradecer a Pedro Marques e Maurício Coutinho, que comentaram uma versão preliminar desse capítulo. Agradeço também os comentários recebidos no evento que deu origem a este livro. e agradeço à Coordenação de Aperfeiçoamento de Pessoal de Nível Superior (CAPES) pelo apoio financeiro que viabilizou essa pesquisa.
2. Celso Furtado, *Dialética do Desenvolvimento*, p. 79.

dedica um livro ao estudo da dialética, do marxismo e da luta de classes. Não é, evidentemente, um estudo abstrato, sem referência ao processo histórico e à situação dos países subdesenvolvidos. A sua segunda parte é inteiramente dedicada à crise brasileira da época, lida à luz de temas e conceitos explorados na parte anterior. Já na primeira parte, Furtado aborda as especificidades da luta de classes no contexto do subdesenvolvimento:

> [A] existência de um grande reservatório de mão de obra à disposição dos capitalistas constitui uma *força inibitória de todo o processo da luta de classes*. Dessa forma o setor capitalista das economias subdesenvolvidas apresenta-se, via de regra, com pouco dinamismo, acostumando-se a classe dirigente a elevadas taxas de lucro que jamais são efetivamente postas em xeque pela luta de classes. A este fato se deve que, em muitas economias subdesenvolvidas, o setor capitalista se mantenha praticamente estacionário, alcançando aquela mesma paz social que caracteriza a velha agricultura feudal, sinônimo de estagnação e por alguém já qualificada de "paz dos túmulos"[3].

A passagem postula sem ambiguidades o vínculo entre a especificidade do mercado de trabalho – isto é, o "grande reservatório de mão de obra" – e a inibição da luta de classes. Para interpretar esse argumento e seus vínculos com a *Formação*, vale voltar à referência mais influente, no debate da época, sobre os efeitos de um "grande reservatório de mão de obra": William Arthur Lewis. O economista caribenho publicou um artigo, em 1954, que se tornou um dos pilares da teoria do desenvolvimento do período e que lhe valeria, 25 anos depois, o Prêmio Nobel de Economia[4]. Intitulado "Economic Development with Unlimited Supplies of Labour", o texto visava a deduzir do subemprego característico do subdesenvolvimento "um conjunto completo de 'leis de movimento' do país subdesenvolvido típico"[5].

---

3. *Idem*, p. 82. Grifos meus.
4. Ver também, William Arthur Lewis, "Unlimited Labour: Further Notes", "Reflections on Unlimited Labour" e "The Dual Economy Revisited". E, sobre o seu impacto, Douglas Gollin, "The Lewis Model: a 60-Year Retrospective" e Mauro Boianovsky, "When the History of Ideas Meets Theory: Arthur Lewis and the Classical Economists on Development" e "Arthur Lewis and the Classical Foundations of Development Economics".
5. Albert O. Hirschman, "The Rise and Decline of Development Economics", p. 8. Todos os trechos citados de obras em línguas estrangeiras foram traduzidos por mim.

"Grande reservatório de mão de obra", "oferta ilimitada de trabalho", "subemprego", "desemprego disfarçado": todas essas expressões, recorrentes na literatura do período, buscavam examinar o mesmo fenômeno, que era considerado uma especificidade das economias subdesenvolvidas. Na interpretação de Hirschman, tal especificidade era uma das duas justificativas centrais para se defender que a teoria econômica formulada a partir da experiência dos países ricos não se aplicaria ao subdesenvolvimento[6]. Segundo Lewis, a oferta ilimitada de trabalho advinha de várias fontes: da agricultura de subsistência de baixa produtividade, do subemprego urbano, da potencial elevação da taxa de participação feminina na força de trabalho e da aceleração do crescimento demográfico que acompanha o início do processo de desenvolvimento[7]. Todas essas fontes de mão de obra conspiravam para reduzir o poder de barganha salarial dos trabalhadores, resultando em um salário real estável ao longo do processo de desenvolvimento, ancorado pela renda média obtida no chamado setor de subsistência, enquanto persistisse a oferta ilimitada[8].

O desenvolvimento, segundo essa formulação, consistia na transferência de mão de obra do setor de subsistência para o setor capitalista, o que, por sua vez, elevaria continuamente a produtividade da economia. Esse processo não teria, no entanto, impacto no nível salarial e nas condições de vida da maioria da população. Na realidade, era justamente a apropriação dos frutos do desenvolvimento pelos capitalistas – a "classe poupadora"[9] – que permitia a aceleração do próprio desenvolvimento. Nessa formulação, haveria algum espaço para a eclosão da luta de classes e do conflito distributivo? Lewis parece considerar improvável, embora possível: a elevação do nível convencionalmente definido de subsistência é, em sua visão, "difícil de ocorrer, se o trabalho é abundante, mas pode ser alcançada por uma combinação de pressão sindical e consciência capitalista"[10]. A semelhança com a luta de classes inibida de Furtado é digna de nota.

A adoção desse esquema interpretativo para o caso brasileiro encontra, contudo, um obstáculo importante. No artigo de 1954, Lewis deixa claro que sua

6. *Idem*, pp. 6-7.
7. William Arthur Lewis, "Economic Development with Unlimited Supplies of Labour", pp. 141-145.
8. *Idem*, pp. 148-150.
9. *Idem*, p. 157.
10. *Idem*, pp. 172-173.

formulação tem um âmbito de aplicação limitado, uma vez que a "oferta ilimitada de trabalho" não seria uma característica do conjunto dos países subdesenvolvidos:

> Começamos elaborando o pressuposto de uma oferta ilimitada de trabalho e argumentando que ele é útil. Não estamos defendendo, vale repetir, que esse pressuposto deve ser adotado para todas as áreas do mundo. Ele obviamente não se aplica ao Reino Unido ou ao noroeste da Europa. Também não se aplica a alguns países usualmente agrupados como subdesenvolvidos. *Há, por exemplo, uma aguda escassez de trabalho masculino em algumas partes da África e da América Latina.* Por outro lado, é obviamente o pressuposto relevante para as economias do Egito, da Índia ou da Jamaica[11].

Como deveria ser enquadrado o caso brasileiro? A economia brasileira apresentava uma "aguda escassez de trabalho" ou estaríamos, entre os latino-americanos, mais próximos da Jamaica? Uma ponderação semelhante foi realizada em outra obra clássica da teoria do desenvolvimento do período, o livro de Ragnar Nurkse, *Problems of Capital Formation in Underdeveloped Countries*, publicado em 1953. No capítulo 2, Nurkse argumenta que o processo de desenvolvimento terá de trilhar caminhos distintos em "áreas densamente povoadas" e em "áreas escassamente povoadas". As "economias camponesas superlotadas" da área que se "estende do Sudeste da Europa até o Sudeste da Ásia" seriam os exemplos do primeiro caso. Já o segundo caso seria ilustrado pelas economias sul-americanas[12].

Não obstante essas ressalvas sobre o âmbito de aplicação, a formulação de Lewis tornou-se um ponto de referência muito difundido para a interpretação da economia brasileira[13]. Na *Formação*, Furtado aborda explicitamente o tema da oferta de trabalho nos capítulos 21 a 24 da quarta parte. Considerados de "im-

---

11. *Idem*, p. 140. Grifos meus.
12. Ragnar Nurkse, *Problems of Capital Formation in Underveloped Countries*, pp. 34, 50.
13. Samuel Morley, *Labor Markets and Inequitable Growth: The Case of Authoritarian Capitalism in Brazil*; David Denslow Jr. & William Tyler, "Perspectives on Poverty and Income Inequality in Brazil". Havia, contudo, alguns economistas brasileiros que rejeitavam a relevância da formulação de Lewis para a compreensão do caso brasileiro. Ver Edmar Bacha, "Crescimento Econômico, Salários Urbanos e Rurais: O Caso do Brasil" e Paulo Renato Souza, *Salário e Emprego em Economias Atrasadas*.

portância fundamental"[14], tais capítulos examinam a disponibilidade de mão de obra para a transição para o trabalho assalariado na segunda metade do século XIX e trazem sua conclusão principal no título que receberam em conjunto: "O Problema da Mão de Obra". Neles, Furtado repete seguidamente que o "problema fundamental da economia brasileira [no período] era aumentar a oferta de mão de obra"[15]. Em outra passagem, ele diz que "[p]ela metade do século XIX, [...] [q]ualquer empreendimento que se pretendesse realizar teria de chocar-se com inelasticidade da oferta de trabalho"[16].

Isso significa, então, que em sua visão não havia um setor de subsistência no Brasil que poderia fornecer mão de obra para o setor capitalista em expansão? Ou seja, o modelo de Lewis não se aplicaria ao Brasil? Ele mesmo se coloca essa questão: "não existia uma oferta potencial de mão de obra no amplo setor de subsistência, em permanente expansão?"[17] Após descrição detalhada da estrutura do setor no período, sua resposta é negativa[18]. Não apenas porque essa mão de obra estava muito dispersa, dificultando seu recrutamento para o setor capitalista. Mas também porque, crucialmente, tal recrutamento contrariaria os interesses da classe dos grandes proprietários de terra, a quem se vinculavam as famílias ocupadas na agricultura de subsistência. O prestígio dos latifundiários, segundo Furtado, "dependia da quantidade de homens que pudesse utilizar a qualquer momento e para qualquer fim"[19]. Assim, seu deslocamento para o setor capitalista colocaria em risco "todo um estilo de vida, de organização social e de estruturação do poder político"[20].

Nessa parte da *Formação*, Furtado vai ao encontro da literatura que sugere que o mercado de trabalho no Brasil só se "territorializa" por volta de 1930[21]. Até então, não havia oferta ilimitada de trabalho no território nacional e a força de trabalho era trazida de fora. Segundo estimativas disponíveis, entre 1550 e 1850

---

14. Fernando Novais, "Resenha de *Formação Econômica do Brasil*", p. 278.
15. Celso Furtado, *Formação Econômica do Brasil*, p. 161.
16. *Idem*, p. 141.
17. *Idem*, p. 144.
18. *Idem*, pp. 144-146.
19. *Idem*, p. 146.
20. *Idem, ibidem*.
21. Luiz Felipe de Alencastro, "A Pré-Revolução de 30", p. 17.

foram trazidos ao Brasil cerca de 4 milhões de africanos escravizados e, entre 1850 e 1950, chegaram cerca de 5 milhões de imigrantes "europeus, levantinos e asiáticos"[22]. Como ensinou Luiz Felipe Alencastro, o Brasil se formou fora do Brasil, incluindo aí o seu mercado de trabalho[23].

Há, contudo, uma ambiguidade na *Formação*. Dois capítulos depois de analisar em detalhe o "problema da mão de obra", Furtado discute a natureza do crescimento gerado pelo impulso externo, isto é, pela demanda internacional por café. Aqui, no entanto, seu argumento assume características lewisianas. Ele postula que o "salário real [ficou] praticamente estável", como consequência da "relativa elasticidade da oferta de mão de obra" ou, em outra passagem, como resultado da existência de uma "massa de mão de obra relativamente amorfa"[24]. A inelasticidade da oferta de trabalho, recém-identificada como o problema fundamental da economia brasileira no período, cede espaço subitamente para a abundância. E a formulação de Lewis parece, então, aplicar-se à economia brasileira. Essa ambiguidade já aparecera, é bem verdade, nos próprios capítulos sobre o "problema da mão de obra", quando é discutida a chamada "transumância amazônica"[25]. Ao analisar a produção de borracha na Amazônia na segunda metade do século XIX, Furtado argumenta que "ainda mais do que no caso do café, [sua] expansão [...] era uma questão de suprimento de mão de obra"[26]. Mas afirma, em seguida, que esse suprimento foi resolvido com o deslocamento da população nordestina e conclui:

> Essa enorme transumância indica claramente que em fins do século passado já existia no Brasil um reservatório substancial de mão de obra e leva a crer que, se não tivesse sido possível solucionar o problema da lavoura cafeeira com imigrantes europeus, uma solução alternativa teria surgido dentro do país. Aparentemente, a imigração europeia para a região cafeeira deixou disponível excedente de população nordestina para a expansão da produção da borracha[27].

22. *Idem, ibidem*.
23. Luiz Felipe de Alencastro, *O Trato dos Viventes: Formação do Brasil no Atlântico Sul, Séculos XVI e XVII*.
24. Celso Furtado, *Formação Econômica do Brasil*, p. 181.
25. *Idem*, cap. 23.
26. *Idem*, p. 157.
27. *Idem*, p. 158.

A relação da obra de Furtado com a formulação de Lewis tem sido objeto de análise[28]. Em *A Fantasia Organizada*, primeiro volume de suas memórias, o próprio Furtado ressalta o vínculo entre seu argumento sobre a expansão da economia cafeeira, mencionado acima, e a formulação de Lewis. Ao discutir um texto que escreveu em 1950 sobre o assunto, em que antecipava o argumento que apareceria na *Formação*, ele diz que "introduzia a ideia (cinco anos depois transformada em elemento central de seu modelo por Arthur Lewis) de uma oferta totalmente elástica de mão de obra como fator causante da inércia dos salários na fase expansiva"[29]. Adicionalmente, em uma carta escrita em 1955, um ano após a publicação do texto clássico de Lewis, Furtado diz: "Eu o considero o que de melhor já foi escrito sobre a teoria do desenvolvimento"[30].

Em vários sentidos, Furtado distanciou-se significativamente da formulação de Lewis, especialmente incorporando a questão da rigidez tecnológica e alterando, consequentemente, as perspectivas de absorção da mão de obra excedente[31]. Mas, no que tange à identificação da existência de uma oferta ilimitada de trabalho, a ambiguidade notada na *Formação* caracteriza também, em certa medida, algumas de suas obras posteriores. Em *Dialética do Desenvolvimento*, por exemplo, percebe-se um contraste entre um argumento geral, formulado para o contexto do subdesenvolvimento, e a descrição do caso específico brasileiro[32].

---

28. Mauro Boianovsky, "A View from the Tropics: Celso Furtado and the Theory of Economic Development in the 1950s", pp. 250-255; Fernando Rugitsky, "Questão de Estilo: A Mudança Estrutural para a Igualdade e seus Desafios", pp. 76-81.
29. Celso Furtado, *A Fantasia Organizada*, p. 68.
30. Celso Furtado *apud* Mauro Boianovsky, "A View from the Tropics", p. 252.
31. Mauro Boianovsky, "A View from the Tropics", p. 255; Fernando Rugitsky, "Questão de Estilo", pp. 76-81.
32. Uma estrutura semelhante, embora não relacionada diretamente à oferta ilimitada de trabalho, pode ser identificada em *Subdesenvolvimento e Estagnação na América Latina*, de 1966. Conforme argumentou recentemente Maurício Coutinho (2019: 745-746), nesse livro Furtado contrasta a tendência à estagnação em geral, formulada no capítulo 3, com uma tendência à estagnação decorrente da política, que caracterizaria o Brasil, conforme a exposição do capítulo 4. O contraste seria explicado pelo fato de que a tendência geral à estagnação seria mais frágil "nos países com maior população e setor industrial significativo, em especial o Brasil" (Maurício C. Coutinho, "Furtado e seus Críticos: Da Estagnação à Retomada do Crescimento Econômico", p. 745).

Concretamente, a formulação geral sobre a inibição da luta de classes[33] choca-se com a descrição do acirramento da luta de classes no Brasil, configurando o que ele denomina uma "situação pré-revolucionária"[34]. Esse acirramento indicaria que não havia no Brasil, no início dos anos 1960, um grande reservatório de mão de obra? Salvo melhor juízo, Furtado não realizou para as décadas de 1950 e 1960 uma análise semelhante da estrutura do mercado de trabalho brasileiro àquela que elaborou, na *Formação*, para a segunda metade do século XIX. Seria possível que a inelasticidade da oferta de trabalho, que caracterizou a economia cafeeira no seu auge, tenha se revertido décadas depois?

LEWIS, MARX E OS JOVENS FURTADIANOS DE ESQUERDA

A resposta a essa pergunta – que, alerta de *spoiler*, será positiva – começou a ser elaborada no bojo da ampla revisão crítica do pensamento cepalino, em geral, e de Furtado, em particular, que se seguiu ao golpe de 1964. A *Crítica à Razão Dualista*, de Chico de Oliveira, destaca-se nesse contexto e guarda estreita relação com o tema em análise. O argumento de Oliveira é que a divisão da economia em dois setores – um de subsistência e outro capitalista, ou um atrasado e outro moderno – obscurece "o processo real [que] mostra uma simbiose e uma organicidade, uma unidade de contrários, em que o chamado 'moderno' cresce e se alimenta da existência do 'atrasado'"[35]. Em outras palavras, o setor capitalista não absorve simplesmente a mão de obra excedente do setor de subsistência, até que o último deixe de existir, à maneira sugerida por Lewis. Em vez disso, a penetração de relações sociais capitalistas em uma formação social subdesenvolvida transforma e reproduz as relações sociais não capitalistas pré-existentes. Não há, assim, generalização das relações capitalistas, mas uma reprodução contínua tanto das relações capitalistas, quanto das não capitalistas. Na formulação clássica de Oliveira:

> [...] a expansão do capitalismo no Brasil se dá introduzindo relações novas no arcaico e reproduzindo relações arcaicas no novo, um modo de compatibilizar a acumulação global, em que a introdução das relações novas no arcaico libera força de trabalho que

---

33. Celso Furtado, *Dialética do Desenvolvimento*, Primeira Parte, cap. 6.
34. *Idem*, Segunda Parte.
35. Francisco de Oliveira, "A Economia Brasileira: Crítica à Razão Dualista", pp. 7-8.

suporta a acumulação industrial-urbana e em que a reprodução de relações arcaicas no novo preserva o potencial de acumulação liberado *exclusivamente* para os fins de expansão do próprio novo[36].

O alvo da crítica de Oliveira era, segundo ele, Furtado, mas o esquema criticado é o de Lewis – ele argumenta, de passagem, que o "modelo de Furtado é, basicamente, o de Arthur Lewis"[37]. Conforme se argumentou acima, contudo, há outro Furtado. O lado não lewisiano de Furtado, em que a estrutura do mercado de trabalho e as relações sociais subjacentes são analisadas em detalhe, como nos capítulos sobre o "problema da mão de obra" da *Formação*, é menos vulnerável à crítica. Seja como for, a contribuição de Oliveira é uma tentativa, dentre outras, de examinar criticamente a formulação de Lewis a partir da crítica à economia política[38].

Lewis buscou vincular explicitamente sua contribuição à economia política clássica e a Marx, na célebre abertura de seu artigo de 1954: "Esse ensaio foi escrito na tradição clássica, assumindo o pressuposto clássico e levantando a questão clássica. Os clássicos todos, de Smith a Marx, assumiram, ou argumentaram, que uma oferta ilimitada de trabalho era disponível aos salários de subsistência"[39]. No entanto, há uma diferença fundamental entre Lewis e Marx no que concerne aos determinantes da oferta ilimitada[40]. Lewis, por um lado, adota uma visão estática do excedente de mão de obra, que existiria em algumas economias populosas subdesenvolvidas e seria gradualmente incorporado ao setor capitalista. Marx, por outro lado, argumenta que os salários (o valor da força de trabalho) são ancorados pela existência de um exército industrial de reserva, reproduzido continuamente pela acumulação de capital[41]. Trata-se de uma visão dinâmica do excedente de mão de obra:

---

36. *Idem*, p. 32. Grifo do original.
37. *Idem*, p. 59, n. 39.
38. Esforços na mesma direção foram realizados por José Nun, "La Teoria de la Massa Marginal"; Giovanni Arrighi, "Labour Supplies in Historical Perspective: A Study of the Proletarianization of the African Peasantry in Rhodesia"; e Paulo Renato de Souza, *Salário e Emprego em Economias Atrasadas*.
39. William Arthur Lewis, "Economic Development with Unlimited Supplies of Labour", p. 139.
40. Sobre a relação entre Lewis e Marx, ver Mauro Boianovsky, "Arthur Lewis and the Classical Foundations of Development Economics", pp. 121-125 e a vasta literatura mencionada por ele.
41. Ver, a esse respeito, Bob Rowthorn, "Marx's Theory of Wages".

Grosso modo, os movimentos gerais do salário são exclusivamente regulados pela expansão e contração do exército industrial de reserva, que correspondem à mudança periódica do ciclo industrial. Não são, portanto, determinados pelo movimento do número absoluto da população trabalhadora, mas pela proporção variável em que a classe trabalhadora se divide em exército ativo e exército de reserva, pelo acréscimo e decréscimo da dimensão relativa da superpopulação, pelo grau em que ela é ora absorvida, ora liberada[42].

A oferta ilimitada de trabalho de Lewis assume a forma, em Marx, de um exército industrial de reserva que é produzido pela própria acumulação de capital: "a acumulação capitalista produz constantemente [...] uma população trabalhadora adicional relativamente supérflua ou subsidiária, ao menos no concernente às necessidades de aproveitamento por parte do capital"[43]. Tal processo é explicado, em parte, pela dinâmica cíclica das economias capitalistas[44]. Na expansão, o exército industrial de reserva é reduzido, aumentando o poder da classe trabalhadora, que consegue impor elevações de salários aos capitalistas. Tais elevações, no entanto, comprimem os lucros e reduzem, consequentemente, o próprio ritmo da acumulação e o nível de emprego, reconstituindo o exército industrial de reserva e pressionando para baixo os salários. *É o que ocorre na desaceleração cíclica, isto é, nas recessões.* Segundo Marx, "[o] próprio mecanismo do processo de produção capitalista elimina, portanto, os empecilhos que ele temporariamente cria"[45]. Ao longo dessa dinâmica cíclica, ocorre, segundo Marx, uma contínua substituição de trabalhadores por capital, um processo de mecanização que reforça a produção do exército industrial de reserva. "Com a acumulação do capital produzida por ela mesma", ele diz, "a população trabalhadora produz, portanto, em volume crescente, os meios de sua própria redundância relativa"[46].

Esse argumento permite a Marx assumir que a influência do exército industrial de reserva sobre o salário não seria apenas uma característica de países subdesenvolvidos populosos, que disponham de um setor de subsistência com excedente

---

42. Karl Marx, *O Capital: Crítica da Economia Política,* Livro I, vol. 2, p. 267. Ver também p. 269.
43. *Idem,* p. 261.
44. *Idem,* pp. 252, 263.
45. *Idem,* p. 252.
46. *Idem,* p. 262.

de mão de obra. Tal influência caracterizaria, na realidade, as próprias economias capitalistas desenvolvidas. Lewis discutiu explicitamente essa formulação[47], alegando que ela deveria ser rejeitada "por razões empíricas"[48]. Segundo ele, "o efeito da acumulação de capital no passado foi uma redução do tamanho do exército de reserva, não seu aumento"[49]. Desse modo, a oferta ilimitada de trabalho não seria uma característica, continuamente reproduzida, das economias capitalistas, mas um elemento transitório observado em economias em processo de desenvolvimento. Analisar essa divergência foge ao escopo do presente capítulo, importa apenas notar sua recepção pela revisão crítica do pensamento cepalino, que ganha corpo no início dos anos 1970[50].

Inspirados pelo argumento de Marx, alguns autores[51] notam que o argumento de Lewis sobre a oferta ilimitada de trabalho remete à incessante reconstituição do exército industrial de reserva pelas economias capitalistas, parte do processo que Marx denomina "lei geral da acumulação capitalista". No entanto, a formulação mais relevante para as economias subdesenvolvidas em que as relações capitalistas começavam a penetrar era aquela exposta por Marx no capítulo seguinte, que trata da "acumulação primitiva". A tarefa principal não era investigar o processo contínuo de absorção e reconstituição do exército industrial de reserva[52] e seus efeitos sobre os salários, mas examinar a própria formação do exército industrial, tanto o ativo quanto o de reserva. Fiéis, contudo, ao legado de Furtado, a ênfase desses autores recaiu na especificidade do

---

47. De William Arthur Lewis, "Economic Development with Unlimited Supplies of Labour", pp. 144-145 e "Unlimited Labour: Further Notes", pp. 24-26.
48. William Arthur Lewis, "Economic Development with Unlimited Supplies of Labour", p. 145.
49. *Idem, ibidem.*
50. Vale mencionar, contudo, que há evidências, pelo menos para a economia dos Estados Unidos, de que o ciclo de reconstituição periódica do exército industrial de reserva de fato ocorre. Ver, entre outros, Thomas Weisskopf, "Marxian Crisis Theory and the Rate of Profit in the Postwar U. S. Economy"; Deepankar Basu, Ying Chen & Jong-Seok Oh, "Class Struggle and Economic Fluctuations: VAR Analysis of the Post-War US Economy"; e Erdogan Bakir & Al Campbell, "Business Cycles: Short-Term Dynamics".
51. José Nun, "La Teoria de la Massa Marginal"; Giovanni Arrighi, "Labour Supplies in Historical Perspective"; Francisco de Oliveira, "A Economia Brasileira: Crítica à Razão Dualista"; Paulo Renato Souza, *Salário e Emprego em Economias Atrasadas*.
52. Karl Marx, *O Capital: Crítica da Economia Política*, Livro I, vol. 2, p. 263.

processo de proletarização nas economias subdesenvolvidas, que produziu exércitos industriais de reserva proporcionalmente muito grandes, em comparação com aqueles observados nas economias desenvolvidas[53]. As formulações sobre o subproletariado[54] e sobre a massa marginal[55] foram tentativas de dar conta dessa especificidade.

A investigação mais minuciosa sobre esse processo de proletarização, no Brasil, foi realizada por Paul Singer. Ele busca seus principais determinantes em uma transformação das relações sociais na agricultura brasileira, ocorrida entre 1950 e 1970. Essa transformação resulta inicialmente do surgimento, no período, de uma agricultura comercial – "em muitas áreas antes integradas no SS [setor de subsistência]"[56] – destinada a atender um crescente mercado de alimentos que acompanha o crescimento acelerado da indústria e das populações urbanas. Singer nota que essa agricultura comercial "expulsou as atividades de subsistência das áreas de melhor acesso ao mercado urbano" e envolveu "a expropriação de posseiros e a expulsão de parceiros e agregados, em cujo lugar passaram a ser empregados trabalhadores assalariados"[57].

Contudo, esse processo não levou à generalização das relações capitalistas, uma vez que a agricultura comercial absorve uma parcela reduzida e decrescente da população ocupada[58]. Segundo as estimativas de Singer, a agricultura comer-

53. Paul Singer nota que, na Europa do século XIX, "o excedente de população criado pela expansão capitalista" foi "exportado" (a imigração da Itália para o Brasil é um dos exemplos). Já no Brasil, "dada a grande extensão territorial do País, o excedente [...] tende a reproduzir, no interior [...], as formas pré-capitalistas que estão sendo aniquiladas nos centros mais dinâmicos da economia" (Paul Singer, *Dominação e Desigualdade: Estrutura de Classes e Repartição de Renda no Brasil*, p. 150). Na interpretação de Oliveira, trata-se de um "capitalismo [que] cresce por elaboração de periferias, [em que] a acumulação primitiva é estrutural e não apenas genética" (Francisco de Oliveira, "A Economia Brasileira: Crítica à Razão Dualista", p. 16).
54. Paul Singer, *Dominação e Desigualdade*.
55. José Nun, "La Teoria de la Massa Marginal".
56. Paul Singer, *Dominação e Desigualdade*, p. 157.
57. *Idem, ibidem*.
58. O que está de acordo com o que Marx descreveu, especialmente à luz do caso inglês: "Assim que a produção capitalista se apodera da agricultura, ou à medida que se apoderou dela, decresce, com a acumulação do capital que aí funciona, a demanda de população trabalhadora rural de modo absoluto, sem que sua repulsão, como na indústria não agrícola, seja complementada por maior atração. Parte da população rural encontra-se, por isso, continuamente

cial absorvia cerca de 9,5 por cento da população ocupada em 1960 e passa a absorver apenas 5,7 por cento em 1970[59]. Como, nesse período, mais da metade da população ocupada trabalhava em atividades agrícolas, a baixa capacidade de absorção de trabalhadores pela agricultura comercial significa que parte expressiva da população ocupada trabalha na agricultura camponesa (seja nos minifúndios do setor de subsistência, seja nas pequenas e médias propriedades que não recorrem a trabalho assalariado). Segundo a descrição de Singer, observa-se "uma polarização crescente entre uma agricultura capitalista e uma agricultura de subsistência, ambas se expandindo"[60].

Para entender melhor o papel dessa transformação da agricultura, é importante a situar na trajetória da estrutura ocupacional brasileira entre 1950 e 1970[61]. Entre 1950 e 1960, a participação dos empregados no total da população ocupada cai de 55,3 para 51,6 por cento. Embora o número de trabalhadores assalariados tenha aumentado tanto em atividades agrícolas como em atividades não agrícolas (de cerca 5 para 5,8 milhões e de cerca de 4,8 para 7,9 milhões, respectivamente), essa criação de postos de trabalho assalariado não é capaz de absorver o crescimento em quase 9 milhões de pessoas da população ocupada. Entre 1960 e 1970, o percentual de empregados na população ocupada segue caindo (de 51,6 para 48 por cento). Agora, no entanto, observa-se uma queda absoluta no número de trabalhadores assalariados em atividades agrícolas (de cerca de 5,8 para 3,5 milhões), enquanto o assalariamento em atividades não agrícolas segue se expandindo em termos absolutos e relativos. Como consequência, o percentual da população ocupada que trabalha, de forma não remunerada, em minifúndios (propriedades rurais de até dez hectares) amplia-se, entre 1960 e 1970, de 15,2 para 19,7 por cento.

na iminência de transferir-se para o proletariado urbano ou manufatureiro, e à espreita de circunstâncias favoráveis a essa transferência. (Manufatureiro aqui no sentido de toda a indústria não agrícola.) Essa fonte da superpopulação relativa flui, portanto, continuamente. Mas seu fluxo constante para as cidades pressupõe uma contínua superpopulação latente no próprio campo, cujo volume só se torna visível assim que os canais de escoamento se abram excepcionalmente de modo amplo. O trabalhador rural é, por isso, rebaixado para o mínimo do salário e está sempre com um pé no pântano do pauperismo" (Karl Marx, *O Capital: Crítica da Economia Política*, Livro I, vol. 2, p. 272).

59. Paul Singer, *Dominação e Desigualdade*, pp. 159-161.
60. *Idem*, p. 159.
61. *Idem*, pp. 25-58, 155-168.

Segundo Singer, essa queda no número de empregados em atividades agrícolas, entre 1960 e 1970, foi decisiva para, de um lado, ampliar a migração do campo para as cidades e, de outro lado, ampliar a população minifundiária[62]. E ela pode ser explicada em grande medida pela mecanização da agricultura, isto é, pela substituição de "trabalho assalariado por equipamento mecânico (particularmente tratores)"[63]. Nas palavras do autor, "ao contrário do que o avanço do capitalismo em nossa agricultura faria esperar, o que está crescendo na produção agrícola é a chamada força de trabalho *familiar*"[64]. Trata-se de um exemplo daquilo que Chico de Oliveira descreve como o crescimento do capitalismo pela "elaboração de periferias"[65].

Voltando ao ponto de partida, é possível argumentar que essa transformação logrou superar as barreiras identificadas por Furtado em sua análise sobre a segunda metade do século XIX, para que o setor de subsistência representasse uma ampla oferta potencial de mão de obra para a acumulação capitalista. A penetração das relações capitalistas na agricultura e o processo de minifundiarização que a acompanhou resolveram o problema identificado nos capítulos examinados da *Formação*, qual seja, a inelasticidade da oferta de trabalho. Os efeitos dessa solução ficariam claros durante o "milagre econômico", isto é, a expansão econômica iniciada no final dos anos 1960. Entre 1970 e 1976, o número de trabalhadores assalariados cresce mais de 46 por cento, ampliando-se de 16,3 para 24 milhões de pessoas[66], mas esse crescimento não pressiona para cima os salários da grande maioria dos trabalhadores[67]. Evidentemente, a política repressiva do governo mi-

---

62. *Idem*, pp. 162-163.
63. *Idem*, p. 162.
64. *Idem*, p. 158. Grifo do original.
65. Francisco de Oliveira, "A Economia Brasileira: Crítica à Razão Dualista", p. 16. Ao tratar da agricultura, Oliveira interpreta sua transformação nesse período como uma forma específica de "acumulação primitiva", que exige uma redefinição do conceito, uma vez que "não se expropria a propriedade [...] mas se expropria o excedente que se forma pela posse transitória da terra" (*idem, ibidem*). Em vez de generalização do assalariamento, aumento da força de trabalho familiar.
66. Paul Singer, *Dominação e Desigualdade*, p. 27, tabela 1.
67. Edmar Bacha, "Crescimento Econômico, Salários Urbanos e Rurais: O Caso do Brasil"; Claudio Considera, "Estrutura e Evolução dos Lucros e dos Salários na Indústria de Transformação"; Renato Colistete, "Salários, Produtividade e Lucros na Indústria Brasileira, 1945-1978".

Tabela 1. Estrutura Ocupacional do Brasil (1950-1976)

			POPULAÇÃO OCUPADA				POPULAÇÃO OCUPADA (% DO TOTAL)			
			1950	1960	1970	1976	1950	1960	1970	1976
Atividades Agrícolas	Agricultura Camponesa	Minifúndio		4.820.738	7.129.803			18,17	20,94	
		Demais		8.278.455	8.499.770			31,21	24,96	
	Agricultura Comercial			2.519.064	1.952.516			9,50	5,73	
	Total		10.996.834	15.618.257	17.582.089	14.328.219	62,08	58,88	51,64	36,74
Atividades não-agrícolas			6.717.784	10.908.275	16.466.866	24.668.015	37,92	41,12	48,36	63,26
Total			17.714.618	26.526.532	34.048.955	38.996.234	100	100	100	100
Atividades Agrícolas	Agricultura Camponesa	Minifúndio		799.231	412.390			3,01	1,21	
		Demais		3.039.509	1.771.122			11,46	5,20	
	Agricultura Comercial			1.942.113	1.292.387			7,32	3,80	
	Total		4.974.801	5.780.853	3.475.899	4.640.155	28,08	21,79	10,21	11,90
Atividades não-agrícolas			4.820.072	7.908.902	12.863.732	19.374.833	27,21	29,82	37,78	49,68
Total			9.794.873	13.689.755	16.339.631	24.014.988	55,29	51,61	47,99	61,58

Fonte: Singer (1981) [(1) Atividades agrícolas [Censos Agropecuários e, para 1976, PNAD], p. 29 (Tabela 2) e p. 161; Atividades não-agrícolas [Censos Demográficos e, para 1976, PNAD], p. 27 (Tabela 1)].

litar sobre as lutas dos trabalhadores e o rebaixamento do salário mínimo foram fundamentais para impedir elevações salariais. Mas as condições estruturais que possibilitaram essa expansão sem elevação salarial haviam sido criadas pela transformação da população rural em superpopulação latente, para usar a expressão de Marx.

Ao analisar o processo de proletarização no Zimbábue (então chamado de Rodésia) nas primeiras décadas do século XX, Giovanni Arrighi qualifica o argumento de Marx sobre a acumulação primitiva, isto é, a imposição do assalariamento à grande maioria da população. Segundo ele, esse processo depende da relação entre os meios de produção à disposição dos produtores e seus requisitos de subsistência. Quando há certo equilíbrio nessa relação, isto é, quando os meios de produção são suficientes para suprir os requisitos de subsistência, a participação dos produtores na economia monetária é discricionária, em vez de necessária. Na ocorrência, no entanto, de um "desequilíbrio estrutural" entre os meios de produção e os requisitos de subsistência, a participação torna-se necessária e observa-se a proletarização[68]. No caso clássico inglês, tal desequilíbrio estrutural foi provocado pelos cercamentos[69].

Esse esquema interpretativo pode ser útil para compreender o caso brasileiro. A dificuldade, identificada por Furtado, de "recrutar" a mão de obra do setor de subsistência na segunda metade do século XIX sugere que, na época, a participação desses trabalhadores na economia monetária era apenas discricionária. A exceção que confirma a regra é a região nordestina, onde Furtado identifica "pressão demográfica sobre as terras"[70], isto é, o desequilíbrio estrutural entre os meios de produção (a terra) e os requisitos de subsistência de que fala Arrighi. Nesse caso, a participação na economia monetária seria necessária e, consequentemente, uma parcela significativa da população da região migra para a Amazônia, para empregar-se na produção de borracha[71].

A generalização desse desequilíbrio estrutural no território nacional, no entanto, ocorreria somente nas décadas de 1950 e 1960, quando o avanço da agricultura capitalista obrigaria os minifúndios do setor de subsistência a se des-

---

68. Giovanni Arrighi, "Labour Supplies in Historical Perspective", pp. 203, 206-216.
69. Karl Marx, *O Capital: Crítica da Economia Política*, Livro I, vol. 2, capítulo 24.
70. Celso Furtado, *Formação Econômica do Brasil*, p. 165.
71. *Idem*, capítulo 23.

locarem para terras de pior qualidade e absorverem um contingente populacional crescente, conforme mencionado. Tal processo torna a participação dessas populações na economia monetária necessária e estimula a onda de migração do campo para a cidade, observada no período. Se a Lei de Terras de 1850 deve ser compreendida como um esforço inicial de instituir a proletarização via restrição do acesso *à* terra[72], seu sucesso foi parcial, como indicado pela descrição de Furtado sobre a agricultura de subsistência na segunda metade do século XIX. No Brasil, os "cercamentos" só foram capazes de generalizar a proletarização cerca de um século depois.

ESTRUTURA DE CLASSES E LUTA DE CLASSES

Tratou-se até aqui da questão da oferta de trabalho na economia brasileira e seu vínculo com a estrutura de classes. Resta, agora, examinar o argumento de Furtado que serviu de ponto de partida, qual seja, que "a existência de um grande reservatório de mão de obra à disposição dos capitalistas constitui uma força inibitória de todo o processo da luta de classes"[73]. Se esse grande reservatório foi produzido nos anos 1950 e 1960, estaria Furtado errado ao identificar um acirramento da luta de classes no início dos anos 1960, configurando o que ele qualifica como uma "situação pré-revolucionária"[74]? As evidências históricas sugerem que não, que efetivamente se observou no período um aprofundamento dos conflitos entre as classes, com mobilização crescente dos trabalhadores, aumento expressivo do número de greves e difusão dos conflitos para o campo, com a ascensão das ligas camponesas[75].

Furtado, no entanto, não estava sozinho ao assumir que a estrutura de classes da sociedade brasileira na época inibia a luta reivindicatória da classe trabalhadora. Vai no mesmo sentido a tese, formulada no contexto dos debates sobre o populismo, segundo a qual a elevada parcela de migrantes rurais entre os assalariados bloqueava a

---

72. Alexandre Barbosa, "O Mercado de Trabalho: Uma Perspectiva de Longa Duração", pp. 13-14.
73. Celso Furtado, *Dialética do Desenvolvimento*, p. 82.
74. *Idem*, p. 141.
75. Pedro Paulo Zahluth Bastos, "Razões Econômicas, Não Economicistas, do Golpe de 1964"; Felipe Loureiro, "Strikes in Brazil during the Government of João Goulart (1961-1964)".

formação de uma consciência de classe e sujeitava-os à manipulação por líderes políticos populistas[76]. O próprio Paul Singer manifesta opinião semelhante ao argumentar que o proletariado brasileiro dividia-se em duas partes, o proletariado propriamente dito e o subproletariado, e que o segundo contingente, que abrange a grande maioria dos trabalhadores, não possui

> [...] condições econômicas e sociais mínimas para poder se engajar em lutas reivindicatórias, atividade sindical e partidária etc. [...] tanto pelas suas péssimas condições de vida, que não lhes proporcionam tempo material nem recursos para se empenhar em atividades não remuneradas, como pela grande facilidade com que podem ser – e de fato são – substituídos no emprego[77].

Não há dúvida de que a estrutura de classes confere a base material que informa as lutas de classes. Mas a estrutura não determina inteiramente a maneira em que o conflito se manifesta, uma vez que há uma diferença crucial entre estrutura de classes e formação de classes[78]. Uma classe forma-se "quando alguns homens [e algumas mulheres, deveríamos acrescentar], como resultado de experiências comuns (herdadas ou compartilhadas), sentem e articulam a identidade de seus interesses entre si e contra outros homens [e mulheres] cujos interesses são diferentes dos (e geralmente opostos aos) deles"[79]. Nas décadas de 1950 e 1960, a classe trabalhadora brasileira foi capaz de gradualmente articular a "identidade de seus interesses", em uma prática marcada por conflitos, greves e repressão. Não obstante os obstáculos colocados pela existência de uma enorme superpopulação relativa, a luta dos trabalhadores ganhou destaque, levando ao acirramento do conflito que marcou a primeira metade da década de 1960[80].

76. Para análises críticas desse argumento ver Jorge Ferreira, *O Populismo e sua História: Debate e Crítica* e Ruy Braga, *A Política do Precariado: Do Populismo à Hegemonia Lulista*.
77. Paul Singer, *Dominação e Desigualdade*, pp. 22-23, 82. Para uma visão crítica desse argumento, ver Ruy Braga, *A Política do Precariado*, pp. 25-26.
78. Vivek Chibber, "Developments in Marxist Class Analysis".
79. Edward P. Thompson, *The Making of the English Working Class*, p. 9.
80. Não por acaso, a história desse processo foi contada por historiadores influenciados pelo trabalho de Edward Thompson. Resenhas dessa literatura podem ser encontradas em Ângela de Castro Gomes, "Questão Social e Historiografia no Brasil do Pós-1980: Notas para um Debate" e Marcelo Badaró Mattos, "E. P. Thompson no Brasil".

Ela não foi capaz, contudo, de pressionar os salários para cima. A estagnação salarial ocorrida no milagre econômico, mencionada acima, não representou uma inflexão. As evidências sugerem que a trajetória do percentual dos salários na renda foi declinante desde os anos 1950, de modo que a distribuição funcional da renda alterou-se sistematicamente em benefício dos proprietários[81]. O fato de que o "grande reservatório de mão de obra" foi capaz de evitar elevações salariais, mas, *contra* Furtado, não inibiu a luta de classes é um paradoxo que merece mais investigação. Afinal, os impactos da oferta abundante de trabalho sobre os salários deveriam se fazer sentir justamente pelo enfraquecimento dos trabalhadores.

Cerca de meio século depois, novamente os conflitos na sociedade brasileira assumiram a forma de antagonismos de classes[82] e desembocaram em uma regressão política que, ressalvados os limites das analogias, ecoa 1964. Recolocar, para o período recente, a questão sobre as relações entre estrutura, formação e luta de classes requereria uma investigação que foge ao escopo desse capítulo. Mas algumas pistas sugeridas pela discussão anterior podem se revelar frutíferas.

No que concerne à estrutura de classes, o esforço pioneiro de Paul Singer vem sendo atualizado por alguns pesquisadores[83], em geral seguindo o tipo de classificação sugerido por Erik Olin Wright[84]. As diferentes definições utilizadas dificultam a comparação da estrutura de classes observada nas décadas recentes com aquela identificada por Singer em 1981. No entanto, é possível realizar uma estimativa preliminar da forma como a divisão da classe trabalhadora em proletariado e subproletariado alterou-se ao longo do tempo, de modo a avaliar o papel desempenhado a cada momento pelo peso relativo do excedente de mão de obra (como o próprio Singer descreve o subproletariado[85]).

---

81. Renato Colistete, "Salários, Produtividade e Lucros na Indústria Brasileira, 1945-1978".
82. Ruy Braga, "Terra em Transe: O Fim do Lulismo e o Retorno da Luta de Classes"; Alfredo Saad-Filho e Lecio Morais, *Brazil: Neoliberalism versus Democracy*, capítulo 8; André Singer, *O Lulismo em Crise: Um Quebra-Cabeça do Período Dilma (2011-2016)*.
83. De José Alcides Figueiredo Santos, "Uma Classificação Socioeconômica para o Brasil", "Comprehending the Class Structure Specificity in Brazil" e "Classe Social e Deslocamentos de Renda no Brasil"; Pedro Loureiro, *The Ebb and Flow of the Pink Tide: Reformist Development Strategies in Brazil and Argentina*.
84. Erik Olin Wright, *The Debate on Classes*.
85. Paul Singer, *Dominação e Desigualdade*, p. 106.

Nessa acepção, o subproletariado consiste no conjunto de pessoas que "de fato ou potencialmente oferecem sua força de trabalho no mercado sem encontrar quem esteja disposto a adquiri-la por um preço que assegure sua reprodução em condições normais"[86]. Ele argumenta explicitamente que o termo é equivalente ao exército industrial de reserva, de Marx, e especifica que se refere ao conjunto de "empregados domésticos, assalariados de pequenos produtores diretos e trabalhadores destituídos das condições mínimas de participação na luta de classes"[87]. A literatura recente sobre estrutura de classes não recorre a essa mesma definição, mas as "posições de classes destituídas" de José Alcides Figueiredo Santos e um agregado de três grupos distinguidos por Pedro Loureiro abrangem situações similares[88]. Os gráficos abaixo apresentam as dimensões absolutas e relativas do proletariado e do subproletariado, reunindo as estimativas de Singer para 1960, 1970 e 1976 a uma média das estimativas de Figueiredo Santos e de Loureiro para 1992, 2002 e 2011/2013[89].

Entre 1960 e 1970, como discutido acima, o crescimento da agricultura capitalista produz uma notável superpopulação relativa, tanto pela minifundiarização quanto pelo estímulo à migração do campo para a cidade. Esse processo manifesta-se como um aumento significativo do número de subproletários, mantendo o subproletariado como a posição dominante da estrutura de classes da época, abrangendo mais de 70 por cento da população economicamente ativa. Já entre 1970 e 1976, observa-se uma grande absorção de

[86]. *Idem*, p. 22.
[87]. *Idem*, p. 83.
[88]. As posições de classe destituídas, de Figueiredo Santos, incluem trabalhadores elementares, autônomos precários, empregados domésticos e trabalhadores agrícolas precários (José Alcides Figueiredo Santos, "Uma Classificação Socioeconômica para o Brasil" e "Comprehending the Class Structure Specificity in Brazil"). Já as posições que comporiam o subproletariado seriam, para Loureiro, "trabalhadores informais de baixa qualificação", "desempregados" e "trabalhadores para o próprio consumo" (Pedro Loureiro, *The Ebb and Flow of the Pink Tide*). Adicionalmente, para as estimativas sobre o proletariado, utilizou-se a posição de "trabalhador típico", identificada por Figueiredo Santos ("Uma Classificação Socioeconômica para o Brasil"), e de "trabalhadores formais de baixa qualificação", estimada por Loureiro (*The Ebb and Flow of the Pink Tide*).
[89]. Paul Singer, *Dominação e Desigualdade*; José Alcides Figueiredo Santos, "Classe Social e Deslocamentos de Renda no Brasil"; Pedro Loureiro, *The Ebb and Flow of the Pink Tide*. As estimativas mais recentes de Figueiredo Santos são para 2011 e as de Loureiro, para 2013.

Gráfico 1. Estrutura da Classe Trabalhadora Brasileira (1960-2013)
[milhares de indivíduais]

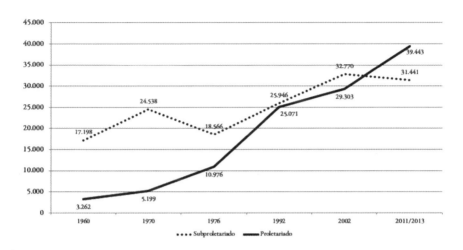

Gráfico 2. Estrutura da Classe Trabalhadora Brasileira (1960-2013)
[participação na pea]

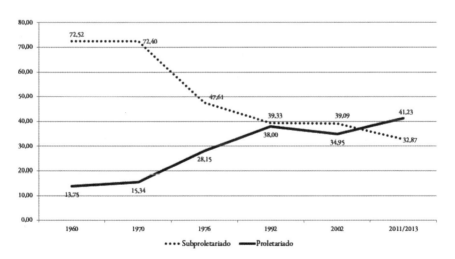

Fontes: Para 1960, 1970 e 1976, Paul Singer, *Dominação e Desigualdade*, p. 108; para 1992, 2002 e 2011/2013, José Alcides Figueiredo Santos, "Classe Social e Deslocamentos de Renda no Brasil", p. 93 e Pedro Loureiro, *The Ebb and Flow of the Pink Tide*, p. 140.

subproletários nas fileiras do proletariado. Embora o crescimento econômico do milagre tenha sido concentrador de renda[90], ele criou uma grande quantidade de postos de trabalho com remuneração suficiente para, segundo o critério de Singer[91], situar seu ocupante no proletariado. Vale notar, adicionalmente, que a redução do subproletariado deveu-se não apenas à absorção de indivíduos pelo proletariado, mas também à ampliação da pequena burguesia (como consequência da elevação da renda dos autônomos, no bojo da expansão)[92].

Os determinantes das dimensões dos dois grupos da classe trabalhadora, no período subsequente, merecem pesquisas adicionais. Salta aos olhos, contudo, que a primeira década do século XXI representa uma inflexão. Entre 1976 e 2002, ambos os grupos cresceram, em termos absolutos, de forma quase paralela e o subproletariado manteve-se, em todo o período, maior do que o proletariado. Em termos relativos, os dois grupos passaram a representar parcelas similares da população economicamente ativa, em 1992. Em 2002, por sua vez, o percentual representado pelo proletariado recuou ligeiramente. A inflexão ocorrida entre 2002 e 2011/2013 consistiu no fato de que o proletariado ultrapassou o subproletariado: o primeiro ampliou sua parcela da população economicamente ativa em mais de seis pontos percentuais, enquanto o segundo grupo passou por redução equivalente. Em termos absolutos, a dimensão do subproletariado recua ligeiramente, enquanto o crescimento da população economicamente ativa é, em grande medida, absorvido pelo proletariado.

O que explica essa inflexão? Em parte, a história é similar à do milagre: a aceleração do crescimento econômico, observada no período, cria postos de trabalho que absorvem parte do subproletariado. O padrão setorial desse crescimento é fundamental para que se compreenda a transformação ocorrida no mercado de trabalho. A redução da desigualdade salarial, fruto inicialmente de políticas como a elevação do salário mínimo, em conjunto com a mudança da inserção da economia brasileira na economia internacional no contexto do *boom* das *commodities*

---

90. Maria da Conceição Tavares & José Serra, "Além da Estagnação"; Ricardo Tolipan & Arthur Carlos Tinelli (org.), *A Controvérsia sobre Distribuição de Renda e Desenvolvimento*; Edmar Bacha & Lance Taylor, "Brazilian Income Distribution in the 1960s: 'Facts', Model Results and the Controversy".
91. Paul Singer, *Dominação e Desigualdade*.
92. *Idem*, pp. 108, 124-128.

e da crescente pressão competitiva por parte da produção industrial chinesa desencadearam alterações na composição setorial do produto e do emprego na economia brasileira que tiveram, dentre seus resultados, a geração de milhões de postos de trabalho formais, especialmente nos serviços básicos, no comércio e na construção civil[93]. Trata-se do processo cumulativo de crescimento com redução da desigualdade salarial e regressão produtiva que pode ser chamado de "antimilagre econômico"[94].

Entre 2004 e 2011, em pleno *boom* de *commodities*, a força de trabalho empregada na agropecuária reduz-se em mais de 3,5 milhões de pessoas, perdendo quase seis pontos percentuais de sua participação no total da população ocupada[95]. Como contrapartida, a construção civil e os serviços absorvem, respectivamente, mais de 2 e mais de 10 milhões de trabalhadores, ampliando conjuntamente sua participação percentual na população ocupada em quase cinco pontos percentuais[96]. Ressalvada a heterogeneidade dos empregos nesses setores (que empregam tanto proletários quanto subproletários), esse deslocamento explica, ao menos em parte, o aumento do proletariado e a redução do subproletariado.

É plausível argumentar que tal mudança na estrutura de classes, com uma sensível redução do excedente de mão de obra, reduziu os obstáculos à luta reivindicatória dos trabalhadores, ainda que os postos de trabalho tenham sido criados, majoritariamente, em setores (como os serviços e a construção civil) em que a mobilização dos trabalhadores tende a ser mais difícil. Essa redução dos obstáculos criou condições para um grande aumento do número de greves e de horas não trabalhadas entre 2009 e 2013[97], o que, por sua vez, contribuiu para o crescimento sistemático dos salários reais acima dos ganhos de produtividade, pressionando o percentual dos lucros na renda[98].

---

93. Carlos Aguiar de Medeiros, *Inserção Externa, Crescimento e Padrões de Consumo na Economia Brasileira*; Fernando Rugitsky, "The Rise and Fall of the Brazilian Economy (2004-2015): The Economic Antimiracle"; Pedro Loureiro, *The Ebb and Flow of the Pink Tide*.
94. De Fernando Rugitsky, "The Rise and Fall of the Brazilian Economy" e "Questão de Estilo".
95. Fernando Rugitsky, "The Rise and Fall of the Brazilian Economy".
96. *Idem*.
97. Ruy Braga, "Terra em Transe", p. 73; Ricardo Summa e Franklin Serrano, "Distribution and Conflict Inflation in Brazil under Inflation Targeting, 1999-2014", pp. 11-15.
98. Fernando Rugitsky, "The Rise and Fall of the Brazilian Economy"; Guilherme Klein Martins e Fernando Rugitsky, "The Commodities Boom and the Profit Squeeze: Output and Profit Cycles in Brazil (1996-2016)".

Um estudo recente[99], baseado no exercício empírico realizado por Weisskopf[100], buscou identificar ciclos de lucratividade na economia brasileira, à maneira dos sugeridos por Marx e mencionados acima (os ciclos de absorção e reconstituição do exército industrial de reserva). O resultado encontrado é que, nos três ciclos econômicos observados entre 1995 e 2003, a taxa de lucro não apresenta a trajetória esperada, provavelmente porque as expansões cíclicas são muito fracas e breves para reduzir suficientemente o exército industrial de reserva e permitir à classe trabalhadora pressionar a lucratividade das empresas[101]. Seria a situação descrita por Furtado, em que a classe dirigente acostuma-se "a elevadas taxas de lucro que jamais são efetivamente postas em xeque pela luta de classes"[102].

Tais "expansões truncadas" são, segundo a Cepal, típicas da América Latina e resultam do fato de que as expansões da região são frequentemente interrompidas por choques externos e pela adoção de políticas econômicas pró-cíclicas[103]. No entanto, o *boom* de *commodities* representou uma redução da vulnerabilidade externa da maioria dos países da América do Sul, Brasil inclusive, que permitiu expansões cíclicas mais longas. No caso brasileiro, a longa expansão ocorrida entre 2003 e 2014 apresentou a dinâmica sugerida por Marx, com um esmagamento de lucros a partir de 2009 que contribuiu para criar as condições, políticas e econômicas, para o colapso econômico ocorrido entre 2014 e 2016.

Dificilmente um ciclo de lucratividade como esse poderia ter ocorrido sem a transformação mencionada da estrutura de classes. Ao contrário do ocorrido no início dos anos 1960, observou-se no período recente uma redução da superpopulação relativa, contribuindo para o acirramento da luta de classes e refletindo-se em elevações salariais. Meio século atrás, a luta da classe trabalhadora logrou superar os obstáculos colocados pelo enorme subproletariado, mas falhou em obter aumentos salariais. Já na longa expansão, o acirramento da luta de classes ocorreu no contexto de redução desses obstáculos e resultou, até a crise, em aumentos salariais, como se-

---

99. Guilherme Klein Martins & Fernando Rugitsky, "The Commodities Boom and the Profit Squeeze".
100. Thomas Weisskopf, "Marxian Crisis Theory and the Rate of Profit in the Postwar U. S. Economy".
101. Guilherme Klein Martins e Fernando Rugitsky, "The Commodities Boom and the Profit Squeeze".
102. Celso Furtado, *Dialética do Desenvolvimento*, p. 82.
103. Cepal, *Structural Change for Equality: An Integrated Approach to Development*, capítulo 3.

ria esperado. As semelhanças entre os dois períodos, trazidas à tona pelas regressões políticas subsequentes, ocultam diferenças estruturais importantes.

André Singer deu uma grande contribuição para a compreensão do período recente no Brasil ao vincular a dinâmica política à estrutura de classes. Segundo sua formulação, "a emergência do lulismo expressa um fenômeno de representação" do subproletariado[104]. Vale acrescentar que as políticas adotadas pelo lulismo ("um completo programa de classe", segundo ele[105]), em conjunto com as mudanças na inserção internacional da economia brasileira, conduziram parte da base lulista para o proletariado, reduzindo o excedente de mão de obra representado pelo subproletariado. Criaram-se assim as condições para o aprofundamento dos conflitos de classe, à revelia da inclinação conciliatória do governo[106].

Não está claro se algo restará dessa mudança na estrutura de classes. O colapso econômico que se seguiu, pela sua profundidade, certamente reconstituiu em larga medida o exército industrial de reserva absorvido durante a longa expansão, tanto pela elevação do desemprego, quanto pela elevação da informalidade. Além disso, as relações de trabalho em todo o mundo vêm passando por um processo de precarização que pode vir a borrar as fronteiras entre o proletariado e o subproletariado[107]. Mas a sociedade brasileira com que Furtado sonhou, e pela qual batalhou, requer uma enorme transferência de poder para a classe trabalhadora, o que passa pela redução da superpopulação relativa. A experiência recente escancarou as consequências econômicas e políticas dessa redução e os obstáculos a sua sustentação. À maneira de Furtado, a derrota deve servir antes como estímulo à reflexão e à ação do que como convite à resignação.

REFERÊNCIAS BIBLIOGRÁFICAS

ALENCASTRO, Luiz Felipe de. "A Pré-Revolução de 30". *Novos Estudos Cebrap*, n. 18, pp. 17-21, 1987.

---

104. André Singer, "Raízes Sociais e Ideológicas do Lulismo", p. 84.
105. *Idem*, p. 98.
106. O próprio André Singer, em livro de 2018, sugere essa interpretação. Segundo ele, "O lulismo não pretendia produzir confronto com as classes dominantes, mas ao diminuir a pobreza o fazia sem querer." Ver André Singer, *O Lulismo em Crise*, Introdução.
107. Tamar Wilson, "Precarization, Informalization and Marx".

_____. *O Trato dos Viventes: Formação do Brasil no Atlântico Sul, Séculos XVI e XVII*. São Paulo, Companhia das Letras, 2000.

ARRIGHI, Giovanni. "Labour Supplies in Historical Perspective: A Study of the Proletarianization of the African Peasantry in Rhodesia". *Journal of Development Studies*, vol. 6, n. 3, pp. 197-234, 1970.

BACHA, Edmar. "Crescimento Econômico, Salários Urbanos e Rurais: O Caso do Brasil". *Pesquisa e Planejamento Econômico*, vol. 9, n. 3, pp. 585-628, 1979.

_____. & TAYLOR, Lance. "Brazilian Income Distribution in the 1960s: 'Facts', Model Results and the Controversy". *Journal of Development Studies*, vol. 14, n. 3, pp. 271-297, 1978.

BAKIR, Erdogan & CAMPBELL, Al. "Business Cycles: Short-Term Dynamics". *In*: BRENNAN, David; KRISTJANSON-GURAL, David; MULDER, Catherine & OLSEN, Erik (org.). *Routledge Handbook in Marxian Economics*. New York, Routledge, 2017, pp. 234-244.

BARBOSA, Alexandre. "O Mercado de Trabalho: Uma Perspectiva de Longa Duração". *Estudos Avançados*, vol. 30, n. 87, pp. 7-28, 2016.

BASTOS, Pedro Paulo Zahluth. "Razões Econômicas, Não Economicistas, do Golpe de 1964". *Texto para Discussão*, Instituto de Economia/Unicamp, n. 229, 2014.

BASU, Deepankar; CHEN, Ying & OH, Jong-Seok. "Class Struggle and Economic Fluctuations: VAR Analysis of the Post-War US Economy". *International Review of Applied Economics*, vol. 27, n. 5, pp. 575-596, 2013.

BOIANOVSKY, Mauro. "A View from the Tropics: Celso Furtado and the Theory of Economic Development in the 1950s". *History of Political Economy*, vol. 42, n. 2, pp. 221-266, 2010.

_____. "Arthur Lewis and the Classical Foundations of Development Economics". *Research in the History of Economic Thought and Methodology*, vol. 37A, pp. 103-143, 2019.

_____. "When the History of Ideas Meets Theory: Arthur Lewis and the Classical Economists on Development". *History of Political Economy*, vol. 50 (annual suppl.), pp. 172-190, 2018.

BRAGA, Ruy. *A Política do Precariado: Do Populismo à Hegemonia Lulista*. São Paulo, Boitempo, 2012.

_____. "Terra em Transe: O Fim do Lulismo e o Retorno da Luta de Classes". *In*: SINGER, André & LOUREIRO, Isabel (org.). *As Contradições do Lulismo: A que Ponto Chegamos?* São Paulo, Boitempo, 2016, pp. 55-92.

CEPAL – Comissão Econômica para a América Latina e o Caribe. *Structural Change for Equality: An Integrated Approach to Development*. Santiago, United Nations. 2012.

CHIBBER, Vivek. "Developments in Marxist Class Analysis". *In*: BIDET, Jacques & KOUVELAKIS, Stathis (org.). *Critical Companion to Contemporary Marxism*. Leiden, Brill, 2008, pp. 353-367.

COLISTETE, Renato. "Salários, Produtividade e Lucros na Indústria Brasileira, 1945-1978". *Revista de Economia Política*, vol. 29, n. 4, pp. 386-405, 2009.

CONSIDERA, Claudio. "Estrutura e Evolução dos Lucros e dos Salários na Indústria de Transformação". *Pesquisa e Planejamento Econômico*, vol. 10, n. 1, pp. 71-122, 1980.

COUTINHO, Maurício C. "Furtado e seus Críticos: Da Estagnação à Retomada do Crescimento Econômico". *Economia e Sociedade*, vol. 28, n. 3, pp. 741-759, 2019.

DENSLOW Jr., David & TYLER, William. "Perspectives on Poverty and Income Inequality in Brazil". *World Development*, vol. 12, n. 10, pp. 1019-1028, 1984.

FERREIRA, Jorge (org.). *O Populismo e sua História: debate e crítica*. Rio de Janeiro: Civilização Brasileira, 2001.

FIGUEIREDO SANTOS, José Alcides. "Classe Social e Deslocamentos de Renda no Brasil". *Dados*, vol. 58, n. 1, pp. 79-110, 2015.

_____. "Comprehending the Class Structure Specificity in Brazil". *South African Review of Sociology*, vol. 41, n. 3, pp. 24-44, 2010.

_____. "Uma Classificação Socioeconômica para o Brasil". *Revista Brasileira de Ciências Sociais*, vol. 20, n. 58, pp. 27-45, 2005.

FURTADO, Celso. *A Fantasia Organizada*. 5. ed. Rio de Janeiro, Paz e Terra, 1985.

_____. *Dialética do Desenvolvimento*. Rio de Janeiro, Fundo de Cultura, 1964.

_____. *Formação Econômica do Brasil*. Rio de Janeiro, Fundo de Cultura, 1959.

_____. *Subdesenvolvimento e Estagnação na América Latina*. Rio de Janeiro, Civilização Brasileira, 1966.

GOLLIN, Douglas. "The Lewis Model: a 60-Year Retrospective". *Journal of Economic Perspectives*, vol. 28, n. 3, pp. 71-88, 2014.

GOMES, Ângela de Castro. "Questão Social e Historiografia no Brasil do Pós-1980: Notas para um Debate". *Estudos Históricos*, n. 34, pp. 157-186, 2004.

HIRSCHMAN, Albert O. "The Rise and Decline of Development Economics". *In: Essays in Trespassing: Economics to Politics and Beyond*. Cambridge, Cambridge University Press, 1981, pp. 1-24.

LEWIS, William Arthur. "Economic Development with Unlimited Supplies of Labour". *Manchester School of Economic and Social Studies*, vol. 22, n. 2, pp. 139-191, 1954.

_____. "Reflections on Unlimited Labour". *In*: DI MARCO, Luis Eugenio (org.). *International Economics and Development: Essays in Honor of Raúl Prebisch*. New York, Academic Press, 1972, pp. 75-96.

_____. "The Dual Economy Revisited". *Manchester School of Economic and Social Studies*, vol. 47, n. 3, pp. 211-229, 1979.

_____. "Unlimited Labour: Further Notes". *Manchester School of Economic and Social Studies*, vol. 26, n. 1, pp. 1-32, 1958.

Loureiro, Felipe. "Strikes in Brazil during the Government of João Goulart (1961-1964)". *Canadian Journal of Latin American and Caribbean Studies*, vol. 41, n. 1, pp. 76-94, 2016.

Loureiro, Pedro. *The Ebb and Flow of the Pink Tide: Reformist Development Strategies in Brazil and Argentina*. Tese de Doutorado, University of London, 2018.

Martins, Guilherme Klein & Rugitsky, Fernando. "The Commodities Boom and the Profit Squeeze: Output and Profit Cycles in Brazil (1996-2016)". *Department of Economics FEA/USP Working Paper Series*, n. 2018-09, 2018.

Marx, Karl. *O Capital: Crítica da Economia Política*. Livro I, vol. 2. 19. ed. Trad. Reginaldo Sant'Anna. Rio de Janeiro, Civilização Brasileira, 2003 (1. ed. 1867).

Mattos, Marcelo Badaró. "E. P. Thompson no Brasil". *Outubro*, n. 14, pp. 83-110, 2006.

Medeiros, Carlos Aguiar de. *Inserção Externa, Crescimento e Padrões de Consumo na Economia Brasileira*. Brasília, Ipea, 2015.

Morley, Samuel. *Labor Markets and Inequitable Growth: The Case of Authoritarian Capitalism in Brazil*. Cambridge, Cambridge University Press, 1982.

Novais, Fernando. "Resenha de *Formação Econômica do Brasil*". *Revista de História*, vol. 23, n. 47, pp. 277-279, 1961.

Nun, José. "La Teoria de la Massa Marginal". *Marginalidad y Exclusión Social*. Buenos Aires, Fondo de Cultura Económica, 2001 (1. ed. 1969).

Nurkse, Ragnar. *Problems of Capital Formation in Underveloped Countries*. Oxford, Oxford University Press, 1953.

Oliveira, Francisco. "A Economia Brasileira: Crítica à Razão Dualista". *Estudos Cebrap*, n. 2, pp. 4-82, 1972.

Rowthorn, Bob. "Marx's Theory of Wages". *Capitalism, Conflict and Inflation: Essays in Political Economy*. London, Lawrence and Wishart, 1980, pp. 182-230.

Rugitsky, Fernando. "Questão de Estilo: A Mudança Estrutural para a Igualdade e seus Desafios". *In*: Chiliatto-Leite, Marcos Vinicius (org.). *Alternativas para o Desenvolvimento Brasileiro: Novos Horizontes para a Mudança Estrutural com Igualdade*. Santiago, Cepal, 2019, pp. 75-95.

_____. "The Rise and Fall of the Brazilian Economy (2004-2015): The Economic Antimiracle". *Department of Economics FEA/USP Working Paper Series*, n. 2017-29, 2017.

SAAD-FILHO, Alfredo & MORAIS, Lecio. *Brazil: Neoliberalism versus Democracy*. London, Pluto Press, 2018.

SINGER, André. *O Lulismo em Crise: Um Quebra-Cabeça do Período Dilma (2011-2016)*. São Paulo, Companhia das Letras, 2018.

_____. "Raízes Sociais e Ideológicas do Lulismo". *Novos Estudos Cebrap*, n. 85, pp. 83-102, 2009.

SINGER, Paul. *Dominação e Desigualdade: Estrutura de Classes e Repartição de Renda no Brasil*. Rio de Janeiro, Paz e Terra, 1981, pp. 149-179.

SOUZA, Paulo Renato. *Salário e Emprego em Economias Atrasadas*. Campinas, Editora da Unicamp, 1999 (1. ed. 1980).

SUMMA, Ricardo & SERRANO, Franklin. "Distribution and Conflict Inflation in Brazil under Inflation Targeting, 1999-2014" [2017]. *Review of Radical Political Economics*. No prelo.

TAVARES, Maria da Conceição & SERRA, José. "Além da Estagnação". *In*: TAVARES, Maria da Conceição. *Da Substituição de Importações ao Capitalismo Financeiro: Ensaios sobre Economia Brasileira*. 5. ed. Rio de Janeiro, Zahar, 1976, pp. 155-207 (1. ed. 1971).

THOMPSON, Edward P. *The Making of the English Working Class*. London, Victor Gollancz, 1966.

TOLIPAN, Ricardo & TINELLI, Arthur Carlos (org.). *A Controvérsia sobre Distribuição de Renda e Desenvolvimento*. Rio de Janeiro, Zahar, 1975.

WEISSKOPF, Thomas. "Marxian Crisis Theory and the Rate of Profit in the Postwar U. S. Economy". *Cambridge Journal of Economics*, vol. 3, n. 4, pp. 341-378, 1979.

WILSON, Tamar. "Precarization, Informalization and Marx" [2019]. *Review of Radical Political Economics*. No prelo.

WRIGHT, Erik Olin. *The Debate on Classes*. London, Verso, 1989.

12

Sessenta Anos de *Formação Econômica do Brasil*: da Pré-Revolução Brasileira à Construção Interrompida

•

Carlos Alberto Cordovano Vieira

A presente comunicação, esboçada a princípio como uma exposição para a v Semana de Economia da Universidade Federal de São Paulo e acolhida no encontro Celso Furtado e os 60 anos de *Formação Econômica do Brasil*, organizado pelo Centro Celso Furtado e pelo Centro de Pesquisa e Formação do Sesc, trata o referido livro não propriamente à luz de um panorama historiográfico, como sugeria o título da mesa de que fez parte – "Os Debates Historiográficos Herdados de *Formação Econômica do Brasil*" –, mas, num certo sentido, à luz de uma perspectiva histórica[1]. Particularmente, a preocupação que nos orienta nesse balanço reside, para tomarmos a expressão de Josep Fontana, na confluência entre "análise do passado" e "projeto social", constitutiva do ofício do historiador[2]. Se a reconstituição do passado guarda um diálogo necessário com o tempo presente e, pois, com suas projeções para o futuro, sugerimos, como ponto de observação privilegiado, tomar *Formação Econômica* considerando essa confluência de tempos históricos, de passado e presente. Procuramos estabelecer um contraste entre as visões do presente e os projetos para o futuro que obra ensejava no momento de sua elaboração, em fins da década de 1950, e o tom amargo dos últimos ensaios de autor. Não custa lembrar o vaticínio sombrio em *O Longo Amanhecer*, em capítulo intitulado justamente "A Busca de Novo Horizonte Utópico", segundo o qual "em nenhum momento de nossa história foi tão grande a distância

---

1. Celso Furtado, *Formação Econômica do Brasil*.
2. Josep Fontana, *Análise do Passado e Projeto Social*.

entre o que somos e o que esperávamos ser"[3]. Dito de outro modo, tratamos de propor um balanço histórico de *Formação Econômica*, procurando examinar as vicissitudes que nos levaram, digamos, do "horizonte de expectativas" do Brasil do pós-guerra à seu estreitamento, na época da "construção interrompida"[4]. Passados mais de vinte anos do vaticínio sombrio, nos vemos hoje na contingência de apreciar o significado de *Formação Econômica*, e a pertinência de sua permanente releitura, no momento em que os porões da ditadura voltam à baila na vida brasileira.

Desde logo, cumpre observar que concordamos com o argumento de Alexandre Saes e Rômulo Manzatto em seu recente balanço de *Formação Econômica*, segundo o qual, em que pese a contribuição das variadas críticas ao paradigma fundante de Furtado, em que pese a qualificação especializada que a historiografia recente fez quanto a diversos pontos do ensaio, a visão de conjunto que constitui a linha mestra do livro permanece de pé como uma fecunda interpretação do Brasil contemporâneo[5].

Formação Econômica se inscreve na tradição do pensamento brasileiro voltada ao problema da formação nacional. Nesse arco, figura entre as perspectivas que põem no centro do problema a constituição de um "sistema econômico nacional", como base para a construção do Estado[6]. Numa vertente muito próxima da interpretação do Brasil fundada por Caio Prado, *Formação Econômica* percorre o longo processo inconcluso de transição de uma economia colonial a uma economia nacional; de uma formação que se caracteriza como um *negócio*, cujo entroncamento material não pode forjar as bases de um processo civilizatório, para a consumação da formação de uma sociedade nacional[7]. Em *Formação Econômica*, esse processo, visto sob o ângulo de uma economia retrospectiva[8], se consubstancia na transição de uma economia primário-exportadora, complementar e reflexa, a uma sistema industrial em sinergia com a constituição de um mercado interno.

---

3. Celso Furtado, *O Longo Amanhecer*.
4. Celso Furtado, *Brasil: A Construção Interrompida*; Paulo Arantes, *O Novo Tempo do Mundo*.
5. Alexandre Saes e Rômulo Manzatto, "Os Sessenta Anos de Formação Econômica do Brasil: Pensamento, História e Historiografia".
6. Friedrich List, *Sistema Nacional de Economia Política*.
7. Caio Prado Jr., *Formação do Brasil Contemporâneo*.
8. Fernando Novais e Rogério Forastieri Silva, "Introdução: Para a Historiografia da Nova História".

As idas e vindas desse processo secular, no marco histórico da formação e do desenvolvimento do capitalismo, da reprodução de suas hierarquias concêntricas e suas projeções nas estruturas de dominação no polo de origem colonial, são os termos que a tradição crítica e a luta política procuraram equacionar; termos em que a perspectiva da *Formação* se traduzia no problema da *Revolução Brasileira*[9].

Isso posto, passemos a um exame dos nexos entre a "análise do passado" contida em *Formação Econômica* e seu "projeto social" subjacente, tal como se estabeleceram entre as décadas de 1950 e 1960. Como se sabe, tendo publicado sua obra clássica em 1959, Furtado publica, em 1962, um livro de tom político bastante pronunciado, *A Pré-Revolução Brasileira*. Nessa contribuição ao debate público, Furtado formula um diagnóstico – que, naturalmente, se desdobra das conclusões de *Formação Econômica* – e um esboço de um projeto político para o Brasil[10]. Com efeito, nos estertores do Plano de Metas, o livro parte da consideração de que a economia brasileira experimentara um profundo processo de diferenciação, e de que a transição de uma economia primário-exportadora a um sistema industrial se encontrava em estágio avançado. Ao mesmo tempo, contraditoriamente, permaneciam preservadas heranças estruturais do passado colonial, a saber, a segregação social herdada da escravidão e o colonialismo cultural – este, particularmente expresso na tendência patológica das classes dominantes à mimetização de padrões de consumo de economias centrais e que, naquele momento, se metamorfoseava em dependência técnica e financeira. Essas heranças viriam imprimir um caráter peculiar ao processo de industrialização e, sobretudo, obstavam que se equacionasse, no bojo da modernização capitalista, a questão nacional e a questão social. As tensões políticas se agudizavam, mas vigoravam expectativas de que esses dilemas viessem a ser superados. Imbuído desse mesmo espírito do tempo, Furtado observa: "generalizou-se a consciência de que *o país caminha para transformações de grande alcance*; e [...], sob nossos pés, como uma torrente profunda, trabalham forças insondáveis", o que exigia "definição clara de posições: identificação corajosa de objetivos e métodos na *luta pela conquista do futuro*"[11].

---

9. Plinio de Arruda Sampaio Jr., *Entre a Nação e a Barbárie*.
10. Celso Furtado, *A Pré-Revolução Brasileira*.
11. *Idem*, p. 13. Grifos nossos.

O horizonte histórico suposto na luta política era, explicitamente, nada menos que o da emancipação humana. Para Furtado, o descortinar desse horizonte remontava ao "humanismo renascentista, que recolocou na pessoa humana o foco de seu próprio destino" e encontrava sua base material moderna na "Revolução Industrial, que deu ao homem o controle do mundo exterior"[12]. Enfim, chegava a seus desenvolvimentos contemporâneos no marxismo:

> Se vamos à essência dessa filosofia, aí encontramos, por um lado, o desejo de liberar o homem de todas as peias que o escravizam socialmente, permitindo que ele se afirme na plenitude de suas potencialidades, e por outro descobrimos uma atitude otimista com respeito à autodeterminação consciente das comunidades humanas. Trata-se, em última instância, de um estádio superior do humanismo; pois colocando o homem no centro de suas preocupações, reconhece, contudo, que a plenitude do desenvolvimento do indivíduo somente pode ser alcançada mediante a orientação racional das relações sociais[13].

Recusando-se a operar numa dicotomia entre, de um lado, um desenvolvimento material rápido sob formas tirânicas – em que a finalidade substantiva da emancipação humana se perdia – e, de outro, o círculo vicioso do subdesenvolvimento, Furtado, em seu horizonte reformista, não deixava de considerar que as experiências do chamado socialismo real não representavam tanto retrocesso para as "sociedades fechadas" em que efetivamente se criaram, quanto, eventualmente, representariam para as "sociedades abertas". Assim, seria necessário tomar em conta que a dualidade que caracterizava as formações subdesenvolvidas excluía necessariamente grandes massas da população, sobretudo do campo, das conquistas da modernização – e, nesses estratos, o marxismo-leninismo de tipo soviético poderia encontrar legitimação. De outro lado, porquanto o processo de superação da estrutura colonial avançasse na direção de uma "sociedade aberta", criava-se um horizonte para a reforma – e nesse sentido a ruptura revolucionária representaria um retrocesso para o Brasil. Para Furtado, a empresa privada sob regulação do Estado – jamais o privatismo cego –, preservando as conquistas da "sociedade aberta", poderia se constituir como um *meio* com vistas à finalidade substantiva da emancipação pela via de "aproximações sucessivas", do reformismo. O conjun-

---

12. *Idem*, pp. 17-18.
13. *Idem*, p. 17.

to de reformas de base que viriam liquidar o passado colonial se fundava nesse "horizonte de expectativas" em que um futuro distinto do "espaço de experiência" vivida se projetava para o longo prazo.

Com efeito, para Furtado, o Estado era a instância capaz de enfeixar os vetores do conflito social, elaborando critérios substantivos orientadores da esfera econômica. Numa perspectiva weberiana, sua crítica à modernidade recai sobre a tendência à subversão dos nexos entre *meios* e *fins* e a conversão da racionalidade instrumental em fim em si – fenômeno, de resto, referido à própria lógica autorreferida do capital[14]. À medida que se estabelecessem critérios substantivos para se modular a acumulação capitalista, o Estado seria o espaço privilegiado da reconciliação entre as dimensões dos valores e da técnica – e precisamente aqui residia, para Furtado, o núcleo da problemática do desenvolvimento econômico[15]. O problema, portanto, do desenvolvimento, do planejamento econômico e, enfim, do projeto reformista para a sociedade brasileira tinha como pressuposto uma quadra histórica em que a economia capitalista podia se organizar, sob a moldura de Bretton Woods, nos marcos de "sistemas econômicos nacionais", mais ou mesmo coerentes, passíveis de regulação pelos Estados nacionais – a esse respeito, Hobsbawm observou que a passagem do marco histórico do pós-guerra para as "décadas de crise" do capitalismo contemporâneo correspondia à passagem de uma economia internacional, entre sistemas nacionais, a uma economia transnacional[16].

Não por outra razão foi tão aguda a crítica de Furtado à nova estruturação da economia capitalista a partir da década de 1970 – e é justamente a partir daí que suas expectativas em relação ao futuro vão adquirindo um tom cada vez mais amargo. Por meio dessa crítica, podemos observar o percurso dos processos de transnacionalização dos grandes conglomerados, em estreita ligação com a hipertrofia do sistema financeiro, na conformação de um novo marco histórico em que os "sistemas econômicos nacionais" se diluíam. No limite, o Estado nacional seria despojado das condições de regulação da vida econômica, porquanto os centros

---

14. Carlos Alberto Cordovano Vieira, "Celso Furtado: Notas sobre a Formação Nacional e as Conexões entre Dependência e Subdesenvolvimento".
15. Celso Furtado, *Pequena Introdução ao Desenvolvimento*.
16. Eric Hobsbawm, *A Era dos Extremos*.

de decisão se deslocassem para os escritórios dos negócios transnacionais[17]. No limiar da década de 1980, Furtado propõe uma crítica à modernidade em tom bem mais ácido. Talvez porque Furtado percebesse que as transformações da década de 1970 corroíam não somente a coesão das sociedades subdesenvolvidas – e comprometiam de modo decisivo processos de formação nacional como o brasileiro –, como também o próprio reformismo do mundo desenvolvido. Em 1983, no livro *Não à Recessão e ao Desemprego*, ao problematizar o poderio do sistema financeiro transnacional sobre as condições de liquidez na economia mundial, Furtado chega a questionar se os Estados Unidos poderiam ser considerados como um Estado efetivamente nacional[18]. Mas, mais do isso, no belíssimo ensaio que abre o livro *Pequena Introdução ao Desenvolvimento*, de 1980, Furtado toma, como ponto de partida, as promessas jamais cumpridas pela modernidade. Os séculos XVIII e XIX fundaram, de um lado, uma filosofia da história orientada pela ideia de progresso, ou de progresso da Razão, ao passo que a economia política clássica vislumbrava a generalização universal do progresso material europeu forjado pela Revolução Industrial. Ambas traduziam uma perspectiva eurocêntrica do futuro da humanidade. Ora, a Guerra varreu do mapa o mundo eurocêntrico, destruiu os alicerces das velhas promessas e legou para o século XX a crise da Razão. As promessas da economia política seriam frustradas no mundo subdesenvolvido, de origem colonial.

Presente e futuro se tornavam definitivamente sombrios nos últimos ensaios do mestre de todos nós.

Ao mesmo tempo, a crítica ao "modelo brasileiro" caminhava no sentido do diagnóstico de um processo regressivo de longa duração que viria confirmar-se como a interrupção do processo de formação nacional. É sintomático que em *A Pré-Revolução Brasileira*, às vésperas de 1964, Furtado tenha alertado, dentre os cenários projetados, para o que de pior poderia acontecer: a manutenção do latifúndio e o retrocesso da "sociedade aberta". Com efeito, o modelo da ditadura condenou o destino da economia brasileira a uma "nova dependência", esta concernente às transformações estruturais do capitalismo mundial[19]. Os centros de decisão transnacionais passam a controlar definitivamente nosso tempo histórico,

---

17. Celso Furtado, *Transformação e Crise na Economia Mundial*.
18. Celso Furtado, *Não à Recessão e ao Desemprego*.
19. Celso Furtado, *Análise do "Modelo Brasileiro"*; Celso Furtado, *A Nova Dependência*.

ao passo que se cristaliza internamente um regime de *apartheid* social. Dependência e segregação... sempre a colônia. Cumpre sublinhar que Furtado, em *Subdesenvolvimento e Estagnação na América Latina*, já havia observado que, no modelo da ditadura, com o predomínio da racionalidade dos centros de decisão transnacionais que diluía qualquer critério político nacional orientador do processo capitalista – que estabelecia a valorização com fim em si –, o Estado brasileiro tendia a se reduzir a duas funções: a de mediador do *negócio*, sob a égide da tecnocracia, e a de organismo repressivo face os deslocamentos que essa nova estruturação viria produzir[20]. No momento em que o "neoliberalismo", erigido sobre o legado da ditadura, esgarça definitivamente os nexos precários de um sistema econômico nacional que mal havia se esboçado, e a reversão do sistema industrial à velhíssima economia primário-exportadora se põe no horizonte, Furtado consolida, enfim, o que poderia ser considerado como um diagnóstico da "reversão neocolonial". O longo processo de formação desaparece de nosso horizonte histórico.

Eis a constatação severa, muitas vezes citada, que, de 1992 para cá, vai se confirmando, dia a dia:

> Em meio milênio de história, partindo de uma constelação de feitorias, de populações indígenas desgarradas, de escravos transplantados de outro continente, de aventureiros europeus e asiáticos em busca de um destino melhor, chegamos a um povo de extraordinária polivalência cultural, um país sem paralelo pela vastidão territorial e homogeneidade linguística e religiosa. Mas nos falta a experiência de provas cruciais como as que conheceram outros povos cuja sobrevivência chegou a estar ameaçada. E nos falta também um verdadeiro conhecimento de nossas possibilidades e, principalmente, de nossas debilidades. Mas não ignoramos que o tempo histórico se acelera, e que a contagem desse tempo se faz contra nós. Trata-se de saber se temos um futuro como nação que conta na construção do devenir humano. Ou se prevalecerão as forças que se empenham em interromper o nosso processo histórico de formação de um Estado-nação[21].

Da década de 1990 para cá, sob diferentes conjunturas, vimos agravar esse quadro estrutural. Os processos de desindustrialização e reprimarização da economia, a generalização da barbárie ao nível da sociabilidade e a passagem, digamos,

---

20. Celso Furtado, *Subdesenvolvimento e Estagnação na América Latina*.
21. Celso Furtado, *Brasil: A Construção Interrompida*, p. 35.

do projeto de Estado mínimo para uma espécie de destruição total do Estado – que resta como força repressiva cada vez mais violenta –; tudo isso, sob a sombra do retorno à vida política nacional do espectro da ditadura, nos permite sugerir, a partir do diagnóstico da "construção interrompida", que entramos em estágio avançado da reversão neocolonial. Nenhum horizonte civilizatório à vista.

É esse estreitamento das "expectativas" em relação ao futuro que nos sugere retomar o ensaio de Paulo Arantes sobre o "novo tempo do mundo", em que se procura problematizar justamente o esfumaçamento da disjuntiva entre "espaço de experiência" e "horizonte de expectativas" ou, noutros termos, as vicissitudes de uma "era de expectativas decrescentes"[22].

Sintomático que, em *A Pré-Revolução Brasileira*, Furtado organize a discussão sobre o "projeto social" a partir do marco do "humanismo renascentista". Ora, se, sob os escombros do século XIV e da escatologia cristã que deu um tom de fim dos tempos à crise do feudalismo, as artes plásticas encontraram um horizonte pictórico com a descoberta da perspectiva, foram as Navegações que abriram novos horizontes geográficos e históricos que, para além do fim do mundo, descortinavam um futuro aberto. Paulo Arantes toma de Koselleck a proposição de que o projeto da modernidade supõe uma separação entre "espaço de experiência" e "horizonte de expectativa", de tal modo que o tempo presente passasse a ensejar projeções de um futuro distinto. Das Navegações ao Iluminismo, as expectativas quanto ao futuro se potencializaram e a Revolução Industrial conferia seu lastro material. Talvez se possa sugerir que as projeções para um futuro de longo prazo organizadas em torno de uma problemática da formação nacional e mesmo a ideia força de desenvolvimento econômico expressavam bem esse espírito moderno quanto a um futuro aberto, distinto da experiência vivida até então. O ponto, contudo, é que a Guerra já havia produzido uma fratura irreversível no projeto moderno e as expectativas quanto ao futuro começaram a esfumaçar. Não por acaso, diante do abismo, a Escola de Frankfurt pôs em xeque as perspectivas ascensionais das velhas filosofias da história. No entanto, é no último quartel do século XX que os elementos de uma "crise estrutura do capital" se sobrepõem de tal sorte que as expectativas parecem se esvanecer definitivamente. Os limites estruturais para a reprodução de uma "sociedade do trabalho", a dissolução do Estado como meio

---

22. Paulo Arantes, *O Novo Tempo do Mundo*.

de controle do capital e de contrapeso às suas contradições, os limites ecológicos, os riscos nucleares etc. constituem um quadro a que correspondem formas bárbaras de sociabilidade – a nova normalidade na qual se vive[23]. O "horizonte de expectativas" se encurta e o projeto de uma verdadeira reforma do sistema, na base de um processo de "desenvolvimento econômico" em sentido rigoroso, dá lugar à "gestão" de uma crise permanente.

O tom amargo dos últimos ensaios parece revelar um Furtado consciente desses esfumaçamentos. Com efeito, Furtado vê a reforma e a consumação da formação nacional cada vez mais distantes, e, sem vergar-se diante desse destino, não deixa de elaborar proposições que supõem o resgate de algum horizonte, digamos, "utópico":

> O desafio que se coloca no umbral do século XXI é nada menos do que mudar o curso da civilização, deslocar o seu eixo da lógica dos meios a serviço da acumulação, num curto horizonte de tempo, para uma lógica dos fins em função do bem-estar social, do exercício da liberdade e da cooperação entre os povos. Devemos nos empenhar para que essa seja a tarefa maior dentre as que preocuparão os homens no correr do próximo século: estabelecer novas prioridades para a ação política em função de uma nova concepção de desenvolvimento, posto ao alcance de todos os povos e capaz de preservar o equilíbrio ecológico. O objetivo deixaria de ser a reprodução dos padrões de consumo das minorias abastadas para ser a satisfação das necessidades fundamentais do conjunto da população e a educação concebida como desenvolvimento das potencialidades humanas nos planos ético, estético e da ação solidária. A criatividade humana, hoje orientada de forma obsessiva para a inovação técnica a serviço da acumulação econômica e do poder militar, seria dirigida para a busca da felicidade, esta entendida como a realização das potencialidades e aspirações dos indivíduos e das comunidades vivendo solidariamente[24].

O ponto é que a "busca de um novo horizonte utópico" que, em certo sentido, procura mais uma vez reafirmar um verdadeiro espírito reformista, longe de confluir na direção de um diagnóstico como o de 1962, de um país que caminhava para "transformações de grande alcance" e para a "conquista do futuro", hoje se choca, em contraste, com a constatação de uma "aceleração do tempo histórico" que se faz "contra nós".

23. István Mészários, *A Crise Estrutural do Capital*.
24. Celso Furtado, *Brasil: A Construção Interrompida*, p. 77.

Dito isso, que balanço final podemos fazer nesse sexto decênio de *Formação Econômica*?

Escrita em fins da década de 1950, em meio à efervescência dos debates em torno do desenvolvimento econômico, a obra clássica, como "análise do passado", fundamentava um "projeto social", um projeto para o Brasil. À conclusão, digamos, "positiva" do livro – no sentido de que uma sociedade nacional, um sistema econômico nacional estava se formando – se segue *A Pré-Revolução Brasileira*, em que Furtado procura responder à velha questão "o que fazer?" De *Formação Econômica* brota um conjunto de reformas radicais que, à luz do conservadorismo brasileiro, tinham a feição de uma verdadeira revolução – por exemplo, a liquidação da velhíssima estrutura da propriedade fundiária. Na verdade, o Brasil descrito em *Formação Econômica* estava sendo, naquela quadra, superado. Mas o contraste com os últimos ensaios é revelador. A constatação da distância entre o que esperávamos ser e aquilo em que nos transformamos; ou de que a consumação da formação nacional parece ter desaparecido de nosso horizonte histórico, revela um Furtado exilado de suas próprias esperanças. No entanto, a obra magistral de Furtado preserva sua força e continua sendo a grande obra de nossa historiografia econômica. Nossa hipótese: se em 1959 revelava um passado em vias de ser superado, forjando a base de um projeto para o futuro, hoje, diante da reversão neocolonial, o livro se converte numa descrição aguda desse ponto de partida ao qual tragicamente retornamos, dessa natureza íntima da sociedade brasileira, colonial, escravista, de que não conseguimos nos libertar. Como "análise do passado", *Formação Econômica* descreve o presente, e, quiçá, alimente alguma perspectiva futura que ainda há de ser desvendada.

REFERÊNCIAS BIBLIOGRÁFICAS

ARANTES, Paulo. *O Novo Tempo do Mundo*. São Paulo, Boitempo, 2014.

FONTANA, Josep. *Análise do Passado e Projeto Social*. Trad. Luiz Roncari. Bauru, Edusc, 1998.

FURTADO, Celso. *A Nova Dependência. Dívida Externa e Monetarismo*. 3. ed. Rio de Janeiro, Paz e Terra, 1982.

_____. *Análise do "Modelo Brasileiro"*. 2. ed. Rio de Janeiro, Civilização Brasileira, 1972.

_____. *A Pré-Revolução Brasileira*. 2. ed. Rio de Janeiro, Fundo de Cultura, 1962.

_____. *Brasil: A Construção Interrompida*. 3. ed. Rio de Janeiro, Paz e Terra, 1992.
_____. *Formação Econômica do Brasil*. 34. ed. São Paulo, Companhia das Letras, 2007.
_____. *Não à Recessão e ao Desemprego*. Rio de Janeiro, Paz e Terra, 1983.
_____. *O Longo Amanhecer*. 2. ed. Rio de Janeiro, Paz e Terra, 1999.
_____. *Pequena Introdução ao Desenvolvimento*. São Paulo, Companhia Editora Nacional, 1980.
_____. *Subdesenvolvimento e Estagnação na América Latina*. 3. ed. Rio de Janeiro, Civilização Brasileira, 1968.
_____. *Transformação e Crise na Economia Mundial*. Rio de Janeiro, Paz e Terra, 1987.
HOBSBAWM, Eric. *A Era dos Extremos*. Trad. Marcos Santarrita. 2. ed. São Paulo, Companhia das Letras, 1995.
LIST, Friedrich. *Sistema Nacional de Economia Política*. Trad. João Baraúna. São Paulo, Abril Cultural, 1983.
MÉSZÁROS, István. *A Crise Estrutural do Capital*. Trad. Francisco Cornejo *et al*. 2. ed. São Paulo, Boitempo, 2011.
NOVAIS, Fernando & SILVA, Rogério Forastieri. "Introdução: Para a Historiografia da Nova História". *In*: NOVAIS, Fernando & SILVA, Rogério Forastieri (org.). *Nova História em Perspectiva*. São Paulo, Cosac Naify, 2011, vol. 1.
PRADO JR., Caio. *Formação do Brasil Contemporâneo*. 11. ed. São Paulo, Brasiliense, 1971.
SAES, Alexandre & MANZATTO, Rômulo. "Os Sessenta anos de Formação Econômica do Brasil: Pensamento, História e Historiografia". *Anais do XIII Congresso Brasileiro de História Econômica e 14ª. Conferência Internacional de História de Empresas*. Criciúma, ABPHE, 2019.
SAMPAIO JR., Plínio de Arruda. *Entre a Nação e a Barbárie*. Petrópolis, Vozes, 1999.
VIEIRA, Carlos Alberto Cordovano. "Celso Furtado: Notas sobre a Formação Nacional e as Conexões entre Dependência e Subdesenvolvimento". *Revista da Sociedade Brasileira de Economia Política*, n. 21, pp. 35-57, Rio de Janeiro, dez. 2007.

V

A ATUALIDADE
DE
FORMAÇÃO ECONÔMICA DO BRASIL

13

O Bonde Perdido do Desenvolvimento: Complexidade Econômica e a Atualidade de *Formação Econômica do Brasil*[1]

Fernanda Graziella Cardoso

INTRODUÇÃO

A interpretação de trajetória de desenvolvimento econômico presente no *Formação Econômica do Brasil* permanece atual e relevante. Furtado explica a trajetória de formação socioeconômica do Brasil tendo como ponto de partida a matriz produtiva que se forma desde o início da fase colonial em 1500 até meados do século XX. Segundo Coutinho, "Na *Formação Econômica do Brasil*, o tom dominante é de certo modo otimista, conduzido pela ideia de que o processo de substituição de importações tenderia a finalmente 'completar' a estrutura industrial brasileira"[2].

Furtado explica a formação econômica do Brasil e aponta para o futuro. O livro, com 36 capítulos, divide-se em cinco partes: a primeira parte do livro apresenta aspectos mais gerais da colonização das Américas, destacando os seus fundamentos econômicos. A segunda e a terceira partes contemplam o período colonial formal do Brasil (séculos XVI, XVII e XVIII), passando pela explicação das especificidades dos fluxos de renda que se formam na economia açucareira e mineira. A quarta parte aborda em sua maior parte o contexto de país já independente e demarca a transição para uma economia baseada em mão de obra assalariada (século XIX), destacando as especificidades do fluxo de renda da economia cafeeira. A quinta parte, já situada no século XX, tem como ponto alto o deslocamento do

---

1. O presente trabalho foi realizado com o apoio da Coordenação de Pessoal de Nível Superior – Brasil (Capes) – Código de Financiamento 001.
2. Maurício C. Coutinho, "A Teoria Econômica de Celso Furtado: Formação Econômica do Brasil", p. 158.

centro dinâmico da economia brasileira, que passa a ser o mercado interno, marcando a transição para uma economia industrial.

A crucialidade da matriz produtiva para a compreensão das possibilidades de autopropulsão – e, portanto, de desenvolvimento – é característica da perspectiva cepalino-estruturalista fundamentada já em 1949 pelo conceito de centro-periferia e pela tese da tendência à deterioração dos termos de troca dos bens primários *vis-à-vis* os manufaturados no longo prazo[3]. A perspectiva cepalino-estruturalista compõe ainda o desenvolvimentismo clássico inaugurado com o texto de Rosenstein-Rodan em 1943, mas com reflexões específicas relacionadas ao contexto da América Latina[4].

Mais recentemente, a chamada abordagem da complexidade econômica, especialmente aquela voltada ao tema do desenvolvimento, retoma o argumento dos estruturalistas: a matriz produtiva de um país e o padrão de inserção externa dela derivada são determinantes das possibilidades de desenvolvimento nacional[5]. Nesse sentido, o conceito de centro-periferia permanece atual, embora as caraterísticas produtivas – e o contexto geopolítico – que o implicam tenham se modificado: no contexto das cadeias globais de valor (o qual se aprofunda a partir da década de 1980, especialmente) faz mais sentido dividir centro e periferia não mais a partir do fornecimento de bens primários ou manufaturados, mas sim a partir do fornecimento (pauta exportadora) de uma cesta de bens com maior ou menor complexidade associada a eles, além da participação relativa em atividades de maior valor agregado[6].

Discute-se, nesse texto, a atualidade do clássico *Formação Econômica do Brasil* não somente para a compreensão do caso brasileiro, mas para a interpretação das trajetórias de desenvolvimento desde a consolidação do capitalismo. Em especial, para evidenciar as dificuldades enfrentadas por países periféricos, outrora colônias de exploração, tal como o Brasil. Da perspectiva impressa por Furtado no *Formação*, quando e por que perdemos o bonde do desenvolvimento?

3. Raúl Prebisch, "O Desenvolvimento Econômico Latino-Americano e Alguns de seus Principais Problemas".
4. Fernanda Graziella Cardoso, *Nove Clássicos do Desenvolvimento Econômico*.
5. Ricardo Haussmann *et al.*, *The Atlas of Economic Complexity – Mapping Paths to Prosperity*.
6. Fernanda Graziella Cardoso e Cristina Fróes de Borja Reis, "A Divisão Centro e Periferia no Atual Contexto das Cadeias Globais de Valor: Uma Interpretação a partir dos Pioneiros do Desenvolvimento".

Como apresentado a seguir, para Furtado, a primeira metade do século XIX foi, no caso brasileiro, crucial para o descolamento de sua trajetória de desenvolvimento com relação à dos Estados Unidos (e, também, dos demais países ditos avançados), principal recurso comparativo da economia brasileira a que Furtado recorre no livro. O bonde perdido no século XIX, por sua vez, parecia ter passado novamente na década de 1930, o que se expressa no tom otimista (embora crítico) de Furtado sobre os próximos decênios.

Este texto está estruturado em três seções, além desta introdução e das considerações finais. Na primeira seção, evidenciam-se elementos teóricos da abordagem da complexidade e/ou da complexidade econômica identificáveis nos autores pioneiros do desenvolvimento, incluindo Celso Furtado e sua interpretação presente no *Formação Econômica do Brasil*. Na segunda seção, recorrendo à comparação da trajetória do Brasil com a dos Estados Unidos, apresenta-se a hipótese aqui nomeada de bonde perdido na primeira metade do século XIX, momento identificado por Furtado como central para o descolamento do desempenho do Brasil em comparação com os países avançados. Na terceira seção, destacam-se as particularidades da dinâmica da economia cafeeira, o deslocamento do centro dinâmico e a perspectiva dos próximos decênios apresentada pelo autor.

FURTADO, PIONEIRO DO DESENVOLVIMENTO COM ARES DE COMPLEXIDADE

Nessa seção, destaca-se o papel de Furtado como pioneiro do desenvolvimento, especialmente os elementos de complexidade de sua interpretação de origem cepalino-estruturalista.

A abordagem da complexidade adentra a economia no final do século XX. Trata-se de um arcabouço que constrói uma crítica teórico-metodológica à perspectiva do *Economics*, paradigma dominante das ciências econômicas desde a chamada Revolução Marginalista. A abordagem da complexidade parte de pressupostos distintos[7], tais como ausência de mecanismo global de controle e interações de agentes heterogêneos, das quais resultam propriedades emergentes. Como

---

7. William Brian Arthur, Steven Durlauf e David Lane, "Introduction", *The Economy as an Evolving Complex System II*.

implicação, geram-se imprevisibilidade, incerteza e resultados em aberto (ou seja, que não podem ser previstos *a priori*, tais como os resultados de equilíbrio). Os efeitos de retroalimentação observados levam justamente ao não equilíbrio. Desse modo, na ausência de mecanismos automáticos de recondução a uma trajetória de equilíbrio virtuoso (e/ou desejável) há a necessidade de interferência e de redirecionamento; mas, mesmo nesse caso, sem garantia de o que resultado será igual ao desejado.

Aplicado ao contexto do sistema-mundo, a Abordagem da Complexidade ilumina a reflexão sobre a riqueza das nações (e suas diferentes trajetórias de desenvolvimento). O sistema econômico mundial tem sua dinâmica resultante da interação de um grupo de nações bastante heterogêneo; dinâmica não apreensível pelos métodos equilibristas da perspectiva do *Economics*. Dessa dinâmica, não se deriva o resultado desejado de convergência do padrão de desenvolvimento das nações tal como prometido pela teoria das vantagens comparativas ricardiana, por exemplo. Justamente porque as nações são heterogêneas, a ação livre das forças de mercado tende a manter a desigualdade inicialmente observada entre elas. Ou seja, as nações ricas tendem a se tornar cada vez mais ricas; e as nações pobres, cada vez mais pobres.

Ainda mais recente, o *Atlas da Complexidade* indica, a partir de dados de pauta exportadora e importadora dos países, que nações com maior complexidade econômica tendem a ter melhores resultados em termos de desenvolvimento[8]. O indicador de complexidade econômica se compõe basicamente da diversificação e não da ubiquidade da pauta exportadora; quanto mais diversa e menos ubíqua for a pauta exportadora, maior a complexidade econômica dessa nação. A maior complexidade econômica de uma matriz produtiva também se observa pela capacidade de geração de efeitos de encadeamento (para frente e para trás) da matriz produtiva; ideia que remete ao conceito original de Hirschman[9] e ao conceito de efeito multiplicador keynesiano. Assim, da ideia de complexidade econômica deduz-se que matrizes produtivas mais complexas tendem a implicar um melhor padrão de inserção externa e melhores resultados em termos de desenvolvimento. Nesse sentido, indica-se

---

8. Ricardo Haussmann *et al.*, *The Atlas of Economic Complexity*.
9. Albert Otto Hirschman, *The Strategy of Economic Development*.

inclusive que quanto mais complexa a estrutura produtiva de um país, menor tende a ser desigualdade[10].

Por outro lado, há limites nessa abordagem de complexidade econômica presente no *Atlas da Complexidade*; pois, a pauta exportadora e a pauta importadora, que reconfiguraram a clássica divisão internacional do trabalho a partir da década de 1980 no contexto das cadeias globais de valor, não necessariamente refletem o que é ou não produzido por determinado país, como resultado de sua matriz produtiva. Nesse sentido, a retomada do conceito centro-periferia no contexto das cadeias globais de valor precisa ser atualizada. Centro e periferia no século XXI definem-se a partir da maior ou menor participação relativa nas atividades (que compõem um processo de produção) de maior valor adicionado[11].

As conclusões derivadas da abordagem da complexidade e/ou da complexidade econômica são, em boa medida, as mesmas a que chegaram os desenvolvimentistas e estruturalistas em meados do século XX[12]. Mas, naquele momento, ainda não havia um arcabouço teórico-metodológico definido; não à toa, o conjunto de autores nomeados como pioneiros partirão todos de uma crítica à abordagem predominante sobre os caminhos para a promoção do desenvolvimento, definindo um novo recorte disciplinar no contexto do pós Segunda Guerra, a chamada Economia do Desenvolvimento[13], inspirada em boa medida por Keynes[14] e por Schumpeter[15]. Os chamados autores pioneiros do desenvolvimento econômico fundamentaram o desenvolvimentismo clássico[16].

Guardadas suas particularidades, implícita à teoria desses autores estava uma crítica à Teoria das Vantagens Comparativas e às promessas de desenvolvimento do *laissez-faire*. Dito de outro modo, para esses autores clássicos, as livres forças de mercado não resolveriam o problema do subdesenvolvimento; pelo contrário,

---

10. Dominik Hartmann *et al.*, "Linking Economic Complexity, Institutions and Income Inequality".
11. Fernanda Graziella Cardoso e Cristina Fróes de Borja Reis, "A Divisão Centro e Periferia no Atual Contexto das Cadeias Globais de Valor".
12. *Idem.*
13. Heinz Wolfgang Arndt, *Economic Development – The History of an Idea*.
14. John Maynard Keynes, *A Teoria Geral do Emprego, do Juro e da Moeda*.
15. Joseph Schumpeter, *A Teoria do Desenvolvimento Econômico*.
16. Gerald Meier e Dudley Seers (ed.), *Pioneers in Development*; Fernanda Graziella Cardoso, *Nove Clássicos do Desenvolvimento Econômico*.

tenderiam a aprofundá-lo. A pobreza e a desigualdade, na ausência de políticas deliberadas para seu enfrentamento, só tenderiam a se intensificar. É o que Myrdal nomeará de causações circulares cumulativas, em contraposição ao que denomina de equilibrismo da visão vinculada ao *laissez-faire*[17].

Da perspectiva desse conjunto de autores pioneiros, o diagnóstico do atraso de algumas nações e a estratégia para sua superação passavam necessariamente pela promoção da industrialização, na medida em que somente a modificação da estrutura produtiva na direção de atividades de mais alto valor agregado poderia levar a uma reconfiguração no padrão de inserção externa dessas nações. Sem modificar o padrão de inserção de externa, os países primário-exportadores acumulariam as desvantagens de seu padrão de especialização produtiva, incentivada pela Teoria das Vantagens Comparativas. Além da dependência do impulso dinâmico de poucos produtos exportados – sujeitos à oscilação da demanda externa –, a não diversificação da produção interna implicaria uma pressão permanente sobre a pauta importadora. De modo que os impulsos dinâmicos gerados pelo setor exportador (poucos e/ou voláteis) seriam, em sua quase totalidade, vazados para o exterior – pelo pagamento das importações, por exemplo.

O plano de desenvolvimento nacional dos chamados desenvolvimentistas obrigatoriamente incluía, portanto, uma estratégia industrialista. E, para o sucesso da industrialização no contexto de nações subdesenvolvidas fazia-se necessária, ademais, a adoção de políticas protecionistas (provisórias) e, por conseguinte, a atuação direta do Estado como planejador e investidor. Sem a proteção provisória dos mercados dessas nações, a indústria nascente não se sustentaria.

Desse grupo de pioneiros que fundamentou o desenvolvimentismo clássico, destaca-se ainda a originalidade da estruturalismo latino-americano e o papel da Cepal (Comissão Econômica para América Latina e Caribe) no contexto do pós Segunda Guerra. O texto seminal do pensamento cepalino-estruturalista a respeito do desenvolvimento foi publicado em 1949, assinado por Raúl Prebisch. Celso Furtado dividirá com Prebisch o protagonismo na constituição do pensamento original da escola cepalino-estruturalista e no seu posterior aprofundamento.

---

17. Gunnar Myrdal, *Teoria Econômica e Regiões Subdesenvolvidas*; Fernanda Graziella Cardoso, *Nove Clássicos do Desenvolvimento Econômico*.

A tese da tendência à deterioração dos termos de troca dos bens primários *vis--à-vis* os bens manufaturados, fundamentada na diferença da elasticidade-renda da importação dos países importadores de bens primários (centro) e dos países importadores de bens manufaturados (periferia), será o ponto de partida para a defesa, por parte dos cepalino-estruturalistas, da estratégia industrialista. Somente a modificação da matriz produtiva interna poderia requalificar o padrão de inserção externa, fazendo com que os países latino-americanos deixassem de ser primário-exportadores. Assim, não estariam mais sujeitos aos efeitos deletérios da deterioração dos termos de troca no longo prazo. Dos cepalino-estruturalistas deriva-se, ainda, a necessidade de combinar transformação da matriz produtiva com transformação social, o que só poderia se realizar por meio de mudanças estruturais e institucionais, relacionadas especialmente às formas de apropriação e distribuição de riqueza e de renda.

Assim, para os autores pioneiros que fundamentaram o desenvolvimentismo clássico, incluindo os latino-americanos vinculados ao estruturalismo cepalino, somente a industrialização promovida por um plano de desenvolvimento nacional arquitetado pelo Estado poderia direcionar o caminho – embora não fosse condição suficiente – para o rompimento com as causações circulares cumulativas[18] que aprisionavam a periferia na armadilha do subdesenvolvimento[19].

No *Formação Econômica do Brasil*, a preocupação central que conduz a interpretação de Furtado a respeito da formação econômica (e social) do Brasil é a capacidade de autopropulsão da economia brasileira derivada do fluxo de renda implicado pela matriz produtiva instalada. Cada economia, definida a partir do polo dinâmico principal de cada fase (açucareira, mineira, cafeeira e industrial) – ou ainda, pela condição do fator trabalho (escravista e industrial) – teria suas próprias possibilidades de autopropulsão e, portanto, de sustentação do crescimento da renda e do desenvolvimento futuro. A capacidade de autopropulsão seria tanto maior quanto mais interligada fosse a matriz produtiva internamente instalada e quanto maior fosse o mercado (interno e externo) para os bens produzidos e comercializados. Ou seja, em termos keynesianos, a capacidade de autopropulsão seria tanto maior quanto mais se pudesse gerar e aproveitar internamente os efeitos multiplicadores da renda e do emprego; ou, quanto menos se vazassem os impulsos dinâmicos

---

18. Gunnar Myrdal, *Teoria Econômica e Regiões Subdesenvolvidas*.
19. Celso Furtado, *Brasil: A Construção Interrompida*.

para o exterior. Em termos de complexidade econômica, quanto mais diversificada fosse a matriz produtiva interna (e mais conectado o mercado interno), maior o aproveitamento do potencial de transformação dos impulsos dinâmicos (externos ou internos), levando ao que Furtado denomina de desenvolvimento autopropulsionado.

Por isso, a expansão do trabalho assalariado em meados do século XIX, já no contexto do dinamismo do complexo cafeeiro[20], será elemento central de transformação da dinâmica da economia brasileira que, segundo Furtado, terá seu centro deslocado para o mercado interno na década de 1930. Com o novo potencial de autopropulsão – tendo em vista a expansão do mercado interno e a diversificação da capacidade produtiva na direção de produção de bens mais elaborados – abre-se a perspectiva (otimista) de ruptura do subdesenvolvimento.

Furtado escreve o *Formação Econômica do Brasil* no final da década de 1950. Trata-se de uma década de efervescência do debate do desenvolvimentismo e de amadurecimento da perspectiva cepalino-estruturalista, para cuja fundamentação Furtado foi essencial. A interpretação contida no livro, portanto, está imbuída desse arcabouço teórico e também traduz o otimismo presente à época a respeito da possibilidade de promoção de desenvolvimento nas diversas nações do mundo – a chamada geocultura do desenvolvimento[21].

TRAJETÓRIA COMPARATIVA: BRASIL E ESTADOS UNIDOS

Conforme explicado anteriormente, o fio condutor de análise do *Formação Econômica do Brasil* é o chamado efeito multiplicador keynesiano da renda e do emprego. É a partir da matriz produtiva interna – e do fluxo de renda que dela deriva – que Furtado explica as especificidades das economias açucareira, mineira e cafeeira e/ou escravista e industrial. Cada uma delas apresentará, por conta do fluxo de renda que originam e multiplicam, uma determinada capacidade de desenvolvimento por autopropulsão.

Esse recurso comparativo não é mobilizado por Furtado apenas para diferenciar protagonista da economia brasileira em cada ciclo dinâmico. É recorrente a

---

20. Sérgio Silva, *Expansão Cafeeira e Origens da Indústria no Brasil*.
21. José Luis Fiori, "De Volta à Questão da Riqueza de Algumas Nações".

comparação com as chamadas colônias de povoamento, em especial os Estados Unidos, que figuram como exemplo de trajetória de desenvolvimento econômico – especialmente tendo em vista seu passado colonial –, enquanto o Brasil representa o exemplo de subdesenvolvimento. A trajetória do Brasil e dos Estados Unidos se distancia, para o autor, especialmente a partir do século XIX. Mas as causas desse distanciamento já podiam ser observadas séculos antes. É sobre essa comparação que se voltam as subseções a seguir.

ALGUNS SÉCULOS ANTES: A ECONOMIA AÇUCAREIRA, O CASO DAS ANTILHAS E A NOVA INGLATERRA

Em razão de sua alta rentabilidade e elevado grau de especialização, segundo Furtado, a economia açucareira brasileira no século XVII configurava um mercado de dimensões relativamente grandes, com potencial de atuar como fator altamente dinâmico do desenvolvimento de outras regiões do país. Todavia, um conjunto de circunstâncias desviou este impulso dinâmico para o exterior. É provável, segundo o autor, que um importante fator limitante da ação dinâmica da economia açucareira nordestina sobre, por exemplo, as colônias do Sul, haja sido a própria abundância de terras nas proximidades do núcleo canavieiro. No setor de bens de consumo, as importações consistiam principalmente de artigos de luxo, que não poderiam ser produzidos internamente. O único bem de consumo que abria tal possibilidade era a carne e, no setor de bens de produção – em especial, das fontes de energia –, lenha e animais de tiro. Todos poderiam ser supridos localmente e de maneira vantajosa.

No entanto, logo se evidenciou a impraticabilidade de criar gado na faixa litorânea, onde estavam os canaviais; disso decorre a separação das duas atividades econômicas – a açucareira e a criatória. Conforme sugere Furtado, a população que se ocupava da atividade criatória era muito escassa. O recrutamento de mão de obra para essas atividades se baseou, predominantemente, em força de trabalho indígena. A condição fundamental para o crescimento da atividade era a disponibilidade de terras. Assim, os fatores limitativos à sua expansão estavam do lado da demanda.

A rápida expansão da produção de açúcar teve como contrapartida a grande penetração da atividade criatória nos sertões do Nordeste do país. E, como as distâncias iam aumentando, Furtado explica que a tendência geral era de redução da produtividade, porque, conforme adentrava o interior, mais aquela economia adquiria caráter de subsistência. Por conseguinte, o nível de renda médio da população envolvida com a atividade criatória tendia também a diminuir. A principal função da atividade criatória estava, desse modo, relacionada a garantir a própria subsistência de sua população – na medida em que fornecia dois bens essenciais, carne e couro –, o que também explicaria o considerável crescimento vegetativo de sua população.

Furtado explica ainda que as unidades produtivas, na economia açucareira ou na atividade criatória, apresentavam uma tendência à estabilidade estrutural tanto nas etapas de expansão quanto nas etapas de contração da produção. Quando se reduzia o efeito dinâmico do estímulo externo, a economia açucareira entrava numa etapa de relativa prostração. No caso da atividade criatória, a consequência da redução do estímulo externo era diferente da atividade açucareira, pois, mesmo com a queda da demanda por parte da região litorânea, o crescimento da pecuária se realizava por meio do aumento relativo do setor de subsistência. Desta forma, a atividade criatória funcionava como uma espécie de colchão de acomodação em tempos de crise na medida em que, em tempos de decadência da atividade exportadora, a atividade criatória absorvia (e sustentava) a população liberada por este setor. Em condições normais da atividade exportadora, desempenhava, como visto, um papel de subsidiária. Esta acomodação acaba por se traduzir – por conta das características da atividade criatória de satisfação das condições de subsistência – em crescimento demográfico, formando uma grande quantidade de pessoas vinculada (e dependente) de um setor de baixíssima rentabilidade – o que se constituirá, para o autor, na origem de problemas futuros no nordeste brasileiro. Assim, do período que se estende do último quartel do século XVII ao início do século XIX, aventa Furtado, a economia nordestina sofre um lento processo de atrofiamento.

Na primeira metade do século XVII, a expansão da economia açucareira foi interrompida pela invasão holandesa. Já na segunda metade do século, a rentabilidade baixou substancialmente, por conta da emergência de um concorrente. E aqui se expõe o caso das Antilhas, que será fundamental para entender, segundo a interpretação de Furtado, o processo posterior de desenvolvimento dos Estados Unidos.

Para tal, retorna-se à primeira parte do *Formação Econômica do Brasil*. Furtado discorre a respeito das consequências da União Ibérica e da guerra que a

Espanha travou contra a Holanda. A principal delas será a expulsão dos holandeses do Brasil, que levarão seu conhecimento sobre a atividade açucareira para as Antilhas, que passarão a concorrer com a produção brasileira, quebrando o monopólio luso-brasileiro.

Furtado mostra que na primeira metade do século XVII o debilitamento da potência militar espanhola permitiu que Inglaterra e França se apoderassem das estratégicas ilhas do Caribe para nelas instalar colônias de povoamento com objetivos militares. Desta forma, os ingleses e os franceses se empenham em concentrar nas Antilhas importantes núcleos de população europeia. As Antilhas inglesas foram povoadas com maior rapidez, especialmente porque a metrópole apresentava um grande excedente de população em virtude dos cercamentos. Inicialmente, as colônias de povoamento acarretaram grandes prejuízos, particularmente nas colônias da Nova Inglaterra. Nestas, não foi possível encontrar nenhum produto que alimentasse uma corrente de exportação para a Europa. Já as condições climáticas das Antilhas permitiam a produção de algodão, anil, café e principalmente fumo, todas elas compatíveis com o sistema de pequena propriedade e com boas perspectivas de mercado na Europa.

Porém, à medida que a agricultura tropical se tornava um êxito, aumentavam as dificuldades de abastecimento de mão de obra europeia nas colônias de povoamento do hemisfério Norte. Conforme Furtado, a solução do problema seria encaminhada pela introdução da mão de obra africana escravizada, o que leva ao surgimento de uma situação inédita no mercado de produtos tropicais, com concorrência entre regiões que exploram mão de obra escrava em grandes unidades produtivas e regiões de pequena propriedade e população europeia livre. Neste novo contexto, os objetivos políticos predominantes no início da colonização destas regiões foram abandonados sob a forte pressão de fatores econômicos.

Segundo Furtado, a baixa dos preços do fumo abre a brecha para a introdução de outra produção, para a qual contribui a experiência dos holandeses, que haviam sido expulsos do Brasil em meados do século XVII: as Antilhas passarão a produzir açúcar, quebrando o monopólio luso-brasileiro. Como consequência, destruiu-se em pouco tempo o ensaio de colonização de povoamento nas regiões tropicais na América; por outro lado, ajudou a viabilizar as colônias de povoamento na Nova Inglaterra.

Conforme explica Furtado, o mercado que se abre a partir da desorganização da produção interna das Antilhas era o impulso dinâmico que a Nova Inglaterra precisava: se torna fornecedora dos bens dos quais necessitavam os antilhanos, o que permitiu o desenvolvimento posterior dessas colônias do Norte[22]. A ocupação deste mercado fornecedor teria sido possível porque, segundo Furtado, a Inglaterra enfrentava problemas internos, os quais teriam obrigado a metrópole a desviar seus esforços para resolvê-los em detrimento da vigília do cumprimento do pacto colonial, que permitia o comércio entre colônias e metrópole e não entre colônias.

O surgimento, numa colônia, de uma economia similar à da Europa contemporânea, produzindo principalmente para o mercado interno, "estava em flagrante contradição com princípios da política colonial e somente graças a um conjunto de circunstâncias favoráveis pôde desenvolver-se"[23]. As colônias de povoamento possuíam concentração de renda muito menor e estavam muito menos sujeitas a bruscas contrações econômicas. Ademais, com relação à Nova Inglaterra, identifica-se a independência dos grupos dominantes da colônia relativamente à metrópole. Este seria um fator fundamental para o desenvolvimento da colônia, "pois significava que nela havia órgãos capazes de interpretar seus verdadeiros interesses e não apenas de refletir as ocorrências do centro econômico"[24].

Assim, enquanto no Brasil a economia açucareira, apesar de seu elevado potencial lucrativo, não desencadeou impulsos dinâmicos para as demais regiões do país (e mesmo o impulso direcionado à atividade criatória foi mais acomodado do que fonte de transformação estrutural), o impulso gerado na produção açucareira nas Antilhas também não será aproveitado pelas ilhas, mas pela Nova Inglaterra, que, em condições favoráveis de conjuntura e de composição e organização de grupos de interesse, assumirá o papel de fornecedora direta de bens de consumo para as Antilhas. Conforme Furtado:

> As colônias do norte dos EUA se desenvolveram, assim, na segunda metade do século XVII e primeira do século XVIII, como parte integrante de um sistema maior dentro do qual o elemento dinâmico são as regiões antilhanas produtoras de artigos tropicais. O fato

---

22. Bens como alimentos, animais de tiro e madeira. Além disso, o comércio se efetuava principalmente pelos navios dos colonos, o que fomentou a indústria de construção naval nos Estados Unidos (Celso Furtado, *Formação Econômica do Brasil*).
23. *Idem*, p. 29.
24. *Idem*, p. 31.

de que as duas partes principais do sistema [...] hajam estado separadas é de fundamental importância para explicar o desenvolvimento subsequente de ambas. A essa separação se deve que os capitais gerados no conjunto do sistema não hajam sido canalizados exclusivamente para a atividade açucareira. [...] Essa separação, ao tornar possível o desenvolvimento de uma economia agrícola não especializada na exportação de produtos tropicais, marca o início de uma nova etapa na ocupação econômica das terras americanas. [25]

Como consequência, se diversifica a matriz produtiva e se potencializa o mercado interno da Nova Inglaterra. Essa base será certamente importante para o seu desenvolvimento posterior, conforme abordado na próxima subseção.

O BRASIL NA SEGUNDA METADE DO SÉCULO XIX: A HIPÓTESE DO BONDE PERDIDO

Conforme explicado na subseção anterior, a economia açucareira constituída nos séculos XVI e XVII implicará a formação do complexo econômico nordestino. A dinâmica de acomodação da atividade criatória (tendo em vista seu caráter de subsistência) em momentos de crise da produção principal (açúcar para exportação), levará a uma conformação estrutural – manutenção da matriz produtiva instalada, sem diversificação da produção – e a um incremento vegetativo da população. Desse processo, Furtado derivará a explicação de tendência à involução econômica, por conta da queda de produtividade e renda média geral.

Furtado explica que, de maneira similar à decadência da produção açucareira, a decadência da produção aurífera no século XVIII teria conduzido a um mesmo processo de involução econômica, pois a economia mineratória não teria se desdobrado em um sistema produtivo mais complexo. Segundo Furtado, na economia mineira não foram criadas formas permanentes de atividades econômicas[26] – à exceção de alguma agricultura de subsistência, de baixa produtividade e pouco significado econômico. Era esperado, por conseguinte, que com o declínio

---

25. *Idem*, pp. 28-29.
26. Essa tese é contestada por Schwartz, para quem teria sido constituída uma economia vicinal cujo cerne seria caracterizado por unidades agrícolas diversificadas internamente, que produziam para o seu próprio consumo e vendiam os excedentes em mercados locais ou regionais (Stuart Schwartz, *Escravos, Roceiros e Rebeldes*).

da exploração do ouro se desencadeasse um processo de decadência similar ao que ocorrera com a economia açucareira no século anterior.

Em linhas gerais, na ausência de uma produção dinâmica (como fora nos séculos antes, no caso do açúcar e da mineração), para Furtado a primeira metade do século XIX representará também um período de involução econômica e, consequentemente, de retrocesso social[27]. A involução é diretamente derivada, para o autor, do desaquecimento do setor exportador. Furtado denomina de falsa euforia os momentos em que se observam alguma melhora[28]. Segundo o autor, praticamente todos os produtos da colônia se beneficiaram de elevações temporárias de preços. No entanto, essa prosperidade estava fundamentada em condições de anormalidade e, por isso, constituíam uma falsa euforia.

Estaria, em tal contexto, colocada a possibilidade de transformação da matriz produtiva, de modo a diversificá-la, deixando a dinâmica do país recém independente menos vulnerável às condições externas?

Furtado contesta a suposição de que estaria ao alcance do Brasil, naquele contexto da primeira metade do século XIX, adotar uma política idêntica a dos Estados Unidos. O desenvolvimento dos Estados Unidos teria constituído um capítulo integrante do desenvolvimento da economia europeia, sendo resultado, em menor grau, da adoção de políticas protecionistas. O fundamental, para Furtado, são as diferenças sociais entre os dois países: "enquanto no Brasil a classe dominante era o grupo dos grandes agricultores escravistas, nos EUA uma classe

27. Essa caracterização da primeira metade do século XIX como fase de decadência é contestada por Buescu. O autor resgata o mesmo período com base em variáveis políticas, sociais, culturais e econômicas – com destaque especial para a emergência de interesses internos. Buescu enfatiza que os comentários de Furtado a respeito da renda *per capita* decadente conduzem a uma minimização da importância das "sementes" que estavam sendo plantadas na primeira metade do século XIX, e que só viriam a dar "frutos" em meados deste. Conforme constata o autor, depois de uma queda secular da renda *per capita*, o processo de queda estanca no período 1800-1850, quando então começa a subir: "várias alterações devem ter acontecido exatamente naquele período para permitir a futura direção ascendente da curva. A época de Mauá só foi possível graças à de Cairu" (Mircea Buescu, "Rodrigues de Brito: Um Libelo contra o Colonialismo", p. 231).
28. Furtado exemplifica: reaquecimento da região açucareira quando do colapso da colônia açucareira do Haiti; aumento da demanda de algodão por parte dos ingleses, produzido no Maranhão e nordeste; dificuldades nas colônias espanholas repercutem no mercado de produtos tropicais e couro (Celso Furtado, *Formação Econômica do Brasil*).

de pequenos agricultores e um grupo de grandes comerciantes urbanos dominava o país"[29]. Estas diferenças sociais, por sua vez, teriam influenciado a escolha e prioridade de políticas e o direcionamento e aproveitamento de recursos – e, por conseguinte, a configuração ou não de um desenvolvimento autopropulsionado.

Para Furtado, ressalte-se, a condição básica para o desenvolvimento do Brasil na primeira metade do século XIX era a expansão de suas exportações. Promover a industrialização naquele momento seria impensável, pois, como não existia uma base técnica preexistente, fazia-se necessária a importação de tecnologia, o que por sua vez pressupunha um determinado grau de capacidade de importação, o qual só poderia ser satisfeito por disponibilidade de divisas. Todavia, o estrangulamento externo parecia insolúvel por conta do desaquecimento do setor exportador. De acordo com o autor, com o desaquecimento do setor exportador (e, por conseguinte, do nível de renda) e a tendência de crescimento populacional, havia uma tendência de queda no nível de renda *per capita* na primeira metade do século XIX.

A tendência de queda do nível de renda *per capita* só poderia ter sido modificada pelos fatores discutidos anteriormente – os quais, como visto, não se processaram. Somente um desenvolvimento intenso pautado no mercado interno poderia ter amenizado o declínio do setor exportador; mas, como visto, essa não era uma possibilidade, pois as bases não haviam sido criadas. Neste contexto, o que se observa, de acordo com Furtado, é novamente o crescimento do setor de subsistência, marcando inequivocamente um processo de involução econômica. Este declínio será revertido com a expansão da produção cafeeira na segunda metade do século XIX, que colocará o Brasil novamente como participante ativo do mercado internacional – assunto a ser desenvolvido na próxima seção deste texto.

Furtado afirma que o atraso relativo da economia brasileira encontra explicação fundamentalmente no retrocesso ocorrido na primeira metade do século XIX, tal como descrito acima[30]. A essa tese será atribuída a alcunha de "hipótese do bonde perdido". Tendo em vista a involução econômica sugerida por Furtado como representativa também da primeira década do século XIX – na qual o Brasil teria permanecido desintegrado do comércio mundial – e as gran-

---

29. *Idem*, p. 101.
30. Afirmação apresentada por Celso Furtado no capítulo 25 do *Formação Econômica do Brasil*.

des transformações das estruturas econômicas dos países mais avançados (*vide* consolidação da Revolução Industrial), criaram-se diferenças profundas entre o Brasil e os países mais avançados, como os Estados Unidos. As bases para o desenvolvimento dos Estados Unidos, ademais, já haviam sido criadas dois séculos antes, conforme abordado na subseção anterior.

A involução (e não somente estagnação) na primeira metade do século XIX, para Furtado, seria crucial para o resultado de subdesenvolvimento econômico brasileiro ainda observado. O país permanecera desintegrado do mercado internacional e não havia desenvolvido seu mercado interno. Assim, enquanto os demais países consolidavam a economia industrial, "passeando no bonde do desenvolvimento", o Brasil ainda lutava para se reintegrar no comércio internacional como primário-exportador, sem condições de pegar o bonde. Porém, como apresentado na próxima seção, na década de 1930 um novo bonde parece passar. E o autor, no *Formação Econômica do Brasil*, se mostra otimista quanto ao futuro.

DINÂMICA DA ECONOMIA CAFEEIRA E O DESLOCAMENTO DO CENTRO DINÂMICO DA ECONOMIA BRASILEIRA EM 1930: UM NOVO BONDE?

Furtado, após discorrer sobre as possibilidades de sucesso para reverter o declínio em que se encontrava a economia de algumas exportações tradicionais, aponta que, pela metade do século XIX, definiu-se a predominância de um produto relativamente novo, o café, que permitiu ao Brasil reintegrar-se ao comércio mundial.

Para a atividade cafeeira, os fatores produtivos chave eram a mão de obra e a terra. O grau de capitalização da produção de café, comparativamente aos engenhos, era muito mais baixo, pois a expansão da produção poderia se realizar de maneira puramente extensiva. Outra diferença importante destacada por Furtado decorre da formação de uma nova classe empresária, de natureza profundamente diferente daquela da economia açucareira. Nesta, os antigos empresários haviam se tornado uma classe de rentistas ociosos, alienados de sua função e interesses econômicos. Já na economia cafeeira, desde o início os interesses de produção e do comércio estiveram interligados e desempenhados pela classe empresária, que teria percebido desde cedo a importância do governo enquanto instrumento de ação econômica. Diz Furtado sobre tal elite cafeeira: "É por essa consciência clara de seus próprios interesses que eles se diferenciam de outros grupos dominantes anteriores ou contemporâneos"[31]. Essa observação de Furtado, por sua vez, remete a sua comparação do que chama de diferenças sociais entre o Brasil e os Estados Unidos.

O fluxo de renda observado na economia cafeeira terá um elemento dinâmico adicional – e crucial para as transformações seguintes. Como bem enfatiza Furtado, "O fato de maior relevância ocorrido na economia brasileira no último quartel do século XIX foi, sem lugar à dúvida, o aumento da importância relativa do setor assalariado"[32]. E é justamente a mão de obra a principal fonte de diferenças do fluxo de renda da economia cafeeira *vis-à-vis* a economia açucareira e mineratória. Numa economia exportadora escravista, o fluxo de renda monetária direciona-se essencialmente para fora (via importações, por exemplo) e o fluxo monetário interno é praticamente inexistente, porque não há mercado interno constituído. Por isso, não se verificava nessas economias o funcionamento interno do multiplicador da renda e do emprego. Na economia cafeeira, empregaram-se com intensidade crescente trabalhadores assalariados, constituindo os salários da cafeicultura o núcleo de uma economia de mercado interno. Esse será um importante estímulo para a diversificação dos investimentos do lucro gerado pela atividade exportadora principal, levando à formação do complexo cafeeiro[33]. Assim, estavam colocadas as condições para a transição de uma economia primário-exportadora[34] para uma economia industrial, o que teria acontecido nos anos 1930; para compreendê-lo, faz-se necessário adicionar o impacto da Grande Depressão.

Furtado compõe uma interpretação clássica da crise dos anos 1930. Para o autor, a política de defesa dos preços do café adotada em virtude da crise de superprodução teria sido a principal responsável pela acomodação do impacto da grande depressão. Como garantia preços mínimos de compra aos produtores de café, a política de defesa de preços permitiu a manutenção do nível de emprego na economia exportadora e, indiretamente – via efeito multiplicador da renda –

---

31. Celso Furtado, *Formação Econômica do Brasil*, p. 116.
32. *Idem*, p. 151.
33. Sérgio Silva, *Expansão Cafeeira e Origens da Indústria no Brasil*.
34. Maria da Conceição Tavares, "Auge e Declínio do Processo de Substituição de Importações no Brasil".

também nos setores ligados ao mercado interno. Desta maneira, esta política teria amenizado os efeitos negativos de desemprego nos demais setores da economia e, consequentemente, atenuado a queda de demanda e renda internas. Segundo o próprio autor, "a política de defesa do setor cafeeiro nos anos da grande depressão concretiza-se num verdadeiro programa de fomento da renda nacional"[35]. Nesse sentido, indica que a recuperação observada já em 1933 se deveu "à política de fomento seguida inconscientemente no país e que era um subproduto da defesa dos interesses cafeeiros"[36].

Por ter mantido a demanda efetiva e o nível de emprego, a política de defesa do café teria contribuído sobremaneira para um processo de mudança estrutural observado na década de 1930, o qual significou um deslocamento do centro dinâmico da economia brasileira. Furtado explica que a política de fomento da renda implícita na defesa dos preços do café implicou um desequilíbrio externo com tendência a aprofundar-se por conta da demanda por importação, intensificada pelo incremento da massa de salários, como explicado anteriormente. A correção de tal desequilíbrio externo se realizou por meio de uma forte diminuição do valor da moeda nacional – e, implicitamente, de um encarecimento dos produtos importados. Aquela renda, que antes era direcionada ao consumo de importados, se voltou em parte para a oferta interna. Desta forma, a mudança estrutural se explica fundamentalmente pelo maior crescimento dos preços dos bens manufaturados importados comparativamente aos dos bens produzidos internamente. O barateamento em termos relativos do produto doméstico teria deslocado a demanda interna ao seu favor, impulsionando a industrialização e deslocando o centro dinâmico da economia para o mercado interno. Desse modo, "Cria-se, em consequência, uma situação praticamente nova na economia brasileira, que era a preponderância do setor ligado ao mercado interno"[37].

---

35. Celso Furtado, *Formação Econômica do Brasil*, p. 192. Fundamental ao entendimento deste diagnóstico de Furtado é a diferença dos efeitos da acumulação de estoques realizada antes e depois da grande depressão. Antes, a acumulação de estoques realizava-se com uma contrapartida de débito contraído no exterior, o que implicava, internamente, uma inversão líquida nula. Depois da crise, a acumulação de estoques de café baseada na expansão de crédito gerou, internamente, uma criação de renda e, portanto, de poder de compra, o que evitou uma queda mais profunda da demanda efetiva nos setores relacionados ao mercado interno e que dependiam indiretamente da renda criada no setor exportador.
36. Celso Furtado, *Formação Econômica do Brasil*, p. 193.
37. *Idem*, p. 197.

Segundo Furtado, o aumento da rentabilidade da produção industrial ocorria simultaneamente à queda da taxa de lucros do setor exportador, o que teria desviado capitais deste para o setor ligado ao mercado interno. Ou seja, o crescimento da produção industrial interna se alimentava não apenas pela acumulação de seus próprios lucros, mas também pela atração de capitais que estavam antes investidos em outras atividades. O crescimento industrial foi possível inclusive na produção de bens de capital, setor que em condições diversas da década de 1930 teria encontrado grandes dificuldades de se instalar numa economia dependente. O desenvolvimento deste setor implicou a resolução de parte da necessidade de produção de bens necessários à manutenção e expansão da capacidade produtiva.

Para Furtado, o aumento da produção industrial se realizou primeiramente via ocupação da capacidade produtiva instalada anteriormente – inclusive de indústria de bens de capital – e a própria acumulação permitida pelo aumento dos lucros teria sustentado a ampliação subsequente da capacidade produtiva. Havia ainda a possibilidade de adquirir a baixos preços equipamentos usados no exterior. Num segundo momento, teria se verificado um aumento na importação de bens de capital. Todavia, as grandes modificações na estrutura econômica trouxeram consigo desequilíbrios persistentes, dentre os quais o autor destaca o de balança de pagamentos. Para fazer frente ao desequilíbrio externo, foi necessário que se subissem bruscamente os preços relativos dos bens importados, o que permitiu o desenvolvimento de indústrias substitutivas de importações.

No capítulo final do *Formação Econômica do Brasil*, intitulado "Perspectiva dos Próximos Decênios", Furtado faz um balanço da trajetória de formação econômica e social do Brasil até meados do século XX e, a partir dele, apresenta a perspectiva sobre o futuro do desenvolvimento do país. O autor enfatiza novamente que a primeira metade do século XX foi marcada pela progressiva emergência de um sistema em que o principal centro dinâmico é o mercado interno. Entretanto, para Furtado, o desenvolvimento econômico não teria como implicação necessária a redução da participação do comércio exterior. Em decorrência do processo de desenvolvimento econômico seria observada uma modificação do papel do comércio exterior enquanto elemento dinâmico – ou ainda, a modificação no padrão de inserção externa. Numa primeira etapa, os impulsos externos – via exportações – desempenhariam o papel de fator dinâmico principal para determinar o nível de demanda efetiva e, por conseguinte, de renda. Numa segunda etapa, aumentaria a importância estratégica do comércio exterior no processo de formação de capital, enquanto fonte de divisas para importações estratégicas, como de bens de capital: "A etapa intermediária de desenvolvimento caracteriza-se assim, por modificações substanciais na composição das importações e por uma maior dependência do processo de ampliação da capacidade produtiva com respeito ao comércio exterior"[38]. Para o autor, a transformação estrutural mais importante que ocorreria no terceiro quartel do século XX seria a redução progressiva da importância relativa do setor externo no processo de capitalização, ou seja, o país passaria a produzir os bens de capital necessários à expansão de sua própria capacidade produtiva[39].

Também no capítulo final do *Formação Econômica do Brasil*, Furtado destaca as disparidades regionais em termos de desenvolvimento – uma de suas principais preocupações, o que se reflete tanto na sua atuação como intelectual quanto como homem público –, e apresenta uma conclusão importante a respeito da decadência da região nordestina: "é um fenômeno secular, muito anterior ao processo de industrialização do Sul do Brasil. A causa básica daquela decadência está na incapacidade do sistema para superar as formas de produção e utilização dos recursos estruturados na época colonial"[40].

Em linhas gerais, apesar dos diversos problemas decorrentes de sua trajetória de formação econômica e social – e do bonde perdido no século XIX –, Furtado aponta um futuro promissor para o Brasil: a expectativa era de que os problemas seriam resolvidos e de que o país desenvolveria sua base produtiva, tornando-se industrializado, desenvolvido e com capacidade (e soberania) de desenvolvimento autopropulsionado. O bonde do desenvolvimento perdido no século anterior, por ausência de condições socioeconômicas, parecia ter passado novamente, agora em contexto mais favorável. Era uma questão de tempo (e de estratégia) apenas; relembrando título de outro livro do autor, a fantasia do desenvolvimento estava organizada[41].

38. *Idem*, p. 234.
39. Essa era justamente a estratégia desenvolvimentista expressa no processo de substituição de importações, tal como definido por Maria da Conceição Tavares, "Auge e Declínio do Processo de Substituição de Importações no Brasil".
40. *Idem*, p. 241.
41. Celso Furtado, *A Fantasia Organizada*.

Alguns anos depois, no entanto, a fantasia se desfez. Com o golpe civil-militar de 1964, Celso Furtado foi exilado. Conforme relata:

> Em poucos minutos, meu avião decolava rumo ao Pacífico. Sentira certa angústia ao cortar o último vínculo com o mundo que por tanto tempo dera sentido à minha vida. Dedicara anos a organizar minha fantasia, na esperança de um dia transformá-la em instrumento de ação a serviço do meu pobre e desvalido Nordeste. Agora, essa fantasia estava desfeita, desmoronara como uma estrela que se estilhaça[42].

O Brasil passará ainda por picos de crescimento históricos, tal como o chamado milagre econômico, e avançará sobremaneira sua matriz industrial até o início da década de 1980 – e, em alguma medida, melhorando o padrão de inserção externa do país. Por outro lado, não logrará romper com a sua armadilha histórica de subdesenvolvimento[43], passando a ter a esperada capacidade de desenvolvimento autopropulsionado. Nesse sentido, "Ter transformado a base produtiva, em prol da industrialização, era, portanto, uma condição necessária, porém longe de ser suficiente para que o Brasil se libertasse da armadilha do subdesenvolvimento"[44].

O país não se sustentou no "bonde". Os motivos e interpretações para tal são diversos. Do ponto de vista da complexidade econômica e do estruturalismo cepalino presentes na análise do *Formação Econômica do Brasil*, embora a complexificação da matriz produtiva (intensificada a partir de 1930) tenha sido um ponto de inflexão importante para seguir viagem no bonde do desenvolvimento, transformações estruturais que garantissem sustentação socioeconômica para o processo de transformação – cujo impacto econômico mais direto seria justamente a diminuição da desigualdade de renda e riqueza, e a sustentação do poder de compra do mercado interno – não se realizaram. A dinâmica de distribuição de renda e riqueza fora pouco modificada, mantendo as seculares estruturas de poder – e os interesses que delas derivam – estabelecidas desde a colonização. Haverá outro bonde?

---

42. Celso Furtado, *A Fantasia Desfeita*, p. 201.
43. Celso Furtado, *Brasil: A Construção Interrompida*.
44. Fernanda Graziella Cardoso, *A Armadilha do Subdesenvolvimento: Uma Discussão do Período Desenvolvimentista Brasileiro sob a Ótica da Abordagem da Complexidade*, p. 236.

CONSIDERAÇÕES FINAIS

A mais conhecida obra de Celso Furtado, o *Formação Econômica do Brasil* completou seis anos de publicação em 2019. Apesar de sua avançada idade, o livro permanece atual, conforme argumentado nesse texto. Sua interpretação contribui para a compreensão do processo de formação econômica e social do Brasil, para a origem de seus problemas e para as dificuldades antigas e atuais de seu processo de desenvolvimento.

O bonde do desenvolvimento perdido no século XIX por ausência de condições socioeconômicas parecia ter passado novamente na década de 1930, contexto favorável tendo em vista a dinâmica econômica mais complexa derivada da economia cafeeira, decorrente, em grande medida, do emprego de mão de obra assalariada. A partir de então, o mercado interno adquirirá outra dinâmica. As circunstâncias (internas e externas) favoráveis levarão ao deslocamento do centro dinâmico da economia brasileira. Parecia ser uma questão de tempo romper com armadilha do subdesenvolvimento.

A crescente complexidade da matriz produtiva – impulsionada pelo processo de industrialização que ganhara importante impulso nos anos 1930 – e a requalificação do padrão de inserção externa – rompendo com os efeitos deletérios da dinâmica centro-periferia –, levaria ao desenvolvimento do Brasil, a despeito dos problemas derivados de sua formação econômica e social. Esses problemas – as diversas formas de desigualdade, especialmente – tenderiam a ser resolvidos; era uma questão de tempo, planejamento e estratégia para o virtuoso aproveitamento dos impulsos dinâmicos (efeitos multiplicadores da renda e do emprego) gerados. A fantasia desenvolvimentista parecia ser uma realidade possível.

O devir demonstrou que esse tempo (ainda) não chegou. O período desenvolvimentista do Brasil fez avançar a matriz industrial, melhorou em alguma medida o padrão de inserção externa, mas não foi suficiente para romper a condição histórica de dependência. Tampouco foram alteradas as seculares estruturas de poder internas, que contribuem para a manutenção das ainda elevadas desigualdades (regional, de classe, de gênero e racial).

Recentemente, observa-se, ademais, um processo de recrudescimento do desmonte da matriz produtiva industrial – processo intensificado especialmente a partir da década de 1990 – e também de regressão do padrão de inserção externa, com reprimarização da pauta exportadora. Da perspectiva do *Formação Econômi-*

ca do Brasil, imbuído do pensamento cepalino-estruturalista e compatível com a visão de complexidade econômica, o país tem se afastado cada vez mais dos trilhos por onde passa o bonde do desenvolvimento. Embora a industrialização – ou complexificação da matriz produtiva – não tenha se mostrado condição suficiente para romper a armadilha do subdesenvolvimento, parece ser condição necessária. Na ausência dela, a realização da fantasia desenvolvimentista (se é que ela é possível) parece ficar cada vez mais distante.

REFERÊNCIAS BIBLIOGRÁFICAS

ARNDT, Heinz Wolfgang. *Economic Development – The History of an Idea*. Chicago/London, The University of Chicago Press, 1987.

ARTHUR, William Brian; DURLAUF, Steven & LANE, David. "Introduction". *In*: ARTHUR, William Brian; DURLAUF, Steven & LANE, David (ed.). *The Economy as an Evolving Complex System II*. Reading, Addison Wesley, 1997.

BUESCU, Mircea. "Rodrigues de Brito: Um Libelo contra o Colonialismo". *História Econômica do Brasil: Pesquisas e Análises*. Rio de Janeiro, Apec, 1970, pp. 230-238.

CARDOSO, Fernanda Graziella. *A Armadilha do Subdesenvolvimento: Uma Discussão do Período Desenvolvimentista Brasileiro sob a Ótica da Abordagem da Complexidade*. Tese de Doutorado, Universidade de São Paulo, 2012.

_____. *Nove Clássicos do Desenvolvimento Econômico*. Jundiaí, Paco, 2018.

_____. & REIS, Cristina Fróes de Borja. "A Divisão Centro e Periferia no Atual Contexto das Cadeias Globais de Valor: Uma Interpretação a Partir dos Pioneiros do Desenvolvimento". *Revista de Economia Contemporânea*, vol. 22, pp. 1-31, 2018.

COUTINHO, Maurício C. "A Teoria Econômica de Celso Furtado: *Formação Econômica do Brasil*". *In*: LIMA, Marcos Costa & DAVID, Maurício Dias (org.). *A Atualidade do Pensamento Econômico de Celso Furtado*. São Paulo, Verbena, 2008.

FIORI, José Luis. "De Volta à Questão da Riqueza de Algumas Nações". *In*: FIORI, José Luis (org.). *Estados e Moedas no Desenvolvimento das Nações*. Petrópolis, Vozes, 1999.

FURTADO, Celso. *A Fantasia Desfeita*. São Paulo, Paz e Terra, 1989.

_____. *A Fantasia Organizada*. São Paulo, Paz e Terra, 1985.

_____. *Brasil: A Construção Interrompida*. São Paulo, Paz e Terra, 1992.

_____. *Formação Econômica do Brasil*. São Paulo, Companhia Editora Nacional, 2001 (1. ed. 1959).

HARTMANN, Dominik *et al*. "Linking Economic Complexity, Institutions and Income Inequality". *World Development*, vol. 93, pp. 75-93, 2017.

HAUSMANN, Ricardo *et al. The Atlas of Economic Complexity – Mapping Paths to Prosperity.* [s. l.], Center for International Development at Harvard University/Harvard Kennedy School/Macro Connections MediaLab – MIT, 2015.

HIRSCHMAN, Albert Otto. *The Strategy of Economic Development.* New Haven, Yale University Press, 1958.

KEYNES, John Maynard. *A Teoria Geral do Emprego, do Juro e da Moeda.* São Paulo, Nova Cultural, 1985 (1. ed. 1936) (Os Economistas).

MEIER, Gerald & SEERS, Dudley (ed.). *Pioneers in Development.* [s. l.], World Bank/Oxford University Press, 1984.

MYRDAL, Gunnar. *Teoria Econômica e Regiões Subdesenvolvidas.* 2. ed. Rio de Janeiro, Saga, 1968 (1. ed. 1957).

PREBISCH, Raúl. "O Desenvolvimento Econômico Latino-Americano e Alguns de seus Principais Problemas" [1949]. *In*: BIELSCHOWSKY, Ricardo (org.). *Cinquenta Anos de Pensamento da Cepal.* Rio de Janeiro, Record, 2000, vol. 1.

SCHUMPETER, Joseph. *A Teoria do Desenvolvimento Econômico.* São Paulo, Abril Cultural, 1985 (1. ed. 1912) (Os Economistas).

SCHWARTZ, Stuart. *Escravos, Roceiros e Rebeldes.* Bauru, Edusc, 2001.

SILVA, Sérgio. *Expansão Cafeeira e Origens da Indústria no Brasil.* São Paulo, Alfa-Ômega, 1976.

TAVARES, Maria da Conceição. "Auge e Declínio do Processo de Substituição de Importações no Brasil". *Da Substituição de Importações ao Capitalismo Financeiro.* Rio de Janeiro, Zahar, 1972.

14
A Dimensão de Futuro em *Formação Econômica do Brasil*

Gilberto Bercovici

Desde a sua publicação em 1959, *Formação Econômica do Brasil* chamou a atenção não apenas pela análise histórico-estrutural do sistema econômico brasileiro, mas também por sua dimensão prospectiva. Segundo Warren Dean, em resenha escrita no início da década de 1960, *Formação Econômica do Brasil* é um livro cujas explicações podem ser usadas para "mudar o presente"[1]. Como ressalta Francisco de Oliveira, Celso Furtado não descreve apenas como se formou o país do passado, mas explica e constrói o Brasil de seu tempo, o tempo da industrialização e do nacional-desenvolvimentismo, e estrutura toda a sua narrativa estando voltado para o futuro, para a superação do subdesenvolvimento[2]. *Formação Econômica do Brasil* é mais do que um livro de história econômica, é um método de análise do processo de subdesenvolvimento[3]. Furtado queria refundar racionalmente a sociedade brasileira por uma ação consciente e deliberada, ou melhor, planejada, expondo um programa político de construção da nação para além da economia, no qual o Estado era o agente do projeto de construção nacional[4].

A interpretação de Celso Furtado em *Formação Econômica do Brasil* destaca a autonomia do Estado brasileiro para atuar economicamente a partir da Revolução de 1930. A política deliberada, após 1930, será a da expansão econômica via mercado interno, especialmente por meio da industrialização. Celso Furtado entende que

---

1. Resenha de Warren Dean, publicada em 1965 e reproduzida na seção "Fortuna Crítica" da edição comemorativa de cinquenta anos de *Formação Econômica do Brasil*, p. 425.
2. Francisco de Oliveira, "A Navegação Venturosa", p. 13.
3. Gérard Destanne de Bernis, "Furtado et l'Économie Mondiale", p. 60.
4. Daniel Pécaut, "Celso Furtado et le Politique: L'Écrivain comme un Penseur", pp. 157-164.

naquele momento há uma ruptura na política econômica, com destaque à clássica análise da política de preservação do setor cafeeiro para a manutenção dos níveis de renda, favorecendo a internalização dos centros de decisão econômica e o processo de industrialização[5]. O nacionalismo econômico brasileiro vai justamente se caracterizar pela busca de maior independência econômica, cujo pressuposto era o controle do Estado sobre seus recursos naturais para beneficiar a economia nacional. A posição do Brasil como exportador de matérias-primas, portanto, vulnerável às oscilações do mercado internacional, deixou de ser vista como vantajosa. E o Estado brasileiro vai ser reestruturado e atuar decisivamente para promover as transformações estruturais julgadas necessárias para solucionar esta questão, especialmente buscando diversificar a economia por meio da industrialização[6].

A análise do caso brasileiro, enfatiza Celso Furtado, demonstra que o processo de desenvolvimento é fundado em decisões políticas, ou seja, o processo de transformação da economia capitalista no Brasil teve (e tem) uma nítida e presente direção política[7]. Esta política é conhecida por desenvolvimentismo, que, na definição de Ricardo Bielchowsky, é a ideologia de transformação da sociedade brasileira e de superação do subdesenvolvimento por meio da industrialização coordenada e planejada pelo Estado, que também deve definir a expansão dos vários setores eco-

---

5. Celso Furtado, *Formação Econômica do Brasil*, pp. 263-285; Maria da Conceição Tavares, "Auge e Declínio do Processo de Substituição de Importações no Brasil", pp. 59-60; João Manuel Cardoso de Mello, *O Capitalismo Tardio*, pp. 108-117, 168-173; Liana Aureliano, *No Limiar da Industrialização*, pp. 129-140; Wilson Suzigan, *Indústria Brasileira: Origem e Desenvolvimento*, pp. 25-30, 61-63 e Pedro Cezar Dutra Fonseca, *Vargas: O Capitalismo em Construção (1906-1954)*, pp. 172-176.
6. Celso Furtado, *Formação Econômica do Brasil*, pp. 323-335; Caio Prado Jr., *História Econômica do Brasil*, pp. 287-300; Octavio Ianni, *Estado e Capitalismo*, pp. 61-63; Octavio Ianni, *Estado e Planejamento Econômico no Brasil*, pp. 69-82; Francisco de Oliveira, "Crítica à Razão Dualista", pp. 35-60; Pedro Cezar Dutra Fonseca, *Vargas: O Capitalismo em Construção*, pp. 181-202; Ricardo Bielchowsky, *Pensamento Econômico Brasileiro: O Ciclo Ideológico do Desenvolvimentismo*, pp. 248-259 e Pedro Paulo Zahluth Bastos, "A Construção do Nacional-Desenvolvimentismo de Getúlio Vargas e a Dinâmica de Interação entre Estado e Mercado nos Setores de Base", pp. 246-253.
7. Octavio Ianni, *Estado e Capitalismo*, p. 214; Sônia Draibe, *Rumos e Metamorfoses: Um Estudo sobre a Constituição do Estado e as Alternativas da Industrialização no Brasil, 1930-1960*, pp. 26-27; Celso Furtado, *O Capitalismo Global*, pp. 79-81 e Celso Furtado, *Em Busca de Novo Modelo: Reflexões sobre a Crise Contemporânea*, pp. 8-9.

nômicos e captar e orientar os recursos financeiros necessários para o financiamento do processo de desenvolvimento[8].

O fato de o Estado estar envolvido no processo de transformação econômica significa que também está inserido no processo de acumulação de capital. O poder estatal assume a tarefa de criar riqueza e gerar novas capacidades produtivas, além de estar diretamente envolvido nos conflitos sobre distribuição e bem-estar. A centralidade do Estado no processo de acumulação de capital no Brasil é incontestável, buscando expandir as forças produtivas e assegurar que as forças do mercado se estruturem da melhor forma possível. No caso brasileiro, as suas funções, antes limitadas à preservação do sistema econômico, atuando como regulador da produção e protegendo setores ameaçados por desajustes ou crises, são constantemente ampliadas para dinamizar e orientar a expansão e diversificação das forças produtivas, incentivando e realizando diretamente a criação de riqueza, transformando as estruturas econômicas e sociais do país. Esta expansão da atuação do Estado brasileiro não foi linear e contínua, mas repleta de contradições e especificidades historicamente determinadas, enfrentando simultaneamente questões vinculadas à afirmação do poder estatal soberano e à construção de um aparato estatal apto a lidar com os desafios de um sistema econômico capitalista avançado e da industrialização. A autonomia do Estado, inclusive, se materializa, embora nunca se torne plena ou absoluta, conforme a sua capacidade intervencionista é ampliada. Sua natureza é heterogênea e contraditória, pois é um Estado nacionalista cuja estratégia de acumulação é condicionada por sua inserção na economia internacional e depende, em muitos aspectos, da cooperação das empresas multinacionais, ou seja, é um Estado intervencionista que atua de forma profunda e transformadora em determinados setores, mas é limitado e insuficiente em outros. Apesar de suas contradições, ou por causa delas, é o instrumento central na política de desenvolvimento[9].

---

8. Ricardo Bielschowsky, *Pensamento Econômico Brasileiro*, pp. 7, 431.
9. Octavio Ianni, *Estado e Capitalismo,* pp. 11-19, 36-46, 184-199; Peter Evans, *Dependent Development: The Alliance of Multinational, State and Local Capital in Brazil*, pp. 43-50; Sônia Draibe, *Rumos e Metamorfoses*, pp. 19-20, 43-45, 50-54, 60-63, 76-80, 82-84, 129-137, 254-259; José Luís Fiori, "Para uma Economia Política do Estado Brasileiro", pp. 148-151 e Wanderley Guilherme dos Santos, *O Ex-Leviatã Brasileiro: Do Voto Disperso ao Clientelismo Concentrado*, pp. 13-24, 37-44. *Vide*, ainda, Raúl Prebisch, "Problemas Teóricos y Prácticos

Segundo Furtado, os fins do desenvolvimento devem ser fixados pela própria sociedade nacional. No entanto, a vontade política para orientar e favorecer as transformações econômicas e sociais é indispensável para impulsionar e conduzir o processo de desenvolvimento endógeno. Um dos objetivos deste processo é a homogeneização social, com a garantia da apropriação do excedente econômico pela maior parte da população. O desenvolvimento endógeno exige também a internalização dos centros de decisão econômica, a dinamização e a integração do mercado interno, com grande ênfase para o desenvolvimento tecnológico[10].

A questão teórica central de *Formação Econômica do Brasil* é a internalização dos centros de decisão econômica, a constituição do mercado interno no Brasil[11]. A internalização dos centros de decisão econômica tem por objetivo, entre outros, reduzir a vulnerabilidade externa do país, visando assegurar uma política nacional de desenvolvimento. A vulnerabilidade externa pode ser traduzida na baixa capacidade de o país resistir à influência de fatores desestabilizadores ou choques externos. É um conceito complementar ao de soberania econômica nacional, pois diz respeito diretamente à capacidade de decisão de política econômica de forma autônoma. A expansão do mercado interno é a principal estratégia de dinamismo econômico. O processo de desenvolvimento econômico deve ser liderado, assim, pela demanda interna do país, não apenas pelas exportações, ampliando as relações comerciais e objetivando a instituição de uma sociedade industrial avançada.

del Crecimiento Económico", pp. 261-265; Octavio Rodríguez, *La Teoría del Subdesarrollo de la Cepal*, pp. 180-182, 280-284; Ricardo Bielschowsky, *Pensamento Econômico Brasileiro*, pp. 133-134, 151-154 e Octavio Rodríguez, *O Estruturalismo Latino-Americano*, pp. 47-48.

10. Celso Furtado, *Desenvolvimento e Subdesenvolvimento*, pp. 213-216; Celso Furtado, *Brasil: A Construção Interrompida*, pp. 11, 28, 32-35, 85; Celso Furtado, *O Capitalismo Global*, pp. 22-23, 43-45 e Celso Furtado, *Em Busca de Novo Modelo*, pp. 41-43. Sobre a concepção de desenvolvimento endógeno de Celso Furtado, vide Ricardo Bielschowsky, *Pensamento Econômico Brasileiro*, pp. 133-147; Ignacy Sachs, "Um Projeto para o Brasil: A Construção do Mercado Nacional como Motor do Desenvolvimento", pp. 46-47; Leda Maria Paulani, "A Utopia da Nação: Esperança e Desalento", pp. 143-147 e Octavio Rodríguez, *O Estruturalismo Latino-Americano*, pp. 435-441. *Vide*, ainda, Albert O. Hirschman, "Ideologies of Economic Development in Latin America", pp. 303-304.

11. Cf., por todos, João Antonio de Paula, "A Formação do Mercado Interno e a Superação do Subdesenvolvimento em Celso Furtado", pp. 108 e ss.

A superação do subdesenvolvimento significa a construção de um Estado nacional verdadeiramente autônomo, o que implica na remoção de obstáculos internos, enfrentando as classes economicamente dominantes, e externos, rompendo com a situação de dependência. O desenvolvimento não é mero crescimento econômico, pois envolve transformações estruturais profundas. Se não ocorrem estas transformações, não se trata de desenvolvimento, mas de mera modernização, que apenas assimila o progresso técnico, mantendo as estruturas de dominação social e econômica e perpetuando o subdesenvolvimento. É necessário, portanto, uma política deliberada de desenvolvimento[12], na qual a tarefa do Estado, nas palavras de Caio Prado Jr., é "libertar as forças anticolonialistas já presentes no interior da atual estrutura econômica do país"[13].

O Brasil, em seu processo de formação econômica, sempre oscilou entre duas grandes tendências. Uma é a constituição de um sistema econômico nacional, autônomo, com os centros de decisão econômica internalizados e baseado na expansão do mercado interno, em um processo de desenvolvimento vinculado a reformas estruturais. A outra consiste no modelo dependente ou associado, com preponderância das empresas multinacionais e do sistema financeiro internacional, dependente financeira e tecnologicamente e vinculado às oscilações externas da economia mundial[14], gerando, nas palavras de Sérgio Buarque de Holanda, uma verdadeira "procissão dos milagres":

> Tivemos também os nossos eldorados. Os das minas, certamente, mas ainda o do açúcar, o do tabaco, de tantos outros gêneros agrícolas, que se tiram da terra fértil, enquanto fértil, como o ouro se extrai, até esgotar-se, do cascalho, sem retribuição de bene-

---

12. Octavio Ianni, *Estado e Capitalismo*, p. 204; Celso Furtado, *Teoria e Política do Desenvolvimento Econômico*, pp. 102-104, 265, 281, 283-290, Celso Furtado, *O Mito do Desenvolvimento Econômico*, pp. 95-100; Raúl Prebisch, *Capitalismo Periférico: Crisis y Transformación*, pp. 242-243; Celso Furtado, *Brasil. A Construção Interrompida*, pp. 39-48, 57, 74-75; Maria da Conceição Tavares, "Império, Território e Dinheiro", pp. 480, 486-487; Celso Furtado, *O Capitalismo Global*, pp. 47-54 e Carlos Mallorquin, *Celso Furtado: Um Retrato Intelectual*, pp. 345-346.
13. Caio Prado Jr., *Diretrizes para uma Política Econômica Brasileira*, pp. 166-167, 227-240.
14. Octavio Ianni, *Estado e Capitalismo*, pp. 255-256, 258-259 e Carlos Lessa, "Infraestrutura e Logística no Brasil", pp. 97-100. Para a necessidade de um projeto nacional de desenvolvimento, *vide*, ainda, Octavio Rodríguez, *O Estruturalismo Latino-Americano*, pp. 677-681.

fícios. A procissão dos milagres há de continuar assim através de todo o período colonial, e não interromperá a Independência, sequer, ou a República[15].

O projeto explícito em *Formação Econômica do Brasil* é um projeto de futuro: o Brasil deveria prosseguir na industrialização, resolver a questão regional, fazer a reforma agrária, distribuir a renda. Esse projeto surgiria na concepção do Plano Trienal, em 1962, ressaltando as barreiras ao desenvolvimento e indicando como superá-las[16]. Segundo Octávio Ianni, foi a "síntese mais completa de todas as ambições da política econômica do Estado no Brasil"[17]. A intenção do Plano Trienal era a de completar a conversão da economia colonial em economia nacional, com a tomada dos centros de decisão essenciais ao progresso autônomo pelo Estado brasileiro. O projeto presente em *Formação Econômica do Brasil* é o projeto de superação do subdesenvolvimento que seria traduzido nas Reformas de Base do início da década de 1960[18]. O projeto exposto em *Formação Econômica do Brasil* é o projeto derrotado em 1964 e que ainda precisa ser resgatado e atualizado para que o Brasil possa finalmente superar o subdesenvolvimento e, em termos furtadianos, completar o processo de construção da Nação.

REFERÊNCIAS BIBLIOGRÁFICAS

AURELIANO, Liana. *No Limiar da Industrialização*. 2. ed. Campinas, Instituto de Economia da Unicamp, 1999.
BASTOS, Pedro Paulo Zahluth. "A Construção do Nacional-Desenvolvimentismo de Getúlio Vargas e a Dinâmica de Interação entre Estado e Mercado nos Setores de Base". *EconomiA*, vol. 7, n. 4, pp. 246-253, dez. 2006.
BERCOVICI, Gilberto. "Reformas de Base e Superação do Subdesenvolvimento". *Revista de Estudios Brasileños*, vol. 1, n. 1, pp. 97-112, 2014.

15. Sérgio Buarque de Holanda, *Visão do Paraíso: Os Motivos Edênicos no Descobrimento e Colonização do Brasil*, p. 334.
16. Celso Furtado, "O Plano Trienal e o Desenvolvimento", pp. 29-31.
17. Octávio Ianni, *Estado e Capitalismo*, pp. 20-22.
18. Celso Furtado, "Política Econômica e Reformas de Base", pp. 33-46; Gilberto Bercovici, "Reformas de Base e Superação do Subdesenvolvimento", pp. 97-112 e Maria da Conceição Tavares, "Uma Releitura das Reformas", pp. 485-488.

BERNIS, Gérard Destanne de. "Furtado et l'Économie Mondiale". *Cahiers du Brésil Contemporain*, n. 33-34 (*Le Developpement, Qu'est-ce? L'Apport de Celso Furtado*), 1998.

BIELSCHOWSKY, Ricardo. *Pensamento Econômico Brasileiro: O Ciclo Ideológico do Desenvolvimentismo*. 2. ed. Rio de Janeiro, Contraponto, 1995.

DEAN, Warren. "Resenha" [1965]. *In*: FURTADO, Celso. *Formação Econômica do Brasil. Edição Comemorativa – 50 Anos*. Organização de Rosa Freire d'Aguiar. São Paulo, Companhia das Letras, 2009.

DRAIBE, Sônia. *Rumos e Metamorfoses: Um Estudo sobre a Constituição do Estado e as Alternativas da Industrialização no Brasil, 1930-1960*. Rio de Janeiro, Paz e Terra, 1985.

EVANS, Peter. *Dependent Development: The Alliance of Multinational, State and Local Capital in Brazil*. Princeton, Princeton University Press, 1979.

FIORI, José Luís. "Para uma Economia Política do Estado Brasileiro". *In: Em Busca do Dissenso Perdido: Ensaios Críticos sobre a Festejada Crise do Estado*. Rio de Janeiro, Insight, 1995.

FONSECA, Pedro Cezar Dutra. *Vargas: O Capitalismo em Construção (1906-1954)*. São Paulo, Brasiliense, 1989.

FURTADO, Celso. *Brasil: A Construção Interrompida*. 2. ed. Rio de Janeiro, Paz e Terra, 1992.

_____. *Desenvolvimento e Subdesenvolvimento*. 5. ed., Rio de Janeiro, Contraponto/Centro Internacional Celso Furtado, 2009.

_____. *Formação Econômica do Brasil*. 34. ed. São Paulo, Companhia das Letras, 2007.

_____. *Em Busca de Novo Modelo: Reflexões sobre a Crise Contemporânea*. Rio de Janeiro, Paz e Terra, 2002.

_____. *O Capitalismo Global*. 5ª ed. Rio de Janeiro, Paz e Terra, 2001.

_____. *O Mito do Desenvolvimento Econômico*. 2. ed. Rio de Janeiro, Paz e Terra, 1974.

_____. "O Plano Trienal e o Desenvolvimento". *O Plano Trienal e o Ministério do Planejamento*. Rio de Janeiro, Contraponto/Centro Internacional Celso Furtado, 2011 (Arquivos Celso Furtado, 4).

_____. "Política Econômica e Reformas de Base". *A Pré-Revolução Brasileira*. Rio de Janeiro, Fundo de Cultura, 1962.

_____. *Teoria e Política do Desenvolvimento Econômico*. 10. ed. Rio de Janeiro, Paz e Terra, 2000.

HIRSCHMAN, Albert O. "Ideologies of Economic Development in Latin America". *A Bias for Hope: Essays on Development and Latin America*. New Haven/London, Yale University Press, 1971.

HOLANDA, Sérgio Buarque de. *Visão do Paraíso: Os Motivos Edênicos no Descobrimento e Colonização do Brasil*. 5. ed. São Paulo, Brasiliense, 1992.

IANNI, Octavio. *Estado e Capitalismo*. 2. ed., São Paulo, Brasiliense, 1989.
_____. *Estado e Planejamento Econômico no Brasil*. 5. ed. Rio de Janeiro, Civilização Brasileira, 1991.
LESSA, Carlos. "Infraestrutura e Logística no Brasil". *In*: CARDOSO Jr., José Celso (org.). *Desafios ao Desenvolvimento Brasileiro: Contribuições do Conselho de Orientação do Ipea*. Brasília, Ipea, 2009, vol. 1.
MALLORQUIN, Carlos. *Celso Furtado: Um Retrato Intelectual*. São Paulo/Rio de Janeiro, Xamã/Contraponto, 2005.
MELLO, João Manuel Cardoso de. *O Capitalismo Tardio*. 8. ed., São Paulo, Brasiliense, 1991.
OLIVEIRA, Francisco de. "A Navegação Venturosa". *In*: OLIVEIRA, Francisco de (org.). *Celso Furtado*. São Paulo, Ática, 1983 (Grande Cientistas Sociais, 33).
_____. "Crítica à Razão Dualista". *Crítica à Razão Dualista/O Ornitorrinco*. São Paulo, Boitempo, 2003.
PAULA, João Antonio. "A Formação do Mercado Interno e a Superação do Subdesenvolvimento em Celso Furtado". *In*: COELHO, Francisco da Silva & GRANZIERA, Rui Guilherme (org.). *Celso Furtado e a Formação Econômica do Brasil*. São Paulo, Editora Atlas/Ordem dos Economistas do Brasil, 2009.
PAULANI, Leda Maria. "A Utopia da Nação: Esperança e Desalento". *In:* BRESSER-PEREIRA, Luiz Carlos & REGO, José Márcio. *A Grande Esperança em Celso Furtado: Ensaios em Homenagem aos seus 80 Anos*. São Paulo, Editora 34, 2001.
PÉCAUT, Daniel. "Celso Furtado et le Politique: L'Écrivain comme un Penseur". *Cahiers du Brésil Contemporain*, n. 33-34 (*Le Developpement, Qu'est-ce? L'Apport de Celso Furtado*), pp. 157-164, 1998.
PRADO Jr., Caio. *Diretrizes para uma Política Econômica Brasileira*. Tese de Cátedra, Universidade de São Paulo, 1954.
_____. *História Econômica do Brasil*. 40. ed. São Paulo, Brasiliense, 1993.
PREBISCH, Raúl. *Capitalismo Periférico: Crisis y Transformación*. México, Fondo de Cultura Económica, 1981.
_____. "Problemas Teóricos y Prácticos del Crecimiento Económico". *In*: GURRIERI, Adolfo (org.). *La Obra de Prebisch en la Cepal*. México, Fondo de Cultura Económica, 1982, vol. 1.
RODRÍGUEZ, Octavio. *La Teoría del Subdesarrollo de la Cepal*. 8. ed. México, Siglo Veintiuno, 1993.
_____. *O Estruturalismo Latino-Americano*. Rio de Janeiro, Civilização Brasileira, 2009.
SANTOS, Wanderley Guilherme dos. *O Ex-Leviatã Brasileiro: Do Voto Disperso ao Clientelismo Concentrado*. Rio de Janeiro, Civilização Brasileira, 2006.

SACHS, Ignacy. "Um Projeto para o Brasil: A Construção do Mercado Nacional como Motor do Desenvolvimento". *In:* BRESSER-PEREIRA, Luiz Carlos & REGO, José Márcio. *A Grande Esperança em Celso Furtado: Ensaios em Homenagem aos seus 80 Anos.* São Paulo, Editora 34, 2001.

SUZIGAN, Wilson. *Indústria Brasileira: Origem e Desenvolvimento.* 2. ed. São Paulo/Campinas, Hucitec/Editora da Unicamp, 2000.

TAVARES, Maria da Conceição. "Auge e Declínio do Processo de Substituição de Importações no Brasil". *Da Substituição de Importações ao Capitalismo Financeiro – Ensaios sobre a Economia Brasileira.* 2. ed. Rio de Janeiro, Zahar, 1973.

_____. "Império, Território e Dinheiro". *In*: FIORI, José Luís (org.). *Estados e Moedas no Desenvolvimento das Nações.* 3. ed. Petrópolis, Vozes, 2000.

_____. "Uma Releitura das Reformas". *In*: FURTADO, Celso. *O Plano Trienal e o Ministério do Planejamento.* Rio de Janeiro, Contraponto/Centro Internacional Celso Furtado, 2011 (Arquivos Celso Furtado, 4).

15

Formação Econômica do Brasil, 60 Anos Depois

◆

Alexandre de Freitas Barbosa

Em 2009, escrevi um artigo para a *Revista IEB*, intitulado "*Formação Econômica do Brasil*, Cinquenta Anos Depois". O objetivo era aproveitar o cinquentenário de publicação do livro clássico para fazer uma resenha da edição comemorativa que trazia alentada fortuna crítica. Simultaneamente, buscava saldar uma dívida pessoal com a obra que me permitiu ser economista, historiador e professor de história econômica do Brasil, compartilhando com as novas gerações um pouco da minha experiência de pesquisa e ensino com e a partir de "FEB". Assim, o livro passou a ser chamado, tal como a disciplina que figura nos cursos de economia do país. Naquele artigo-resenha, realizei também uma tentativa preliminar de discorrer sobre a recepção da obra pelas várias gerações e correntes do pensamento econômico no Brasil.

Neste texto, procuro aprofundar esse exercício, partindo da seguinte questão: qual significado pode ter a leitura de *Formação Econômica do Brasil* sessenta anos depois de sua publicação, particularmente neste ano de 2020, quando se comemora o centenário do mestre Furtado? No seminário Celso Furtado e os 60 anos de *Formação Econômica do Brasil* – organizado por meio de parceria entre a Biblioteca Brasiliana Guita e José Mindlin, o IEB e o Sesc, no mês de novembro de 2019 –, coube-me participar da mesa "A Atualidade de Formação Econômica do Brasil", o que justifica o título deste ensaio. O evento foi coroado pela presença de Rosa Freire d'Aguiar, que tornou pública a doação da biblioteca e dos arquivos de Celso Furtado ao IEB.

A primeira parte deste capítulo traz uma discussão do contexto em que a obra foi escrita e da sua importância na produção e na trajetória intelectual de Celso Furtado, destacando a importância do método histórico-estrutural. Na segunda parte, são apresentadas as várias ondas de recepção do livro pelas diversas gerações e correntes do pensamento econômico, assim como suas correspondentes interpretações e leituras. Finalmente, na terceira parte, pretendo justificar a importância dessa obra – e do método que lhe dá sentido – para compreender dialeticamente o período recente, o mais antifurtadiano de nossa história.

FORMAÇÃO ECONÔMICA DO BRASIL: MÉTODO, CONTEXTO E SUA IMPORTÂNCIA NA TRAJETÓRIA DE FURTADO

Formação Econômica do Brasil foi escrito em Cambridge, na Inglaterra, entre novembro de 1957 e fevereiro de 1958, "nas 'sobras de tempo' que ia furtando ao festival do debate teórico", conforme relata o seu autor. O "festival" contava com a presença de alguns dos principais economistas do momento, dentre eles Nicholas Kaldor, Piero Sraffa, Joan Robinson e Amartya Sen, classificados por Furtado como os "keynesianos de esquerda" do departamento de economia da universidade[1].

Na sua temporada em Cambridge, o economista pretendera dedicar-se essencialmente ao trabalho teórico. Mas o mergulho na compreensão da realidade brasileira era uma espécie de ajuste de contas consigo mesmo. No seu livro autobiográfico, Furtado fala sobre o método: "aproximar a História (visão global) da análise econômica". A economia daria conta de formular "perguntas precisas", para "obter respostas da História"[2].

Para não ficar "num alto nível de abstração", optou por pintar um "afresco" com "segmentos estruturados" (as cinco partes do livro), que carregariam uma "coleção de hipóteses com demonstrações apenas iniciadas ou sugeridas", estimulando outros pesquisadores a aprofundarem a investigação. A "omissão dos detalhes historiográficos" justificava-se "para que o leitor captasse facilmente o movimento no tempo do conjunto observado"[3].

---

1. Celso Furtado, *A Fantasia Organizada*, pp. 202, 204.
2. *Idem*, pp. 204-205
3. *Idem*, p. 205. Grifos nossos.

O prefácio do livro procura explicitar o seu objetivo. Para Furtado, o livro "pretende ser *tão somente* um *esboço* do processo histórico de formação da economia brasileira". Por isso, destina-se a "um público *mais amplo*", com ênfase "nos estudantes de ciências sociais, das faculdades de economia e filosofia em particular". Em seguida, o autor afirma não se deter sobre "a bibliografia histórica brasileira", pois o seu objetivo "é *simplesmente* a análise dos processos econômicos e não a reconstituição dos eventos históricos que estão por trás desses processos"[4].

Destaco os trechos acima, que constam da introdução do livro, para ressaltar que muitas das críticas sobre a obra não levaram em consideração o objetivo proposto pelo autor. Não se tratava de obra de história econômica. E tampouco de economia *strictu sensu*. Tampouco se propunha a fazer um debate com as interpretações existentes sobre a formação do Brasil. O livro de Roberto Simonsen fora adquirido por acaso já que o voo para a Europa tivera uma escala forçada em Recife, onde o autor comprara *História Econômica do Brasil*, utilizado mais como fonte de dados. Os demais livros citados foram, em grande medida, consultados na Biblioteca de Cambridge.

O historiador Ruggiero Romano mata a charada: Furtado buscou "reconstruir por sua própria conta toda uma série de mecanismos capazes de conduzir a uma compreensão melhor dos problemas do presente"[5]. Para isso, elaborou um método próprio, em que a teoria e a história aparecem fundidas. Conforme a síntese de Francisco de Oliveira, "o andamento se faz tecendo os fios de uma construção autoestruturante, em que a história é teoria e a teoria é história"[6].

É importante destacar que o método histórico-estrutural chega à sua maturidade a partir de Furtado e com *Formação Econômica do Brasil*. Tal método estava apenas implícito na Cepal, cujas análises, por mais que recorressem aos antecedentes históricos e não ficassem restritas aos indicadores econômicos, possuíam o objetivo principal de elaborar prescrições de política geralmente focadas no horizonte da conjuntura, desde que adaptadas ao contexto latino-americano. A longa

---

4. Celso Furtado, "Introdução", *Formação Econômica do Brasil*, 23. ed. Utilizo neste ensaio o exemplar, já gasto pelo tempo e recheado de anotações, em que li pela primeira vez a obra há mais de trinta anos.
5. Ruggiero Romano, "Prefácio à Edição Italiana", p. 434.
6. Francisco de Oliveira, *A Navegação Venturosa: Ensaios sobre Celso Furtado*, p. 84.

duração, no sentido braudeliano, não estava no horizonte. O próprio artigo em que Braudel procura formalizar o seu enfoque metodológico é de 1958[7].

Neste sentido, *Formação Econômica do Brasil* é um livro braudeliano *avant la lettre*, como uma diferença importante: ele parte do pressuposto de que as transformações estruturais em curso na sociedade brasileira podem romper com a "história lenta", ou seja, com os traços ainda remanescentes do passivo colonial. Existe um diálogo implícito com o "sentido da colonização" de Caio Prado Jr., que Furtado não cita, pois seu objetivo não é realizar um trabalho acadêmico. O seu olhar nasce junto com seu método, beneficiando-se das incursões anteriores do historiador marxista.

Em colóquio realizado em Paris, no ano de 1971, Furtado apresenta o texto "Analyse Économique et Histoire Quantita", desvendando o método que orienta a escrita e a composição de *Formação Econômica do Brasil*. No seu entender, toda vez que um economista se depara com um "conjunto social complexo", ele o faz – ou apenas pode fazê-lo, é o que sugere – por meio de "uma visão global fornecida pela história". Do contrário, tem-se apenas uma "sintaxe" desprovida de significado e, portanto, incapaz de ação política transformadora. Portanto, "inexiste análise macroeconômica sem uma globalização histórica prévia"[8].

Por outro lado, para cada um dos "cortes sincrônicos" operados, apenas as ferramentas da economia ou das ciências sociais dão conta de fornecer um "quadro analítico" que ilumine o jogo intricado de potencialidades e resistências, responsável por fazer escoar a história de um determinado momento. Desde que o analista saiba perceber, com objetividade e imaginação criativa[9], as interações entre as estruturas e as instituições[10], entre o econômico e o não econômico[11], com as rupturas e continuidades que dão sentido ao processo histórico.

O leitor ou leitora devem ter percebido que o parágrafo acima condensa vários livros e artigos escritos por Furtado. Talvez imagine que o escriba tenha prazer

---

7. Fernand Braudel, "História e as Ciências Sociais: A Longa Duração". O artigo, publicado na coletânea *Escritos sobre a História*, sai pela primeira vez na *Revista dos Annales* no número de outubro-dezembro de 1958.
8. Celso Furtado, "Analyse Économique et Histoire Quantitative".
9. Celso Furtado, A *Pré-Revolução Brasileira*, pp. 94, 98, 99-101.
10. Celso Furtado, "Aventuras de um Economista Brasileiro (1973)", pp. 49-50.
11. Celso Furtado, *Teoria e Política do Desenvolvimento Econômico*, pp. 81-84. A primeira edição do livro é de 1966. A citação refere-se ao anexo metodológico da primeira parte do livro, intitulado "Estruturas e Modelos na Análise Econômica".

em ostentar conhecimento, enfileirando citações. A justificativa que posso oferecer é a seguinte: procuro apontar aos pesquisadores mais jovens os locais em que Furtado explicitou o seu método histórico-estrutural, pois nunca elaborou uma cartilha com as regras para se praticá-lo. Felizmente.

Este é um dos motivos porque é imprescindível ler *Formação Econômica do Brasil*. Ali o método é aplicado, mas sem que se faça menção a ele, a não ser na introdução, quando despretensiosamente se refere à dinâmica histórica que está por trás dos processos econômicos ou quando propõe que a economia faça perguntas à história, processo que também é invertido na obra, pois muitas vezes é a história que inquire a economia. Na síntese de Frédéric Mauro, em *Formação*, Furtado concebeu "uma dinâmica econômica retrospectiva nutrida de história e nutrindo-a bem"[12].

Outra obra que aponta pistas sobre o método histórico-estrutural utilizado em *Formação Econômica do Brasil* é a sua coletânea de artigos publicada em 1961 sob o título *Desenvolvimento e Subdesenvolvimento*. Esse livro lança as bases do que ficaria conhecido como a "teoria do subdesenvolvimento" – e que, mais tarde, Furtado chamaria de "problemática desenvolvimento-subdesenvolvimento" de modo a explicitar a relação dinâmica e dialética do processo histórico capitalista em termos globais[13] –, além de fornecer algumas pistas para compreender o método em *Formação*.

Depois do capítulo 3, quando adentra no "processo histórico de desenvolvimento", auxiliado por Marx e Keynes e especialmente pelo historiador por Henri Pirenne, ele se detém no capítulo 4 – "elementos de uma teoria do subdesenvolvimento" – sobre as "estruturas subdesenvolvidas". No seu entender, elas decorrem de "processo histórico autônomo", não são "uma etapa pela qual tenham, necessariamente, passado" as economias desenvolvidas. Essas diferenças estruturais – ao contrário do raciocínio por analogia do tipo "aqui" como "lá" tão em voga no momento em que escreve – precisam ser compreendidas, exigindo um "esforço teórico autônomo"[14] a ser percorrido por aqueles que estudam os países subdesenvolvidos.

O capítulo 4 fora escrito depois de já elaborado o texto de *Formação Econômica do Brasil*. Tudo indica que a teoria tenha informado o mergulho na história,

---

12. Frédéric Mauro, "Prefácio à Edição Francesa", p. 447.
13. Celso Furtado, *Introdução ao Desenvolvimento: Enfoque Histórico-Estrutural*, pp. 26-30.
14. Celso Furtado, *Desenvolvimento e Subdesenvolvimento*, pp. 171-173, 185.

a partir de um método concebido com este intuito. Agora, Furtado voltaria ao terreno da teoria, explicitando as variantes estruturais elucidadas a partir do contraste entre desenvolvimento e subdesenvolvimento. Do geral para o particular e, depois, de volta ao geral.

Mas o método não estava pronto antes de *Formação Econômica do Brasil*. Talvez seja o caso de supor que ele foi lapidado ao longo da escrita, enquanto apurava o estilo. Furtado já escrevera sobre a economia colonial açucareira no seu doutorado de 1948. No livro *A Economia Brasileira*, de 1954, já empreendera a análise da economia cafeeira, que recebe a cunhagem de "nova economia colonial", como também já desenvolvera a clássica análise do "deslocamento do centro dinâmico", que levaria ao processo de industrialização pós-1930.

Método, estilo e estruturação do plano do livro parecem ter feito a diferença. Por meio de novas categorias longamente sopesadas, e fazendo uso de uma espécie de vaivém permanente entre impossibilidades do passado, incompletudes do presente e potencialidades do futuro, o livro é quase um romance que se detém em cada corte sincrônico para logo depois avançar diacronicamente. O autor fisga o essencial (o geral e o particular) da empresa colonizadora na primeira parte, para depois detalhar a diferença entre a "Economia Escravista de Agricultura Tropical" (parte 2) e a "Economia Escravista Mineira" (parte 3). Até então, tivéramos um crescimento sem alterações estruturais significativas. A parte 4, "Economia de Transição para o Trabalho Assalariado", recebe os quatro novos capítulos sobre "o problema da mão de obra", que não estavam em *A Economia Brasileira*, além da discussão sobre a Independência e a estrutura de poder na Primeira República.

Agora aparece, de maneira sintética, o personagem central do drama[15], "o confronto com o desenvolvimento dos Estados Unidos". Padrão de desenvolvimento, estrutura social, papel do Estado e hábitos de pensamento conformam um todo que explica "por que se industrializaram os EUA no século XIX, emparelhando-se com as nações europeias, enquanto o Brasil evoluía no sentido de

---

15. Celso Furtado, *Diários Intermitentes, 1937-2002*, pp. 412-413. Em anotação de dezembro de 1989 nos seus diários, depois de regressar de viagem aos Estados Unidos, Furtado faz "uma digressão sobre *Formação Econômica do Brasil*", indicando como a incursão no estudo da formação deste país serviu como "recurso" para "melhor entender as anomalias inerentes ao nosso subdesenvolvimento".

transformar-se no século XX numa vasta região subdesenvolvida"[16]. Esta questão, que angustiara tantos "homens de pensamento", Furtado procura responder recorrendo à história, encarada não como uma fatalidade, mas por meio de uma investigação da complexa interação entre as estruturas econômicas e sociais e os centros de decisão.

Na parte 5, "Economia de Transição para um Sistema Industrial", o autor revela como a crise de 1929, com a desvalorização cambial, "eliminava um dos instrumentos mais efetivos de defesa da velha estrutura econômica com raízes na era colonial"[17]. Ao descrever o processo de industrialização por substituição de importações, por meio do qual se dá o deslocamento do eixo dinâmico no sentido do mercado interno, o autor apresenta o seu diagnóstico. Se acena para as virtualidades, que dependem da emergência de novos centros de decisão, enuncia todos os dilemas advindos do processo (capítulos 34 a 36) – inflação, desequilíbrio externo, disparidades regionais e sociais, concentração fundiária – e que impõem limites estruturais à afirmação de um projeto de desenvolvimento.

A mensagem é a seguinte: apenas a compreensão da dinâmica do subdesenvolvimento, agora descortinada analítica e historicamente, pode dar sentido a este projeto, que deve contar com o apoio de vastos segmentos sociais. Do contrário, a "antiprofecia"[18] com que termina o livro se consumará: "sendo assim, o Brasil por essa época [final do século XX] ainda figurará como uma das grandes áreas da terra em que maior é a disparidade entre o grau de desenvolvimento e a constelação de recursos potenciais"[19].

No documentário de José Mariani[20], Furtado fornece um breve depoimento sobre *Formação Econômica do Brasil*. Afirma que não se preocupara em preparar um desfecho para o livro, que, propositadamente, ficara inconclusivo. Do contrário, teria que dizer que "as fases se sucedem e todas elas levam à mesma coisa", à concentração da renda. Seria tachado de "esquerdista" e em vez de abrir o horizonte de oportunidades, a obra ficaria presa ao curto prazo. Uma leitura

---

16. Celso Furtado, *Formação Econômica do Brasil*, p. 100.
17. *Idem*, p. 203.
18. Alexandre de Freitas Barbosa, "*Formação Econômica do Brasil*, Cinquenta Anos Depois", p. 147.
19. Celso Furtado, *Formação Econômica do Brasil*, p. 242.
20. José Mariani, *O Longo Amanhecer: Cinebiografia de Celso Furtado*.

cuidadosa do último capítulo, "Perspectivas dos Próximos Decênios", permite comprovar essa afirmação do autor.

Por sua vez, o último parágrafo que contém a "antiprofecia" é uma espécie de convite ao leitor para ingressar junto consigo no palco da história e se somar à batalha para a superação do subdesenvolvimento. O processo de transformação das estruturas, que o livro acompanha desde a colônia, passando pelo Império, Primeira República e Revolução de 1930, agora transcorre à sua frente. Com objetividade e parcimônia – combinação que leva à "polidez discursiva" a que se refere Luiz Felipe de Alencastro, "sem tom querelante ou confrontações pessoais"[21] – ele cativa os leitores com uma narrativa que ensina economia e o seu jargão técnico, para mostrar que o mais importante está além, ou seja, a possibilidade de autotransformação nacional.

Quem são os leitores de *Formação Econômica do Brasil*? Essa pergunta se faz necessária especialmente se levarmos em conta o súbito e inusitado êxito da obra. Em cinco meses, a primeira edição de 5 mil exemplares se esgota. A terceira edição, no ano seguinte, viria com uma tiragem de 10 mil exemplares. Em 1963, o livro já se encontra na sua quinta edição. Em 1959, ano de seu lançamento, figura no terceiro lugar na lista dos *best-sellers* nacionais, logo atrás de *Gabriela, Cravo e Canela*, de Jorge Amado[22].

Os leitores eram basicamente os homens públicos e os jovens estudantes de economia e ciências sociais. Um contraponto com o quadro atual pode ser estabelecido. Quem lança no Brasil hoje um livro autoral de 5 mil exemplares? Se à época havia menos concorrência no lado da oferta, a demanda também era bem inferior, em virtude do acanhado percentual de pessoas com ensino médio e superior.

Portanto, ao elucidar o processo histórico, com foco na economia, mas sem perder de vista as dimensões social, política e cultural, e fazendo cirúrgicos cortes transversais no tempo e no espaço, de modo a indicar como essas dimensões se articulam nos planos interno e externo – pois o seu objetivo era chegar ao presente, para influenciar o futuro –, com *Formação Econômica do Brasil*, Furtado incorpora-se de maneira decisiva à história do país.

---

21. Luiz Felipe de Alencastro, "Prefácio", em Celso Furtado, *Formação Econômica do Brasil. Edição Comemorativa – 50 Anos*, p. 32.
22. Rosa Freire d'Aguiar, "Apresentação", em Celso Furtado, *Formação Econômica do Brasil. Edição Comemorativa – 50 Anos*, p. 16.

Não apenas porque passa a ser reconhecido como o seu autor, mas principalmente porque a leitura da sua obra – direta ou indiretamente, já que muitos a leem por meio dos relatos de outrem – passa a fazer parte do repertório essencial não somente dos intelectuais, mas dos agentes políticos e sociais. Ora, a interpretação que Furtado oferece em *Formação Econômica do Brasil* vem impregnada de projeto e de utopia, aos quais ele dá continuidade nas atividades que exerce e que passam a ser do conhecimento da sociedade.

Quem era Celso Furtado então? Um dos economistas de maior reputação no Brasil, graças ao período (1949-1958) em que atuara como quadro técnico da Cepal – a instituição da onu responsável pela renovação do pensamento econômico na região. Sem a pretensão de criar uma nova ciência econômica, a Cepal passou a questionar a aplicação incondicional da teoria econômica dominante tida como supostamente universal. As especificidades dos países da periferia precisavam ser levadas em conta, uma vez que colidiam frontalmente com muitas das premissas utilizadas pelos economistas dos países centrais. Se Raúl Prebisch foi a grande cabeça e o condutor da Cepal, Furtado era um dos expoentes da instituição, liderando nos anos 1950 a sua Divisão de Desenvolvimento Econômico, tendo elaborado estudos sobre vários países e se dedicado às técnicas de planejamento, inclusive por meio da criação do Grupo Misto cepal-bnde.

A Cepal e Celso Furtado eram influentes junto aos técnicos do setor público no Brasil, especialmente aqueles voltados a assuntos de economia, ou vinculados a entidades de classe como a cni e a instituições como o Iseb. Furtado também gozava de prestígio entre os segmentos mais sintonizados da opinião pública, que liam ou tomavam conhecimento dos seus artigos e livros. Mas ele pouco transitava nas altas esferas políticas.

Antes de sua temporada em Cambridge, Furtado ministra uma série de conferências no bnde sob o título *Perspectivas da Economia Brasileira*, que seria publicada no ano seguinte, em 1958, quando retorna ao Brasil. Já cogitava se desligar da Cepal, e se despir do "manto protetor e imobilizador de funcionário internacional"[23], conforme suas próprias palavras. Seu intuito era injetar racionalidade no debate sobre os problemas do desenvolvimento brasileiro, "sem deslizar

---

23. Celso Furtado, *A Fantasia Organizada*, p. 200.

para a invectiva e a metafísica"[24], tendo em vista que o debate entre os técnicos economistas havia subido de tom.

Depois de assumir uma diretoria do BNDE voltada para a atuação no Nordeste, no início de 1959, o técnico – que "nunca tinha visto Juscelino antes", "pois era uma pessoa desconhecida no Brasil, tinha estudado no estrangeiro, vivido no estrangeiro, tinha nove anos de Nações Unidas"[25] – recebe a incumbência de liderar o projeto de criação da Sudene.

Entre 1958 e 1964, Celso Furtado ingressa de cheio na cena política nacional. Conhece todos os políticos e representantes da sociedade civil, com quem dialoga e procura convencer sobre a importância da Sudene e a urgência de implantação do Plano Trienal (1963), agora como ministro do Planejamento. Transforma-se numa espécie de "intelectual estadista". Empurrado para a arena política, procura estabelecer consensos em torno de uma plataforma coerente capaz de integrar desenvolvimento, estabilização e reformas de base. O respeito que granjeia junto aos mais diversos segmentos sociais se explica não apenas por seu sentido de missão e conhecimento técnico, mas também por ser o autor de livros teóricos, *Desenvolvimento e Subdesenvolvimento* (1961), de cunho político, *A Pré-Revolução Brasileira* (1962), e, principalmente, *Formação Econômica do Brasil* (1959), em que destrinchou as raízes e os dilemas que caracterizam o Brasil.

A escrita de *Formação Econômica do Brasil* fizera com que Furtado ampliasse o seu horizonte de análise para além da economia, diferenciando-se dos demais economistas em ação no Brasil, especialmente Roberto Campos. Em outro trecho dos seus diários, ele compreende a especificidade da sua forma ver a economia por meio de um contraponto com seu antigo parceiro e futuro adversário.

Conforme seu relato, Campos era "um" quando possuía responsabilidade executiva, como na Comissão Mista Brasil-Estados Unidos (1951-1952). Percebia então as incongruências da teoria econômica quando aplicada ao mundo subdesenvolvido. Quando passa para uma "atividade operativa", como presidente do BNDE, revela o que acontece a "todo economista bem formado": "uma involução para a ortodoxia" e para a crença nos automatismos do mer-

---

24. *Idem*, p. 199.
25. Celso Furtado, "Depoimento 1982", pp. 112-113.

cado. "O menosprezo pela dimensão histórica" teria inibido "a sua capacidade para captar o específico do subdesenvolvimento". A atitude mental de Furtado era distinta: "parto da observação do processo histórico e metodicamente vou introduzindo a análise econômica"[26].

O impacto imediato de *Formação Econômica do Brasil*, associado ao fato de que aparece em todos os lugares como o homem responsável pela saga da Sudene, faz com que, em julho de 1959, ele redija a seguinte anotação em seu diário: "começo a ser uma pessoa notória"[27]. Pouco antes, em maio do mesmo ano, ele menciona um debate que ocorrera em Natal, contando com a participação de bispos e do público em geral. Sua anotação: "abordamos todas as questões e aparentemente as respostas foram convincentes. A sinceridade também é uma forma de demagogia. Se bem utilizada"[28].

O juízo do historiador Francisco Iglésias vai direto ao ponto: "pela primeira vez no Brasil um economista se tornou figura popular, sem que cortejasse a opinião com linguagem política: mantendo sempre o tom do técnico, sem exibicionismo pedante nem tom de quem faz campanha eleitoral"[29]. Com um único adendo, o tom do técnico explicitava um projeto, que era político no sentido mais amplo da palavra, e um compromisso social com os despossuídos, por meio de reformas estruturais. Isso fazia dele o oposto do tecnocrata, personagem que emerge na cena brasileira junto com o golpe de 1964, que envia Furtado para o exílio.

LEITURAS E "DESLEITURAS" DE
FORMAÇÃO ECONÔMICA DO BRASIL

Este tópico constrói um panorama sintético e exploratório, com o objetivo de situar as ondas de recepção de *Formação Econômica do Brasil* e do enfoque histórico-estrutural furtadiano no pensamento econômico brasileiro. O veredito de Francisco de Oliveira informa esse exercício analítico: "para o erro ou acerto,

---

26. Celso Furtado, *Diários Intermitentes, 1937-2002*, pp. 165-167.
27. *Idem*, pp. 173.
28. *Idem*, p. 154.
29. Francisco Iglésias, "Prefácio à Edição Especial da Coleção Biblioteca Básica Brasileira – UnB", p. 416.

boa parte da política econômica brasileira nas últimas quatro décadas – o livro é de 1959 – é uma discussão em torno de suas formulações"[30].

Procuro situar, de maneira genérica, quatro gerações de economistas e a sua interação com essa influência poderosa, vista ora como estímulo ao pensamento crítico e imaginação criativa, ora como algo já incorporado ao pensamento econômico, ou ainda como um pesado fardo a ser superado, conforme a orientação de cada corrente ou geração.

A primeira geração pós-*Formação Econômica do Brasil* é composta por intelectuais nascidos nos anos 1930 e que já haviam cursado ou estavam cursando economia ou ciências sociais no Brasil no momento de publicação da obra. Não a leem nos cursos da universidade, mas embalados pelos comentários de seus colegas pelo ascendente prestígio de seu autor. Muitos já haviam assistido aulas de Furtado nos cursos ministrados pela Cepal no BNDE, antes da criação da sede da instituição no Rio de Janeiro em 1960.

O seguinte trecho da entrevista realizada com Carlos Lessa ilustra o significado da leitura da obra para essa geração: "quem de nós não teve o Furtado (de *Formação Econômica do Brasil*) como o andaime para pensar o Brasil"[31]? O economista marxista Paul Singer completa que o livro brasileiro que mais o influenciou foi *Formação*, "imediatamente capturado pelo pessoal de História curiosamente e não pelo pessoal de teoria econômica"[32].

As primeiras obras escritas pela nova geração, diretamente influenciada por Celso Furtado, foram produzidas pelos integrantes do escritório da Cepal no Rio de Janeiro, na primeira metade dos anos 1960. É o caso de "Auge e Declínio do Processo de Substituição de Importações no Brasil", de Maria da Conceição Tavares, e de *Quinze Anos de Política Econômica*, de Carlos Lessa. Tais obras se propõem, por meio de análises empíricas e reflexão teórica, aprofundar o estudo da economia brasileira a partir de um enfoque cepalino. Neste sentido, partem de *Formação Econômica do Brasil*, que, como vimos, esboçara em grandes linhas o percurso da economia brasileira pós-1930 e seus principais dilemas estruturais.

30. Francisco de Oliveira, *A Navegação Venturosa*, p. 84.
31. Carlos Lessa, "Entrevista de Carlos Lessa concedida a Alexandre de Freitas Barbosa e Ana Paula Koury".
32. Paul Singer, "Entrevista", p. 57.

A ascensão dos pensadores pós-furtadianos se consuma quando estes economistas e cientistas sociais buscam se diferenciar do mestre, lançando suas próprias interpretações sobre o período pós-1964. As críticas se concentram no Furtado "estagnacionista", de 1964 a 1966, e menos explicitamente na sua compreensão do processo de industrialização e da dinâmica do subdesenvolvimento no Brasil. Em geral, os autores procuram ir além das categorias operacionalizadas pela Cepal, utilizando, de diversas formas, o instrumental marxista.

Estamos em pleno milagre econômico. O mestre Furtado, exilado, se dedica a compreender o "modelo brasileiro" a partir do processo de internacionalização do capitalismo. Os pós-furtadianos seguem seus próprios caminhos, oferecendo abordagens alternativas sobre o capitalismo no Brasil e questionando alguns dos diagnósticos de Furtado. É o caso do texto "Além da Estagnação", de Maria Conceição Tavares e José Serra, de 1971, e de *Crítica à Razão Dualista*, de Francisco de Oliveira, de 1972.

No caso deste último, o ataque é mais frontal. Procura o autor superar o "dualismo cepalino", incluindo aqui a análise de Furtado, pois "o subdesenvolvimento é uma formação capitalista e não simplesmente histórica". Oliveira dedica-se a analisar as "transformações estruturais", "entendidas estas no sentido rigoroso da reposição e recriação das condições de expansão do sistema enquanto modo capitalista de produção"[33]. Em texto de 2003, Oliveira explicita que o seu livro de 1972 era "cepalino e marxista", ao mostrar que a "articulação das formas econômicas subdesenvolvidas incluía a política, não como externalidade, mas como estruturante", tal como já havia "tratado Furtado"[34].

Portanto, tudo indica que o "problema" da análise furtadiana, para esses autores, não estava no suposto economicismo, mas no instrumental teórico utilizado. Cabe inclusive a seguinte pergunta: o método histórico-estrutural, com seus cortes sincrônicos articulados a uma síntese diacrônica, captando as rupturas e continuidades na longa duração, por meio de um estudo das interações entre o econômico e o não econômico, não teria sido aprofundado, em alguma medida, pelos pós-furtadianos?

Essa questão vale também para a tese de livre-docência de Maria da Conceição Tavares, *Acumulação de Capital e Industrialização no Brasil*, de 1974, e para a

---

33. Francisco de Oliveira, "Crítica à Razão Dualista", *Crítica à Razão Dualista / O Ornitorrinco*, pp. 29-33.
34. Francisco de Oliveira, "O Ornitorrinco", *Crítica à Razão Dualista / O Ornitorrinco*, p. 128.

tese de doutorado de João Manuel Cardoso de Mello, *O Capitalismo Tardio*, de 1975, que enveredam para a releitura crítica da economia brasileira aproveitando-se das categorias marxistas. O "modelo de industrialização por substituição de importações" é questionado por meio de uma nova periodização, que permite acompanhar com maior detalhamento e profundidade a dinâmica da acumulação e as crises no capitalismo no Brasil.

Trata-se agora de compreender como se dá a "constituição de forças produtivas especificamente capitalistas, capazes de afiançar a dominância do capital industrial no processo de acumulação", que se efetiva por meio da ação do Estado e da penetração das empresas transnacionais. Neste sentido, o modelo de substituição de importações seria "correto" apenas para o período entre 1930 e o início dos anos 1950[35].

Outro integrante escritório da Cepal no Rio de Janeiro, Antônio Barros de Castro, nos dois volumes, publicados em 1969 e 1971, que integram sua obra *Sete Ensaios sobre a Economia Brasileira*, fornece uma interpretação alternativa sobre a questão regional, o papel da agricultura e o desenvolvimento do Nordeste.

Seu objetivo é problematizar várias das argumentações de Furtado, inclusive em *Formação Econômica do Brasil*. Mais especificamente, o autor questiona em que medida a industrialização deve ser vista como "a negativa e definitiva superação da longa e perturbada 'etapa' primário-exportadora". Em vez de uma "concepção unilinear de involução", o autor procura compreender os vários "padrões de reação" à crise externa no tempo e no espaço, de modo a revisitar o papel da herança regional no Brasil contemporâneo"[36].

Esses autores pós-furtadianos, sediados no Cebrap ou no Instituto de Economia da Unicamp, deram continuidade ao legado de Furtado, aprofundando cada um à sua maneira, o método histórico-estrutural aprendido em *Formação Econômica do Brasil*. O instrumental teórico utilizado permitiu que fossem além do mestre. Adicionalmente, o maior distanciamento histórico lhes permitiu lançar hipóteses alternativas àquelas que Furtado concebera nessa e outras obras. Mais importante ainda, havia a necessidade de produzir novas interpretações para explicar o "milagre econômico", sua dinâmica e suas contradições, de modo a fornecer alternativas políticas.

---

35. Maria da Conceição Tavares, *Acumulação de Capital e Industrialização no Brasil*, pp. 128-130.
36. Antônio Barros de Castro, *Sete Ensaios sobre a Economia Brasileira*, vol. II, pp. 12-16.

O mestre estava no exílio e os seus herdeiros, armados da razão crítica e dos esquemas teóricos à sua disposição, buscavam superá-lo para dar conta dos novos desafios. Precisavam ocupar os espaços abertos à intelectualidade. Não era o momento de tecer loas ao mestre. Contudo, talvez inconscientemente, o método histórico-estrutural, em maior ou menor medida, ficara impregnado nas suas veias.

Mesmo a teoria da dependência, assim como vários dos estudos elaborados pela escola de sociologia de São Paulo, e especialmente a obra clássica de Florestan Fernandes, *A Revolução Burguesa no Brasil*, de 1974, têm como uma de suas origens o diálogo crítico com *Formação* e outras obras elaboradas por Furtado no período anterior ao golpe de 1964.

A segunda geração pós-*Formação Econômica do Brasil* já se encontra plenamente assimilada aos rigores da vida acadêmica. Os novos pesquisadores elaboram suas teses de doutorado entre o final dos anos 1970 e 1980. O livro de Furtado já virou um clássico, geralmente citado para iniciar a "conversa" ou do qual se procura partir para questionar suas análises econômicas. Tanto na economia, como nas ciências sociais em geral, monografias históricas ou trabalhos de caráter teórico dão o tom.

No campo do pensamento heterodoxo, merece destaque o livro de Guido Mantega, inicialmente uma tese de doutorado, defendida em 1982 na FFLCH/USP. *Formação Econômica do Brasil* adquiria agora o estatuto de um "marco para o pensamento econômico brasileiro". O objetivo do autor é realizar um resgate do "desenvolvimentismo" gestado na Cepal e transformado em "nacional-desenvolvimentismo" por meio da influência do Iseb[37].

Entretanto, na sua tentativa de revisitar a "economia política brasileira", o autor realiza uma leitura teleológica. Isso fica evidente quando menciona que "a estratégia econômica do nacional-desenvolvimentismo teve o seu coroamento natural no modelo do milagre e que sucedeu ao golpe de 1964". Os meios utilizados no longo período "desenvolvimentista", de 1930 a 1980, foram os mesmos. Mas a geração de Furtado "errara", ao pensar que tais meios poderiam levar a fins diversos dos observados[38].

Sua análise peca pela forma como concebe o legado de Furtado: o mestre teria lançado "os alicerces do modelo de substituição de importações". Essa afirmação

---

37. Guido Mantega, *A Economia Política Brasileira*, pp. 11-13, 63.
38. *Idem*, p. 64. O autor não utiliza o verbo "errar", mas isso fica implícito na sua interpretação.

sugere a falta de compreensão do método histórico-estrutural, que está por trás da síntese empreendida na obra. Mantega fica apenas na superfície, no terreno dos fatos e das políticas. Ao descrever o "processo" de substituição de importações, Furtado não tem em mente nenhum "modelo" passível de refutação, como sugere Mantega[39], mas a apresentação dos condicionantes estruturais que acompanham uma industrialização problemática e marcada pelo subdesenvolvimento.

Uma compreensão mais adequada do método furtadiano permitia compreender, ao contrário, que o "milagre" aprofundava o subdesenvolvimento – por meio da intensificação da industrialização – usando novos meios e dando lugar a novas configurações. Em vez de coroamento, ruptura, como o próprio Furtado aponta nos seus livros dos anos 1970. Mantega e muitos dos novos economistas heterodoxos forjam uma couraça economicista para Furtado, destacando alguns elementos de sua descrição do processo histórico, mas perdendo de vista a sua interpretação sobre a dinâmica do subdesenvolvimento.

O período de 1930 a 1980 surge como se fosse um bloco feito da mesma argamassa. Mesmo quando se apontam as crises conjunturais, como no caso de Fiori, a "necessidade futura" do sistema[40], sustentada pela renovação dos pactos do passado entre as várias frações de classe e regionais, afasta o sistema do risco da entropia a que seria inevitavelmente levado pela inclusão dos anseios populares. O "desenvolvimentismo conservador" cuidaria de homogeneizar o tempo histórico brasileiro em um longo ciclo. É como se o Fiori invertesse a máxima de Mantega, sugerindo não ter havido espaço para o projeto de desenvolvimento concebido por Furtado nos marcos da estrutura de poder vigente.

Em paralelo a essas leituras que na essência significam deixar para trás o método histórico-estrutural de Furtado – à diferença da primeira geração que ampliou o seu horizonte analítico, mesmo quando pretendeu superá-lo –, surgem trabalhos que procuram resgatar o pensamento e a prática do desenvolvimento no período pré-1964.

---

39. *Idem*, cap. 2.
40. José Luís Fiori, *O Voo da Coruja: Para Reler o Desenvolvimentismo Brasileiro*, pp. 11-12, 120--123.

As pesquisas acadêmicas de Ricardo Bielschowsky e de Lourdes Sola[41] procuram destrinchar a ideologia "desenvolvimentista" dos economistas e técnicos do setor público, tomando o cuidado de revelar a convergência e a diversidade de projetos, interpretações e valores dos seus integrantes. Enquanto Sola se dedica a entender o arco de alianças políticas mais amplo e os princípios norteadores que dividem os técnicos "nacionalistas" e "cosmopolitas", Bielschowsky acompanha os vários tipos de "desenvolvimentistas" em sintonia com o "desenvolvimentismo" enquanto orientação predominante da política econômica. Já Sonia Draibe[42] destrincha o processo de desenvolvimento capitalista, por meio de um mergulho nas transformações do Estado, apontando para as suas potencialidades e limitações, no âmbito de uma economia crescentemente oligopolizada.

Nos anos 1990, surge uma terceira geração de economistas. Furtado e *Formação Econômica do Brasil* estão distantes no tempo. O debate econômico é travado entre os economistas ortodoxos e os economistas heterodoxos da academia. As referências às novas correntes de pensamento econômico emergentes na cena internacional, em ambos os casos, tendem a substituir o debate em torno da especificidade das estruturas econômicas e sociais do capitalismo no Brasil. No caso dos heterodoxos, Furtado segue sendo um grande mestre, mas os clássicos principais são Marx, Keynes e Schumpeter, transplantados para a realidade brasileira, muitas vezes sem sequer um "filtro"[43] furtadiano.

Entretanto, quem dá agora as cartas na políticas econômica são os "novos neoliberais", vinculados ao pensamento ortodoxo. Tal como Eugênio Gudin, seu avô intelectual, eles sentem urticárias toda a vez que se mencionam as "especificidades", ainda mais quando acompanhadas do adjetivo "estruturais". O recurso às "especificidades estruturais" é encarado como má apreensão da ciência econômica, acusação que Furtado já enfrentara no passado nos seus debate com Gudin e Bulhões.

---

41. Ricardo Bielschowsky, *Pensamento Econômico Brasileiro: O Ciclo Ideológico do Desenvolvimentismo*; Lourdes Sola, *Ideias Econômicas, Decisões Políticas*.
42. Sônia Draibe, *Rumos e Metamorfoses*.
43. A método histórico-estrutural é muito mais do que um "filtro". Mas se supõe que, no mínimo, deveria servir como antídoto contra afirmações genéricas sobre a universalidade do capitalismo que não levam em conta a dualidade fundamental entre centro e periferia, desenvolvimento e subdesenvolvimento, sempre reposta, e sujeita as novas configurações históricas.

A partir dos anos 1990, à medida que ficava evidente a mudança de orientação da política econômica, os termos "nacional-desenvolvimentismo" e o "desenvolvimentismo" sofrem nova mudança. Seguem tomados como um bloco, mas o sinal negativo dá o tom. Para os "economistas ortodoxos da academia", o "nacional-desenvolvimentismo" fora marcado pela associação entre intervencionismo e inflacionismo[44], a partir de uma síntese (autópsia) apressada e com escassa base empírica e histórica realizada para o período 1930-1980. A política econômica teria atuado na contramão do desenvolvimento, fazendo com que se deteriorassem os ganhos de produtividade.

Essa narrativa histórica forneceu o lastro teórico para a ascensão deste grupo ao poder nos anos 1990, processo que se consolida com o Plano Real e o governo Fernando Henrique Cardoso. O esquecimento de Furtado era um pré-requisito para o triunfo dos novos neoliberais nos anos 1990. Ao realizarem uma leitura de *Formação Econômica do Brasil* como "mera" defesa do crescimento do mercado interno e do modelo de industrialização por substituição de importações, eles atestam que não leram a obra.

Trata-se, na prática, de uma "desleitura" motivada pelos meios e fins que propugnavam para a economia brasileira: a abertura comercial, a privatização e a atração do investimento externo, sem condicionantes e sem uma estratégia, mas como princípios suficientes para uma "boa" política econômica, capaz de inaugurar um modelo alternativo de "desenvolvimento" sustentado numa quimérica elevação da produtividade. Não vingou.

Com a ascensão de Lula ao poder, surge a quarta geração de economistas pós- *Formação Econômica do Brasil*. O debate segue girando entre os economistas ortodoxos e heterodoxos da academia. Em alguns momentos, especialmente no segundo governo Lula, apesar de os ortodoxos continuarem pautando, em alguma medida, a política monetária e cambial, os heterodoxos assumem postos importantes no comando da economia. Chega-se a cunhar o novo "modelo" de social-desenvolvimentista[45].

---

44. Gustavo Franco, *O Desafio Brasileiro: Ensaios sobre o Desenvolvimento, Globalização e Moeda*, pp. 68-70.
45. De maneira alternativa, e criticando "modelo" adotado, Bresser-Pereira elabora uma estratégia alternativa, qualificada de "novodesenvolvimentista" (Luiz Carlos Bresser-Pereira, *A Construção Política do Brasil: Sociedade, Economia e Estado desde a Independência*, pp. 10, 15-21, 30-31.

Mas será que a inversão da "desleitura" realizada pelos novos neoliberais nos leva a Furtado? Onde se localizam os desafios estruturais? Qual o papel da economia brasileira na nova economia-mundo capitalista? A recuperação do mercado interno se mostra capaz de assegurar maior densidade tecnológica ao processo de desenvolvimento? Em que medida a redução da desigualdade da renda do trabalho não esconde novas formas de desigualdade? E o que dizer dos condicionantes sociais e políticos? Onde podem ser encontrados os novos centros de decisão?

Essas questões não foram enfrentadas e talvez sequer tenham chegado ao nível da consciência dos atores políticos e sociais, o que revela o esquecimento do método histórico-estrutural enquanto forma de conectar os dilemas do passado com as perspectivas abertas no presente para se gestar um novo horizonte no futuro. Ou melhor, enquanto interpretação enraizada em um projeto e uma utopia.

Apresento abaixo dois trechos de meu artigo-resenha sobre *Formação Econômica do Brasil*, publicado em 2010, ao final do governo Lula. Não com o intuito de me vangloriar por ter "acertado". Na verdade, eu também "errei" ao imaginar que o livro de Furtado poderia exercer um papel importante na história daquele presente. Tratava-se apenas de mostrar como um mergulho no principal legado da obra, o seu método, poderia ser útil como exercício analítico.

Acredito sinceramente que o governo Lula, tão repleto de contradições, deva propiciar novas releituras da obra e, inclusive, a emergência de uma nova legião de jovens furtadianos. O sujeito desenvolvimento voltou a ser proferido e falar de planejamento estatal deixou de ser pecado. O mercado interno mostrou a sua força e o adjetivo nacional não se afigura mais pejorativo. Contudo, os percalços são enormes: o ufanismo do curto prazo e a formatação de coalizões políticas indiferenciadas turvam o horizonte. De qualquer maneira, a leitura do último capítulo "Perspectiva dos próximos decênios" está mais próxima do jovem brasileiro de hoje do que daquele dos anos 1980. Há que se refazer a história da economia brasileira da segunda metade do século XX sob a perspectiva furtadiana e há que se intervir na realidade das primeiras décadas do século XXI, partindo da matriz de referência do mestre. Mas ampliando o seu foco de análise, de modo a assimilar as preocupações contemporâneas da sociedade brasileira.

[...]

O subdesenvolvimento volta a se manifestar à medida que o maior dinamismo econômico assegura uma recuperação da estrutura produtiva e do papel do Estado como articulador/investidor, além de viabilizar uma tentativa – insuficiente, é certo – de atenuação das desigualdades sociais. Retoma-se inclusive uma consciência do subdesenvolvimento, ainda que se tenha vergonha de chamar o "bicho" pelo seu nome científico. O fato de que o Brasil possa ser visto com regozijo pelos capitais internacionais, e que o presidente Lula se poste como protagonista de uma nova geopolítica global, ao passo que as contradições internas se avultam aqui dentro, apenas revela que o país talvez esteja por se afirmar como uma espécie de tipo ideal do subdesenvolvimento, não apesar, mas em virtude do *aggiornamento* propiciado pela atual onda de globalização econômica. De modo a finalizar esta breve tentativa de incursão furtadiana pelo Brasil contemporâneo, dinâmico e novamente subdesenvolvido – quem conhece Furtado, sabe que esta constatação não tem nada de pejorativo –; gostaria de levantar a vista para a linha do horizonte e refletir sobre os dilemas estruturais que se antepõem caso almejemos uma economia menos dependente e uma sociedade mais justa nos próximos dez anos[46].

A ATUALIDADE DE *FORMAÇÃO ECONÔMICA DO BRASIL*

O título desse último tópico traz implícita a seguinte questão: é possível atualizar um autor e seu método para outra temporalidade? Se os conceitos e o próprio método do autor estão marcados por sua historicidade, tal empreitada não estaria fadada ao fracasso?

Parece-me que partir do método é a atitude mais apropriada. Se não, caímos na cilada de formular de maneira equivocada questões do tipo: como Marx entenderia o capitalismo no século XXI? Ou: como Furtado analisaria o Brasil de Lula e a crise da segunda metade dos anos 2010? Obviamente que ao utilizarmos o método de um autor, o fazemos para chegarmos às nossas próprias formulações e conclusões. Portanto, se o legado dos clássicos é o método, a sua aplicação é de nossa inteira responsabilidade.

No caso de Furtado, podemos dizer que a toda a sua obra subsequente a *Formação Econômica do Brasil* é uma elaboração a partir do que fora ali escrito, ampliando o horizonte analítico e rediscutindo as suas premissas básicas, de modo a dar conta da história em processo. Neste sentido, o próprio autor procedeu a uma atualização da sua obra, fornecendo-nos pistas valiosas.

---

46. Alexandre de Freitas Barbosa, "*Formação Econômica do Brasil*, Cinquenta Anos Depois", pp. 159-161.

A sua obra ganha radicalidade a partir dos anos 1970. Radicalidade no sentido de interpretação que procura ir à raiz do "subdesenvolvimento industrializado" ou do capitalismo periférico que aprofunda a heterogeneidade estrutural e as desigualdades sociais e de renda.

O Brasil se tornara um caso de "mau desenvolvimento": ao "abuso do supérfluo privado", somou-se o "gigantismo do supérfluo público", conformando uma "estrutura de dominação social voltada para o 'desenvolvimento econômico'". Eis o seu diagnóstico certeiro sobre o resultado ao final do processo de industrialização: "a nova classe média em rápida expansão foi vista como simples fator de ampliação do mercado, sem vinculação maior com a esfera política"[47].

Na sua última obra teórica, revista em 2000, o economista-cientista social lança o desafio para as próximas gerações: qualquer reflexão sobre o desenvolvimento deve conduzir a "uma progressiva aproximação entre teoria da acumulação, teoria da estratificação social e teoria do poder"[48]. Portanto, o diálogo na "nova tradição", como sugere Francisco de Oliveira[49], mais se assemelha a uma "tradição renovada" por meio da confluência de perspectivas metodológicas e teóricas agora em mútua interação

Conforme a interpretação de Furtado sobre o modelo econômico engendrado nos anos 1970, o dinamismo da renda não se fazia acompanhar de um avanço da acumulação reprodutiva – que estivesse assentada na diversificação produtiva com aumento de produtividade e internalização dos setores de bens de capital –, gerando assim uma "dessimetria entre o setor produtivo e a sociedade"[50]. O perfil da demanda se bifurcava, propiciando nichos de mercado distintos, mas não estanques. O padrão de consumo das minorias modernizadas se difundia para 20% da população, enquanto os outros 80% se situavam na base da pirâmide do mercado de trabalho organizado, ao qual se somavam as várias formas de trabalho não capitalista.

---

47. Celso Furtado, *Cultura e Desenvolvimento em Época de Crise*, pp. 10-13
48. Celso Furtado, *Introdução ao Desenvolvimento: Enfoque Histórico-Estrutural*, p. 30.
49. Francisco de Oliveira, "Diálogo na Nova Tradição: Celso Furtado e Florestan Fernandes", p. 480. Podemos ir além e dizer que o método histórico-estrutural é aplicado, de diversas maneiras, por autores com filiações teóricas e ideológicas diversas. Além de Furtado e Florestan Fernandes, a lista envolve Caio Prado Jr., Ignácio Rangel, Maria da Conceição Tavares, Francisco de Oliveira e Paul Singer, dentre outros autores.
50. Celso Furtado, *Introdução ao Desenvolvimento*, pp. 82-83.

Longe de haver dualismo, a estrutura social da "economia periférica" não funcionava como uma trava à expansão econômica, antes resultava do padrão de acumulação concentrador. Para então completar: o Estado – em vez de se opor à "modernização"[51] ou se apresentar como uma alternativa a ela – pode no máximo "ampliar as avenidas de uma industrialização que tende a perder fôlego"[52].

O seu objetivo agora é destrinchar as mutações mais amplas ocorridas no sistema capitalista, vinculando-as às alterações verificadas nas relações centro-periferia que acarretam novas configurações na divisão internacional do trabalho – algo que não está presente em *Formação Econômica do Brasil*, ao menos de forma explícita. Não se trata mais de uma interpretação por contraste entre "eles" e "nós", mas de constituir uma "visão sintética do processo desenvolvimento-subdesenvolvimento".

Ao partir para uma análise da totalidade sistêmica, da perspectiva da periferia, Furtado estabelece um corte histórico entre o "capitalismo dos sistemas nacionais, tutelados por Estados rivais, por definição nacionalista e voltado para o mercado interno" e "o capitalismo das grandes firmas, naturalmente cosmopolita, orientado para o livre-cambismo e para a livre transferência de recursos entre os países"[53].

O corte histórico pode ser definido em torno de meados do século XX, quando a industrialização periférica avança e se consolida, inserida nesta mutação mais ampla. Os países da periferia que foram mais adiante contaram com a ampliação do campo de ação de Estado, como no caso brasileiro, que se transformaria em condutor da "modernização", travando o avanço da acumulação reprodutiva e a possibilidade de realização de reformas sociais estruturais.

Mas como captar as mudanças advindas da reorganização da economia-mundo capitalista pós-1980 e dos seus rebatimentos sobre a divisão internacional do trabalho, de maneira associada ao andamento assimétrico das estruturas econômicas, sociais e políticas no Brasil durante o ciclo 1988-2016, hoje em processo de rápida desintegração?

---

51. O termo "modernização" aqui aparece como difusão mimética de padrões de consumo já conhecidos e utilizados nas economias centrais, mesmo que esta se dê agora pela industrialização da periferia, caracterizada pela desarticulação produtiva.
52. Celso Furtado, *Introdução ao Desenvolvimento*, pp. 122-123.
53. *Idem*, pp. 115-118.

Uma compreensão desde longo período de trinta anos, das suas rupturas e continuidades em relação ao período anterior, se faz urgente, se quisermos elaborar novos projetos e utopias desejáveis, viáveis e exequíveis.

Façamos uma breve e assistemática recapitulação detse ciclo recém-encerrado. Na literatura econômica, a década de 1980 é conhecida como "perdida", em virtude da dívida externa e do descontrole inflacionário. Mas a mobilização social vinda de baixo – que pautou a ascensão do PT, as Diretas Já e a Constituição de 1988 – revela um quadro bem diferente. A Constituição é resultado de não consensos, de uma justaposição de agendas, a conservadora do Centrão, que bloqueou o máximo que pôde, exigindo legislação complementar para uma série de avanços sociais; enquanto a esquerda conseguiu estampar sob forma de lei os rudimentos de um Estado do Bem-Estar, a ser progressivamente implantado.

Nos anos 1990, especialmente sob a égide do governo Fernando Henrique Cardoso, a agenda novo liberal da política econômica se generalizou no corpo da sociedade O custo do trabalho foi visto como o responsável pela baixa geração de empregos. A privatização gerou uma transferência de ativos para a "burguesia nacional" associada aos novos grupos estrangeiros, para não falar dos rendimentos associados à expansão da dívida pública interna. O mercado interno se encolhia, enquanto a economia-mundo capitalista se reorganizava, valorizando seus capitais produtivos e financeiros neste posto avançado da semiperiferia. Mas com a diferença que agora os investimentos minguavam e o sistema produtivo sofria uma espécie de anorexia econômica e social.

Nos anos 2000, a recuperação do mercado interno se casou com a fase expansiva de um ciclo econômico de curta duração, que permitiu a viabilização de um "desenvolvimentismo"" no plano do discurso, pois as várias frações de classes apareciam em conflito velado, mas não aberto. A disputa hegemônica ficou congelada e amortecida. Os novos centros de decisão foram incapazes de elaborar projetos e utopias de larga envergadura, tal a proeminência das estruturas transnacionais oligopolistas, além do veto imposto pela alta finança, que vive dos juros altos e da valorização dos ativos patrimoniais.

No campo econômico, as desvalorizações do real (1999 e 2002); a ascensão chinesa que que trouxe novas relações entre os centros da economia-mundo capitalista, suas periferias e semiperiferias; a política de valorização do salário mínimo num contexto de capacidade ociosa e de elevada defasagem acumulada nos anos

1990 entre os ganhos de produtividade e os níveis de salário médio, especialmente na indústria e nos serviços modernos; e a recuperação do investimento, partindo de níveis muito baixos, além de auxiliada pelo papel do Estado e dos bancos públicos – tudo isso permitiu uma elevação da taxa de crescimento e uma expansão mais que proporcional do nível de emprego assalariado. A equação do tripé da política econômica, na maré alta, permitiu reduzir o endividamento público (em relação ao PIB) e elevar os gastos sociais, acelerando a implantação da agenda de 1988.

Apesar da desaceleração econômica do primeiro governo Dilma, os níveis de desemprego aí encontraram os seus níveis mais baixos, assim como a pobreza e a desigualdade de renda (se medida apenas pela renda do trabalho). Havia a crença de que esse processo seguiria adiante de maneira quase espontânea. Por que isso não aconteceu?

Ora, para dar sustentação no longo prazo a este processo – permitindo a continuidade da queda da desigualdade, o avanço nas políticas sociais e de infraestrutura e um perfil do emprego menos ancorado nos baixos salários – o próprio padrão de inserção externa deveria assumir uma feição menos vulnerável e passiva. Isso envolvia, além de alteração na política cambial, uma política casada de investimentos (públicos e privados) capazes de antecipar gargalos de infraestrutura e internalizar novos elos das cadeias produtivas, especialmente os mais intensivos em capital e tecnologia.

Depois de 2008, fomos pegos no contrapé, pois quem estava com capacidade ociosa eram os Estados Unidos e a União Europeia, além do novo centro dinâmico chinês, que corria em busca de novos mercados. Todos os incentivos concedidos pelo governo Dilma foram drenados para estes centros, que passaram a estabelecer entre si novas interações, afetando os países da periferia e da semiperiferia. Não dá, portanto, para jogar a culpa pelo fim do ciclo expansivo interno simplesmente na maré baixa da "economia internacional", sem compreender a reconfiguração da economia-mundo capitalista, com novas polaridades e hierarquias, na sequência da crise financeira de 2008.

No plano interno, reproduziu-se sob nova feição a dessimetria entre o setor produtivo e a sociedade. Algumas novidades ocorreram em relação ao diagnóstico de Furtado, formulado para os anos 1970. O acesso aos bens de consumo, especialmente duráveis, se ampliava muito além da minoria modernizada, pelos baixos preços dos produtos chineses e pela externalização crescente das cadeias produtivas, especialmente nos segmentos mais intensivos em tecnologia. O setor produtivo alcançava agora segmentos mais amplos da sociedade via emprego, aumento de renda e incorporação no crédito, mas se mostrava incapaz de dar um salto na acumulação reprodutiva, essencialmente pela inserção subordinada dos setores dinâmicos do mercado interno na economia-mundo capitalista, para o que muito contribuiu o populismo cambial da Era Lula.

Paralelamente, uma nova estrutura social emergia. Enquanto as classes média e alta iam ao paraíso, na ausência de reforma tributária e num contexto de juros reais elevados, os trabalhadores assalariados e autônomos da base da pirâmide social, além dos novos microempreendedores instáveis, obtinham ganhos expressivos de renda. Mas a ampliação do acesso às políticas sociais se mostrou limitada, enquanto os espaços urbanos e rurais se convertiam em verdadeiras zonas de segregação. Isso ocorreu num contexto de estagnação dos ganhos de produtividade e de rentismo exacerbado, travando a possibilidade de acumulação reprodutiva.

Os governos do PT foram incapazes de compreender a nova dinâmica de acumulação de capital, antes e depois da crise de 2008, além de terem se mostrado ingênuos com relação à possibilidade de perpetuar a expansão econômica, sem rupturas e mudanças estruturais, que colocariam em risco o grande arco de alianças políticas.

Promover esse salto exigia um projeto estruturado com ações no curto e longo prazo, por meio de uma operação política que contasse com o apoio de segmentos sociais expressivos. Se Lula soube manejar os conflitos nos tempos de bonança, o presidente deixou que explodissem no colo de Dilma, que fez o possível para ampliar os seus efeitos destrutivos. A agenda de 2012 partiu do pressuposto que mudanças na política econômica seriam suficientes. Faltou apoio social e político. Mais que isso, as transformações na estrutura social foram desconsideradas em prol dos mitos criados pela propaganda oficial: "países de classe média", "pleno emprego" e "fim da pobreza".

Preparou-se o terreno para uma reorganização das classes dominantes, apenas acomodadas durante o período de expansão, enquanto os movimentos sociais organizados, muitos dos quais cooptados, tiveram várias de suas propostas de transformação engavetadas.

Os avanços do período foram inegáveis, mas não havia nada além do nirvana do "socialdesenvolvimentismo". Neste contexto, o ressentimento da classe média e a expectativa individualista de ascensão social por parte de segmentos importantes das classes populares, se associaram de maneira inusitada, graças ao combustível fornecido pelo consórcio Mídia-Judiciário-Finança, que também funcionou como elemento aglutinador das classes dominantes.

O interregno Temer, seguido do terremoto Bolsonaro, trouxe para o centro da cena política todos os fantasmas de nosso passado remoto e daquele mais distante, agora reprocessado sob novos disfarces. A destruição do parque produtivo nacional, a flexibilização dos direitos sociais e trabalhistas, além do ataque frontal às instituições de pesquisa e aos movimentos sociais e culturais significam um verdadeiro ataque às potencialidades nacionais. A política externa brasileira, que seguiu nos últimos sessenta anos princípios norteadores inquestionáveis, apesar suas das diversas orientações, foi totalmente implodida.

Furtado, em livro de 1992, redige uma "nota justificativa" em que demonstra de maneira incisiva o seu sentimento de indignação, pois "a falta mais grave dos intelectuais em certos momentos da vida dos povos é a omissão". Refere-se então aos "líderes atuais" como "liquidatários do desenvolvimento"[54]. A bem da verdade, os economistas ortodoxos dos anos 1990, que "desleram furtado", ao menos sugeriam um "novo" modelo de desenvolvimento. Hoje a palavra sequer é proferida pelos poderosos de plantão, os liquidatários de tudo, enquanto a esquerda, os movimentos sociais e os intelectuais parecem não saber o querem dizer quando recorrem ao termo "desenvolvimento".

Mas nem tudo está perdido. Não adianta, no meio da tormenta, apenas ler *Formação Econômica do Brasil*, mas também praticar Furtado e o seu método histórico-estrutural, uma das vigas mestras da tradição de pensamento crítico no país, hoje marginalizada em boa parte das nossas universidades, especialmente em seus departamentos de Economia. A tarefa de resistência e de reconstrução, não para continuar algo que parou lá atrás, mas para seguir novas caminhos, se dará nas próximas décadas.

É preciso que estejamos preparados. Interpretação, projeto e utopia se forjam juntos. Quando a onda que parece tudo tomar se esvair, por suas limitações e

---

54. Celso Furtado, *Brasil: A Construção Interrompida*, p. 9.

por nossa resistência, teremos que estar a postos. Para, sobre os escombros, atuarmos organicamente sobre o futuro. Para compreendermos os novos sentidos de "desenvolvimento", "subdesenvolvimento", "dependência", "centro" e "periferia", desvendando os novos "dilemas estruturais" e "centros de decisão" capazes de mobilizar nossas energias criativas e transformadoras.

REFERÊNCIAS BIBLIOGRÁFICAS

AGUIAR, Rosa Freire d'. "Apresentação". *In*: FURTADO, Celso. *Formação Econômica do Brasil. Edição Comemorativa – 50 Anos*. Organização de Rosa Freire d'Aguiar. São Paulo, Companhia das Letras, 2009.

ALENCASTRO, Luiz Felipe de. "Prefácio". *In*: FURTADO, Celso. *Formação Econômica do Brasil. Edição Comemorativa – 50 Anos*. Organização de Rosa Freire d'Aguiar. São Paulo, Companhia das Letras, 2009.

BARBOSA, Alexandre de Freitas. "Formação Econômica do Brasil, Cinquenta Anos Depois". *Revista IEB*, n. 50, set.-mar. 2010.

BIELSCHOWSKY, Ricardo. *Pensamento Econômico Brasileiro: O Ciclo Ideológico do Desenvolvimentismo*. 2. ed. Rio de Janeiro, Contraponto, 1995.

BRAUDEL, Fernand. "História e as Ciências Sociais: A Longa Duração" [1958]. *Escritos sobre a História*. São Paulo, Perspectiva, 1992.

BRESSER-PEREIRA, Luiz Carlos. *A Construção Política do Brasil: Sociedade, Economia e Estado desde a Independência*. 3. ed. São Paulo, Editora 34, 2016.

CASTRO, Antônio Barros de. *Sete Ensaios sobre a Economia Brasileira*. Rio de Janeiro, Forense, 1971, vol. II.

DRAIBE, Sônia. *Rumos e Metamorfoses*. Rio de Janeiro, Paz e Terra, 1985.

FIORI, José Luís. *O Voo da Coruja: Para Reler o Desenvolvimentismo Brasileiro*. Rio de Janeiro, Record, 2003.

FRANCO, Gustavo. *O Desafio Brasileiro: Ensaios sobre o Desenvolvimento, Globalização e Moeda*. São Paulo, Editora 34, 1999.

FURTADO, Celso. *A Fantasia Organizada*. 5. ed. Rio de Janeiro, Paz e Terra, 1985.

_____. *A Pré-Revolução Brasileira*. Rio de Janeiro, Fundo de Cultura, 1962,

_____. "Analyse Économique et Histoire Quantitative". *L'Histoire Quantitative du Brésil de 1800 a 1930*. Coloques Internationaux du C.N.R.S., Paris, 11-15 out. 1971.

_____. "Aventuras de um Economista Brasileiro" [1973]. *In: Celso Furtado Essencial*. Organização, apresentação e notas de Rosa Freire d'Aguiar. São Paulo, Companhia das Letras, 2013.

_____. *Brasil: A Construção Interrompida*. Rio de Janeiro, Paz e Terra, 1992.

_____. *Cultura e Desenvolvimento em Época de Crise*. Rio de Janeiro, Paz e Terra, 1984.

_____. "Depoimento 1982". *Memórias do Desenvolvimento*. ano 3, n. 3, Rio de Janeiro, Centro Internacional Celso Furtado de Políticas para o Desenvolvimento, out. 2009.

_____. *Desenvolvimento e Subdesenvolvimento*. 5. ed. Rio de Janeiro, Fundo de Cultura, 1965.

_____. *Diários Intermitentes, 1937-2002*. Organização, apresentação e notas de Rosa Freire d'Aguiar. São Paulo, Companhia da Letras, 2019.

_____. *Formação Econômica do Brasil*. 23. ed. São Paulo, Companhia Editora Nacional, 1989.

_____. *Formação Econômica do Brasil. Edição Comemorativa – 50 Anos*. Organização de Rosa Freire d'Aguiar. São Paulo, Companhia das Letras, 2009.

_____. *Introdução ao Desenvolvimento: Enfoque Histórico-Estrutural*. 3. ed. São Paulo, Paz e Terra, 2000.

_____. *Teoria e Política do Desenvolvimento Econômico*. 9. ed. São Paulo, Companhia Editora Nacional, 1987.

IGLÉSIAS, Francisco. "Prefácio à Edição Especial da Coleção Biblioteca Básica Brasileira – UnB" [1963]. *In*: FURTADO, Celso. *Formação Econômica do Brasil. Edição Comemorativa – 50 Anos*. Organização de Rosa Freire d'Aguiar. São Paulo, Companhia das Letras, 2009.

LESSA, Carlos. "Entrevista de Carlos Lessa concedida a Alexandre de Freitas Barbosa e Ana Paula Koury". Rio de Janeiro, 25 de maio de 2011. Áudio disponível no Acervo Pessoal de Alexandre de Freitas Barbosa.

MANTEGA, Guido. *A Economia Política Brasileira*. Petrópolis, Vozes, 1984.

MARIANI, José. *O Longo Amanhecer: Cinebiografia de Celso Furtado*. Rio de Janeiro, [s. ed.], 2004.

MAURO, Frédéric. "Prefácio à Edição Francesa" [1972]. *In*: FURTADO, Celso. *Formação Econômica do Brasil. Edição Comemorativa – 50 Anos*. Organização de Rosa Freire d'Aguiar. São Paulo, Companhia das Letras, 2009.

OLIVEIRA, Francisco de. *A Navegação Venturosa: Ensaios sobre Celso Furtado*. São Paulo, Boitempo, 2003.

_____. *Crítica à Razão Dualista [1972]/O Ornitorrinco*. São Paulo, Boitempo, 2003.

_____. "Diálogo na Nova Tradição: Celso Furtado e Florestan Fernandes". *In*: NOVAES, Adauto (org.). *A Crise do Estado-Nação*. Rio de Janeiro, Civilização Brasileira, 2003,

ROMANO, Ruggiero. "Prefácio à Edição Italiana" [1970]. *In*: FURTADO, Celso. *Formação Econômica do Brasil. Edição Comemorativa – 50 Anos*. Organização de Rosa Freire d'Aguiar. São Paulo, Companhia das Letras, 2009.

SINGER, Paul. "Entrevista". *In*: MANTEGA, Guido & REGO, José Márcio. *Conversas com Economistas Brasileiros II*. São Paulo, Editora 34, 1999.

SOLA, Lourdes. *Ideias Econômicas, Decisões Políticas*. São Paulo, Edusp, 1998.

TAVARES, Maria da Conceição. *Acumulação de Capital e Industrialização no Brasil*. 3. ed. Campinas, Instituto de Economia da Unicamp, 1998.

VI

O ARQUIVO DE CELSO FURTADO
NO INSTITUTO DE ESTUDOS BRASILEIROS

16

O Arquivo Pessoal de Celso Furtado: Relações e Relacionamentos para Além dos Bastidores da História Econômica

•

Elisabete Marin Ribas

No final de 2019, o Instituto de Estudos Brasileiros da Universidade de São Paulo (IEB/USP) passou a ter sob sua guarda o acervo pessoal de Celso Furtado. Arquivo e biblioteca vieram fortalecer, em especial, a área de história econômica, dialogando diretamente com fundos de outros intelectuais já presentes no Instituto, dos quais destacamos nomes como Alice Piffer Canabrava, Caio Prado Jr. e Heitor Ferreira Lima. Mas seria correto delimitar tal interlocução a acervos cujos titulares tiveram atuação predominante na área econômica – os vulgarmente chamados de "arquivos de economistas"? Este artigo revisita estudos da própria autora publicados anteriormente[1] e tenta avançar na reflexão devotada a arquivos pessoais de intelectuais brasileiros, englobando a discussão sobre tratamentos técnicos e ações de pesquisa.

É importante pontuar que o momento da escrita deste texto coincide com a chegada do arquivo de Celso Furtado ao Arquivo IEB/USP e com o início dos trabalhos técnicos a que ele será submetido ao longo de pelo menos dois anos, motivo pelo qual a localização de materiais de interesse é bastante dificultada. Por isso, apresentaremos aqui somente um pequeno exercício de análise, a partir da seleção de documentos que são de autoria de Celso Furtado ou que a ele remetem, constantes de outros arquivos pessoais já sob a guarda do Arquivo IEB/

---

1. De Elisabete Marin Ribas, "Líderes e Cidadãos: Onde Termina o Homem Público e Tem Início a Vida Privada nos Documentos de Arquivos de Políticos?" e "Nem Anjos, nem Demônios: O Trabalho com Arquivos Pessoais de Intelectuais Brasileiros no Arquivo do Instituto de Estudos Brasileiros da USP".

USP. Esses documentos, devidamente contextualizados, retratam o pensamento e a atuação de Celso Furtado como homem público, como intelectual e como um dos principais atores da história brasileira do século XX. Em outras palavras, apesar da vinda recente do fundo Celso Furtado, o titular já se fazia presente no acervo do IEB, ratificando a ideia de que existiu um diálogo entre uma geração de intelectuais voltada a pensar um projeto de um país chamado Brasil.

ARQUIVOS PESSOAIS COMO FONTES DE PESQUISA

> *A história não é a ressurreição do passado; é o torná-lo inteligível, sem deformá-lo. O procedimento para alcançar esse objetivo é a pesquisa histórica.*
>
> HELOÍSA LIBERRALLI BELLOTTO[2]

Os estudos de Marc Bloch e Lucien Febvre, fundadores do movimento que ficou conhecido como a Escola dos Annales, tiveram suma importância no esforço para elevar o *status* dos arquivos pessoais como fontes de pesquisa e foram responsáveis por questionar o fazer histórico pautado na narrativa dos "grandes feitos" dos "grandes homens". Segundo Peter Burke, Lucien Febvre era um especialista em século XVI de temperamento "expansivo, veemente e combativo, com uma tendência a zangar-se quando contrariado por seus colegas"[3]. Marc Bloch, por sua vez, era "sereno, irônico e lacônico, demonstrando um amor quase inglês por qualificações e juízos reticentes"[4].

Em um artigo que busca valorizar o uso dos arquivos pessoais como fontes de pesquisa, não é ingênua a escolha de assinalar características pessoais dos pioneiros da Nova História, mesmo que seja pelas palavras de Peter Burke, reconhecido teórico da História. A provocação procura ressaltar a linha tênue entre narrativa histórica e o que podemos chamar de "fofoca" histórica. Após anos de trabalho cotidiano organizando arquivos pessoais de intelectuais no Arquivo IEB/USP, notamos como os arquivos pessoais vêm se tornando protagonistas no momento da

---

2. Heloísa Liberalli Bellotto, *Arquivos Permanentes: Tratamento Documental*, p. 264.
3. Peter Burke, *A Escola dos Annales (1929-1989): A Revolução Francesa da Historiografia*, p. 23.
4. *Idem, ibidem*.

escolha de fontes primárias para pesquisas. Ao mesmo tempo, a delicadeza das informações privadas de interesse público, ali registradas em documentos, incitam técnicos e pesquisadores de acervos particulares a questionarem-se até onde informações ditas "pessoais" contribuem com a construção da história. Seriam os arquivos pessoais uma "perfumaria" da História? Seu conteúdo realmente colaboraria e traria relevância para o fazer histórico?

A mesma experiência mostra que o encantamento provocado pelos arquivos pessoais toca as equipes técnicas que atuam nos protocolos de guarda, e seduz[5] o mais rigoroso pesquisador. Jules Michelet[6], Arlete Farge[7] e Robert Darton[8] são apenas alguns dos nomes que mergulharam nos arquivos e, podemos dizer, de lá nunca mais emergiram. Atraídos por milhares de vozes que se comunicam conosco em silêncio, diretamente do passado, as narrativas imiscuídas nas pilhas de papéis fascinaram, fascinam e fascinarão o mais completo cético. Angela de Castro Gomes resume o sentimento quando se vale da expressão "nas malhas do feitiço"[9]. Não é gratuito que, junto com a consolidação de grandes centros de guarda de arquivos pessoais no Brasil[10], as pesquisas que os tomam como objeto tenham se ampliado. Eventos e publicações especializadas proliferam-se. No Arquivo IEB/USP, nos últimos dez anos, o número de solicitações de acesso aos acervos de intelectuais aumentou em dez vezes.

Mas nem sempre foi assim. E é mais uma vez nas palavras de Angela de Castro Gomes que encontramos a contextualização sobre o uso e a valorização dos arquivos pessoais como importantes fontes de pesquisas:

5. Termo usado por Andreas Huyssen, *Seduzidos pela Memória: Arquitetura, Monumentos, Mídia*.
6. Jules Michelet, *Histoire de France*, apud Bruno Delmas, *Arquivos Para Quê?*, p. 11.
7. Arlete Farge, *O Sabor do Arquivo*.
8. De Robert Darnton, *A Questão dos Livros: Passado, Presente e Futuro* e *O Grande Massacre de Gatos e Outros Episódios da História da Cultura Francesa*.
9. Angela de Castro Gomes, "Nas Malhas do Feitiço: O Historiador e os Encantos dos Arquivos Privados", p. 121.
10. Entre algumas das instituições brasileiras detentoras de arquivos pessoais, podemos destacar a Fundação Oswaldo Cruz (Fiocruz), o Arquivo-Museu de Literatura Brasileira da Fundação Casa de Rui Barbosa, o Arquivo dos Acadêmicos da ABL e o Centro de Pesquisa e Documentação de História Contemporânea do Brasil de Fundação Getúlio Vargas (CPDOC/FGV), no Rio de Janeiro; o Arquivo Edgard Leuenroth (AEL) e o Centro de Documentação Cultural Alexandre Eulalio (Cedae), na Unicamp; o Arquivo dos Escritores Mineiros (AEM), na UFMG; o Centro de Documentação e Apoio à Pesquisa (CEDAP/Unesp Assis) e o Centro de Documentação e Memória da Unesp (Cedem/Unesp São Paulo).

[...] embora no campo das reflexões especializadas sobre arquivos, possa se encontrar um debate a respeito do *status* dessa documentação desde as décadas iniciais do século xx, só mais recentemente, no Brasil e no mundo, passou-se a compartilhar de maneira mais ampla esse tipo de afirmativa, com todos os seus desdobramentos na teoria e na prática arquivísticas e também historiográficas. Isso porque era extremamente comum, mesmo em instituições muito reconhecidas, atribuir-se o *status* de arquivo apenas aos conjuntos documentais de natureza pública, vale dizer, que tivessem sido produzidos e acumulados por instituições públicas. Em muitas situações, como vários estudiosos apontam, mesmo estando presentes em instituições arquivísticas ou de guarda de memória, como as bibliotecas, a documentação acumulada por indivíduos não era reconhecida como um arquivo ou, na melhor das hipóteses, era entendida como um arquivo "menor" e de segunda classe ante o que seria um verdadeiro "arquivo". [...]

O pleno reconhecimento do estatuto de arquivo para os arquivos pessoais, que pode, à primeira vista, parecer banal, está longe disso. Para tanto, é bom vê-lo imbricado com uma série de grandes transformações no campo da história, das ciências sociais, da teoria literária e, naturalmente, da teoria arquivística. De forma econômica, pode-se lembrar que o "retorno" dos indivíduos à história e o valor que se passou a dar à sua subjetividade, entendida como seus valores, crenças, sensibilidades e perspectivas cognitivas, são fenômenos das últimas décadas do século xx, associando-se, de maneira particular, ao que se tornou conhecido como a "nova" história política e cultural, e também a uma antropologia cultural que ganhou historicidade. Uma autêntica mudança de paradigma, que rejeitou matrizes estruturalistas de vários tipos, dialogando com mudanças que ocorriam nas ciências sociais, de forma geral, e na história, em particular, cuja propriedade eram as interpretações dos atores que diretamente experimentam os eventos sociais, sempre políticos-culturais[11].

Apesar de extensa, a citação foi escolhida por dois motivos: primeiro, pela clareza com que Angela de Castro Gomes enuncia o nosso argumento de base; segundo, em razão de ela compor o prefácio de *O Lugar do Arquivo: A Construção do Legado de Darcy Ribeiro*, obra de Luciana Quillet Heymann dedicada ao arquivo pessoal de Darcy Ribeiro, antropólogo e homem público da mesma geração de Celso Furtado. Ambos, aliás, atuaram no governo de João Goulart, Celso como Ministro do Planejamento e Darcy como Ministro da Educação e posteriormente da Casa Civil[12].

11. Angela de Castro Gomes, "Prefácio", em Luciana Quillet Heymann, *O Lugar do Arquivo: A Construção do Legado de Darcy Ribeiro*, p. 10.
12. No governo João Goulart, Celso Furtado foi Ministro do Planejamento de 28 de setembro de 1962 a 31 de março de 1964; Darcy Ribeiro foi Ministro da Educação de 18 de setembro de

Gomes nos alerta sobre o tratamento que os arquivos pessoais devem receber, ou seja, "arquivos pessoais são arquivos"[13] e, como tais, devem ser manejados com o rigor técnico e metodológico dispensado a qualquer arquivo. Em resumo, esquivando-nos da monumentalização[14] ou musealização[15] das figuras públicas, sejam elas Celso Furtado ou Darcy Ribeiro (afinal, nada estaríamos fazendo a não ser negar os princípios da Nova História), o emprego de protocolos técnicos de tratamento e a construção de instrumentos de pesquisa são procedimentos fundamentais para a consolidação (e não construção) do legado de seus titulares e o apoio às pesquisas das mais diversas áreas. A seguir, descreveremos um pouco mais as formas de manipulação dos arquivos pessoais à luz da arquivologia.

"ARQUIVOS PESSOAIS SÃO ARQUIVOS"[16]

> *Sua destruição deliberada como meio de se obliterar a memória e o patrimônio de um povo nos faz compreender de maneira exemplar por que os documentos, mesmo aqueles papéis pessoais aparentemente sem muita importância, são capazes de transmitir valores fundamentais de geração para geração.*
>
> RICHARD J. COX[17]

Para prosseguirmos no tom do discurso que almeja comprovar a importância do uso de arquivos pessoais nas pesquisas atuais, faremos agora uma contextualização da relevância do uso das fontes primárias documentais salvaguardadas nos *arquivos privados*, tentando sempre não entediar o leitor com questões estritamente técnicas relacionadas à arquivologia.

1962 a 23 de janeiro de 1963 e Ministro-Chefe da Casa Civil de 18 de junho de 1963 a 31 de março de 1964.

13. Gomes e o presente ensaio fazem menção ao artigo de Ana Maria de Almeida Camargo, "Arquivos Pessoais São Arquivos".
14. Andreas Huyssen, *Seduzidos pela Memória*, p. 41.
15. *Idem*, p. 14.
16. Ana Maria de Almeida Camargo, "Arquivos Pessoais São Arquivos".
17. Richard J. Cox, *Arquivos Pessoais: Um Novo Campo Profissional: Leituras, Reflexões e Considerações*, p. 255.

Felizmente, já contamos hoje, no Brasil, com uma abundante produção teórica dedicada à reflexão sobre arquivos pessoais e seu tratamento. Uma das pioneiras da área, Ana Maria de Almeida Camargo nos faz lembrar, no clássico texto publicado em 2009, que "arquivos pessoais são arquivos". O que ela alega – e por mais redundante que pareça, este é um detalhe muito importante a ser considerado – é que tais conjuntos documentais, independentemente de quem quer que os tenha acumulado, sobretudo quando já incorporados em instituições oficiais de guarda como o IEB/USP, devem ser tratados respeitando-se os *princípios arquivísticos*, a saber: (I) o princípio da proveniência; (II) o princípio da organicidade; (III) o princípio da unicidade; (IV) o princípio da indivisibilidade e (V) o princípio da cumulatividade.

Podemos reconhecer a maioria desses princípios arquivísticos na definição de *fundo*, um dos conceitos-chave da área, tal como proposta por Heloísa Liberalli Belloto:

> Admite-se como fundo o *conjunto* de documentos *produzidos e/ ou acumulados* por determinada entidade *pública ou privada, pessoa ou família*, no exercício de suas *funções e atividades*, guardando entre si *relações orgânicas*, e que são preservados como prova ou *testemunho legal e/ou cultural*, não devendo ser mesclado a documentos de outro conjunto, gerado por outra instituição, mesmo que este, por quaisquer razões, lhe seja afim[18].

Em outras palavras, o conceito de fundo, quando conferido a um conjunto documental, chancela a este o *status* de arquivo, pois nem todo agrupamento documental pode ser assim classificado. Exemplifiquemos: papéis e objetos acumulados na edícula da casa de nossos pais, a agregarem documentos de infância, nossos e de nossos irmãos ou primos, dos mais diversos tipos e formatos, tais como cadernos da escola primária, troféus de karatê, vestidos de festa junina, gibis da adolescência, fitas VHS que nem sequer podem ser reproduzidas, o primeiro dente de leite perdido, a primeira mecha de cabelo cortado, contas de telefone dos últimos trinta anos, fotos de casamentos (alguns deles já desfeitos), diários, cartas, atlas desatualizados, enfim... um entulho documental onde nada está ordenado, identificado, ou é facilmente recuperável, isso não é um fundo. Sejam nos porões domésticos, sejam nos vulgarmente "arquivos mortos"

---

18. Heloísa Liberalli Bellotto, *Arquivos Permanentes: Tratamento Documental*, p. 128. Grifos nossos.

das empresas, massas documentais amorfas não são fundos arquivísticos; entretanto, tratados devidamente segundo os princípios da arquivologia, podem vir a se tornar fundos.

Arquivo é um conjunto documental oriundo de um produtor, tendo sido acumulado de forma orgânica e ordenada, de modo que seus documentos atestam as atividades desempenhadas por esse produtor no exercício de suas funções. No caso de pessoas físicas, os arquivos criam uma representação de uma vida; no caso de instituições, registram os modos de atuação da empresa, escritório ou comércio. Um único documento guardado de forma isolada não é um fundo, assim como um conjunto de selos também não o é. Selos, tampinhas de garrafa, cartões-postais etc. configuram-se como itens colecionáveis, os quais, somados, formam uma *coleção*. As *coleções*, ao contrário dos *fundos*, são acumulados de maneira artificial, ou seja, são escolhidos para comporem um conjunto, no qual os itens guardam semelhanças entre si. Escolhemos o que queremos colecionar, e uma das características que nos marca como raça humana é esta: adoramos colecionar e colecionamos porque escolhemos colecionar.

No caso do fundo, não há a possibilidade de escolha. O fundo é uma reunião natural, orgânica e ordenada. Em arquivos pessoais, os documentos que refletem a vida de seu titular foram produzidos (e/ ou reunidos) como consequência natural de um cotidiano, obedecendo, em geral, a uma ordem cronológica e/ou causal: nenhum indivíduo obtém carteira de motorista antes da certidão de nascimento. Há uma lógica de produção, e os documentos advêm de uma necessidade de provar quem somos e o que fazemos. Em algumas situações, documentos identitários como RGs ou passaportes são registros obrigatórios, visto que sem eles se torna impraticável um grande número de ações da vida adulta.

Uma empresa tem (ou deveria ter) um fundo que a ampara nas suas funções administrativas. O arquivo de um indivíduo também o ampara na administração de sua vida pública e privada, pois aí estão, em registros documentais, as provas de que ele é proprietário de um imóvel ou de que pagou o aluguel do mês anterior; aí estão os certificados e diplomas que atestam que ele concluiu uma etapa da escolarização formal ou tem capacitação numa área determinada. Você, leitor leigo, pode indagar: e os cadernos de escola ou de anotações que ali se encontram guardados? Um caderno antigo e rabiscado com devaneios pode ter o valor de um diploma timbrado, carimbado e certificado de várias maneiras? Aqui aparece a questão do *documento diplomático*[19]. Na vida cotidiana, os documentos acumulados em vida por uma pessoa apresentam uma constelação de características formais quanto à sua diagramação e seu contexto de gênese que servem como provas, especialmente quando emitidos por órgãos oficiais, assinados, rubricados e carimbados. São os contratos, atestados, certificados, notas fiscais etc. Mas é importante lembrar que nos arquivos pessoais a *tradição documental*[20] é aplicada de forma um pouco diferente dos demais arquivos. No caso dos fundos pessoais, além das tipologias documentais que provam de maneira oficial, por exemplo, a existência de seu titular, materiais como cadernos de anotações são indícios que remetem ao conteúdo dos cursos realizados. Posteriormente, no momento da pesquisa de tais papéis, é nos cadernos que muitas vezes recuperamos informações que auxiliam na compreensão do pensamento do proprietário do artefato. Entretanto, durante a vida de seu titular, tal caderno não tem o valor comprobatório equivalente ao certificado ou atestado de conclusão de determinado curso. O valor probatório do documento muda conforme o passar do tempo. E é muito importante assinalar, especialmente em relação aos arquivos pessoais, que isso não nos autoriza a fazer uma valoração dos itens documentais, entre mais ou menos importantes. Todos os documentos são importantes, pois dentro de seus contextos de produção eles têm uma função única e, por isso, são insubstituíveis.

Os arquivos não encerram dentro de si a verdade absoluta, e seus documentos não são prova inquestionável de que algo aconteceu ou da forma como algo aconteceu. Devemos ter em mente que esses papéis são *autênticos*, e, em sua maioria únicos, mas não guardiões de fatos inquestionáveis. Farge sublinha que "[t]alvez o arquivo não diga a verdade, mas ele diz da verdade, tal como entendia Michel Foucault"[21]. E complementa:

> No arquivo, o relevo se organiza, basta lê-lo; e perceber que existe produção de sentido nesse lugar, mesmo onde as vidas colidem com o poder sem que tenham optado por isso. É preciso ordenar pacientemente essas situações trazidas à luz por esse choque súbito, demarcar as descontinuidades e as distâncias. O real do arquivo torna-se não apenas vestí-

---

19. Heloísa Liberalli Bellotto, *Arquivos Permanentes: Tratamento Documental*, p. 51.
20. *Idem*, p. 105.
21. Arlete Farge, *O Sabor do Arquivo*, p. 35.

gio, mas também ordenação de figuras da realidade; e o arquivo sempre mantém infinitas relações com o real[22].

E o que isso tem a ver com o acervo de Celso Furtado? Seu arquivo pessoal que chega ao IEB compartilha de todas as características de um fundo, e passa, a partir de agora, a ser tratado exclusivamente pelo nome técnico: Fundo Celso Furtado.

Desde a retirada do fundo de sua antiga residência, no Rio de Janeiro, foram realizados protocolos de modo que a organicidade, a indivisibilidade e a cumulatividade do material fossem respeitadas. Os documentos acumulados por Celso Furtado em vida foram cuidadosamente guardados por sua esposa, Rosa Freira d'Aguiar, de modo que a manutenção de sua ordem original foi mantida. Ao adentrar a instituição de guarda, o IEB, esse movimento de retirada controlada foi realizado buscando, além da manutenção dos princípios arquivísticos, facilitar às equipes técnicas as ações de higienização, classificação e descrição.

Esses papéis, preservados conforme foram produzidos e guardados, historicizam a participação de Celso Furtado em comissões da ONU e da Unesco ou sua atuação na Sudene e na Cepal, entre outras dezenas de atividades que mostram a multiplicidade de seu titular. Tudo isso, futuramente estruturado naquilo que chamamos de *quadro de arranjo*[23], apresentará ao pesquisador um mapa biográfico e indicará os caminhos da vida, obra e contexto históricos em que Celso esteve inserido.

O processo de organização e classificação do acervo exige a manipulação quase cirúrgica, página a página, do material dele constitutivo: um trabalho que consome tempo e exige uma equipe de técnicos especializados e acadêmicos versados no universo furtadiano, a comporem um time interdisciplinar que preparará o Fundo Celso Furtado para consulta pública.

Os documentos que a seguir serão apresentados para ilustrar a multifacetada carreira de Celso Furtado foram selecionados de outros conjuntos documentais do Arquivo IEB/USP. Dito isso, ao leitor agora já iniciado no universo da arquivologia, acende uma luz de alerta: seria isso uma admissão de que o princípio da indivisibilidade não foi respeitado? Como documentos de autoria de Celso Furtado ou que a ele remetem podem estar presentes em outros fundos? E ainda: seria o caso de "reinseri-los" entre os papéis de seu produtor?

22. *Idem, ibidem.*
23. Também chamado tecnicamente de *plano de classificação*.

Vamos nos deter em alguns pontos: o conceito de *autoria* ou os *registros onomásticos* inscritos em documentos não podem ser relacionados diretamente com os princípios da proveniência, da organicidade e da cumulatividade. A existência, num fundo, de documentos de autoria distinta do titular não autoriza transferências de itens de um arquivo para outro, pois os documentos cumprem uma função de ser e estar em determinado fundo. Também é importante assinalar que a ausência de um documento em determinado fundo também tem seu sentido de ser.

Encontrar e estabelecer conexões entre documentos de diferentes arquivos é, principalmente, uma atividade da pesquisa e não é prioritária às equipes técnicas de documentalistas e arquivistas. Aos últimos, cabe a tarefa de descrever os conjuntos respeitando-se os princípios arquivísticos. Não estamos desconsiderando aqui o fato de que, modernamente, a equipes técnicas estão longe de realizar um trabalho de natureza mecânica e não intelectualizada. Pelo contrário, no decorrer das ações de criação de instrumentos de pesquisa, é inevitável a identificação de vínculos entre informações correntes e aquelas passadas pregressamente em nossas mãos. As relações, no entanto, restringem-se aos dados e não ao posicionamento lógico ou físico dos documentos dentro de um fundo.

Assim, após esta breve exposição que buscou elucidar alguns dos conceitos técnicos e das teorias arquivísticas, passamos ao exercício de pesquisa, que propõe selecionar, analisar e contextualizar documentos de autoria de Celso Furtado ou que a ele fazem referência. Ele só foi possível graças aos instrumentos de pesquisas elaborados pela equipe técnica do Arquivo IEB/USP. Que ele sirva como convite para que o interessado na vida e na obra furtadiana considere, em suas futuras pesquisas, a visita a acervos de titulares que em algum momento estabeleceram diálogo com Celso, seja de caráter pessoal ou profissional.

Celso Furtado e a História Econômica e Política Brasileira
Em carta de Adalberto Arruda Silva a Caio Prado Jr., de 23 de dezembro de 1963, lemos:
Recife, 23 de Dezembro de 1963.

Ilmo. Sr.
Prof. Caio Prado Jr.
São Paulo

Respeitosos cumprimentos

Junto à presente seguem as fichas e o material colhido no Sindicato dos Trabalhadores Rurais de Palmares que visitamos quando de sua estada aqui. Peço-lhe mil desculpas por não lhe ter feito entrega há mais tempo de referido material que, por esquecimento, ficou na minha pasta.

Creio, professor, tivemos mais uma confirmação de que no processo de Desenvolvimento o fundamental é, sem dúvida, a distribuição da Renda. Isso foi o que disse naquela mesma noite ao Dr. Francisco Oliveira, Superintendente Substituto, relatando os resultados de nossa viagem. Decerto que ele tudo transmitiu ao Dr. Celso Furtado.

Como já lhe referi, todos aqui estamos entusiasmados e interessados nos novos acontecimentos econômicos e sociais de que está sendo palco o estado de Pernambuco. O que é importante, é que tudo não suceda apenas como fenômeno de superfície como ocorreu no Rio Grande do Sul. Para tanto, faz-se mister que, precisamente no atual momento, não nos deixem de socorrer-nos inteligências lúcidas e poderosas como a de V. Sa. Nester [sic.] têrmos, as preocupações de intelectuais e mestres do Sul serão também de valimento indispensável. Daí, que esperamos contar sempre com sua ilustre presença por estas plagas e sua valiosa colaboração.

Permita-se colocar meus humildes préstimos à disposição de V. Sa. e reafirmar-lhe a honrosa satisfação que desfrutei em acompanhar-lhe até o interior do Estado quando de sua última visita por aqui.

Sem mais, queira aceitar os meus protestos da mais distinta consideração.

Atenciosamente
Adalberto Arruda da Silva
Departamento de Recursos Humanos
SUDENE – Recife[24].

A carta é um dos itens que compõem a Correspondência Passiva do Fundo Caio Prado Jr. Datilografada, apresenta-se em papel timbrado da Superintendência do Desenvolvimento do Nordeste, a Sudene, órgão presidido por Celso

---

24. Arquivo IEB/USP, Fundo Caio Prado Jr., código de referência: CPJ-CP-SUDENE001. Transcrição livre do original, sem adaptação para a ortografia vigente ou correção de possíveis erros de datilografia.

Furtado a partir de 1958 e que o alçou ao Ministério do Planejamento, em 1962, do qual saiu apenas para o exílio, em 1964, após o Golpe Militar.

Para nós que a lemos do futuro, a carta congrega uma mescla de angústia e tristeza, pois, dentro dela, vemos o jovem Adalberto Arruda da Silva escrever a Caio Prado Jr. – este, no alto de seus 56 anos, intelectual já reconhecido em todo o território nacional. Adalberto fala de distribuição de renda, e, com entusiasmo, solicita auxílio a quem nomeia "mestres do Sul". A chama que acende nele a esperança de uma mudança possível nos rumos brasileiros é descrita no seguinte trecho: "todos aqui estamos entusiasmados e interessados nos novos acontecimentos econômicos e sociais de que está sendo palco o estado de Pernambuco". Deduz-se que ele faça referência a movimentos como o que se iniciara em 1955 e se tornara conhecido como as Ligas Camponesas[25]. Além disso, ele fala estando fisicamente localizado na cidade de Recife, capital de Pernambuco, que no final do ano de 1959 elegera como prefeito Miguel Arrais. Arrais desistira do cargo de Secretário da Fazendo do estado por considerar, naquele contexto político, o poder municipal como de maior importância (e talvez por divergências com o então governador, Cid Sampaio). Arrais conseguirá investir e avançar de forma significativa em questões relativas à infraestrutura urbana, social e cultural. Ele implementará na cidade

> [...] ampliação do sistema de abastecimento de água e de energia elétrica, bem como da rede de esgotos, visando sobretudo à melhoria das condições de vida da população pobre dos mocambos. Executou ainda programas de urbanização em bairros pobres, criou o plano de urbanização do bairro litorâneo de Boa Viagem, pavimentou e iluminou grande número de ruas e inaugurou a rede de ônibus elétricos na cidade.

25. Segundo o Dicionário Histórico-Biográfico Brasileiro (DHBB) do CPDOC/FGV, "no ano de 1955 fundou-se a Sociedade Agrícola e Pecuária de Pernambuco (SAPP), primeira associação camponesa do estado, organizada pelos arrendatários do Engenho Galiléia, situado no município de Vitória de Santo Antão, cuja finalidade era desenvolver a produção comercial de verduras e iniciar um programa assistencial. A defesa jurídica dos membros da SAPP foi assumida pelo deputado estadual Francisco Julião, do Partido Socialista Brasileiro (PSB), e despertou a simpatia de outros parlamentares oposicionistas como Miguel Arrais. Nos anos seguintes, esse tipo de associação se multiplicaria no estado de Pernambuco, sob o nome de Ligas Camponesas. Segundo Arrais, a fase inicial da expansão das ligas foi marcada por intensa repressão do governo Cordeiro de Farias, dando início a grave crise no cenário político estadual" (disponível em https://www.fgv.br/cpdoc/acervo/dicionarios/verbete-biografico/miguel-arrais-de-alencar acesso em 23-2-2020, às 18h18).

Uma das realizações mais marcantes de sua gestão foi o Movimento de Cultura Popular (MCP), instituído com a colaboração de estudantes, artistas e intelectuais. A princípio, o MCP restringiu-se à alfabetização de adolescentes e adultos em salas aproveitadas de associações de bairros, entidades esportivas e templos. Logo depois o movimento passou a visar também à conscientização política e à elevação do nível cultural das camadas mais pobres da população, promovendo para tanto a instalação de galerias de arte, cinemas, teatros, parques de recreação, oficinas de artes plásticas e teleclubes, além da realização de mesas-redondas sobre cultura popular e da valorização do artesanato e de festas tradicionais[26].

Acredita-se assim que o ambiente da cidade de Recife seja um dos motivos do otimismo que emana da carta de Adalberto a Caio, pois ali está um cenário que o faz crer, à época, que problemas como o da desigualdade social e o de distribuição de renda possam ser eventualmente superados. Por fim, Adalberto afirma que as ideias deixadas por Caio Prado Jr. foram repassadas a Celso Furtado.

Em trecho do diário de Celso Furtado, recentemente publicado, lemos a reflexão que o então exilado faz acerca das Ligas Camponesas e sobre o trabalhador rural do Nordeste:

NEW HAVEN, NOVEMBRO DE 1964

A experiência de planejamento no Nordeste, cuja direção me coube durante mais de cinco anos, deve ser analisada à luz da ambiguidade de um sistema de poder.

A ação das Ligas Camponesas se realizou no sentido de reivindicar para o trabalhador, na sua qualidade de assalariado, a aplicação da legislação social vigente. [...] A lei assegurava aos trabalhadores formalmente, certos direitos, mas não permitia que eles se organizassem para lutar por esses direitos. [...] Dessa forma, se bem que seus objetivos fossem modestos, e totalmente dentro do espírito da ordem existente, o movimento das Ligas Camponesas devia utilizar linguagem revolucionária, pois, não possuindo meios institucionalizados para lutar pelos seus objetivos de melhoria social, os camponeses deviam ser encorajados a buscar meios não previstos no quadro legal, portanto revolucionários ou pararrevolucionários[27].

O Golpe bane Celso Furtado do Ministério do Planejamento e do território brasileiro, condenando-o ao exílio. Para um homem dedicado a trabalhar incan-

---

26. *Idem.*
27. Celso Furtado, *Diários Intermitentes: 1937-2002*, pp. 224-225.

savelmente por seu país, apartar-se de sua terra e ser tratado como inimigo público incita-lhe na alma uma sensação de derrota. Na entrada de 15 de outubro de 1964 de seu diário, ele escreve:

> Mas a realidade é que eu nunca fui apenas ou principalmente um intelectual. Aquela paixão pelos problemas sociais, que nos infectou a todos mais de um quarto de século atrás, a mim correspondia a alguma necessidade de tipo quase fisiológico. A verdade é que nunca pude livrar-me disso. E *isso* faz que tudo tenha que se orientar para a ação. Comecei escrivinhando sobre literatura e terminei escrevendo sobre política. [...] Hoje considero a minha vida totalmente perdida, no sentido de que não posso recuperá-la. Pode ser que ela venha a ser totalmente inútil ou inefetiva, para o futuro, e nem por isso deixa de escapar-me ao controle. Isso poderá parecer uma fantasia de exilado, em dias de outono, mas é uma dura realidade[28].

Apesar dos horrores da Ditadura Militar e dos vinte anos de exílio, é nesse período que seu espírito irrequieto, apesar de machucado, dedica-se à "ação". Surgirão escritos, estudos e reflexões. Da "fantasia de exilado" podemos inferir o surgimento de títulos como *A Fantasia Organizada*, em 1985 e, mais tarde, *A Fantasia Desfeita* de 1989. Mas antes desses, ele publicara títulos como: *Subdesenvolvimento e Estagnação na América Latina* (1966); *Teoria e Política do Desenvolvimento Econômico* (1967); *Um Projeto para o Brasil* (1968); *Formação Econômica da América Latina* (1969); *Análise do "Modelo" Brasileiro* (1972); *A Hegemonia dos Estados Unidos e o Subdesenvolvimento da América Latina* (1973); *O Mito do Desenvolvimento Econômico* (1974); *Criatividade e Dependência na Civilização Industrial* (1978); *O Brasil Pós-"Milagre"* (1981); *A Nova Dependência, Dívida Externa e Monetarismo* (1982); *Não à Recessão e ao Desemprego* (1983); *Cultura e Desenvolvimento em Época de Crise* (1984).

Em registro feito em 14 de julho de 1970, o próprio Celso se surpreende diante de tamanha produção:

> Este ano estou batendo um *record* que não deixa de dar satisfação a um trabalhador intelectual que não dispõe sequer de uma secretária, que datilografa todas as suas cartas e prepara sozinho todos os textos: publico nove livros em línguas estrangeiras, três em francês, dois em inglês, dois em castelhano e dois em italiano. À exceção do italiano, revi

---

28. *Idem*, pp. 223-224.

e aprovei todas as traduções. Alguém dirá que isso é uma loucura, que mais vale *flâner* no Quartier Latin...[29]

Apesar de afastado do Brasil, os intelectuais que aqui ficam leem sua obra e o reconhecem como um novo e importante intérprete do Brasil.

Uma evidência dessa recepção é encontrada em documento do fundo Antonio Candido, também sob a guarda do IEB. O documento acha-se contextualizado dentro da Produção Intelectual do seu titular e classificado como pertencente aos itens que atestam a colaboração de Antonio Candido junto à Biblioteca Ayacucho. Criada em 1974, a Biblioteca teve como diretor-fundador o uruguaio Ángel Rama. Ativa até os dias atuais, essa biblioteca tem como princípio originário manter e difundir obras clássicas da produção intelectual da América, desde o período pré-colombiano até a mais tenra contemporaneidade[30]. O documento, uma lista elaborada por Antonio Candido e Darcy Ribeiro, é uma seleção de títulos a serem publicados pela Biblioteca Ayacucho. A relação é de 1976, período em que Celso Furtado ainda está no exílio, e está dividida em Literatura e Estudos:

LISTA FEITA POR DARCY RIBEIRO E ANTONIO CANDIDO EM 1976

Literatura
1. Manoel Antonio de Almeida, Memórias de um sargento de milícias, Antonio Candido.
2. Machado de Assis, Roberto Schwarz
3. Lima Barreto, Isaías Caminha e P. Quaresma, Francisco de Assis Barbosa.
4. Oswald de Andrade, Memórias sentimentais de e serafim Ponte Grande, Haroldo de Campos.
5. Mário de Andrade, Macunaíma, etc, Gilda de Mello e Souza
6. Graciliano Ramos, São Bernardo e Vidas Secas, João Luiz Lafetá.
7. Carlos Drummond de Andrade, Obras selecionadas, Maria Luisa Ramos
8. Guimarães Rosa, Grande sertão: veredas, Benedito Nunes.
9. Antologia de Poemas do Modernismo, Mário da Silva Brito.
10. Antologia de contos contemporâneo, Alfredo Bosi,

---

29. *Idem*, p. 231.
30. Texto adaptado do site https://hispanismo.cervantes.es/recursos/biblioteca-ayacucho-digital, acessado em 23/02/2020, às 20h11.

Estudos
1. Joaquim Felicio dos Santos, Memórias do Distrito Diamantino, Alexandre Eulálio.
2. Silvio Romero, Escritos, Antonio Candido.
3. Capistrano de Abreu, Capítulos de História Colonial e Ensaios, José Honório Rodrigues.
4. Euclides da Cunha, Sertões, Walnice Nogueira Galvão.
5. Gilberto Freyre, Casa-Grande & Senzala, Darcy Ribeiro.
6. Sérgio Buarque de Holanda, Visão do Paraíso, Maria odila Silva Dias.
7. Caio Prado Jr. Formação do Brasil Contemporâneo, F. Iglesias.
8. Florestan Fernandes, a revolução burguesa e Do escravo ao cidadão. Fernando Henrique Cardoso.
9. Celso Furtado, Evolução econômica do Brasil,...
10. Darcy Ribeiro, As Américas e a Civilização[31].

Vemos que o título da obra de Celso Furtado está incorreto, mas seguramente trata-se da *Formação Econômica do Brasil*. Para o presente ensaio, o importante a se notar é a presença do nome de Celso Furtado ao lado da primeira geração de intérpretes do Brasil, como Caio Prado Jr. e Sérgio Buarque de Holanda. Além disso, mesmo exilado e longe do Brasil, Darcy Ribeiro e Antonio Candido lembram-se, como não poderia ser diferente, de incluí-lo na lista de publicações.

CELSO FURTADO, A CULTURA E A ARTE BRASILEIRA

> *E não se trata de conceder prioridade aos temas ostensivamente sociais. O realismo afirma-se como político no momento em que o artista vive, com todo o seu empenho intelectual e ético, a ideia de que arte é conhecimento.*
>
> ALFREDO BOSI[32]

As notas dos diários de Celso Furtado anteriormente mencionadas revelam que o jovem Celso "escrivinhava" sobre literatura, passando a escrever sobre política. Durante o exílio, Celso permanece escrevendo sobre política e economia e refletindo sobre o Brasil e seus vizinhos americanos, tanto os localizados na América Latina

---

31. Arquivo IEB/USP, Fundo Antonio Candido, código de referência: AC-BAY-017.
32. Alfredo Bosi, *Reflexões sobre a Arte*, p. 48.

quanto nos Estados Unidos. Uma área nova, contudo, e, consequentemente, um novo desafio, irá surgir. No pós-exílio, aguardava-lhe o Ministério da Cultura.

Antes de nos dedicarmos ao Ministério da Cultura, lembremos a formação plural de Celso Furtado. Para tal, vale a pena mais uma vez lançar mão de trecho de seus *Diários Intermitentes*. Celso é um economista, mas acima de tudo, um *humanista*, no sentido mais próximo daqueles que na Renascença valorizaram o saber crítico, voltados ao conhecimento sobre o homem e a uma cultura capaz de desenvolver as potencialidades da condição humana. Celso é um intelectual refinado. Ele gosta de estudar desde a infância, cercado dos livros do pai:

NEW HAVEN, 2.1.65

Estou levando a vida que sempre desejei: estudando, pensando, escrevendo. Também dedico algum tempo a rever traduções de trabalhos meus. Este será um bom ano para mim como escritor, pois a *Formação* deverá ser publicada em polonês, o *Desenvolvimento e Subdesenvolvimento* circulará em francês, a *Pré-Revolução* em espanhol e catalão, e a *Dialética* em espanhol e inglês. É essa a maior satisfação que pode ter alguém que escreve: saber que é lido. Em realidade, foi essa a única ambição que tive desde rapaz, seguramente por influência de papai, que me criou entre livros. Nas estantes de papai havia livro sobre tudo. Até sobre esgrima! E para mim era sempre uma emoção renovada folhear aqueles livros e descobrir coisas que nunca havia ouvido falar. Um dia vi um livro de Freud e perguntei a Veiga de que se tratava. Ele respondeu: "Não toque nisso, é coisa para gente de muita cultura"[33].

Celso Furtado era um homem culto. Reconhecido no meio político, intelectual e artístico, teve seu nome cogitado para ocupar o recém-criado Ministério da Cultura pela atriz Fernanda Montenegro, após a negativa desta última sobre assumir o cargo. "O argumento da Fernanda era que o ministério devia ser criado e para isso se necessitava de alguém capaz de falar com os que controlam dinheiro"[34]. Entre algumas idas e vindas – corriqueiras no ambiente político –, em março de 1986 Celso incumbia-se do jovem Ministério, estabelecendo desde o início um organograma definidor de fluxos e responsabilidades internas ao órgão, analisando seu orçamento disponível (ínfimo, por sinal) e pensando em

---

33. Celso Furtado, *Diários Intermitentes: 1937-2002*, p. 227.
34. *Idem*, p. 223.

leis de incentivo à Cultura. Dessa reflexão resultaria aquela que ficou conhecida como a Lei Sarney, que, após um ano de vigência, possibilitou a realização de mais de cinco mil projetos culturais.

Dentre eles, destacamos a exposição Modernidade, mostra veiculada a partir de um convênio entre a França e o Brasil, montada em Paris entre os anos de 1987 e 1988. Celso registra, em 14 de abril de 1988, um jantar com o então presidente José Sarney: "Entreguei-lhe o catálogo da *Modernidade* e referências a vários outros eventos que se tornaram possíveis graças à Lei Sarney"[35].

É do fundo de Aracy Abreu Amaral, hoje sob a guarda do IEB, que resgatamos carta do então Ministro Celso Furtado à crítica de arte que atuou como uma das curadoras da exposição *Modernidade*. Celso escreve a Aracy:

C/MINC/GM/ n° 020 / 88
Em 28 de janeiro de 1988.
Ilma. Sra.
ARACY AMARAL
[...]

Prezada Aracy Amaral,
Li com interesse a sua comunicação sobre a discriminação que sobre a arte latino-americana, tanto na Europa quanto nos Estados Unidos. O problema pode ser abordado de muitos lados. Você tem razão quando chama a atenção para a influência que hoje exercem as Galerias na formação da imagem do artista plástico. Lygia Clark, disse-me uma vez, em Paris, que se havia negado a autorizar uma certa forma de comercialização de seu *bicho*, proposta por marchands americanos, e que assim perdera a oportunidade de fazer-se conhecida por todas as partes. O corrente é que nosso artista deva escolher entre perder a identidade (entendida como vínculo com seu País) ou permanecer provinciano. O pior de tudo é ser identificado como essa coisa que não existe, que se chama de *arte latino-americana*. Estou convencido de que nos convém apresentar nosso artistas como *brasileiros* e tentar corrigir a imagem do que é brasileiro (futebol, carnaval, índios, etc). Para isso será preciso obter o impacto capaz de romper a inércia inicial. Foi esse o objetivo da retrospectiva de cinema, (mais de 150 filmes) e da exposição *Modernidade*[36]. É de se esperar que em dez ou quinze anos o peso econômico do Brasil Faça com que nosso

---

35. *Idem*, p. 386.
36. Referência à exposição *Modernidade Art Brésilien du 20ᵉ Siècle* (Paris, 1987-1988).

mercado de Arte comece a atrir artista de fora, o que abrirá portas aos nossos em outros partes. É uma caminhada difícil, mas que passa pelo reforçamento de nossa identidade.

Um abraço amigo do
CELSO FURTADO[37]

Descortinamos aqui Celso Furtado, mais uma vez, refletindo sobre o Brasil, agora no campo da arte, com o mesmo rigor e estratégia com que atuou frente à Sudene e ao Ministério do Planejamento. Francisco Iglésias, no prefácio da *Obra Biográfica* de Celso, nos lembra: "[os textos reunidos], valem para caracterizar com rigor uma carreira que foi sempre eficiente e lúcida, em compreensão do regional e do nacional, nos planos teórico e prático – coisa bastante rara na perspectiva brasileira"[38].

Celso, por sua vez, em registro de 6 de julho de 1959, diz:

"Você parece ser duro como um agave", me disse o Marcio Lourenço Filho. Essa impressão de resistência ao embate que dou às outras pessoas é que me permite liderar. A essência da liderança está na confiança que inspira, na sensação de segurança que irradia. A maioria dos que estão perto de mim confia em que eu realmente sei aonde vou, sei o que quero. E na verdade cada dia tenho mais confiança em mim mesmo nessa luta. Se me derem as armas eu chegarei aonde quero, e tenho fé em que mudarei o curso das coisas no Nordeste[39].

Celso Furtado também mudará os rumos da cultura brasileira. Dentre os vários projetos liderados por Celso enquanto esteve à frente do Ministério da Cultura, a exposição *Modernidade* buscou a extroversão da arte brasileira, mas com o olhar curatorial de especialistas brasileiros que conjuntamente trabalharam com curadores franceses. Camila Campelo Bechelany, historiadora da arte, contextualiza o projeto e destaca o papel de Celso Furtado como Ministro:

A exposição *Modernidade* aconteceu no Museu de Arte Moderna da Cidade de Paris (Musée d'Art Moderne de la Ville de Paris), de 10 de Dezembro de 1987 a 14 fevereiro 1988 como parte de um projeto de cooperação cultural entre a França e o Brasil. O proje-

---

37. Arquivo IEB/USP, Fundo Aracy Abreu Amaral, código de referência: AAA-C-CF-001.
38. Francisco Iglésias, "Apresentação da Primeira Edição", em Celso Furtado, *Obra Autobiográfica*, p. 15.
39. Celso Furtado, *Diários Intermitentes: 1937-2002*, p. 172.

to de cooperação França-Brasil (1986-1989) tinha como objetivo desenvolver as relações dos dois países em diversas áreas. O projeto de *Modernidade* foi proposto dentro desta perspectiva e desenvolvido pela Associação Francesa de Ação Artística e pelo Ministério da Cultura do Brasil.

No final de 1980, quando o projeto França-Brasil foi lançado, o Brasil vivia um momento de redemocratização política que seguia pós o fim da ditadura militar e com as eleições diretas para a presidência em 1985. A política de abertura gradual foi também uma oportunidade para a reorganização do campo cultural. Celso Furtado, o brilhante economista brasileiro que foi exilado entre 1964 e 1979, havia retornado ao Brasil e assumira o cargo de Ministro da Cultura. Furtado colocou em prática a implementação de vários projetos para a divulgação internacional da arte e da cultura brasileiras. O momento era favorável à cooperação em ambos os lados do Atlântico: enquanto na França, a rede institucional se desenvolvia no sentido de uma abertura para a cena artística internacional, no Brasil, a cooperação cultural significava uma oportunidade de se libertar dos moldes nacionalistas difundidos pelos anos de Ditadura. Um projeto de tal amplitude representava uma verdadeira novidade para o Brasil.

Em primeiro lugar, é interessante notar que uma equipe franco-brasileiro reforçava o caráter particularmente colaborativo do projeto. A equipe foi formada por Marie-Odile Briot, curadora do MAM-VP entre 1978-1998; Aracy Amaral, diretora da Pinacoteca de São Paulo entre 1975-1979 e do Museu de Arte Contemporânea da Universidade de São Paulo entre 1982-1986; Frederico Morais, crítico de arte, diretor do Departamento de Artes Plásticas do Museu de Arte Moderna do Rio de Janeiro (MAM-RJ) entre 1967-1971 e diretor da Escola do Parque Lage entre 1986 e 1987 e Roberto Pontual, crítico de arte e ex-diretor do MAM-RJ entre 1974-1976. Pontual vivia em Paris e trabalhava como correspondente do jornal *O Globo* no Rio de Janeiro, ele é o autor da proposta original da exposição e o primeiro idealizador do projeto[40].

A própria Aracy Amaral, destinatária da carta de Celso Furtado registra o caráter de excepcionalidade do projeto, em texto de 1999. Aracy, que é um dos grandes nomes da gestão cultural de São Paulo, atuou como diretora da Pinacoteca do Estado e do MAC/USP. Conhecedora da arte e dos meandros da arte, ela afirma:

> O papel da crítica nesse empenho de difundir nossos artistas permanece relativo, dado o fato de os países organizadores, em geral, realizarem a curadoria das mostras sem a cola-

---

40. Camila Campelo Bechelany, "*Modernidade, Art Brésilien du 20ᵉ Siècle* (Paris, 1987): Uma Exposição entre Assimilação e Deslocamento na História Internacional da Arte", pp. 239-240.

boração de especialistas brasileiros, visando sempre o interesse de seu público, a partir de se ponto de vista. Criticável ou positiva como resultado, a exposição *Modernidade*, em Paris, em 1987, sob curadoria geral de Marie Odile Briot, foi exceção dentro desse quadro[41].

Aracy parece não concordar cem por cento com o projeto, mas não há como negar: a proposta foi uma exceção positiva – e, digamos, propositiva – ao "eurocentrismo" da arte.

Até que ponto é nocivo à difusão de um verdadeiro retrato da arte brasileira que especialistas europeus ou norte-americanos busquem sempre aqui "o outro" a espelhar como brasileira somente a manifestação artística ex-cêntrica, antagônica, portanto, àquela do "centro" representado por eles e por sua arte culta e urbana de país desenvolvido? Mas a que centro estão eles se referindo? Quando assumirmos nossa realidade como centro, só então poderemos ver com complacência os pontos de vista exóticos desses curadores tão "excêntricos" em relação a nosso brutal cotidiano. Que centro? Onde está o centro?[42]

O estratégico planejamento furtadiano, aliado ao hábil fazer político, o temperamento manso e a firmeza como líder colocaram o Brasil como centro de todas as suas ações, fossem pensando o Nordeste, fossem no Ministério da Cultura. Usando a expressão de Alfredo Bosi, "plural, mas não caótico". Assim é Celso Furtado.

> Ainda nos bastidores da história – relações e relacionamentos
> Para ser grande, sê inteiro: nada
> Teu exagera ou exclui.
> Sê todo em cada coisa. Põe quanto és
> *No mínimo que fazes.*
> *Assim em cada lago a lua toda*
> *Brilha, porque alta vive.*
> Ricardo Reis, heterônimo de Fernando Pessoa[43].

Obrigada ao gentil leitor que chegou até aqui! Foi uma longa jornada de palavras imbricadas entre a práxis do fazer arquivístico e a pesquisa realizada a partir

---

41. Aracy Amaral, "Cêntricos e Ex-Cêntricos: Que Centro? Onde Está o Centro?", p. 92.
42. *Idem, ibidem.*
43. Fernando Pessoa, *Obra Poética: Volume Único*, p. 289.

dos sedutores arquivos pessoais. Se você é economista, historiador, antropólogo, sociólogo, político, crítico de arte, artista, escritor, crítico literário, gestor público, professor, filho, pai de família, marido, nordestino, brasileiro, latino-americano, sonhador, planejador, estrategista... Seja bem-vindo! Essas são algumas das características e alguns dos papéis desempenhados por Celso Furtado em vida, e que agora serão evidenciadas em seu fundo pessoal.

A nós, gerações que leremos esses documentos do presente, não há nostalgia do passado. Há apenas esperança para o futuro. Somos convidados a ouvirmos as vozes de Celso Furtado, Caio Prado Jr., Darcy Ribeiro, Antonio Candido, Aracy Amaral, Francisco Iglésias, uma geração que ousou pensar (e sonhar) o Brasil.

Os arquivos pessoais não são cápsulas do tempo nem projetos de monumentalização ou musealização de um indivíduo, cristalizados em uma ode pretérita. Eles são mais um recurso de inspiração e orientação para nós que, seja organizando-os seja consultando-os, somos convidados a repensar nosso país e "re-sonhar" um futuro que cabe a nós construirmos.

Os versos de Ricardo Reis aqui selecionados nos pareceram pertinentes para fechar literariamente este ensaio e ilustrar aquilo que foi Celso Furtado: um homem inteiramente devotado ao que fazia, nas mais múltiplas funções e áreas em que atuou. Celso é a personificação do que deve ser o servidor público, em qualquer dos cargos que veio a ocupar. Tornou-se grande por dedicar-se por inteiro, sem exagero, e sem desprezar aquelas que pareciam as mínimas coisas. Atuando nos bastidores da história, construiu um legado que bem poucos terão logrado com tamanha dignidade.

Guardando os bastidores da história, esperamos você, leitor, para vir pesquisar e nos ajudar a reescrever nossa história, a partir do acervo do Arquivo IEB/USP.

REFERÊNCIAS BIBLIOGRÁFICAS

AMARAL, Aracy. "Cêntricos e Ex-Cêntricos: Que Centro? Onde Está o Centro?" In: *Textos do Trópicos de Capricórnio: Artigos e Ensaios (1980-2005)*. Vol. 2: *Circuitos de Arte na América Latina e no Sul*. São Paulo, Editora 34, 2006, pp. 83-92.

BECHELANY, Camila Campelo. "*Modernidade, Art Brésilien du 20ᵉ Siècle* (Paris, 1987): Uma Exposição entre Assimilação e Deslocamento na História Internacional da Arte". *Revista do Programa de Pós-graduação em Arte da UnB*, vol. 15, n. 2, pp. 238-252, Brasília, jul.-dez. 2016.

Bellotto, Heloísa Liberalli. *Arquivos Permanentes: Tratamento Documental*. Rio de Janeiro, FGV, 2006.

Bosi, Alfredo. "Plural, Mas Não Caótico". *In*: Bosi, Alfredo (org.). *Cultura Brasileira: Temas e Situações*. São Paulo, Ática, 1999.

_____. *Reflexões sobre a Arte*. São Paulo, Ática, 1986.

Burke, Peter. *A Escola dos Annales (1929-1989): A Revolução Francesa da Historiografia*. São Paulo, Editora da Unesp, 1991.

Camargo, Ana Maria de Almeida. "Arquivos Pessoais São Arquivos". *Revista do Arquivo Público Mineiro*, n. 45, pp. 26-39, Belo Horizonte, 2009.

Cox, Richard J. *Arquivos Pessoais: Um Novo Campo Profissional: Leituras, Reflexões e Considerações*. Belo Horizonte, Editora UFMG, 2017.

Darton, Robert. *A Questão dos Livros: Passado, Presente e Futuro*. São Paulo, Companhia das Letras, 2010.

_____. *O Grande Massacre de Gatos e Outros Episódios da História da Cultura Francesa*. São Paulo, Graal, 2011.

Delmas, Bruno. *Arquivos Para Quê?* São Paulo, Instituto Fernando Henrique Cardoso, 2010.

Farge, Arlete. *O Sabor do Arquivo*. São Paulo, Edusp, 2009.

Furtado, Celso. *Diários Intermitentes: 1937-2002*. São Paulo, Companhia das Letras, 2019.

Gomes, Angela de Castro. "Nas Malhas do Feitiço: O Historiador e os Encantos dos Arquivos Privados". *Revista Estudos Históricos*, vol. 11, n. 21, pp. 121-127, Rio de Janeiro, 1998.

_____. "Prefácio". *In*: Heymann, Luciana Quillet. *O Lugar do Arquivo: A Construção do Legado de Darcy Ribeiro*. Rio de Janeiro, Contra Capa/Faperj, 2012, pp. 9-12.

Huyssen, Andreas. *Seduzidos pela Memória: Arquitetura, Monumentos, Mídia*. Rio de Janeiro, Aeroplano, 2000.

Iglésias, Francisco. "Apresentação da Primeira Edição". *In*: Furtado, Celso. *Obra Autobiográfica*. São Paulo, Companhia das Letras, 2014, pp. 9-15.

Pessoa, Fernando. *Obra Poética: Volume Único*. Rio de Janeiro, Nova Aguilar, 2003.

Ribas, Elisabete Marin. "Líderes e Cidadãos: Onde Termina o Homem Público e Tem Início a Vida Privada nos Documentos de Arquivos de Políticos?" *Revista do Arquivo do Estado de São Paulo*, n. 4, pp. 1-11, 2017.

_____. "Nem Anjos, nem Demônios: O Trabalho com Arquivos Pessoais de Intelectuais Brasileiros no Arquivo do Instituto de Estudos Brasileiros da USP". *In*: Azevedo, Sílvia Maria (org.). *Acervos de Intelectuais: Desafios e Perspectivas*. Assis, [s. ed.], 2018, pp. 77-87.

Sobre os Autores

◆

Alexandre de Freitas Barbosa. Professor Livre-Docente de História Econômica e Economia Brasileira/Internacional do Instituto de Estudos Brasileiros (IEB) da Universidade de São Paulo (USP) e participa do Núcleo de Apoio à Pesquisa Brasil-África da USP. Tem se dedicado a pesquisas sobre o mercado de trabalho e desigualdade no Brasil; o pensamento e a prática do desenvolvimento na história brasileira, especialmente a partir da contribuição do economista Rômulo Almeida; e a inserção externa da economia brasileira, com foco nos impactos trazidos pela China e no potencial das relações Sul-Sul. Desde 2016, possui bolsa produtividade do CNPq, nível 2.

Alexandre Macchione Saes. Professor de História Econômica do Departamento de Economia da FEA/USP e do Programa de Pós-Graduação em História Econômica da FFLCH/USP. Possui graduação em Ciências Sociais pela Unesp/Fclar (2003) e Doutorado em História Econômica pelo Instituto de Economia da Unicamp (2008). Foi presidente da Associação Brasileira de Pesquisadores em História Econômica (2015-2017) e Vice-Diretor da Biblioteca Brasiliana Guita e José Mindlin – BBM/USP (2017-2020). É pesquisador do CNPq desde 2013.

André Botelho. Professor Associado da Universidade Federal do Rio de Janeiro – UFRJ. Doutor em Ciências Sociais pela Universidade Estadual de Campinas – Unicamp. Tem experiência na área de Sociologia, com ênfase em Pensamento Social Brasileiro e Teoria Sociológica. Pesquisador do CNPq (PQ), é ainda membro da coordenação da Biblioteca Virtual do Pensamento Social (BVPS) e editor responsável de Sociologia & Antropologia (PPGSA/UFRJ).

CARLOS ALBERTO CORDOVANO VIEIRA. Professor e pesquisador do Instituto de Economia da Universidade Estadual de Campinas (IE-Unicamp). Possui graduação em Economia pela Universidade de São Paulo (FEA-USP); mestrado e doutorado em Desenvolvimento Econômico e História Econômica pelo Instituto de Economia da Universidade Estadual de Campinas (IE-Unicamp). Temas de estudo: transição do feudalismo ao capitalismo; estado absolutista, capital mercantil e sistema colonial; economia colonial e formação econômica do Brasil; imperialismo e pensamento brasileiro.

ELISABETE MARIN RIBAS. Possui graduação em Letras e mestrado em Teoria Literária e Literatura Comparada, ambos pela FFLCH-USP. Tem Especialização em Organização de Arquivos pelo Instituto de Estudos Brasileiros-USP, instituição em que atualmente trabalha, compondo a equipe técnica do Serviço de Arquivo. Na área de organização de acervos, atua com documentação permanente e acervos pessoais.

FERNANDA GRAZIELLA CARDOSO. Professora adjunta da UFABC, é doutora em Economia do Desenvolvimento pelo IPE-FEA-USP (2012), mestre em Economia da Indústria e da Tecnologia pelo IE-UFRJ (2008) e graduada em Economia pela Universidade de São Paulo (2005). Atua principalmente nos seguintes temas: Desenvolvimento Econômico, História Econômica Brasileira e História do Pensamento Econômico.

FERNANDO RUGITSKY. Professor do Departamento de Economia da Faculdade de Economia, Administração e Contabilidade da Universidade de São Paulo (FEA-USP) e pesquisador associado do Núcleo Direito e Democracia do Centro Brasileiro de Análise e Planejamento (Cebrap). É doutor (PhD) em Economia pela The New School for Social Research (EUA), mestre em Direito Econômico pela USP e bacharel em Economia e em Direito pela mesma instituição. Dedica-se, principalmente, ao estudo de Macroeconomia, Economia Política e Economia do Desenvolvimento.

FLÁVIO RABELO VERSIANI. Professor Titular do Departamento de Economia da Universidade de Brasília (1993) e Professor Emérito da Universidade de Brasília (2012). Graduado em Ciências Econômicas pela Universidade Federal de Minas Gerais (1963), Master of Arts in Economics – Vanderbilt University, EUA (1968) e PhD in Economics – Vanderbilt University, EUA (1971). Estágios pós-doutorais na Yale University, EUA e University of London, Inglaterra. Área principal de pesquisa: História Econômica, atuando principalmente nos seguintes temas: processo de industrialização e economia escravista.

FLÁVIO SAES. Professor titular da Universidade de São Paulo. Possui graduação em Economia pela Universidade de São Paulo (1971), mestrado em Economia pela Universidade de São Paulo (1973) e doutorado em Sociologia pela Universidade de São Paulo (1977). Tem experiência na área de Economia, com ênfase em História do Pensamento Econômico.

GILBERTO BERCOVICI. Professor Titular de Direito Econômico e Economia Política da Faculdade de Direito da Universidade de São Paulo (Departamento de Direito Econômico, Financeiro e Tributário). Graduado em Direito pela Universidade de São Paulo (1996), é Doutor em Direito do Estado pela Universidade de São Paulo (2001) e Livre-Docente em Direito Econômico pela Universidade de São Paulo (2003). A ênfase da sua produção está voltada para as áreas de Direito Econômico, Economia Política, Teoria do Estado, História do Direito Público e Teoria da Constituição, desenvolvendo pesquisas em torno dos temas de Estado e Subdesenvolvimento, Desenvolvimento Econômico, Papel do Estado na Economia, Política Econômica e Soberania.

MAURÍCIO C. COUTINHO. Professor titular da Universidade Estadual de Campinas. Doutor em Ciência Econômica pela Universidade Estadual de Campinas (1984). Tem experiência na área de Economia do Setor Público, com ênfase em Finanças Públicas Brasileiras, inclusive Previdência Social. Pesquisas e publica na área de História do Pensamento Econômico.

MAURO BOIANOVSKY. Professor titular da Universidade de Brasília. Possui graduação em Economia pela Universidade de Brasília (1979), mestrado em Economia pela Pontifícia Universidade Católica do Rio de Janeiro (1989) e doutorado em Economia – Cambridge University (1996). Tem experiência na área de Economia, com ênfase em História do Pensamento Econômico e foco em macroeconomia, teoria monetária, crescimento e desenvolvimento econômico e desemprego.

PEDRO CEZAR DUTRA FONSECA. Professor Titular do Departamento de Ciências Econômicas e Relações Internacionais da UFRGS, onde foi Coordenador do Pós-Graduação em Economia, Chefe do Departamento, Diretor da Faculdade de Ciências Econômicas, Presidente da Câmara de Pesquisa, Pró-Reitor de Pesquisa e Vice-Reitor. Doutor em Economia pela Universidade de São Paulo – USP. Pesquisador do CNPq desde 1987. Foi Coordenador da Área de Economia da CapesS, Diretor-Presidente da Fundação de Amparo à Pesquisa do Rio Grande do Sul (1997-2000) e Presidente da Sociedade Brasileira de Economia Política (2002-2004). Atua como profissional e pesquisador na área de Economia, com ênfase em Economia Brasileira, atuando principalmente nos seguintes temas: Desenvolvimento Econômico, Formação Econômica do Brasil no século XX e História do Pensamento Econômico.

Pedro Paulo Zahluth Bastos. Professor do Instituto de Economia da Unicamp. Possui Doutorado em Ciências Econômicas pela Universidade Estadual de Campinas (2001). Foi presidente da Associação Brasileira de Pesquisadores em História Econômica (ABPHE), entre 2009 e 2011, e chefe do Departamento de Política e História Econômica do Instituto de Economia, da Universidade Estadual de Campinas, entre 2008 e 2012. Tem experiência na área de Economia e Economia Política, com ênfase em Crescimento e Desenvolvimento Econômico, Economia Política da Política Econômica, Economia Brasileira Contemporânea e Formação Econômica do Brasil.

Roberto Pereira Silva. Professor Adjunto no Instituto de Ciências Sociais Aplicadas da Universidade Federal de Alfenas. Possui graduação em História na USP (2006). Mestre em História Econômica pelo Programa de Pós-Graduação em Economia do Desenvolvimento do Instituto de Economia da Universidade de Campinas. Doutor pelo o programa de História Econômica da Fac. de Filosofia, Letras e Ciências Humanas – USP. Suas pesquisas se concentram nos campos da historiografia econômica, focalizando na produção brasileira no período 1930-1964, com ênfase na obra de Celso Furtado. No momento trabalha as relações entre história e teoria econômica como chave interpretativa para o surgimento da teoria do desenvolvimento de Celso Furtado.

Rômulo Manzatto. Bacharel em Ciências Econômicas pela Faculdade de Economia, Administração e Contabilidade da Universidade de São Paulo e Mestre em Ciência Política no Departamento de Ciência Política da FFLCH/USP, com a dissertação *Formação e Revolução em Caio Prado Jr. e Celso Furtado* (2018).

VERA ALVES CEPÊDA. Professora do Departamento de Ciências Sociais da Universidade Federal de São Carlos/UFSCar, atuando no Programa de Pós-graduação em Ciência Política e no Programa de Pós-Graduação em Sociologia. Possui mestrado e doutorado em ciência política pela Universidade de São Paulo e pós-doutorado em ciência política pelo IESP/UERJ. Desenvolve pesquisas no campo do pensamento político e social brasileiro, em especial nos temas das interpretações sobre o Brasil, na atuação de instituições, intelectuais e teorias ligados ao problema do desenvolvimento, da democracia e das capacidades e ação do Estado em contexto periférico.

Formato	16 x 23 cm
Tipologia	Adobe garamond pro
Papel	Cartão supremo 300 g/m² (capa)
	Pólen soft 70 g/m² (miolo)
Impressão e acabamento	Hawaii gráfica e editora ltda
Data	Dezembro de 2021